學問有道

中國現代史研究訪談錄

楊奎松 著

崧燁文化

目　錄

前言

第一編　觀念與方法的討論

　　歷史研究與歷史學家的現實關懷問題
　　歷史研究的微觀與宏觀
　　歷史研究中的人性取向問題
　　中國當代史研究的起步與意義
　　研究中國現代史最需要什麼？
　　歷史研究越實證越容易有生命力
　　不能把複雜的歷史簡單化、概念化
　　撥開中國現代史的迷霧
　　如何讀懂我們的歷史
　　國共關係史研究的反思與前瞻

第二編　歷史研究應有的眼界

　　研究歷史在於反思我們的過去
　　多問幾個怎麼了、為什麼？
　　社會發展中的「阿凡達」式困惑
　　用歷史的眼光來看待中日關係
　　實事求是地總結抗戰史的經驗與教訓
　　何謂民族主義及我們應該怎樣愛國？
　　紀念抗戰，反思自我
　　建構健康開放的民族主義
　　歷史上國共兩黨的民族主義及其影響

第三編　書序談史錄

　　面對中國革命
　　我為什麼研究西安事變？
　　中國革命受到外部因素的影響有多大？
　　從中共建黨談起
　　應該相信記憶，還是應該從檔案文獻出發？
　　對中共革命成功原因的一點思考

研究馬克思列寧主義中國化問題之必要
研究歷史，貴在求真
避免重犯文革錯誤的關鍵所在
歷史有其自身的邏輯
從國民黨的角度來瞭解國共關係的嘗試
從共產黨人的角度來看國共關係
歷史研究首先是人的研究
「恩怨」之中的思考
在毛澤東「革命外交」的背後
讀史不能無疑
馬上得天下，安能馬上治天下？
如何從黨史研究轉向歷史研究
保持客觀性才容易還原歷史
探求歷史真實需要專業精神和技能
研究歷史也應做普及工作

第四編　我和現代史研究

獄友命運的啟示
尋找被埋沒的歷史痕跡
我和歷史研究
我和中共黨史研究
中央檔案館查檔記
在臺北看檔案

前言

　　和《開卷有疑》相比，這本書算不上是一部討論學術研究的書。讀者只要看到目錄就會瞭解，它更多的是筆者在報刊雜誌上的各種訪談錄，和在一些場合演講文稿的整理發表，談的主要是個人研究的經歷、感受和方法等等。說它們不學術，不是說它們沒有討論到學術。一個吃學術飯的人，打個哈欠都難免會有學術的味道，要想完全避開學術談何容易。但這些文字確實不那麼學術，除了那些專著的前言以外，多數文字連註釋都找不到一個。讓研究學術的人來讀它，自然會認為它不學術。

　　做學術研究的人，發表不那麼學術的東西，難免會被圈內人所議論，這也是我始終不大願意應報社的邀請寫些議論文的一個原因。因為一個習慣了做學問的人，難免會被這樣或那樣的規矩束縛了思想和手腳，往往不習慣對自己不很熟悉的問題說三道四。

　　但是，學問者何？明道修德，潔身自好？奈何咱終究還是個中國的學者，骨子裡總會有那麼點兒「國家興亡，匹夫有責」，求知問學，經世致用的企圖。因此，對那些自認屬於學問範圍之內，又和現實生活聯繫密切的問題，總免不了還是想要發揮一點兒所學所問的知識的作用。何況，學術的東西，如果不能和生活相聯繫，束之高閣，只供少數象牙塔中人切磋把玩，總讓人覺得會有些遺憾。尤其我們做的是現當代史研究的問題，歷史研究，目的就在求真。一方面學者有大量真相發現出來，另一方面社會上對諸多歷史上的問題繼續以訛傳訛，甚或以之為據，還要指點江山，激揚文字，評古論今，相互指責攻詰，面對這種情況，也著實需要有學者根據所學所問的知識，發出一點不同的聲音。不是為了糾偏——這多半不大現實——只是為了讓不瞭解情況的讀者瞭解，還有另外一種有點學術態度的，即注重考證和史實的，比較客觀一點的說法，讓頭腦冷靜的讀者有條件自己去比較，去鑒別。

　　當然，還是那句話，做學問久了，都會有點迂。自我覺得在報上或在講演中發表的東西不夠嚴謹，有時甚至會有明顯的錯誤，是再自然不過的情況了。再加上在報刊上發表的東西，還會因報刊篇幅等原因的限制，有所刪節，變得不完整，不準確，也很自然。一些訪談或講演之類的文稿，因為應記者或編者臨時所約所談，即

興而言，匆匆而就，難免也會有這樣或那樣的欠缺。甚至個別專著的前言，也會因為這樣或那樣的原因，出現刪節的情況。總而言之，有機會將它們集合起來，修訂出版，對自己也是一種安慰。畢竟，這些文字還是比較好讀好看，也便於喜歡我的研究的讀者瞭解我的研究經歷和研究的想法，把這些文字結成集子留下來，也有其自身的價值所在。

楊奎松

第一編

觀念與方法的討論

歷史研究與歷史學家的現實關懷問題

問：您是怎麼想起要就這個問題特別是歷史學家的現實關懷問題作演講呢？這個演講所面向的對象是誰？眼下，包括歷史學在內的人文學科受到社會高度物質化、技術化發展的重重包圍，面臨著許多問題。其中最重要的最根本的問題是，人文學科的意義何在？比如說人們常常會問，研究歷史到底有什麼用？作為一個在大學裡從事歷史研究與教育的學者，您對此有什麼看法？

楊：歷史研究有用沒用，很大程度上要取決於你的論文有多少人看，寫本專著，有多少人讀。今天一本學術性歷史論著，通常只能印到兩三千本，多數還收進了圖書館。一篇學術性歷史論文，讀者通常多不過百人，少的乾脆可能只有幾人。如果你一生的努力不過如此，你自然會有人生價值的困惑。

不少前輩史家說，要做歷史研究，首先就要能夠坐冷板凳。即所謂「板凳要坐十年冷，文章不寫一句空」。但要坐十年冷板凳，說的不過是要做好歷史研究，需要打下一個好基礎，沒有長時間的積累不行。它既不等於現實生活允許你去坐十年冷板凳，更不意味著你真的坐了十年或二十年冷板凳之後，你的東西就會有更多的讀者，會有相當的社會影響。如果你的研究遠離社會現實和人們所關心的問題，你坐冷板凳的時間並不會與你可能擁有的讀者的數量成正比。因為，歷史總是與現實生活存在距離的。尤其進入一個越來越商業化、快節奏的社會，注重嚴密考據和需要大量去翻故紙堆的歷史學，注定了只能扮演一個不為那些每日奔波於生計的普通人所重視的角色。

為了鼓勵同學們學歷史，幾乎所有教歷史的老師都會告誡學歷史的同學說，歷史學家要耐得住寂寞。但耐得住寂寞不等於自甘寂寞，更不等於應該要所有學歷史的人都去自找寂寞。「人生幾何，醉酒當歌」。在極為有限的生命小溪中，人能夠成就事業的時間最多也不過三四十年。如果三四十年雖生活窘迫，形孤影單，但登高眺遠，振聾發聵，引領潮流，也足堪告慰。如果三四十年飲食無憂，家庭美滿，桃李芬芳，雖然事業的影響力可能僅及於個別子弟，倒也不無讓人滿足之處；如果因寂寞弄到生活堪憂，且被社會遺忘，辛勞半輩，寥寥可數的文章著作只能被人束之高閣，與白蟻、老鼠和灰塵伴舞，此生的失敗就再明顯不過了。

第一編　觀念與方法的討論

　　人的一生，總要有所成就。創造，然後享受。或者生活，或者事業，或者生活、事業兼而得之。歷史學能夠給人提供這種成功的機會嗎？注意到今日教育體制改革之趨勢，注意到海外諸大學師生之比例，注意到多數著名大學歷史系本科同學中幾乎沒有以學歷史為第一志願者，將來歷史研究怕是不僅後繼乏人，而且要靠收費學生人數來維持生計的歷史系部分教師的飯碗，或許都會成為一個問題。

　　那麼，是不是說歷史研究就真的沒有用了呢？當然不是。要知道，歷史研究有用沒用，並不僅僅取決於歷史學家的論文、論著有多少人讀。有人讀沒人讀，或讀的人多讀的人少，關鍵還是歷史學家本身的問題。我們不能因為注意到今天歷史研究的論文、論著鮮有人讀，就斷言研究歷史無用。其實，只要注意到自20世紀末以來，一些報刊雜誌的文章動輒呼籲維護傳統史觀及「正史」地位，提出有所謂「欲滅其國，必先滅其史」的嚴重危險；注意到中國歷史上歷代當政者都極端重視史官的工作，並且極力試圖左右歷史的記載與歷史的教育，動輒祭出「欲亡其國，必先亡其史」的法寶以警醒自己，我們就不難瞭解，在相當一部分國人心目中，歷史及其研究，不僅事涉個人、政黨功過是非的評定，而且簡直具有與國家命運幾乎相等的地位。

　　歷史研究之有用，尤其在於，無論有沒有歷史學家的參與，人們都會以各種不同方式去「研究」歷史，歷史的記載和教育都會直接或間接地發生作用。這是因為，人會本能地希望瞭解自己的過去和現狀的由來。人類之不同於動物，很大程度上就在於它具有知識興趣、自我認識、道德規範、經世致用等種種主動的意識需求。沒有歷史學家的參與，人們即使透過文學、詩歌或口頭傳說等等，也總是想要記錄或瞭解過去發生了什麼（知識興趣）；想要認識和探究人為什麼會這樣而不會那樣（自我認識）；想要用歷史上是非善惡的事例，告訴世人及後人，理論上人應當做什麼，不應當做什麼（道德規範）；想要提醒或教會人們如何參照歷史上的經驗教訓，以解決社會所面臨的問題（經世致用）。

　　正因為人類對歷史的關心，通常都出於對今人及現實的關懷，因此，歷史研究有用沒用，用處大用處小，自然在很大程度上也就會與歷史敘說或研究的題材和內容，作用於今人和現實的程度密切相關；與這種歷史敘說或研究的成果能否表現為易於為今人和現實社會所接受的語言及其形式密切相關。同樣是學術專著，講古代史的就不如講現代史的讀者多；同樣是說明歷史，寫成詰屈聱牙的就遠不如寫成通

俗生動的受眾廣。陳寅恪的《論再生緣》和《柳是如別傳》之所以能弄到廣為人知，不是因為有多少人讀過這兩部艱深的文字，而是得益於陸鍵東介紹陳寅恪最後20年生命軌跡的通俗文學作品。一部《雍正皇帝》的電視劇之所以能弄到街頭巷議的地步，恰恰在於它的題材與內容搔到了當今社會政治的某些癢處。

問：也就是說，歷史學研究是否有用，或者說作為一項精神活動的成果，它是否能真正實現其自身所具有的價值，不僅在於它自身能給社會提供一系列的知識，滿足人們關注自身的現實與未來的需要，而且還與其傳承形式有關。不過，作為一門現代學術體系之內的學術研究活動，歷史研究也不可避免地要以規制嚴整的學術表述方式表達出來。那麼在這種專業的，甚至是艱澀的研究與時下流行的歷史題材的電視劇、歷史小說乃至普通大眾對歷史的興趣二者之間，在價值體現上是否有所分別？

楊：普通歷史題材的電視劇、歷史小說以及紀實文學等等，之所以能夠引起普通大眾的某種興趣，有多種原因。這裡面既有其形式為普通大眾喜聞樂見，能夠引人入勝的原因，也有它們中有些內容能夠使人基於對現實的關懷而產生某些聯想的原因，更有其某些內容能夠解答一些人對歷史的迷惑，滿足一些人求知渴望的原因。但普通大眾對歷史的興趣，畢竟與歷史學家對歷史研究的興趣，在價值取向上還是有所不同。

歷史學家研究歷史，也有多種情況。一種是混飯吃，因為學了歷史，研究或教學已經成為一種謀生的工具，因此論文論著更多的只是換取職稱和工資的一種手段，談不上有什麼事業心。一種是個人興趣，因為喜歡歷史，喜歡從故紙堆中梳理出新的史實線索，找到區別於前人成說的那種成就感，並不關心別人怎麼想，社會怎麼看。一種是受責任心的驅使，因為有強烈的現實關懷，又學了歷史，因此想要透過歷史研究略盡自己作為社會一員的一點義務與責任。顯然，在這裡，我們所談的更多的還是指後兩種歷史學家，尤其是能夠把個人興趣和社會責任感結合起來的歷史學家。只有這種歷史學家的歷史研究，才可能基於紮實真實的史實基礎，有思想、有創見地敘說和總結歷史，給普通大眾真正答疑解惑。在這方面，那些歷史劇、歷史小說或傳記文學通常是比不了的。

當然，任何一種學術研究，都存在著形式和內容的關係問題。沒有適當的形式，再好的思想內容也表達不出來。同樣，也並不是所有的學術研究內容都可以透

過通俗生動的形式表現出來，這也是生存於現代學術體系之內的學術研究活動一個無法迴避的問題。一個現代社會不能沒有學術，真正的學術研究活動當然應當具有其獨立、自由、能夠超然於社會現實政治之外的，哪怕是陽春白雪的專業特性。但是，這並不等於學術的表現形式不可以多種多樣。

形式這個東西本來就是人創造出來的，歷史學的表述形式越來越專業化和技術化的趨勢，不是與生俱來的。我們不反對有人堅持走專業化和技術化的道路，就某些歷史研究門類而言，如社會史、經濟史、學術史等等，其專業性和技術性的要求確實會高一些。但問題的關鍵不在這裡，而在於歷史學家是不是能夠從現實關懷的角度，經常考慮一下自己研究的課題和內容所具有的意義，有沒有把自己的研究成果讓更多的讀者看懂這種強烈的意識。其實，把學術研究的成果儘可能地推廣開來——並非是指一定要讓「普通大眾」所接受——未必與學者的學術志向存在著價值取向上的不同。大家所熟悉的美國華裔歷史學家黃仁宇的《萬曆十五年》從20世紀80年代初推出中文版至今，仍舊不斷有新版本問世，其銷量無疑相當可觀，讀過它的讀者相信不下幾十萬，有誰說過他的這部書不是學術著作？黃仁宇的書之所以在大陸、臺灣擁有大量讀者，最主要的原因其實就在兩點，一是他的研究具有鮮明的時代感，表現出相當的現實關懷，能夠引起很多讀者的共鳴，讀了會有一定的啟示；二是他的著作的表述形式比較通俗直白，容易為有知識的普通讀者所接受。

問：那麼，歷史學家的現實關懷是不是只能透過比較通俗的表述形式來表現呢？

楊：這倒也不盡然。陳寅恪的東西今天的人讀起來並不容易，但這並不等於說陳寅恪缺少對現實的關懷。哪一個歷史學家願意自甘寂寞，不想看到自己的研究成果在現世得到迴響，只寄希望於來世的人能讀懂自己的文字？從歷史上看，一個正直歷史學家的寂寞，往往都是不容於社會大環境、大背景的一種無奈。陳寅恪晚年之所以「著書唯剩頌紅妝」，把幾乎全部精力都放在了兩個清代女子生平故事的研究上面去，說到底還是因為生不逢時倍遭困厄，才不得不「聊作無益之事，以遣有涯之生」，絕非其心之所願。不見其詩云「文章存佚關興廢，懷古傷今涕泗漣」？他哪裡是不關心民族盛衰文化興廢，實在是他對現狀充滿了無奈，以致只能學乾嘉學派，鑽故紙堆以遠離現實而已。他內心深處振興民族文化的抱負與志向，怕是比我們今天大多數歷史學家都大得多。從振興民族文化，特別是傳統文化的角度，陳

寅恪堅持半文半白的書面語言表述形式,自有其意義,故無可厚非。

但是,歷史研究畢竟不都是對傳統文化的研究,更多的還是史事和人物的研究。又恰恰是這種史事和人物的研究,才是廣大讀者關心的重點所在。而這種史事和人物的研究,並不要求歷史學家們非用文言文或專業術語來表述不可。因此,形式問題就有其特別重要的意義。因為,這裡面還有一個爭讀者、爭學生,乃至於爭歷史研究生存權的問題。歷史學家因溫飽無憂,出版發表不愁,進而鑽進與現世隔絕的象牙塔,或太過追求陽春白雪,或習慣了高深艱澀,全無要在社會上傳播歷史真實的責任感和緊迫感,是造成歷史學與人們的現實生活嚴重脫節的一個重要原因。問題是,說明歷史的工作,歷史學家不去做,文學家,甚至是編書匠就會捷足先登。我們經常會發現許多早已被研究清楚的問題,完全不為社會所瞭解,而歷史題材的電視劇或歷史小說陳襲舊說,卻影響甚廣。這種情況的造成,當然不能怪社會,怪他人,絕對是歷史學家自己的責任,甚至應當說是歷史學界的責任。

為什麼這麼說?我這裡講三個例子。

一個例子是大約十年前,近代史研究所評職稱,一位專職研究民國史的青年學者參評,本來寫了一部關於民國電影史的專著,既屬於民國研究的範疇,也是民國史的一部分,卻因為被研究所的眾多專家批評為不務正業,以致不敢填報成果。

另一例子是茅海建教授寫過一本非常好的通俗性歷史研究著作,名叫《苦命天子——咸豐皇帝奕詝》,其通俗性不亞於讀一部歷史小說,其學術性更不亞於他的其他歷史學專著。但是,雖然他內心的目的是想寫一部「既有品味而又好看的學術著作」,到頭來,他還是有點心裡沒底,不僅沒有像他的其他歷史學著作那樣依照學術著作的規範,對史料大量嚴格註釋並做詳盡的附錄,而且在導言中還不得不添上一句他這本書不過「敞開來說說,讀者也不妨隨便看看」這類多少有點讓人泄氣的話。

再一個例子是幾年前我為《百年潮》雜誌編稿子時,發現許多好的專業學術論文,就是找不到幾個能夠改寫成通俗文字的理想作者。找那些編書匠來改,文字倒是通俗了,原作的思想性不是被閹割,就是被弄得支離破碎不成思想了;找原作者來改,這些能夠寫學術論文的學者們往往費盡力氣,改出來的東西不是扭捏造作令人不忍卒讀,就是生硬呆板讓人味同嚼蠟。

在這樣一種歷史研究的環境下,也難怪諸多歷史學家紛紛都去鑽象牙塔了。這

不能不是當今中國歷史研究的一種悲哀。

問：那麼歷史學家又如何在實現其學術研究價值的同時表現其現實關懷呢？

楊：對於這個問題我們理應提到義大利史學家克羅齊的一句話，即「一切真正的歷史都是當代史」。克羅齊這一說法在於強調，歷史必須由今天的歷史學家加以重新體驗和賦予生命才能成為真正的歷史。如何才能賦予歷史以靈魂，使之有生命呢？要達到這一數千年來治史者所渴求的幽深境界，歷史學家必須學會用今人所能理解的情感和思想去重新體驗歷史，必須能夠帶著自己對現實的深切關懷去和歷史進行對話。

史學理論早就告訴我們，就歷史的還原工作而言，要得出絕對準確和真實的景像是不可能的。今人所看到的歷史，永遠都只是過去史實的真實景象的部分縮影。能否儘可能全面準確地再現歷史真實，取決於歷史學家的良心（史德）和能力（史才），但選擇什麼樣的題材來進行研究，和從什麼樣的角度來進行還原工作，卻要看歷史學家具有怎樣一種眼光（史識）。

選擇歷史研究的題材之所以重要，在於人的生命是有限的，要在有限的生命中最大限度地展現自己的才能和生命的價值，歷史學家就要具有一定的遠見與卓識。而任何一種遠見卓識的培養，都與他對現實的關懷程度是分不開的。因為一個對現實缺少關懷，缺少社會責任感的人，是不可能具有深刻的歷史洞察力的。只有立足於對現實的透徹和獨到的觀察，歷史學家才有可能找到那些能夠對現實社會具有重要借鑑和啟迪作用的題材。一個歷史學家也只有在他選對了適合於自己，同時也能夠為社會所接受所需要的適當題材之後，他才有可能在其成果中最大限度地展現出自己生命的價值和意義，並賦予歷史以靈魂。

歷史上人類最偉大的史學家其實大都是基於現實關懷而思考，並研究和總結歷史的。司馬遷之所以能夠成就具有深遠影響的歷史巨著《史記》，就在於他首先是極具思想性的社會人，對現實有著深切的體察和憂慮。司馬遷之「欲以究天人之際，通古今之變」，「原始察終，見盛觀衰」，清楚地反映出其研究歷史的志向所在。修昔底德之所以能寫出不朽名著《伯羅奔尼撒戰爭史》，也正在於他立志要「擎起歷史的火炬，引導人類在摸索中的腳步」，決心透過正確總結歷史，來創造正確預見未來的重要途徑。透過其在著作中對民主自由和法律面前人人平等思想的公開頌揚，我們更能夠體會到他對現實社會的深刻關懷，和建立在這種關懷基礎上

的思想的前瞻性。

現實關懷，也是歷史作品思想性的源泉。

歷史學的研究成果，可以有思想性，也可以沒有思想性。具體史實的考證，是揭示歷史真相的工具，就像考古的野外發掘工作，做得好，就有價值。但是，歷史研究並不都是具體的史實考據。美國歷史學會主席李德在1949年波士頓年會上曾經這樣談到歷史研究與現實的關係。他說：「事實上，他（歷史學家）在歷史中發現的東西往往就是他想從歷史中尋找的東西。在選擇、安排和強調他的事實材料時，他是按照自己心中的某種圖式（某種他認為對社會有利的概念）進行工作的，他經常用這個目標來研究社會的進化。對他來說，朝向自己的這個目標發展的就是進步，背離這個目標的就是腐朽。這樣，用寓意的話說，他為過去描畫的曲線當然也就會延伸到未來。他要麼就是像斯賓格勒那樣指向滅亡的道路，要麼就是像托因比那樣指向得救的途徑。正是在這裡，他擁有為社會服務的良好機會；正是在這裡，他掌握著不是造福社會就是危害社會的有力工具。」

這段話的意義在於講明了每一個時代的歷史學家，都注定會有其自身的價值判斷和對時代精神的理解。他必定會依據自己所認定的進步或腐朽的標準來看待歷史，並且按照他自己心中的某種他認為對社會有利的圖式來選擇、安排和強調他研究的題材及其事實材料。換言之，每一個歷史學家其實都有為社會服務的條件和機會，問題在於你是否真能立足於現實，有充當社會良心的強烈責任感。因為只有當你與眾多普通人一樣能夠深切地感受這個社會的危機和問題時，也只有當你相信作為知識分子理應充當社會良心的艱巨角色時，你才可能成為被現世所重視的有所思想、有所創造的人。這也正是為什麼，陳寅恪先生為王國維所題紀念碑碑文中特別要寫下這樣一段話，即「先生之著述或有時而不章，先生之學說或有時而可商；惟此獨立之精神，自由之思想，歷千萬祀與天壤而同久，共三光而永光」。

「獨立之精神」，就是絕不人云亦云，敢反潮流而動，於不疑處有疑，不僅敢而且能「與立說之古人，處於同一境界，而對於其持論所以不得不如是之苦心孤詣，表一種（理解的）同情」。「自由之思想」，就是要能夠「神遊冥想」，大膽思考，勇於探索，不拘泥於一黨一派之立場，不固守任何意識形態的界限，真正做到創造性思維。而只要我們能夠跳出黨派立場情感和意識形態觀念的束縛，我們就能夠發現，歷史上許多恩怨是非，你死我活，其實並不都是如我們過去和今天所看

到的那個樣子。只要我們能夠「與立說之古人，處於同一境界」，我們就有可能擺脫情感和觀念的糾纏，對於過去我們所不理解的歷史對象「不得不如是之苦心孤詣，表一種（理解的）同情」。而一旦我們不再把視野侷限在黨派鬥爭、階級鬥爭、民族鬥爭和意識形態對立的範圍之內，我們就會發覺，相對於我們今天的現實，過去歷史中值得我們去研究、去思考和去總結借鑑的東西實在是太多了。

問：現在學科分工日益細密，就中國歷史研究來說，至少可以粗略地劃分為古代史、近代史和現代史三大領域，這三大領域裡，是否都能很好實現歷史學家的現實關懷願望？

楊：堅持獨立精神和自由思想，著眼於現實的需要去思考和總結歷史，我們理應發現，歷史研究具有相當廣闊的發展天地。

中國古代史和近代史的研究都有反映歷史學家們表現其現實關懷很好的例子。比如我們讀閻步克的《士大夫政治演生史稿》，就不難瞭解到作者的現實關懷之所在。我們讀茅海建的《天朝的崩潰》，更可以清楚地體會到作者嘗試總結歷史教訓的良苦用心。任何一種歷史研究的成果，如果僅僅滿足於過程敘述和細節的探討，而缺少了作者本身眼光獨到的深邃思考與現實關懷，無論如何都不會把讀者吸引到自己一邊來。

在吸引讀者這一方面，現代史研究自然最具優勢。這首先是因為現代史距離今人最近，一切剛剛過去，人們記憶中許多事情依稀可辨，惟對許多耳熟能詳的重大歷史事件的內幕缺乏瞭解。更何況，每個關心自己國家、民族和社會的人，都會想活得明白些，都會關心今天如何來，明天如何去，因而自然想要知道昨天的事情，想要瞭解何以今天會是這個樣子，許多問題是怎樣形成的，有沒有歷史的經驗或教訓可以借鑑。對此，也只有具有相當思想性的歷史作品才能部分地為今大的讀者答惑解疑，滿足人們的好奇心和求知慾。

現代史研究之容易做出成績，還在於這一研究領域長期以來受政治干擾和意識形態左右，研究基礎薄弱，但又具有任何其他歷史時期所不具備的豐富資料。近年來大量公開的各種歷史文獻檔案和口述資料為研究者提供了極大的便利，因而具有極大的研究潛力。

當然，現代史研究因為距離現實政治較近，研究起來也必定會具有一定的風險。但是，風險越大，機會也就越多。當別人還沒有研究的時候，你能捷足先登，

最先的開拓者自然是你。何況,這種研究上的風險通常是會隨著時間的不斷推移而變化的。時間越往後移,距離今天越遠的問題也就越會失去其政治敏感性。昨天不能研究或不易研究的問題,今天可能就不再是一個問題了。因此,我們不必因為有風險就不敢去嘗試,更不能因為有風險就主動放棄這塊陣地,不去想辦法用自己的專業知識和技能為千萬讀者尋求他們想要瞭解也有權知道的歷史答案。

問:歷史學家的現實關懷,在中國其實有著很深的傳統,在這一點上提到司馬遷是沒有爭議的。而且在我的理解中,自從歷史學以一門現代學科的身份逐步確立以來相當長的時期裡,歷史學家與現實之間的距離是相當密切的。或許可以說在歷史學界有著古代的和現代的兩個關懷傳統,它們之間也有著密切的傳承關係。所以如此強大傳統的失落是很讓人深思的。其中原因除了前面指出的外在社會情勢外,是否還有歷史學界自身的原因?比如你說的現代史研究的風險問題。過於與現實切近,甚至要歷史來註釋現實,看起來是實現了歷史學家的現實關懷,而經驗卻告訴我們,這反而會損害其固有價值的實現?在歷史研究與現實關懷之間,是否需一定的超越?

楊:我們不能否認,歷史學家表現其現實關懷的結果,有造福社會,也有危害社會的可能。造福還是危害,根本上取決於歷史學家是否能夠順應並且把握住時代前進的主流和精神,並在此基礎上形成一種合乎時代精神的思想方法。我們固然無法要求所有的歷史學家都能夠把握住時代前進的主流和精神,但是,歷史學之不同於政治學、經濟學等等社會科學,恰恰在於它通常並不具有政治學、經濟學應用於社會實踐的那種操作性。歷史研究所提供的經驗教訓或是非正誤的歷史評判,充其量不過是建立在嚴格的史實研究基礎上的一種事實判斷,它不僅不會對現實社會產生直接的衝擊和影響,而且根本上也只能是在其專業技術範圍內的一種現實關懷。你可以拿自己的研究來註釋現實,但我相信沒有了過去那種政治氛圍和領導人的偏好之後,這種簡單化的直接註釋能夠產生多大的效力,頗引人懷疑。其實,現在的中共黨史論文和論著,相當多數仍舊在重複著這種簡單的直接註釋和解讀現實的工作。問題是,有多少學界中人會把它們看成是一種真正意義上的學術研究呢?因此,我想對於這類問題大可不必擔心。目前中國的學術研究,包括歷史學研究,已經初步形成了自己的學術標準和學術規範,不怕學者踰矩。現在需要擔心的,倒是有太多的學者因為怕踰矩,堅持不越雷池半步,害怕因為自己的研究成果顯示了某

種現實關懷的傾向，而被學界中人指為媚俗。

　　我還是那句話，人是思想的動物，人活在現世，就應當讓自己活得明白些。歷史學家不僅有必要讓自己活得明白些，而且有責任運用自己的專業技能，透過最有助於人們理解的語言文字乃至圖像形式，把自己所瞭解的知識和自己的思想觀點，傳播開來，讓社會上更多的人活得明白些。

　　（本文原載2002年5月17日《中華讀書報》。採訪者鄭文。）

歷史研究的微觀與宏觀

　　歷史研究，首重求真。從古至今，中國史學研究的這一精神一以貫之。但隨著近代西方自然科學的演進和社會科學的興起，影響到中國近代以來歷史學用來求真的方法，早已是五花八門，各有各的路數。這種情況難免會使重視中國史學傳統的學者慨嘆人心不古，擔心中國的史學會失了自己的特色。其實，自從進入文明社會，人類就從沒有間斷過記述和研究自己的歷史。因此，只要有人類存在，歷史研究就一定有它的生命力。同樣，只要有中國人存在，中國的歷史研究就一定會以中國人自己的過去為主要的研究對象。無論換了什麼方法，它都必定要讓中國人看懂和理解才能確立起自身存在的價值。在這種前提下，有的研究成果受眾多些，有的研究成果受眾少些；有的學者充滿了現實關懷，有的學者只關心象牙塔尖裡的那些東西；有的研究方法傳統些，有的研究方法西化些，都是再自然不過的事情。改革開放之初，我們也曾引入了許多西方學說，可謂魚龍混雜，泥沙俱下。不過七八年時間，它們便很快在優勝劣汰、適者生存的自然法則的作用下，各有各的歸宿了。對於今天中國的歷史研究而言，凡是不適合在中國這塊土地上生存的理論和方法，最終注定也一樣會遭到同樣的命運；而適合者，也注定一定會存留下來，我們大可不必杞人憂天。

　　不過，話又說回來，在今天的歷史條件下，如果我們相信西方社會科學的理論和方法，理應、並且可以被排除在中國歷史研究的範圍之外，卻肯定也是一廂情願。只要比較一下晚清以前的中國傳統史學和當今中國的歷史研究就可以清楚地看出，近代以來的中國史學，從目的，到方法，直至整個話語系統，早已發生了脫胎換骨的變化，這種變化已經潛移默化地影響到一切從事歷史研究的史學家的骨髓裡面去了。一個最簡單的例子，我們今天在研究中國歷史時所使用的基本概念，早都是西化了的，或是從西方引進過來的。像「社會」、「民族」、「階級」、「國家」等等最常用一些概念，就是源自於西方政治學、人類學或社會學等社會科學。這每一個概念的背後，都存在著一整套西方政治學、人類學或社會學的觀念或解釋體系。換言之，對於中國的歷史學家來說，這些概念的使用，並不簡單地只是換一個什麼樣的詞彙來表達思想和敘述史實的問題，它在相當程度上其實是一種思維方

式的轉換。比如，當我們接受「社會」這個概念的時候，所接受的就絕不是一個孤立的字眼兒那麼簡單，它的背後是西方學者用來觀察一個與國家既相聯繫，又相對應的代表著個人共同體的分析模式。從亞里士多德，到黑格爾，到馬克思，再到當代的哈貝馬斯，這些西方思想家在談論「社會」這一概念時，都在不斷地賦予它以新的思想內容。我們今天對「社會」的定義，包括人為地把「社會」劃分為政治、經濟、文化、社會等不同的子系統，並各自選擇不同的面相研究歷史，說到底都是自覺或不自覺地接受西方社會科學的分析模式的一種結果。很難認為我們今天使用的「社會」及其衍生的相關概念，比較其西方的意義，有了多麼大的不同。

　　使用西方社會科學的種種概念來研究歷史，其目的只有一個，也是為了更好地求真。但就求真而言，卻既有微觀的問題，也有宏觀的問題。中國傳統史學對於微觀的真實，包括憑藉特有的時空和文化聯繫，深入中國歷史人物的內心世界，探尋其心路歷程，確有相當見效的研究方法，也因此自有其不朽的生命力。但是，缺少西方社會科學基礎的中國傳統史學，其微觀微不到構成社會基本成份的不同人群的婚喪嫁娶、生老病死，其宏觀又宏不到關乎國家民族乃至社會發展的特有規律與趨向，即既不適宜分析太過複雜的社會現象，也不適宜總結出一個時期的歷史特質，有其明顯的不足。

　　這樣說是不是太過貶低了中國傳統史學的功用呢？希望並非如此。但很顯然，在西方社會科學的相關知識傳入中國以前，我們看不到有哪部傳統史學著作曾致力於此。這是因為，中國傳統史學不具有工具性特點，無法像西方社會科學那樣，發明出一種虛擬的結構，並由此衍生出相應的模式、過程、因果關係、互動系統之類的解釋工具，因此它對帶有整體性的太過複雜的多數歷史問題，更多的只是滿足於片段的、表象的或過程的描述。而今天，歷史的解讀僅僅停留在表象和過程的描述上，哪怕對一些人物的研究十分深入，也是不夠的了。今天，我們只要想對以往的歷史進行解讀，就勢必要借助於西方社會科學的某些理論和方法。不借用西方社會科學純粹虛擬的結構，不對歷史做政治、經濟、文化、社會等諸多面相和系統的區分，不使用國家、民族、階級、族群等概念來定義不同的人群，不運用所有制、生產方式、利益關係和××主義等等概念來界定不同人群之間的聯繫特性……就不可能處理任何複雜的歷史課題，甚至無法將散落的看起來各自孤立的事實，有條理地組織起來，做出合理的解釋。打一個不很準確，但可能形像一些的比方，中國傳統

史學和受到西方社會科學影響的近代以來歷史學之間的區別,多少有點像中西醫的不同。西醫治病有解剖學為依據,有化學及物理學為基礎,它可以利用科學的分析檢測手段,對疾病的病灶、發生的原因和發病的程度,做出比較確切的診斷,因此對疾病的研究、診治和預防分門別類,條理清楚,用藥及施治針對性極強。而中醫治病主要憑藉的則是陰陽、表裡、寒熱、虛實的辯證觀念和醫生個人用藥的經驗,凡病皆辯證論治,用藥多在求人體內在之平衡,其治病的手段雖有許多西醫不可替代的重要特點,但從現代醫學的角度,中醫需要借鑑西醫之所長,不言自明。

如今的歷史學必須要借鑑西方社會科學的理論和方法,並不僅僅是出於所謂「宏大敘事」的需要。傳統史學同樣以談論帝王將相為其所長,西方史學如今也特別注重最基礎的社會史的研究。借鑑之必要,是因為歷史學是以史料為建構歷史真實的基本前提條件的。而相對於任何一段具體的歷史而言,史料都不可能是完整的,且選擇哪些史料和節取哪段文字來說明歷史,都要視研究者的主觀而定。因此,歷史研究固然強調客觀,但完全否認主觀的存在,反對任何價值上的判斷,卻是難以做到的。而當我們試圖解釋某些具體的歷史問題時,只要它稍一涉及價值判斷,我們就不可能僅僅憑藉史料來說明問題了。

舉一個較為能夠說明我的看法的例子。以近代史學界關於孫中山早年向日本出讓滿蒙權益一事的爭論為例。從微觀史實的角度,我們可以運用傳統史學的方法對孫中山有沒有向日本出讓中國滿蒙權益的事實本身,進行細密的考證。問題是,由於孫日之間這種交涉的高度祕密性,具體到某些史實,單純憑藉史料考證,已顯不足。一些學者之所以會圍繞著孫中山是否與日本在1915年簽訂過祕密的《中日盟約》一事,存在著極為不同的看法,即是為此。但是,圍繞著《中日盟約》的真實性所展開的爭論,並不足以否定孫中山曾經有過出讓滿蒙權益的設想和做法,因為只要把相關史實聯繫起來就足以做出某種合乎邏輯的推斷了。比如,透過甲午戰爭期間孫中山乘清政府戰敗之機為奪取廣州而向日本領事求援,1911年孫中山關於日本經營滿蒙有利於中國的言論,1912年孫中山為抵制袁世凱奪權向日方提議以滿蒙權益換取援助,1915-1916年中華革命黨在日本軍人和浪人的參預下,利用日本強占膠東半島的機會,在青島組織軍隊發動對北京政府的作戰,以及1918年孫中山再度以滿蒙為誘餌尋求日本援助等種種可以得到證實的情況,就足以證明孫中山曾經想要用滿蒙權益來換取日本援助絕非虛言。

僅僅發現了上述史實，對於歷史學家來說是否就足夠了呢？有學者堅信，歷史研究的使命就是發現事實，至於對發現的事實如何解釋，或者從發現的事實中總結歸納某種規律和趨向，則不是歷史學的任務。但是，應當瞭解的是，在很多情況下，我們之所以會去研究或去討論某一歷史問題，首先就是因為我們認為這一研究或討論有其必要和意義。而這裡的所謂必要和意義，其實正是我們主觀所賦予的。因此，無論用什麼樣的方法，歷史研究的過程通常也就是一種我們在重新解釋歷史的過程。既要重新解釋，我們當然不能只停留在發掘事實的層面上。有些問題，只要發現了事實，解釋也就存在於其中了；而有些問題，僅僅發現事實還不夠，還必須要有所解釋才能達到我們研究它的目的。仍以上述問題為例，我們所以會去討論孫中山出讓滿蒙權益的問題，就是因為我們想要回答由此所產生出來的一系列對孫中山個人的歷史評價問題。而這種回答，僅僅靠已經發現的孫中山有過想以滿蒙權益交換日本援助的事實自身來說話，是遠遠不夠的。為什麼這麼說？因為，如果我們不用歷史的眼光對這樣的事實來加以分析和解釋的話，簡單地依據現行的觀念，今天的多數讀者顯然無法理解孫中山的這種行為。他們甚至可能會對孫中山，乃至對歷史上其他有過類似言行的革命者和革命黨愛國與否都會大起疑問了。

孫中山是否真的愛國呢？對此只要全面地研究過孫中山的政治主張和他的政治理想，就不難明了。那麼，我們又如何解釋孫中山的上述行為呢？在這裡，就必須借助於西方社會科學中的一些基本的理念和思路了。比如，我們必須瞭解西方政治學以及國際關係學當中關於民族、民族主義、民族國家等相關的概念和理論，並在此基礎上分析和認識近代中國民族主義和民族國家形成的歷史。我們需要瞭解，近代民族國家的形成，包括人們的民族主義意識，及其主權觀念和領土疆域的劃定，都是一個不斷變動的發展的過程，並非是對古代國家的一種簡單的繼承關係。這種情況影響到孫中山等革命黨人對國家、民族及其主權、領土問題的認識，也不能不是一個變動的發展的過程。孫中山早期的民族主義目標，在同盟會「驅除韃虜，恢復中華」的綱領中就已表達得再清楚不過了。即使辛亥革命後孫中山一度接受了「五族共和」的觀念，其後的種種言論仍舊顯示，他對中華國家的理解在很大程度上也仍舊是以古代傳統的漢族國家為基礎的。換言之，孫中山所愛的國家，以及他對國家主權、疆域和領土的理解，不僅在他的國家觀形成過程中是變動著的，而且與我們今天的認識更有相當的差距。故即使我們發現孫中山確有試圖出讓滿蒙權益

的事實，也並不妨礙我們相信孫中山是一個堅定的愛國主義者或民族主義者。

歷史研究中的人性取向問題

一

長期以來，由於堅持階級鬥爭的思維方式，我們在歷史觀、道德觀、社會觀、倫理觀和審美觀等意識層面，形成了一整套是與非、善與惡、正與邪、榮與辱和美與醜的核心價值觀。改革開放前，特別是「文化大革命」期間的各種文藝作品，最典型地表現出了當時意識形態的這一政治導向所產生的影響。因為強調階級對立和階級鬥爭，大力批判「中間人物論」、「人性論」、「無衝突論」，因此也就規定了「三突出」的「文藝創作原則」。即在所有人物中突出正面人物，在正面人物中突出英雄人物，在英雄人物中突出主要英雄人物。如此「突出」的結果，中國文藝作品中的人物形象，幾乎都是非黑即白，非好即壞，英雄人物中的主要英雄人物，就成了所謂「高大全」，成了思想、道德、性格和形象完美無缺的完人。因為一切必須要為政治服務，幾十年來，就連表露愛情、親情，甚至是鄉情，都成了禁忌。1979年「文革」已經結束，改革開放剛剛起步，電視片《三峽傳說》主題曲《鄉戀》播出，仍舊因為內容、曲調不合乎「無產階級的感情」，而被禁唱禁播。直到幾年後，即1983年春節晚會，為了主持人能不能用「無產階級的（宣傳）工具」——話筒，給家鄉的父母拜年，能不能給《鄉戀》一曲開禁，導演乃至中宣部領導人仍舊會緊張得心驚肉跳。

當然，由於改革開放，階級鬥爭的思維模式還是逐漸遭到了摒棄，文藝創作中的「高大全」形象也漸漸開始淡出人們的視野。以電影《被愛情遺忘的角落》（1981）、《一個和八個》（1984）、《芙蓉鎮》（1986）等創作公映為標誌，從人性的視角來發掘或塑造銀幕形象再度成為可能。隨著思想越來越得到解放，我們可以清楚地注意到，中國的文藝作品中今天已經很少能見到那種善惡立辨、黑白分明的角色了。「壞人」不那麼壞，「好人」不那麼好，作者必須儘可能地展現故事中心人物有血有肉的活生生的普通人的一面，幾乎成了一種文化創作的準則，以往那種基於階級鬥爭的是非、善惡、正邪、榮辱、美醜觀，不可避免地被打破了。但由此一來，人們以往對歷史的認識及其價值判斷，也難免要受到極大的衝擊。

近兩年熱播的演繹國共兩黨恩怨情仇的電視劇，就最突出地反映了這種情況。

《亮劍》中的李雲龍和楚雲飛，《歷史的天空》中的姜大牙和陳默翰，《中國兄弟連》中的袁學勇和曲連虎，《潛伏》中的余則成、李涯和吳站長，以及《人間正道是滄桑》中的楊家父子等等，都讓人清楚地感覺到，不論是在共產黨裡面的人物，還是國民黨裡面的人物，幾乎每個人都有每個人的感情，有各自的性格，有理想和追求。他們之所以會對立、衝突，甚至會相互傷害，僅僅是因為他們受到不同環境的影響，加入了不同的黨派，相信了不同的主義。摒除他們的黨派政治背景，他們每個人其實都和生活在我們身邊的張三李四毫無兩樣，有血有肉，有長有短，很難用好壞來區分。就連在向共和國60週年獻禮的史詩巨片《建國大業》中，勝利的毛澤東和失敗的蔣介石，也都或多或少地給人留下一種劉邦打敗項羽的悲壯印象。更有甚者，為顯示共產黨人更人性，有的影片還會別出心裁地編出這樣的劇情：毛澤東聽說前方打勝了，消滅了很多敵軍，不僅沒有高興，眼圈兒還紅了，沉痛地說：敵軍士兵也是我們的農民兄弟啊。

很顯然，當今的文學及影視作品，正在越來越多地想要在歷史劇中展現人性，而非如過去那樣簡單地從主義、階級和黨派立場來看社會、看歷史。不僅如此，一時間，文藝界大有不談人性不足以彰顯藝術造詣之深刻的趨勢。這樣一種認識角度的突破，甚至還在一定程度上挑戰了國人的民族情感和國家意識。最典型的就是大陸上映的幾部影片，如李安執導的描寫愛國女青年與汪偽特務情愛關係的電影《色戒》，魏德聖執導的描寫日據時期臺灣少女與日本教師愛情故事的電影《海角七號》，和陸川執導的塑造了一位有正義感的日本軍官形象的描寫南京慘案的影片《南京！南京！》等。這些影片的上映和觀眾普遍稱讚的反響，都再清楚不過地顯示出，基於人性視角的創作即使面對敏感的中日關係，也大都能夠透過民族主義高漲的中國大陸多數普通國民的情感「審查」。

二

出現上述情況嚴格說來並不奇怪，因為，「文學即人學」，「人性發展是文學發展的內在動力」。文藝乃至藝術存在的主要意義，就是要展現人的生存狀態，透視人的情感生活，理解不同人所具有的感情、慾望、個性及其差異短長，崇其善、揚其美、憫其弱、痛其惡，從而使讀者的心靈和情感受到觸動和感動。誠如休謨所言，人天生有一種同情弱者，乃至悲天憫人的情懷。從原始社會，到奴隸社會，到中世紀，到資本主義，人類因為生就這樣一種情懷，因而才會一步步改變其原始的

動物本性,從基於生存本能的血腥殺戮、弱肉強食,一步步進化到尊重人權,敬畏生命,崇尚自由。無論今天的人們生活在怎樣一種社會之中,受到民族、階級、黨派怎樣的影響,其對生命的敬畏,和對人權的尊重,都日漸在超出其民族、階級和黨派的界限,形成一種只有進步人類才可能具有的善待生命的價值觀。

幾乎所有的研究都已證實,人類成功邁入現代社會和科學技術的飛躍性發展,首先就源於歐洲的文藝復興運動。而所謂文藝復興,就是透過文學藝術,如小說、詩歌、美術、音樂等等,來謳歌人和人的價值、人的情感。故文藝復興其實就是中世紀神權統治條件下一次對人的認識的思想解放,是一次人性解放的運動。甚至,現代(modern)一詞,也是文藝復興時期的人文主義者首先提出來的。正是由於發現了人,而不是神才是社會的中心,形成了以人為本的觀念,認識到個人利益是構成國家、民族利益的最主要基礎,對個人及其利益的尊重是社會和諧的前提;正是因為人們開始關注人性、人的權利及其人在社會中的地位,高揚人的價值與尊嚴,形成了影響深遠的人道主義的思想觀念,「日心說」才會推翻「地心說」,神權才會讓位於人權,才會有為爭取「人生而平等」的資產階級革命和民主政體的誕生,才會有康德所謂「人是目的,不是工具」的人本位理念,和馬克思關於人類最高理想是每個人全面、自由發展的以人的徹底解放為基礎的共產主義理論的誕生。

由此或可看出,中國當今多半也正處在這樣一種過渡時期,即文學藝術已經重又開始高唱人性、人權和人道主義。雖然今日之中國還沒有可能馬上普及人性意識,但這種文化現象的日漸流行自然會潛移默化地洗滌人們的靈魂,從而在某種程度上引領著時代的潮流。

當然,在整個社會依舊通行著傳統的「政治正確」的原則的條件下,這種情況也不可避免地造成社會思想的極度混沌和嚴重分裂對立的狀態。一方面,現實生活中國共兩黨「相逢一笑泯恩仇」了,蔣介石的各種傳記傳奇鋪天蓋地,我們上面提到的正在影響廣大讀者、觀眾悄然改變種種「大是大非」觀念的文藝作品,多半都得到了官方人士,包括中共黨史權威機關的充分認可和高度評價,稱讚它們「真實」、「厚重」、「可圈可點」、「一定可以流傳下來」;另一方面,今日之中學歷史課本和大學中國近現代史綱要,仍舊延續著大是大非的階級鬥爭說教。中國近現代史各種教材依舊在教育學生:蔣介石國民黨代表著中國的大地主、大資產階級,是帝國主義在中國利益的代言人;中國共產黨代表著以工人、農民為主的人民

大眾，是新興的革命的力量。前者所言所行一定反動，後者所作所為一定進步。這種異常矛盾分裂的現象，導致今天即使是大陸網民，對很多歷史及現實問題的看法也截然相反，不同立場者各有各的陣地，大家對現狀都不滿，情感卻愈發對立，言辭且日趨極端。這些人無論如何都不會從共同的人性的視角去看待和理解歷史上的種種問題。

中國人對人性觀念如此歧異，純粹是政治的歷史和政治的現實造成的。但無論傳統的政治模式和政治思維方式有過怎樣的優勢地位，因為它們嚴重背離了社會存在的現實，因此其改變也是遲早的和必然的。正如俞可平在一篇文章中所談到的：自建國以來，中國即不承認人性、人權和人道主義，同時大搞階級鬥爭，使階級劃分和階級鬥爭的觀念「進入社會的每個角落，直至進入家庭，進入工廠，進入學校」。結果是「中國傳統的優秀道德被許多人遺棄了，人與人之間的溫情、友愛和信任開始喪失」。人們正常的情感和心理被嚴重扭曲。以至改革開放後很多年，講人道和人道主義仍然會被視為政治錯誤，並會受到公開批判。

這種情況直到1990年代初，才開始發生改變。這是因為，當時必須要面對開放所帶來的與國際通行的人權觀念的交流與交鋒，因此，中國官方不得不同意在報刊上正面談論中國的「人權」問題。

只是，對外談人權是一回事，真正為人權正名還是另一回事。這一過程又經過了十年以上的時間。直到2004年，中國的憲法中才第一次寫上了「公民人權」應該受到保護的內容。

突破了這一思想禁忌之後，2005年6月，中共中央領導人首次提出了超階級的「以人為本」的主張。到2008年汶川大地震和奧運會準備期間，中國政府最終邁出了承認「人性」觀念的關鍵一步。在公開宣傳「人性」觀念的基礎上，中國第一次喊出了「同一個世界，同一個理想」，唱出了「我和你，心連心，永遠一家人」。這是共產黨建國後第一次公開主張不分階級、民族和國家，大家共同追求同一個夢想。就連中共中央機關報《人民日報》也開始大談人性，並自詡本屆奧運「更乾淨更人性更團結」。

這正是為什麼「人性偉大」四個字今天竟能夠唱響在依舊紅旗招展的中國大地的原因所在。

三

何為「人性」，在學術上仍是一個存在爭議的話題。離開社會性，能否準確說明人性的價值和意義，也有深入討論的餘地。但是，無視人性和人權的激烈的革命性改造，用毛澤東早年的話來講，畢竟「是無可如何的山窮水盡諸路皆走不通了的一個變計，並不是有更好的方法棄而不採，單要采這個恐怖的方法」。④如今，革命改造時代早已過去，官方也已逐漸拋棄階級鬥爭的思維方式，承認了人性的超階級性質。社會各界圍繞著人性、人權和人道主義問題，如今已經在相當程度上達成了共識。

自古以來，文、史原本就是一家。這是因為，它們都是對人的整體性存在的探求，只不過文學作品靠的是建立在美學、語言和人類既往經驗基礎上的豐富想像，而歷史學則是透過對既往事件發生發展原因及經過的發掘與評判來展現其意義。如果說「文學即人學」，那麼，歷史研究更是直接以人為研究對象。如果說任何一個偉大的文學家，都必定首先是一位偉大的人道主義者的話，那麼，任何一位缺少人道主義情懷的歷史學者，要想透過歷史研究贏得今天社會上多數人，特別是後人的尊重，也一定是不可能的。

研究歷史需要有人性視角，這並不是什麼新鮮事。除了我們上面提到的馬克思早年形成其理論就是從人道主義的角度觀察人類歷史發展趨向的慰情況以外，恩格斯對此也有過明白的解釋。他指出，人類對平等理想的追求，根本上就是由人性（「人的共性特性」）引發出來的。英國哲學家沃爾什乾脆認為歷史學家必須要具備人性觀點，並要基於人性的觀念來做研究。他說：「除了歷史學家各自為其特殊的目的所假定的特殊概括之外，他們還各有一套基本判斷構成為他們全部思維的基礎。這些判斷關係著人性……歷史學家正是根據他對人性的概念而最終決定把什麼作為事實來加以接受，以及怎樣理解他所確實接受了的東西。」

歷史本身是極為複雜和多樣的，不同的人、不同的社會、文化、民族、階級和國家之間，都存在著區別，這些注定了後人對歷史的研究也只能是多角度、多側面，甚至是要從多層面入手的。這意味著，在歷史研究中增加人性視角，就認識層面上來看，不過是在歷史研究的方法和角度上增加一個重要的選項而已。它當然會豐富我們對歷史複雜性、多樣性和整體性的認識。

比如，由於科學的過度發展，原本是以復合的有機體整體運行的歷史如今被人為地碎片化了。太過注重技術手段和學科分類的傾向，把複雜的歷史有機體切割、

剝離，使我們幾乎忘記了歷史其實是一些活生生的有血有肉、有思想、有感情的人創造出來的這樣一個事實。顯然，如果我們能夠較多地注意到歷史的主體——人和人的共性，我們也許能夠擺脫目前流行的這種瀰漫著濃烈的福爾馬林氣味的屍體解剖式的研究方法，更容易「還原」人的思想、活動及其過程，更容易瞭解人發生這種或那種思想與活動的原因，從而更容易使我們的研究貼近我們研究的對象，即人類歷史的主體——那些曾經也一樣活生生的人。

又比如，傳統的革命史觀，著眼於政治的是非，往往只見階級不見人；最近的現代化史觀，著眼於生產力及其相應的經濟政治發展，又往往見物不見人。流行的階級史觀，或民族國家史觀，著眼於某個階級，或某個民族或國家的發展與命運，往往只見自己不見他人。從人性視角看歷史，顯然能夠較好地彌補這類史觀的侷限性。因為，既然歷史的主體是人，既然人有共同的特性，那麼，研究歷史就不僅需要注意到那些表面的不同，如地主和農民、精英和民眾、敵人和友人、外族和國族、壓迫者和被壓迫者，還必須要注意到他們作為人的共性之所在，並基於對人類共性的理解，透過不同研究對象「不得不如是之苦心孤詣」，真切地瞭解歷史中人的情感及意圖所在，避免做出過於武斷和片面的判斷。

以毛澤東和蔣介石為例。毛母文氏之愛毛澤東，與蔣母王氏之愛蔣介石，顯然分不出高低貴賤。毛澤東愛其母，與蔣介石愛其母，與他們的黨派立場和階級傾向恐怕也扯不上多少關係。舐犢之情、愛子之心，連動物都有，但趨利避害，也是一般動物之本性。何況蔣對蘇俄及共產黨恐懼痛恨幾深入骨髓，然而他自己的兒子蔣經國在蘇聯加入共青團，歷經階級教育和革命歷煉，並公開發表文章揭露父親虐待母親，譴責其背叛革命，宣布與蔣斷絕了父子關係，蔣卻不顧兒子忤逆不孝之舉而堅信親情感化之力，堅持爭取兒子回國達10年之久。蔣經國回國後亦在其父的誘導教訓之下迅速轉變，最終接班掌權。此亦足以證明，和階級觀念相比，人性之作用大矣哉。不瞭解這種情況，要讀懂歷史實恐大不易。

四

但是，歷史研究者需要講人性、重人權、倡人道，卻並不簡單是因為它能夠在認識方法上提供怎樣的研究便利，而是因為舍此斷難達成我們研究歷史的目的。

歷史研究者的首要任務在求真，即要儘可能還原歷史的真相。一般而言，簡單求真並不難。在各種史料相對完整的情況下，要想透過文字重建某一事件的基本史

第一編　觀念與方法的討論

實，就是沒有受過專業訓練的歷史愛好者，也可以實現。今天網上有許多軍事史的愛好者，都沒有專業的背景，然而，他們因為肯下功夫，因此弄清了許多部隊的歷史沿革過程，甚至弄清楚了不少戰役的具體經過，就是一例。

歷史研究之難，說到底是難在兩點。一是難在歷史的悟性，或曰對歷史文獻的解讀力上，即有沒有足夠的知識背景辨識真偽和讀懂古人的想法，尤其是比較準確地解讀古人所言所行的複雜動機和目的；二是難在知道如何在浩如煙海的史料堆中和數不勝數的歷史謎團當中，找出值得研究和確有研究意義的問題來，使自己的研究能夠觸動讀者的內心，能夠啟發讀者去思考，從而能夠有助於人類歷史的進步。

要讀懂古人之所以難，很大程度上是一個情境差異的問題。今人和古人之間的時空距離不可避免地導致了今人和古人之間存在著巨大的思想文化鴻溝。不必說史料上的欠缺，僅僅一個語言文字的差異，就使文獻解讀困難重重。這就好比讓一個沒有在中國長期生活過、接受過中國傳統文化教育的外國譯者來翻譯中國的古代小說《紅樓夢》，不要說譯出原著的文字風格和作者的思想情感來，就是要想把意思譯準確，都幾乎是不可能的。

但是，僅僅有史才、史學，有豐富的天文地理人文社會知識，能夠輕易辨別史料真偽，讀懂文字，如果沒有透過換位思考、感同身受，來設身處地地體會古人「不得不如是之苦心孤詣」的能力，再高明的歷史研究也難免會給人以隔靴搔癢之感。

要讓自己有一雙慧眼之所以難，首先是一個人性立場的問題。歷史原本就是淹沒在種種衝突對立恩怨糾葛之中的。離開了人性、人權和人道的立場，每一個研究者自身的國家、民族、宗教、階級、黨派，乃至膚色、族群、家族、教育的背景，注定會成為客觀研究與同情理解他國、他族、他黨、他派人的思想、情感、行為與動機的難以踰越的障礙。就是想要讀懂本國、本族、本黨、本派中不同人的內心，也很少可能。

要讓自己有一雙慧眼之所以難，其次是一個現實關懷的問題。歷史駁雜繁蕪，萬象紛呈，容不得我輩一一考察辨析，當今歷史研究碎片化之危險，就在於它會把研究者有限的精力和能力消耗在無數與歷史發展主線無關，因而也與今人關心的種種問題無關的瑣碎史事之中。歷史研究不是不可以細化和微觀化，問題是歷史學者首先應該是一個知識分子，有一顆「社會的良心」，即他首先應該有現實關懷，有

大的問題意識，歷史細節和微觀的研究理當服從於這種大的問題意識的需要，有助於對今人所關心的大問題的理解或瞭解。

據說，作家畢淑敏打過一個比喻，說社會就好比一列火車，大眾是乘客，政治家是司機，自然科學家是技術工，他們的任務就是將載著乘客的列車開到目的地，而人文學者就好比是列車上的觀察員。人文學者的任務就是觀察列車前方可能出現的情況，和關注車廂內乘客的安全與舒適情況，他們對列車是否能夠到達目的地不產生影響，他們的作用是監督乘客乘車的舒適與否，保證乘客的乘車質量。

其實，畢淑敏的這個比喻不很恰當。不僅所謂的「大眾」是分層的和有不同的利益需求的，政治家尤其是追逐權力和利益而四分五裂的。控制了駕駛室的政治家們固然可以主導列車的走向，但維護既得利益的強烈慾望與需要，必定會促使他們無視乘客中眾多有不同利益需求的群體的願望，甚至可能不顧最適合於社會發展的方向，讓列車永遠在他們所希望的軌道上無休止地跑下去。在這方面，單純的自然科學家起不到任何作用。而畢淑敏完全沒有看到這一點。她不知道，列車運行不是沒有危險的，不僅司機的作為必須要受到監督和規範，而且列車運行的大方向也必須要有調度室預先設定的干預機制隨時給予干預，以防止出現英國哲學家大衛·休謨所說的那種「無賴」行為而引發災難性後果。這一切監督、規範和干預機制的設定，都是知識分子的責任和任務，而且不僅僅是人文學者，政治學家、法學家、經濟學家、社會學家以及教育學家，統統都應該起著這種監督和干預的作用。他們不起作用，社會正常運行的干預規範的機制，即從憲法到各種法律制度的建立與完善就沒有可能。人文學者，特別是歷史學家在這裡的作用，最主要的就是要告訴人們，我們過去走過了一條什麼樣的道路，為什麼會那樣走，它對在哪裡，錯在哪裡，為什麼必須要有所改變或修正？而沒有這樣的研究和對過去歷史中是非善惡真相的揭示，社會科學工作者就無法找到準確的事實依據對制定各種規範和干預機制提供正確的意見。

歷史研究不僅不是可有可無，而且也不是隨便研究點什麼就有意義。歷史研究要對社會有所貢獻和作用，歷史學者本身必須要有現實關懷和人文關懷，要有大的問題意識，這至為關鍵。而當今時代發展已經越來越清楚地告訴我們，人類社會歷史進步最重要的標誌，不是單純的國家、民族的獨立和解放，甚至也不是一個階級或一個族群的自由與解放，而是整個人類和人類社會對人，包括對人的生命，對人

性、人道、人權和人的自由與幸福的重視程度得到了怎樣的提升。即由最初的無視到重視，由只重視部分人到重視所有人，由只重視權利的平等到重視每一個人實際的自由感與幸福度。換言之，人類歷史發展和進步的另一種動力，就是人對自身命運的永不休止的關心與關注，也就是人們今天會提出「以人為本」的人性觀念的歷史發展的邏輯所在。

歷史發展當然有其特定的條件，因此條件的不同會令歷史發展不可避免地呈現出階段性和漸進性。在相當長的時段內，人權會被神權所吞噬，一部分人會被另一部分人所統治，普通人的個人命運會被遮蔽在國家或集體的巨大身形下變得無足輕重。但是，人對自身命運的關心和關注卻是自有人類以來就存在，而且永遠也不會止步的。隨著社會的發展，必然會有越來越多的人有條件參與到關注自身命運的思考中來，故人們要求主宰自己命運的那一天也終會到來。

無論這一過程會經歷怎樣的曲折，無論不同國家、不同民族認識到人性、人道和人權價值的途徑會如何不同，我們都可以斷定，當歷史研究者開始從人性的角度看歷史的時候，他們的研究也就開始有其存在和發展的價值了，我們也就開始跟上時代前進的步伐了。

中國當代史研究的起步與意義

在古代社會，無論中西，史家的職責都是記錄發生過的，包括剛剛發生過的史實。從司馬遷的《史記》到中國曆朝歷代的史書，從修昔底德的《伯羅奔尼撒戰爭史》到十八世紀歐洲史學，都不排斥對現當代史實的記述。直至十九世紀，歐洲一些主要國家的高等院校還專門開設有當代歷史的講座課程。也正是從那個時代開始，歷史學界才開始對當代歷史研究的可靠性和可行性發生了爭論。

英國史學家阿克頓是史上最早對當代歷史研究的可行性提出懷疑的著名學者之一。他解釋說：對於史料零碎、真假難辨的古代史來說，歷史學家的研究課題越是靠近現代就越是重要，因為這樣的研究是最值得今人瞭解，也是最容易為今人所瞭解的；它離我們是如此之近，它關係我們自身命運是如此之密切，以至於我們不得不透過它找出我們前行的道路。而它同那些可能永遠都只能處在雲霧之中的古代史研究不同，現代印刷術的廣泛應用，使得近現代史的研究資料是無窮無盡的，每個國家都保留有大量的檔案文件，成千上萬的現代人都保存有包括私人通信在內的各種文字記錄，因此它又是迄今為止史學家們最能夠切近史實的一種研究對象。但是，阿克頓同時則告誡說，距離太近的歷史並不是最容易研究的歷史。他相信，基於學術角度，客觀研究當代歷史的條件並不具備。因為許多檔案文件還沒有公開，政治動盪與認識分歧影響著每一個人對現實問題的判斷力。同時，活著的人總不像死去的人那樣坦白，許多重要的歷史見證者還沒有曝光他們所瞭解的祕密，要證實許多史實，特別是事件發生的原因，必須要經過時間的沉澱。因此，他的觀點是：「一個時代成為過去，我們才能確切地瞭解它」。

一方面高度肯定現代史的價值與意義，一方面懷疑當代史研究的可行性與準確性，這就給後來的史學家出了一道難題：如何恰當地區分「時代」？可以肯定，這種區分其實是很困難的，它可能會有很不同的標準或尺度。比如，阿克頓就沒有給出具體的劃分標準，他所說的「近代」或「現代」，就跨過了三四個世紀，講的是整個資本主義發生發展的初期歷史。而進入二十世紀中期以後，各主要歐美國家規定的政府檔案解密的時間只有30年，也就是說，涉及政府行為的許多史實材料，用不著等幾個世紀，事情發生30年之後就有曝光和研究的可能了。同樣的情況，對於

第一編　觀念與方法的討論

一個相對封閉和專制，但政權更迭頻繁的國家來說，這個所謂的「時代」，往往也只是指一個朝代而已。它可能會延續幾十年，但也可能只在很短的時間就被推翻了。因為後來的當政者無意保守前面當政者的祕密，往往導致大批檔案文件或相關史料很快即被公之於眾，從而也就為歷史研究提供了重要的研究契機。然而，僅僅因為西方歷史學科近百年來自設藩籬，大量新開放檔案的曝光和解讀，多半只是成了政治學家、報刊記者，甚或文學家們重視的工作了。

　　現當代史研究的價值和意義是與我們自身的命運密切聯繫在一起的，因此，從時間上嚴格區分哪些時段可以研究，哪些時段不可以研究，顯然並不適當。西方新史學的代表人物魯濱孫說得好：歷史學家的任務在於應用他研究過去人類事件的技巧，把過去的事實記載下來，使讀者能全面瞭解過去，特別是要使讀者瞭解，是哪些情況導致了過去事件的發生。換言之，只要歷史學家的研究有助於幫助我們瞭解我們自己、我們的同類以及人類的種種問題和前景，那麼，不論任何時段，只要有機會接觸到足夠的文獻和史料，能夠把某一歷史事實在可能的條件下記述下來，把其背後的原因，哪怕只是部分的原因披露出來，都是值得去做的。正如阿克頓所言，近現代史之所以對今天更重要，根本上是因為它離我們的生活和經驗最近，因此最容易為有過相近經歷的今人所瞭解。在當今這種訊息爆炸的時代，越來越多的事實都證明，不要說相隔幾個世紀，哪怕只是隔上一代半代人，只要生活及知識環境發生了重大改變，要想準確地瞭解，特別是理解剛剛過去的人、事、情感與思想，都可能會變得極端困難。不要說半個多世紀前蔣介石國民黨的所作所為所言所想，哪怕就是從改革開放30多年後來看毛澤東時代人們的種種思想行為，我們今天大多數人何嘗不是「以可笑可怪目之乎」？故今日研究當代史，在某種程度上已經不簡單是著眼於記述歷史事實，而是具有搶救的性質了。此正如陳寅恪先生所云，簡單地重建史實並不難，難的是對史實形成的種種深層原因能否「真瞭解」。要「真瞭解」，就必須要能「與立說之古人處於同一境界，而對於其持論所以不得不如是之苦心孤詣，表一種之同情，始能批評其學說之是非得失，而無隔閡膚廓之論」。如果我們今天能利用與當代史中人物有過居同一境界、容易同情理解之便，又能依據新時代之價值判斷做客觀之批評，我們為何非要等上幾百年，讓那些已不易回到過去境界的後人再來做歷史還原的工作呢？

　　當然，和許多西方國家比較起來，在中國大陸研究當代史的難度確實要大許

33

多。尤其是試圖從政治史、外交史或總體史的角度來記述、研究當代史，在中國大陸今天還會存在各種政治方面的禁忌或史料方面的欠缺。但是，今日的歷史研究，已經不再是政治史或總體史的研究獨霸江山或獨占鰲頭的局面了。

當今的歷史研究，很大程度上已經成為一門以考察研究過去人的生存狀態為目的的總體人學，歷史研究的對象和類別早已多元化，最近幾十年來的發展更是有越來越多的人把研究重心轉向了人們日常生活的方方面面。就像魯濱孫所說：「近世最新奇、具有最大影響的發現，就是我們對於普通人和普通事物的重要性有了認識和興趣。」布羅代爾也有類似的說法，他說：相對於那些一次性的歷史事件，歷史上反覆發生的，具有規律性或普遍性的各種事情，或許會更有研究的價值。相對於可能因政治敏感而無法真實再現史實的當代史研究來說，生育、婚姻、性愛、家庭、信仰、喪葬、習俗、醫療、飲食、烹飪、消費、建築、交通、移民、人口、工人、農民、城市、鄉村、街道、生態、災害等等，不僅沒有多少敏感問題，而且無不可入史，也無不應該加以考察和研究。十幾年來，中國歷史學界的研究方向也正在發生相應的變化。這種變化的趨勢，顯然也適合於大陸當今的中國當代史研究的開展。

事實上，今天的中國當代史研究已經處在這樣一個急劇變化的過程中了。第一，自改革開放以來，當代史就已經被納入到大學歷史教學的內容之中來了。第二，1987年人大透過的《檔案法》按照國際慣例規定了政府檔案30年解密的條文，各地檔案館雖然開放程度不同，但大都執行了這一法律，逐年進行解密工作。第三，1949年以後中國大陸單位人事檔案制度的建立及其改革開放後大量基層單位不復存在，無數個人的、單位的和其他民間史料流散出來，為微觀史、個人史和社會史研究提供了充裕的研究條件。第四，最近十年來，原本排斥當代史研究的歷史學界的教師，特別是同學們，如今越來越多地開始涉足到這一研究領域中來了。尤其是在微觀史和社會史方面，已有相當數量的研究者隊伍在形成中，並且已日漸積累起數量可觀的研究成果。雖然，這一切都還只稱得上是中國大陸當代史研究的起步，但這樣起步的基礎卻是紮實的和充滿了希望的。

研究中國現代史最需要什麼？

就社會科學而言，因為其源自於西方，因此學習西方社會科學的理論、概念和方法，緊隨其發展前進的步伐，與之齊一標準並與西方學者對話，就顯得特別重要。當西方的概念、方法太過束縛中國人的手腳，妨礙中國人的思維時，一些中國學者不滿於此，提出西方「文化霸權」問題，想要沖而破之，也很正常。

研究中國史，如同研究中國的經史子集，最大的特點，就是不必對西方人的理論、觀念和方法頂禮膜拜。傅斯年先生關於西洋學者研究中國，僅文字審求、典籍考訂等就一籌莫展的說法，雖嫌武斷，但要西洋學者讀懂陳寅恪的文字，寫出一本《陳寅恪晚年詩文釋證》來，也確實太過艱難。

余英時先生講過他是怎樣「別有會心」地讀出陳寅恪透過《論再生緣》所表達的「家國興亡哀痛之情感」的。這裡最重要的不是方法問題——西方學者未必不會藉史料的殘餘片段以窺其全部結構（陳寅恪語）的方法；而是體驗——在同一個文化背景下共同遭遇家國變幻的中國知識分子心靈和情感顛沛流離的切身體驗。

相信對歷史的理解，需要人生的體驗，對舊文化的顛覆有切膚之痛的余英時先生這樣認為，對新政權的建設充滿自豪的金冲及先生也這樣認為。金先生在《二十世紀中國史》出版後再三講過他的這一觀點，即一個人有沒有相應的人生體驗，對能否準確地解讀和理解過去的歷史很重要。由隔代的人來研究歷史，由於缺少體驗，難免會有隔膜之處。

毫無疑問，這是研究中國現代史的人所面臨的一個頗為弔詭的問題。1950年代臺灣中研院近史所成立之初就面臨過類似的尷尬境地，因為許多人懷疑，由今人來研究他們剛剛經歷過的歷史，有可能客觀和科學嗎？

但反之，今天研究中國近現代歷史的學人則發現，隨著改革開放後，特別是1990年代以來物質生活越來越豐富多彩，社會物慾橫陳，導致青年人精神追求日漸缺失。影響所及，越來越多的年輕人對近百年來中國為何發生這樣或那樣的問題，失去了思考的興趣和能力。

幾年前在這方面發生的最為引人注目的一件事情，是1960年代初出生的清華大學歷史系副主任把「Chiang Kai-shek」譯成了「常凱申」。一時間各種傳媒工具把

這件事炒得沸沸揚揚，好像不可原諒。實際上，不知道「Chiang Kai-shek」是蔣介石的年輕人，包括年輕的歷史研究者有的是。幾乎就在同一時間裡，在美國史丹福大學歷史系的研究班裡，也發生過類似的情況。一位研究中國史的美國同學在發表會上同樣弄錯了蔣介石的名字，當一位中國同學批評他的時候，他的回答理直氣壯：「我為什麼要知道蔣介石是誰？」

近年來，關於歷史研究碎片化的問題開始引起中國歷史學界的關注。有越來越多的年輕學者和學生，借助於西方社會學、人類學等實證的研究方法，把他們的注意力投射在許許多多局部的，甚至是極微觀的史實上去，而對歷史發展的線索、邏輯、各種重大事件及其複雜原因的分析研究失去了興趣。

與此同時，太過技術性的研究方法和太過後現代的思想觀念，也在很大程度上導致了新一代人與歷史中人的情感隔閡。越是年輕的學者，也就越是容易站在一種審視和批判的角度看歷史，他們往往不屑於在歷史對象的身上投注情感。而越是青年學生，也就越是容易受到純技術的分析技巧的影響，以至於常常忘記了事情原本的後果和意義。

更有甚者，衡量學術水準的一個本質的指標，就是創新。要創新就要超越前人的研究成果，得出不同的結論。以至於，今天在美國學界，眾多年輕的歐美國家學者和博士生們，為了創新，除了一窩蜂地開始借助於社會科學的方法來研究過去鮮有研究的中國當代史外，不少研究者的創新，就是你過去說不好的東西，我今天就偏要去證明它並非不好。

研究中國近現代史，不知道或不瞭解蔣介石，這在今天聽起來還有些怪誕，卻是一個社會現實。時代變了，新一代人已無從感受到舊時代的種種。投身於這個充滿了謊言、物慾、誘惑和太多生活壓力的社會，年青人的思想難免會越來越物質，越來越現實。讓他們來體會自19世紀末以來，在中國彼伏此起，激盪了百年之久，引得無數青年為之拋頭灑血的改良與革命的理想價值，當然困難重重。

但是，這並不是說年輕人就不能研究歷史，特別是不能研究中國現代史了。

我從來相信，歷史研究是對人——無論是對一個人，還是對一群人，或對整個人類——所經歷的事及其原因、作用和意義的研究。弄清楚事實的經過，一般說來不是最困難的事情；站在後來者的高度來批評前人，就更簡單了。而真正有質量和有專業水準的歷史研究，是要像余英時先生的《陳寅恪先生論再生緣書後》那樣，

能夠讀懂前人的心（陳寅恪事後讀到余文，曾有四字讚許，謂：「作者知我」。）。也就是說，真正有能力的歷史研究者，必須要能夠正確解讀研究對象的所思、所想、所欲、所求，瞭解他（們）所言、所行的內在動機和原因，深入而準確地分析出他（們）為什麼要這樣說、這樣做，為什麼沒有如我們後人所認為的那樣說，那樣做？

讀字讀心，難麼？當然難。但更難的是，既要主觀，還要客觀。

要主觀是指，只有當我們能夠換位思考，設身處地地站在研究對象的角度、立場、情感和思想認識的基礎上，抱著一種同情的態度去瞭解其所思、所想、所欲、所求時，我們才有可能真正地理解其所言、所行的原因與侷限之所在，而不致誤讀與錯判。

要客觀是指，只有當我們能夠擺脫國家、民族、階級、政黨、族群等等主觀立場及利益的牽絆與束縛，摘掉有色眼鏡，真正站在局外人和後來者的角度，平等地看待歷史上的人和事；只有當我們不抱絲毫成王敗寇的先入之見，既知甲，又知乙，並能夠從更廣大的時空背景和最符合時代發展趨勢的價值觀出發，來做歷史評判的時候，我們才不會觀點偏頗，只看到事情的一面，而忽視了事情的其他方面。

很顯然，要做到這一點，僅僅有體驗還是不夠的。我們每個人的個人體驗總是有限的，人和人的體驗及其由個人體驗所得出的感受還往往是不同的。像余英時先生的體驗，顯然就不同於金沖及先生。也因此，金先生一定寫不出《陳寅恪先生論再生緣書後》，而余先生也一定寫不出《轉折年代——中國的1947年》。

研究中國現代史，最需要什麼？依我之見，最需要的恐怕是良心，即是一份知識分子所應具有的社會責任感。

人生的體驗，可以慢慢增加。研究的方法，可以隨時學習和選擇。但良心是學不來的，對弱者的同情和對一切違反人性、人道和人權的行為的憎惡，只能靠心去感悟。而有此心者，自然也就具備了研究中國現代史的最基本的要素。

因為，他一定能夠發現，這100多年來，中國人經歷了太多的苦難、戰爭、災禍和死亡，至今還有太多的疑問沒有解開，還有太多的問題沒有解決；至今還有太多的人深陷在歷史的恩怨和仇恨之中，你恨我，我恨你，甚至許多人的思維方式仍舊處在不是你滅了我，就是我滅了你的水平之上。

他也一定能夠注意到，勝未必「王」，敗未必「寇」。和《建國大業》中的

「勝利者」一樣，龍應臺《大江大海》一書中那些「失敗者」的情感經歷，也未必不能感人肺腑。「勝利者」付出過苦難，「失敗者」也一樣付出了犧牲。大家一樣是華夏子孫，一樣都「被國家感動，被理想激勵」過，最後也一樣克服了內亂的創傷，走到了今天。

　　當我們回過頭來看歷史的時候，我們其實應該注意到，歷史上的許多是是非非，很多未必需要用流血甚至死人的方式來解決。有時只是因為觀念不同，方法有異，各有各的利益和追求罷了。而無數匯成了歷史長河的人們，無論他們是社會名流，還是普通百姓；也無論他們站在哪一邊，有過怎樣的行徑，他們中絕大多數人其實和我們並無區別。看不到這一點，不瞭解許多歷史悲劇形成的原因，甚至對歷史悲劇視若無睹，我們的歷史研究不僅難以做到真實可信，更不可能讓我們的讀者變得聰明起來。

歷史研究越實證越容易有生命力

1.《失去的機會？》這本書是1992年出版的，這次再版做了哪些調整？

楊奎松：這本書出了也快20年了，其實早些年就有出版社想再版，而我也早就做了一些修訂和補充，這次新星出版社主動要求由他們來再版，我也就同意了。不過，除了個別錯漏文字有校正，同時補充了皖南事變後國共兩黨交涉的一節外，其他基本上保持原樣未動。畢竟，這只是一本介紹兩黨戰時談判具體情形和經過的書，有關國共兩黨關係變化的總的歷史過程，我一年多以前已經另寫了《國民黨的「聯共」與「反共」》一書，做了更深入細緻的研究，對這本書不必再做大的調整了。

2.戰爭時期，資料容易遺失，這本書也是您多年蒐集整理的成果，我想讀過這本書的讀者最感興趣的就是你的資料從何而來，又是如何考證的？

楊：這本書主要是依靠共產黨方面的檔案資料來寫的，因此當年取向閱讀這些檔案資料的條件很重要。而我開始寫這本書的時候，還在中共中央黨校的《黨史研究》編輯部工作，當時以黨校編輯的身份去有關單位查閱這方面的史料是有一些便利條件的。當然，那個年代我們也恰好趕上檔案法的最初制定，又趕上所謂「第三次國共合作」宣傳熱潮，不僅有關部門公佈這方面的資料很多，我們當時查閱中央館的檔案也比現在要容易得多。80年代相當長一段時間裡，國內許多研究者都在研究國共關係史，文章和書都出了好多。我沒有跟風去研究什麼「國共合作史」，而是著眼於比較一些比較微觀的問題。我的長處是一直在研究共產國際與中共關係的歷史，特別是1930年代中後期國內抗日民族統一戰線形成的經過。因此，我當時的研究比較集中在1935-1937年這段時間裡。我既關心中共的政策是怎麼改變的，也關心中共中央到陝北後是如何運用統一戰線政策對張學良、楊虎城做工作的，同時也自然而然地觸及到了中共中央1935年以後祕密與國民黨代表接觸談判的情況。我90年代初接連出版了《失去的機會？》和《西安事變新探》等書，就是80年代那幾年致力研究這些相對具體的史實取得的成果。

那個年代很多學者都在研究這些問題，但多數研究題目都比較大。除了黨史研究者不大習慣做史料功夫，卻太容易受政治環境的影響外，一個很重要的原因是多

數學者因為條件所限，當年大都是把眼睛盯在我們檔案館的檔案上面。中央檔案館的檔案當然非常重要，但如果那個時候如果不瞭解，或不重視海外，尤其是俄國方面的相關檔案，包括臺灣方面的檔案，也包括美歐學者的一些研究成果，那麼，無論是從資料的發掘上，還是從研究的突破性上，其實都會受到極大的限制。我當年在這方面能夠捷足先登，很大程度上和我閱讀面廣，查找資料的線索多有關。

大家今天應該很容易在圖書館裡找到當年出版過的好幾部大部頭的國共關係史著作，不少都拿的是國家課題或省部級課題，經費很充裕，同時集合的人員也很多。但是，這些書基本上都沒有再版的價值，也沒有多少人會去讀它們。一是當時的研究者太過於迎合時勢，二是大家不注重實證性的研究。時過境遷，這種研究的學術性不那麼強，其價值自然也就會大打折扣。由此也不難注意到歷史研究的一個規律，即與其迎合形勢，不如扎紮實實地做實證的研究。真正有生命力，能夠留存下來的成果，多半都是那些實證性的研究成果。

這本書的一大特點，是集中披露了大量國共兩黨談判的具體方案，以及雙方，尤其是中共中央方面在與國民黨談判過程中和他們派出的代表之間的往來電報。在上個世紀七八十年代，臺灣和美國就有一批資深學者，包括張九如、關中、範力沛等，寫過國共兩黨關係的大塊文章，甚至出過書。但是，他們掌握的涉及兩黨具體談判內容及其經過的資料非常有限。這裡面一個很重要的原因，是因為當年的這種談判很多時間都是祕密的，只有國共兩黨中央掌握情況，外國人，除了俄國人以外，基本上不掌握具體訊息。美國人曾經介入過兩黨談判，但也只是在抗戰最後兩年和戰後最初兩年那段時間。因此，外國人要系統研究國共談判史，是很難的。臺灣學者有一定的條件，但是，八十年代臺灣還處在解嚴前後那樣一個過渡時期，檔案還沒解密。因此也只有像張九如、關中、李雲漢這些有條件接觸到國民黨高層檔案的研究者，才有可能做這方面的研究。但問題在於，當年這類談判，在國民黨基本上都是在蔣介石一個的掌握指導之下，只靠極少數人祕密進行，留下來的文字記錄極少，故他們的研究者所能看到的資料也十分有限。

在這方面，大陸的研究就比較容易占先了。因為那十多年的兩黨談判，多數都是在國民黨區域裡進行的，中共中央必須派代表出去談，這樣就勢必要透過電報或密信隨時匯報和指導。長征到陝北之後，中共根據地基本上穩定下來了，這些電報資料大都保存了下來。同時，中共中央當年的工作習慣就是開會多，而且開會必記

錄。像談判這樣的大事情，中央高層基本上都要開會通報情況，並商量大政方針，這樣也就留下了許多記錄。另外，中共中央在1944年以前一直是透過電報的方式向莫斯科匯報重大情況，同時聽取莫斯科方面的意見的。1935-1936年國共祕密接觸和談判，甚至還是直接由兩黨代表在莫斯科進行的。故在俄國檔案裡面，也保存著一部分這方面的資料。八十年代下半期到九十年代上半期，恰好是大陸檔案比較開放和俄國解體後檔案最開放的一段時期，我書中的許多檔案史料就是在那段時間裡透過查閱，或透過相關機構正式刊布得到的。

當然，正如你所問到的那樣，資料蒐集對於我來說未必是多困難的一件事情，更麻煩的其實還是資料的考證和解讀。由於年代久遠，很多資料當年記錄不清，或缺年代，或缺日期，有各種各樣的問題，非詳加考證，有時很難利用。

舉一個小例子。長征後，國共兩黨最早接觸時，周恩來給陳果夫、陳立夫兩兄弟寫過一封信。陳立夫1979年就在臺灣的《傳記文學》雜誌上發表回憶錄，影印刊布了周恩來的這封信。由於周恩來當年寫信時在落款時沒有標註年份，只寫了一個「九月廿二日」，陳立夫肯定地說他是1935年受蔣指派擔任尋找中共線索時收到的，因此包括臺灣學者在內海內外許多研究者都以此為憑，認定國共兩黨抗戰前最早的接觸開始於1935年秋天，而且是中共中央在紅軍長征途中走投無路，讓周恩來主動祕密寫信給陳立夫，尋求談判的。

我從最早看到陳立夫的這個說法開始，就懷疑他所說的年代的準確性。因為熟悉中共歷史的研究者都瞭解，1935年9月10日中共中央剛剛與紅四方面軍分裂，離開川康，17日血戰臘子口，轉進甘肅南部，22日還沒有完全脫離藏區，當時連落腳之地都還沒有找到，它哪裡會想到讓周恩來寫親筆信給陳立夫兄弟，更何況那個時候在那種地方，又如何有條件派人送信到南京去呢？

因為我當年看到陳立夫回憶的時候，還沒有想要研究兩黨關係問題，因此只是懷疑而已，並沒有做進一步的印證的工作。等到後來我開始關心中共中央形成抗日民族統一戰線政策的時間，進一步考察中共何時開始改變對南京國民黨政府的政策時，才進一步注意到研究論證這個時間問題的重要性。因為，如果不能證明陳立夫的說法是錯的，按照臺灣學者當年一致的觀點，中共中央應該早在得到莫斯科的指示之前，還在長征途中的甘南地區，就已經確定了聯蔣的方針了。而事實上，我的研究恰恰證實，中共中央在長征途中因為與莫斯科沒有電訊聯繫的條件，以至它始

終堅持著中央蘇區時對國民黨的政策，從未考慮過制定新的統一戰線政策的問題。它重新與莫斯科接上聯繫，瞭解到莫斯科新的統戰方針，已經是1935年11月20日以後的事情了。那是因為它9月底從甘南進入陝南後，幸運地在一個小縣城裡讀到了一份《大公報》，在那上面發現在陝北竟然還殘存有一塊紅軍的根據地。這樣，中共中央臨時改變了計劃去外蒙邊境尋求蘇聯援助的方案，轉去了陝北，並在10月20日前後找到根據地，在那裡落了腳。一個月後，共產國際派來經外蒙輾轉回到中國，與中共中央聯繫，併負責傳達新政策的聯絡員張浩，也抵達了這裡。這樣，中共中央才獲得了莫斯科的政策指示，並在這之後迅速調整了原來的政策，開始嘗試著向國民黨上層發出呼籲。因此，我們所能看到的中共中央的各種文獻資料，它的政策轉變，包括開始與國民黨地方實力派進行接觸或談判，都是從1935年底開始的，特別是12月下旬召開了瓦窯堡會議之後才開始的。

掌握了這兩個重要背景，再具體分析周恩來信中講到的一些重要訊息，再結合兩黨最早開始的祕密接觸與談判是1936年1月在莫斯科進行的，之後才轉回到國內來等情況，就不難確定陳立夫的說法是錯的了。事實上，1936年9月正是中共高層領導花大力向國民黨高層發出呼籲的一個重要時間點。這個月裡，不僅周恩來，光是毛澤東分別寫信給國民黨高層領導人的信，就有近10封之多。

3.在您對國共談判資料的整理過程中，您認為有哪些事是我們今天的普通讀者很容易誤解的？而歷史真相又是什麼？

楊：這樣的例子很多。最容易出問題的地方，就是今天的研究者或讀者，總是習慣於把共產黨想像成比較強勢的那一方。既不相信中共會做出重大讓步和妥協，也不相信中共中央的政策是在莫斯科指導下制定的。1980年代初在研究共產國際與中共關係時，我和許多黨史研究者爭論得最多的一個問題，就是「逼蔣抗日」的問題。在1936年9月1日中共中央的一份文件中，曾經提出過這一概念。後來的研究者特別重視這一概念，因為他們認為，這一概念不是莫斯科提出的，是毛澤東為首的中共中央獨立自主地創造出來的。當時國共力量對比十分懸殊，如果按照共產國際的指導，中共就只能放棄武裝，向國民黨投降。因為毛澤東堅持了獨立自主，堅持原則，用鬥爭求合作，結果，最終迫使蔣介石國民黨讓了步，這才形成了第二次國共合作的局面。

坦率地說，這種看法完全不合情理，不合常識。但那個年代在黨史學界卻是公

認的說法。一些學者還據此演繹出了一段頗為神奇的歷史，他們說，莫斯科雖然制定了新的統一戰線政策，但俄國人從一開始就存在著一種錯誤的傾向，即表面上主張「抗日反蔣」，實際上是要逼著中共向國民黨妥協投降，要求中共中央無條件實行「聯蔣抗日」。他們說，毛澤東獨立自主地制定了有別於共產國際的策略方針，即堅持「逼蔣抗日」，堅持鬥爭，最後迫使蔣介石國民黨放棄了不切實際的幻想，以我為主，達成了「聯蔣抗日」的鬥爭目標。

　　具體的情況我這裡不細講，我只講一個情況，即當時條件下，中共正面臨著嚴重的生存危機。因為共產國際最初提出抗日民族統一戰線政策時，還沒有把蔣介石納入到團結爭取的對象中來，因此，在它指導下，中共中央雖然用統一戰線政策來團結爭取張學良、楊虎城等國民黨地方實力派，卻公開口號卻還是反對蔣介石。中共中央所以會在1936年9月1日提到要「逼蔣抗日」，有兩個背景。一個是8月15日共產國際來電否定了反蔣方針，要求它必須以南京政府為主要談判對象；一個是中共中央此前已經與張、楊等地方實力派結成了祕密的盟友關係。在這種情況下，它一方面要按照共產國際的指示，轉而去積極爭取對蔣談判；另一方面它從任何方面不宜也不能放棄與有反蔣傾向的地方實力派的統戰關係。既要聯蔣，又要保持與反蔣派的關係，蔣這個時候又並不接受中共所提出的條件，堅持要中共接受他的條件，這就是中共中央在接受莫斯科「聯蔣抗日」方針的同時，會提出「逼蔣抗日」策略的一個重要原因。

　　實際上，共產國際主張要「聯蔣抗日」，也並不反對用必要的鬥爭的方法逼蔣抗日，查共產國際總書記季米特洛夫在內部的講話中就可以注意到，季米特洛夫在七八月間談到中共問題時，也提到過要想盡辦法逼迫蔣介石抗日的觀點。同樣，中共中央9月1日指示中雖然提到「逼蔣」的概念，在前後的指示中也一再提到「聯蔣」的方針與目的。換言之，中共中央並不曾有意違拗過共產國際的指示。一方面，在接到共產國際1936年8月15日的批評電報之後，20日中共中央就接連發出黨內指示，對此前不重視與南京國民黨談判的作法進行了檢討。9月23日，中共中央還破天荒地就此做出正式的決議，向全黨做了自我批評，承認中央策略上犯了錯誤。前面提到的周恩來給陳果夫、陳立夫兄弟的信，以及毛澤東寫給國民黨大批領導人的信函，都是在這一背景下形成和發出的。因此，僅僅抓住「逼蔣」一詞就聯想到並演生出一個「獨立自主」的成功鬥爭經驗來，恐怕是對歷史的一種誤讀了。

究竟中共在1936年，特別是1937年與國民黨的談判過程中具體做了怎樣重大的，甚至是帶有原則性的讓步和妥協，毛澤東又是怎樣說明這一妥協的嚴重程度，以及這種讓步與妥協的必要性的，我在書裡做了很詳細的介紹，這裡就不細談了。

4.您認為國共兩黨十三年間十次談判，最終仍不免一戰的最根本原因是什麼？

楊：當年臺灣學者陳永發讀到我的這本書後，當面表示了他的看法，他認為我的這本書寫得不如我前面的一本，即《中間地帶的革命》一書。他的直觀印象是，我似乎在強調兩黨之間其實存在著一種妥協合作的可能，可惜很多機會失去了。我告訴他，他沒有注意到我書名上的那個問號。即這本書的主旨其實不是在講失去了怎樣的機會，而恰恰是提出了一個問題：真的存在這樣的機會嗎？

透過對兩黨自1936年到1949年10次談判的具體考察，我們會發現一個特點，那就是雙方的談判和妥協，都是有特定條件的。要麼是有共同的太過強大的外部敵人，要麼是有外力的有力幹預，要麼是雙方多少有些勢均力敵，強勢一方暫時還吃不掉對方……之所以會存在這種情況，而幾乎不存在雙方基於民族大業，共商共贏的情況，一個根本的原因，就是雙方都有很強的意識形態色彩，雙方都堅信，中國的一切，必須「操之在我」。因此，雙方之間的分歧不僅很容易被意識形態化，而且很容易變成一種你死我活的情感對立。雙方之間的任何談判或妥協，都注定了只能是環境逼迫下的一種暫時的策略，任何一種退讓都難免會讓作出退讓的一方感覺屈辱。強的一方不免懷疑弱的一方妥協退讓別有用心，害怕被弱方算計，因而必欲強化其監控措施；弱的一方更是會擔心強的一方會尋找機會吃掉自己，因而必欲千方百計擺脫被強方控制，並且一心要壯大自己，準備東山再起。正是在這樣一種情況下，雙方雖然自1936年至1949年一直不斷地在談判，卻一直也不曾找到真正使雙方產生共信共贏的道路，最後還是不得不靠戰爭解決問題。

5.近幾年，您的研究主要集中在哪個方面？是否有推出新書的計劃？

楊：近幾年我的研究比較多地在研究新中國建國的問題，去年已經推出了從政治和外交兩個方面研究這一問題的專題性著作，本來計劃還可以從社會文化的角度再出一個集子，現在看可能不會很容易。但有關這方面的研究，我還有一些更具體的個案在進行中，希望能儘早寫出來。

不能把複雜的歷史簡單化、概念化

一、楊老師，感謝您接受採訪您去年和今年接連出了兩本集子，一是《讀史求實》，一是《談往閱今》，反響都很大，在網上和各地書店連連被推上10大好書榜，作為關於近現代歷史的著作，為什麼能引起那麼大的反響？是否跟近幾年的「讀史熱」有關？

答：其實「讀史熱」，並不是近幾年的事情，早在八十年代「文革」結束不久，改革開放剛開始，思想言論尺度稍有寬鬆之際，就形成過一波「讀史熱」。那個時候中共黨史、民國史的書出了很多，特別是紀實文學作品十分暢銷，影響極大。八十年代末到九十年代相當一段時間裡，許多研究黨史的年輕學者都參與了「攢書」的生意。所以說是生意，就是因為當時這些學者，或者說是老師，湊在一起做書的主要目的只是為了乘機掙錢。當年這方面力量最強的是人大黨史系，有老師甚至把「攢書」做成了一門事業，專門雇了一些打字的農民小姑娘，把他們找來的各種書和文章分別錄入電腦，最後由老師或老師的學生歸類加工迅速成書。這比早些時候的「剪刀加糨糊」的加工方法要先進多了。那個時候我在中國社會科學院近代史研究所，當時很長一段時間我們都怕招收人大黨史系的學生到所裡來工作，因為那個年頭在人大讀書的碩士生、博士生有些也跟著導師做這種事情。那個年代攢書那麼容易掙錢，原因也就是市場需求量很大。像以現當代史為範圍的《炎黃春秋》雜誌，創刊不久就發行到七八萬份之多，自負盈虧而有餘。

二、您覺得今天的「讀史熱」和當年的「讀史熱」有什麼不同嗎？

答：八九十年代雖然關心中共黨史和中國現當代史的讀者很多，但讀者以老同志和文化程度不高的青年人居多。老同志經歷過「文革」後很想直截了當地瞭解歷史真相，青年人則多抱著獵奇的讀故事的心理。因此，他們對具有學術研究性質的，比較重視史料考據的著作文章通常難以接受。1997年鄭惠先生找我們創辦《百年潮》雜誌，一個重要原因也就是想要用經過學術研究的新的史實，去影響一下熱心歷史的讀者。結果並不十分理想。因為我們的文章大都是從學術研究成果加工改寫的，學術研究講證據，重過程，因此一般文章少則幾千字，多則上萬字，有的還要連載。就因為這，我們的印數一直上不來，最多也就兩三萬份。即使喜歡我們刊

45

物的那些讀者,也往往會抱怨我們的文章長,說是歲數大了,一口氣讀不下來。

今天的情況大不同了。這幾年讀者的文化層次明顯提高了,不僅受過高等教育的讀書者越來越多,而且過去只是埋頭於官場和商場的眾多官員及商人,也越來越多地發現讀史的價值了。包括前幾年只是想著怎麼提升自己的文化修養,去惡補儒學或易經的許多人,如今也在現實環境的刺激下,越發關心起現實與歷史的關係來了。因此,10年前只能印一兩千冊的現當代史方面的學術專著,如今很容易就能印到幾千。寫得好的,哪怕是純學術的、重考據的,發到上萬冊基本上不成問題。那些東拼西湊、小考證、不注出資料出處、信口開河的書和文章,如果不是上面佈置要求,反而沒有很大市場了。

三、歷史研究或歷史真實的揭示,關鍵在於史料的發掘與把握。您的書所以容易引起讀者的重視,也與您在史料發掘方面所展現的特長有密切關係。您的研究中常常能夠告訴讀者很多新史料,在當下很多歷史資料還沒解密的條件下,您是怎麼發現這些史料的?

答:其實,史料的發掘、運用和考證,是史學研究工作者的一項基本功。凡是基礎訓練比較好的研究者,相信都能做到這一點。讀者今天在讀現當代史的著作文章時所以會覺得我這方面的能力比較強,純粹是因為近100年來的歷史研究起來政治上太敏感,禁區太多,早年那些史料功夫比較好的學者多數都不願意來研究這段歷史。當然,我也有我的長處。比如,我曾多年在可以讀到當時還沒有解密的某些資料的中央一級部門工作過,在八十年代檔案法制定前後比較開放的幾年蹲過中央檔案館,在九十年代初俄國檔案解密最好的時期去過俄國查檔,並一直跟蹤研究中共與共產國際關係問題,等等。但最主要的,還是一個研究積累的問題。我做中共史以及中共與國民黨關係、與蘇聯關係的研究,已經做了30年。我最初開始著手研究中共史,就是從100年前社會主義、共產主義思想傳入中國的過程開始研究起的,一步一步往後延伸,今天才剛剛研究到1950年代。這種循序漸進的跟蹤式研究及其研究積累,對我理解中共的歷史演進及其內外複雜的歷史關係、歷史背景,自然有很大的幫助,也使我在解讀和中共史有關的各種歷史資料時,容易發現一般學者不大容易發現的問題。

研究歷史,不是說發現了史料,就能夠揭示出歷史真相了。就個別歷史事實而言,有史料和沒史料確實天差地別。比如,我在《讀史求實》一書中談到的安平事

件問題，如果不是因為發現了1946年8月10日和16日冀東軍區司令員和政委訂正此前說法，承認所部主動攻擊美運輸車隊釀成事件的電報，和中共內部一連串內部檢討的電報，要翻歷史上這個案就幾乎沒有可能。但是，就許多歷史事實真相的還原而言，最缺的不是史料，而是能不能發現傳統說法中的偏差和能不能正確解讀史料的問題。比如，我所談的這個安平事件中的幾件關鍵性史料，最初並不是我發掘和揭示出來的，早有中共黨史學者拿這些史料寫過類似的文章。只不過，作者並沒有意識到這幾則史料的價值所在，文章基本上還是在延續以往的說法，對還原事件的真相沒起任何作用。

四、作為普通讀者，還是只能從具有良知而且有著深厚研究功力的史學家那裡來獲取準確的歷史知識。問題是，普通讀者如何才能知道自己讀到的是好的歷史著作或好的歷史作品？

答：對於這種問題不同的人一定會有不同的回答。我的意見是，好的歷史著作應該具有幾個特點，一是要有充分的史料支撐和出處清晰的引證；二是對歷史的複雜性及各個方面要有充分的同情與理解；三是要能夠給今人以啟發和深入思考的空間。我不認為讀那種對歷史評論一邊倒的簡單肯定或簡單否定的著作對普通讀者有益。任何讀起來痛快、解氣的所謂歷史書，其客觀性和準確性都值得懷疑。

五、目前，很多反映近現代歷史題材的影視作品很受觀眾歡迎，作為文學藝術作品，裡面有很多虛構，有人認為，太多的編造和虛構會影響人們對歷史的正確理解，您怎麼看？

答：文學創作和歷史研究作為不同的社會文化功能起著不同的作用，文學藝術，包括影視藝術，就有娛樂觀眾的功能，歷史研究，包括歷史教育，就不具備也不應該起這種作用。當然，文學創作或影視作品不是只具有娛樂大眾的作用，它同樣也應該直接間接或潛移默化地發揮啟蒙人性、淨化心靈、提升文明的作用，有生命力的文學創作歷來就有這樣的功能。客觀地說，在任何國家，任何社會裡，文學創作都是多面性的，有意識形態支配下的虛假宣傳，也有服從於商業利益的媚俗表演。但作為社會的良心，知識界和文化輿論界總是在起著某種平衡和導向的作用，太多虛假或媚俗的東西很難變成文化藝術的主流。在我們今天的社會環境下，要做到這一點還十分困難。第一，這需要一定的社會政治環境，作家要有條件獨立思考和創作；第二，這需要我們有一批熟讀人類歷史，有良心，想反省，能夠獨立思想

的作家、編劇和導演；第三，這需要我們有一大批能思考，也想思考的觀眾。在中國的今天，這三條都還不很具備。我們今天有了一批能思考，也想思考的讀者，也有了一些有良心，想反省的研究者，但今天多數熱衷於看連續劇和看電影的觀眾還不具備這樣的水準，大多數編劇、製片和導演也只習慣於把眼睛盯在票房收入上。

說實話，我倒不指望大陸今天的編劇、導演能拍出《聖誕快樂》、《賽德克‧巴萊》那樣有想法、有觀點的歷史片來，問題是中國今天的編劇、導演能寫出拍出像《蝸居》那樣直觀反映現實真實的影視劇的都沒有幾個。也就是說，中國大陸的觀眾今天不僅很難從影視作品中看到歷史真相，就連想看到現實生活的真相都不容易。至於說要想從我們的影視作品中得到什麼具有人文思想意識的啟蒙和啟發，恐怕就更難了。

六、歷史教育的功能更多地應該是學校教育的任務，您如何評價現在我們中學歷史教科書裡講解的中國近現代史？

答：已經有很多學者批評過我們的歷史教科書了，我這裡不想泛泛地討論它的作用和意義。以課程教材研究所編人教版2007版高中歷史必修教材中的幾點說法為例，大家可以看到我們中學歷史教科書裡面存在著怎樣多的問題。

一是許多史實不準確。以14課為例，如說1919年五四運動中一些具有初步共產主義思想的知識分子開始把馬克思主義傳播到工人中去，因此出現了創建工人階級政黨的需要，實際上這個過程開始於1920年中共開始建黨以後。如說1920年3月「列寧領導的共產國際派代表來中國」，這裡不僅時間被提前了，而且派出的組織也弄錯了。如說中共成立後深感要戰勝強大敵人必須建立統一戰線，因此1923年三大透過決定與國民黨合作，實際上中共成立時並無此覺悟，1922年雖有列寧和共產國際提議，中共最初仍一味抵制，後經共產國際代表再三說服，才在這一年二大透過贊同與國民黨合作的決議，當年9月陳獨秀等就陸續加入國民黨了，並非到1923年三大才透過此決定。如說1927年「7月15日，（汪精衛）大肆捕殺共產黨員和革命群眾」，也不確。因為7月15日武漢政府實行的是「和平分共」，要求共產黨員退出國民黨和國民政府，並沒有開始所謂「大肆捕殺」。「大肆捕殺」是中共8月1日策動武漢政府指揮下的國民革命軍發動南昌起義，雙方徹底翻臉之後的事情。

二是許多評價既不客觀，也不實事求是。如13課談到辛亥革命問題，書中的結論是：辛亥革命是「中國民主進程的豐碑」。舉的證據有兩點，一是說南京臨時政

府1912年頒布的《中華民國臨時約法》是「中國近代史上第一部資產階級性質的民主憲法,具有反對封建專制制度的進步意義。」二是說它「結束了中國兩千多年的封建君主專制制度,建立起資產階級共和國,使人民獲得了一些民主和自由的權利。」這種歷史解讀明顯地有問題。

第一,孫中山等1912年3月11日製定的那個臨時約法,根本上是用來對付袁世凱當政的,孫中山當臨時總統時透過的政府組織法大綱規定的完全是另一套辦法。當他不得不讓位給袁世凱之後,才不得不另訂約法,把原先的總統制改成了內閣制,做了各種規定限制總統的權力。因此,這個約法不僅袁氏後來不能接受,孫中山自己當權也不去執行。只講臨時約法字面上的意義,不講它的來龍去脈和策略目的,學生一旦瞭解到後來的歷史,肯定會一頭霧水。

第二,辛亥革命是結束了中國兩千多年的君主專制體制,這是事實,但說它建立起資產階級共和國,使人民獲得了一些民主和自由的權利,就不準確了。這裡面最基本的問題是沒有釐清幾個核心概念,如什麼是「共和」,什麼是「民主」,什麼是「人民」,以及什麼叫「一些民主和自由的權利」?因為沒有清楚界定這些概念,因此說它是「中國民主進程的豐碑」,除了君主制沒有能再度復辟外,拿來解釋辛亥以後中國不僅沒有走上民主道路,反而越走離民主越遠的情況,也必然會發生許多問題。

簡單地說,教科書裡最大的問題是編纂者意識形態的色彩過強,太習慣於拿當今的政治判斷和政治名詞來褒貶歷史人物和歷史事件。因為對歷史細節缺乏研究,很多武斷說法既無史料支撐,也不介紹複雜的變化經過,更不研究因果關聯和內外影響,把複雜的歷史簡單化、概念化,這對學習歷史恰恰是最有害的。

七、我個人對您在《讀史求實》一書裡提到的「和平土改」很感興趣,可以為讀者簡要地談談您的觀點嗎?

答:其實我把中共1946年和平土改嘗試的情況抽出來寫成文章,主要想法是想讓讀者透過這麼一個個案來瞭解歷史的複雜性和偶然性問題。多數熟悉中共歷史的讀者都知道,中共歷史上的土改都是階級鬥爭式的,因而是強調鬥爭,是比較暴力的。所謂「和平土改」,通常指的都是政府貸款給農民,然後向地主贖買土地的辦法,這種辦法從一開始就是孫中山提出來的,並且是國民黨一直主張,它到臺灣後用的也是這種辦法。不要說這種辦法,就是採取儘量少打人殺人的土改辦法,在

1950年底大陸全面土改推開後也一度被批判過。當年使用的提法，就是要堅持「鬥爭土改」，反對「和平土改」。注意到這種情況，我們就不能不對1946年6月底到1947年初中共中央大力推動，並且在陝甘寧邊區全面試行的，用政府貸款向地主贖買土地的這種和平土改的嘗試，感到好奇。為什麼一向主張激烈鬥爭方法的中共這個時候竟會嘗試搞和平土改呢？因此，我先要弄清史實，要考察清楚中共當年是不是搞了這麼一個和平土改的嘗試。在確定了這一史實真實存在的基礎上，再來研究和討論中共當年做這種嘗試的原因所在。

這裡面其實涉及到好多很複雜的問題。一個最大的問題，就是我們通常黨史著作或教科書裡所說的那個抗戰結束後全面爆發內戰的時間點：1946年6月。如果這個時間點確實爆發了全面內戰，那麼，說毛澤東6月底提出和平土改的提議，7月中共中央透過決定試行，就說不通了。因為幾乎所有研究中共土改史的學者都說，1946年5月4日那個決定實行土改政策的中央指示，就是為著應對6月份內戰全面爆發設計的。不論這個說法對不對，如果6月爆發了全面內戰，毛澤東不抓緊時機鬥地主分土地動員農民參戰，也不合共產革命階級鬥爭的一貫邏輯。

另一個理解上的難點，是為什麼毛澤東早不和平，晚不和平，偏偏在6月底開始提出要和平土改？不管6月是否全面內戰爆發的時間點，5月4日中共中央畢竟已經透過了要實行土地改革的決定。為什麼一個半月前決定土改時不同時決定贖買土地的和平土改政策呢？按照中共黨史比較傳統的說法，五四指示本身就已經太過溫和，不大符合鬥爭土改的階級方針了，毛澤東又進一步提出土地贖買，豈不更不符合階級方針了嗎？這樣一個不符合階級方針的土改政策，為什麼中共中央不僅透過，還在陝甘寧邊區試行，甚至在1947年2月上旬末劉少奇還正式代表中央宣布說這是徹底解決土地問題的最好辦法之一，只有好處而無害處，建議各解放區一體採用？換言之，如果我們注意到1947年4月下旬以後中共土改政策才全面轉向激進和暴力，我們就不能不考慮一個問題，如果1947年3月國民黨軍隊不去進攻中共中央所在地延安，中共中央會不會開始在各個根據地全面推行這一政策呢？

考察中共1946年下半年試行和平土改政策，還會碰到的一個重要情況，就是中央和各中央局、中央分局之間在要不要土改和如何進行土改等問題上的分歧與相互影響的問題。這方面的問題過去很少有人注意到，也很少人會這樣去提出來。但是，考察五四指示的提出，考察中共中央下半年推行和平土改政策時遭遇的種種困

難，包括最後不得不放棄，一度甚至會重回蘇維埃時期打亂平分甚至是打殺的政策，都不難看到中央政策受地方影響和衝擊的因素。這和我們過去一直以來所以為的，毛和中央的政策只會被不打折扣地層層貫徹，一貫到底，只有毛和中央說服各地，沒有各地說服毛和中央的情況，顯然也有很大出入。

限於文章的題目和篇幅，我這篇文章並沒有全面討論上面這些問題，只是論證了1946年中共中央和平土改政策形成和試行的經過。但我寫此文的出發點並不在簡單地梳理這個過程，而是要幫助自己，也促使那些有心的讀者思考這樣一些和傳統說法存在明顯矛盾的問題。如果我們能夠結合1946年美國調處的全過程，以及中共中央一直到年底蔣記國民大會召開才下決心全面撤退駐南京代表團等情況來看這個時期中共中央在土改政策上力求溫和的作法，我們或許不難發現傳統的說法有太多事後諸葛亮的味道。

撥開中國現代史的迷霧

研究歷史要擺脫現實政治束縛

問：我們注意到您最近這一年來在大陸接連出版了幾本書，即《西安事變新探——張學良與中共關係之謎》、《開卷有疑——中國現代史讀書札記》、《內戰與危機——中國近代通史（第八卷）》，以及和沈志華教授等合著的《中蘇關係史綱》。讀您這些書有一種很深的印象，就是您對歷史的描述和分析似乎特別注重一種客觀的態度，很少像傳統史書那樣站在革命史觀的角度去褒貶歷史。這種態度讓您在許多歷史問題的分析說明上顯得別具一格。

楊：你所以會有這樣的印象，多半是因為中國近現代史距離現實太近了，因而研究者太容易受自身立場、情感和外部環境影響的結果。我不敢說我就能夠擺脫這樣的影響，但我至少相信研究歷史的人需要兩種基本的態度並嘗試著去堅持這樣要求自己。一是要能深入於歷史之中，二是要能超然於歷史之外。所謂要深入於歷史之中，就是要能夠像陳寅恪先生所講的那段話那樣，即要能夠「與立說之古人，處於同一境界，而對於其持論所以不得不如是之苦心孤詣，表一種之同情」。這也就是我們通常所講的，要學會換位思考，即設身處地地站在我們所研究的歷史人物、歷史事件的場景之中，按照當時特定的歷史條件、歷史環境和當事人特定身份、地位、教育、知識等所決定的立場情感背景，來具體地理解當時所發生的一切。所謂要超然於歷史之外，就是要努力擺脫現實政治的束縛，不受一家、一族、一黨、一派，甚至一國的情感立場及其意識形態的左右，儘可能用比較科學的發展的眼光，從今天的歷史高度來看待歷史上的種種恩怨與是非。我想，如果我的研究在一定程度上能夠不同於傳統的革命史敘事而表現出一種比較客觀的態度，那不過是在這兩方面注意堅持而已。

問：您認為注意堅持這樣一種既要深入、又要超然的研究態度，對歷史研究來說，最重要的意義是什麼？

楊：舉一個例子。第二次世界大戰爆發之際，毛澤東曾經跟著斯大林一起痛批過英法，肯定過蘇德條約，宣稱歐洲爆發的戰爭是帝國主義狗咬狗，說過去關於法西斯國家與民主國家的劃分已經失掉了意義，現在世界上最反動的國家已經轉到英

法美方面去了，爭取同所謂民主國家建立統一戰線的時期已經過去了。他並且因此提出了「變帝國主義戰爭為國內戰爭，建立反帝國主義戰爭的人民統一戰線」，「推翻世界反動營壘，用革命戰爭打倒帝國主義戰爭，打倒戰爭禍首，推翻資產階級」，說「資本主義經濟已經走到盡頭了，大變化大革命的時代已經到來了」。不過一年多的時間，德國法西斯在打敗了法國之後，就轉過頭來進攻蘇聯了。事實證明，無論是斯大林，還是毛澤東，對於第二次世界大戰性質的估計，都犯過錯誤。他們當年的一些認識在我們今天看來，確有其不成熟、不周延、不合今人看法之處，但是，當年換了你去做毛澤東，你會在後來的歷史還沒有發生的情況下，做得比毛好嗎？未必吧？事實上，如果我們真的去細讀歷史的話，就能夠發覺，在不同的歷史階段，像毛澤東一樣的中國歷史人物，特別是那些革命的政黨組織，沒有過誤判、誤信的，幾乎沒有。如果我們理解不了毛澤東，那也就理解不了其他人，如此也就理解不了中國的近現代歷史。你說它的意義有多大？

問：如何理解您的這句「理解不了毛澤東，那也就理解不了其他人，如此也就理解不了中國的近現代歷史」？比如，為什麼我們不可以按照傳統的革命史觀的理解方法，只要理解近代中國為什麼要革命，誰主導革命成功，其他一切不合乎革命的人和事，只要視其為反動腐朽就可以了？

楊：我這樣說，是因為毛澤東已經是大陸的中國人最容易接受和理解的一個歷史人物了。換了其他人，今天大陸的許多中國人理解起來，麻煩就更大了。比如蔣介石，大陸的許多年輕人的看法，就和眾多海外華人的看法非常不同，甚至十分對立。即使是生活在大陸的中國人中間，由於家庭出身、個人經歷和生長環境等種種的不同，他們對毛和蔣的看法在今天也存在很大的分歧，而且很難調和。這在網上就表現得十分明顯。試想，每個人都先入為主地認定自己喜歡的那部分人好，其他人壞，這歷史還有客觀性和真實性可言嗎？傳統的革命史觀本身就存在著這種弔詭的情況。因為都是講革命，大陸上講的是一套，過去臺灣國民黨講的是另一套，互以對方為反革命，以自己為革命。如此來培養教育自己的國人，培養教育出來的從根子上就是對立分裂的兩部分人。而這樣一種歷史觀，又只有在政治封閉的情況下才會有其存在的土壤與條件。政治相對開放之後，人們很快就會發現，歷史遠比那種單線式的革命解讀複雜曲折得多。這也正是今天無論在大陸，還是在臺灣，傳統的革命史觀的理解方法都越來越失去其影響力的一個重要原因。因為人們很容易發

53

現，在傳統的革命史觀的解釋背後，還有太多用革命史觀無法解釋的歷史現象和歷史問題。

　　舉一個例子。記得1990年代有一次我去東北參加學術研討會，一位軍校的研究者提交的論文痛斥蘇聯1929年在中東鐵路事件當中的侵略行徑。這個問題過去史學界向來是不去碰的，不是大家不知道這個問題可以討論，而是因為這個問題的背景相當複雜，大家避之唯恐不及。這位研究者對此顯然全無意識。其說看上去自然是符合當今的「政治正確」的原則的，因為他的邏輯也確是可以成立的。文章認為，一來中東鐵路是沙俄以中國東北為其勢力範圍並霸占旅順港為其海軍基地之後，在中國東北的土地上花錢修建的一條貫穿南北的鐵路線，蘇俄革命成功後曾一度宣布願意放棄其權利，後又反悔並堅持其管理權，此事已有損中國主權。二來張學良1929年武力接收中東路權，實屬中國方面維護主權之行為，蘇聯竟至出動海陸空軍侵入中國境內，一舉殲滅東北軍海陸軍上萬精銳，重新奪回路權，實與帝國主義無異。

　　但是，這種在今天看來「政治正確」的邏輯，卻未必符合當年中共的「政治正確」。我當時就提出了一個問題：如果我們今天這樣來肯定張學良武力接收中東路權的行動，並認定南京國民政府力挺張學良的做法是維護中國主權，那麼當年中共中央高唱「武裝保衛蘇聯」，積極配合蘇軍牽制打擊國民黨軍，甚至極力壓制黨內如陳獨秀等不同聲音的做法，又當如何解釋呢？顯然，在這裡發生了史觀上的衝突。因為時代的變遷，曾經結為同盟的中蘇關係久已演化為純粹的民族國家關係，且長期交惡，影響到今天的研究者很容易從民族主義史觀的角度來看待兩國之間過去存在過的歷史糾紛。殊不知，當年的執政黨是國民黨，國民黨當年收回路權的行動就是打著「革命外交」的旗號進行的，它也因此指責中共「賣國」。今天按照民族主義史觀來思考這種問題，不期然就會與國民黨的革命史觀走到一起去，而與中共的革命史觀背道而馳。當年大家不去涉及這個問題，就是因為會面臨到這種一種麻煩。

　　這種情況恐怕是這位研究者始料未及的，但又是今天這種新的時代條件下許多研究者在研究中很難避免的一種尷尬情況。如果我們不能讓自己在研究中儘可能深入於歷史之中，同時又努力超然於歷史之外，站在一種客觀的立場上來說明和評述這種歷史上的外交糾紛，這種麻煩就會如影纏身，沒完沒了。

問：這確實是挺弔詭的一個現象。但是，如何才能做到您所說的那種超然呢？我注意到，您在《開卷有疑》一書的序言裡也承認，「說歷史學家可以做到絕對客觀，在研究歷史時能夠做到不夾雜個人情感立場與價值觀，肯定是一派胡言」既然如此，您又是怎樣做到儘量超然於歷史之外的呢？

楊：我在《開卷有疑》一書中收了一篇評黃仁宇《黃河青山》的文章，談的就是這方面的問題。黃仁宇先生可以說是一位大家了，他的「大歷史」觀其實強調的也正是這方面的問題。作為早年的國民黨軍官，黃先生力求客觀公正，不拘泥於一黨一派的情感立場來認識歷史，解釋歷史，可謂身體力行，非常不易。但是，歷史學家是不是就可能完全沒有情感和價值判斷這種東西呢？不可能吧。這就是我不同意說歷史學家可以做到絕對客觀，不夾雜任何個人情感立場和價值觀的看法所在。我所以舉出黃仁宇在解讀中共軍隊作戰勇敢這一點上存在的問題，和他在解讀自己與美國大學及相關教授恩怨糾葛時不能完全客觀的情況，就是要說明，縱使像黃仁宇這樣力倡「大歷史」觀的華人史學大家，要想完全做到不受個人情感立場和價值觀的影響，也是極其不易的。這也是過去許多史家相信，歷史研究要距離今人愈遠才可能愈客觀的重要原因之一。

既然如此，我們是不是就沒有可能做到儘量超然於歷史之外呢？也不盡然。首先，我們可以很清楚地注意到，黃仁宇先生在他絕大多數研究著作中在堅持「大歷史」觀問題上已經做得很好了。其次，我講「大歷史，小道德」，並不是說歷史研究就不能講情感、講道德、講價值判斷。恰恰相反，在我看來，那些對歷史毫無情感，對人類普世的價值觀無動於衷的人，其實是不配研究歷史的。所謂「大歷史，小道德」，強調的是不能拿個人的道德判斷、價值判斷來扭曲歷史事實本身。也即是，就研究歷史來說，首在尊重史實，次在道德判斷，但絕不是不要有所判斷。當然，對研究者來說更為重要，也是完全可以做的是，要儘可能避免倒果為因地去對「古人」自身的道德妄加論斷。因為，我們今天所謂的是非善惡，道德或不道德，是依據今人的標準，不是依據「古人」當時的標準；是依據我們部分人認同的標準，而未必是當今社會其他一些人所認同的標準。比如，當我們今天評價「古人」誰「殘忍」的時候，我們就可能犯了以今代古、以偏概全的錯誤。因為今人視為殘忍之事，在他們所處的那個時代的多數人看來，卻可能不存在殘忍不殘忍的問題。在與被害人利益相關者認為殘忍之事，在與加害人利益相關者看來，卻同樣可能是

理所當然的。更何況，我們今天視為大惡之事，當事人依據他們所奉行的理念，很可能還認為是至善之舉。也不排除在某種情況下，因為種種複雜的原因，當事人自己其實並不十分瞭解實情，也未可知。總之，如果我們不能努力讓自己「深臨其境」，理解「古人」所思所想及其所以然，不把歷史真實作為最大最重要的研究目標，而是首先拿今天我們自己的道德觀和價值觀先入為主地下判斷，要想走近歷史真實是不大可能的。連基本真實的歷史都不瞭解，又何談判斷的準確呢？

還原歷史真相是件很難的事情

問：其實，還原歷史真相是一件很費力不討好的工作。讀了您的《開卷見疑》一書，就很讓人感慨，不僅歷史中間遍佈疑點，就連歷史著作裡面也常常謬誤百出。我們注意到，您在新出版的這幾本書裡不動聲色地做了很多工作，您對此應該有很多感慨吧？

楊：你說得沒錯。深入也好，超然也好，根本上是要達到理解的目的。準確地理解和解讀歷史，是為了儘可能真實地「還原」歷史的本來面目。要儘可能真實地「還原」歷史，是因為今天是昨天的繼續，要瞭解今日之種種，設想明日之所求，就非正確瞭解昨日之所為並探討其如何為、所以為不可。此正所謂「以史為鑒」。可是幾十年來，我們在中國近現代史研究上太過強調「革命」，而忽略了歷史真實的價值和意義。雖然大家也都在講「以史為鑒」，卻忘了你連歷史這面鏡子都造不好，一段段弄成了哈哈鏡一般，照鏡子的人又如何能正確地瞭解自己，改變自己？當然，我這裡必須強調的是，我不是「告別革命」論者。革命，無論是怎樣一種革命，它既然會在中國發生，自有其發生的原因和存在的某種合理性。我相信傳統的革命史觀之不可取，不是因為相信革命本身有什麼錯，而是認為這種史觀太過強調政治的標準了。結果不要說是那種所謂大是大非的問題，就是對一些看上去並不會有礙政治形象的歷史問題，它也一樣會按照其既定的標準去誤讀歷史。

我在這裡舉一個大家都熟悉的例子，如紅軍長征的問題。我們剛剛慶祝過紅軍長征勝利70週年。但是你們有沒有注意到，為什麼要以1936年10月22日作為紅軍長征勝利的紀念日呢？表面上，因為這是紅軍三個方面軍在甘北會寧會師的日子，因此可視為長征勝利「盡開顏」的標誌。但實際上這卻是和按照革命史觀解讀歷史的某種需要相聯繫的。關於這種解讀的弔詭之處在於，只要我們讀歷史時稍稍細心一些，就不難發現，紅軍三個方面軍會師甘北之日，不僅不是紅軍長征最後勝利之

時，恰恰是紅軍陷入空前危機之期。因為，此前紅軍兵分三處，國民黨軍顧得了南，顧不了北。尤其是紅四方面軍兵多將廣，吸引了國民黨中央軍的主力，因此陝北中共中央和中央紅軍面對作戰消極的地方軍閥武裝一度對付起來還得心應手。而這時三個方面軍會合於甘北一隅之地，原定是要去接取蘇聯援助的，但寧夏戰役的迅速失利，兩萬餘紅軍主力被阻隔於黃河西岸，剩下5萬紅軍傷病過半，糧彈匱乏，北上的官兵更身著短衫短褲，連禦寒的衣被都沒有。國民黨中央軍這時卻大批尾隨而至，形成三面合圍，並迫使過去與中共暗通款曲的地方軍閥也只好聽命進攻。進入10月底11月初，紅軍在甘北已再無迴旋餘地，中共中央不得不召開專門會議，制定了新的長征作戰計劃，準備向東突圍，以一年為期，經山西、河南幾省再爭取打回到甘北和陝北地區來。要知道，中央紅軍1934年10月突圍長征時87000人，一年後輾轉到達陝北時，只剩下五六千人，算上沿途補充的新兵，損失超過95%以上。當時紅軍走的還都是國民黨中央軍尚未涉足的西南西北偏遠之地，面對的多是地方軍閥，如今各方面準備大不如當年幾萬紅軍的疲憊之師，要在基本上已是國民黨中央軍控制的地區再度進行長途征戰，其險惡程度可想而知。這也正是為什麼蔣介石會在12月初不顧一切趕赴西安，集中軍政要員，堅持「剿」共作戰已至「最後五分鐘」，下決心要畢其功於一役。這也正是為什麼毛澤東會在得知12月12日西安事變發生的消息後如釋重負地表示說：張學良這是「把我們從牢獄之災中解救了出來」。如果三軍會師甘北的結果，是紅軍全軍覆滅，這種會師的「勝利」又何在呢？這個道理並不難於理解。

　　由此不難瞭解，沒有西安事變，紅軍長征不僅不可能就此結束，而且整個紅軍都可能會遭遇西渡黃河的兩萬多紅軍的命運，中國革命的歷史難免會被改寫。顯然，這種把紅軍長征與西安事變割裂開來的作法，不僅極大地降低了對西安事變及其背後中共依據莫斯科指示實施統戰新策略的重大歷史意義的評估，而且也造成了對紅軍長征勝利原因的某種誤讀。受此影響，幾十年來大陸書本和影視作品中的長征勝利，或是毛澤東遵義會議取得領導地位之結果，或是數萬紅軍官兵艱苦奮鬥精神之成功，卻鮮有人注意到在此背後許許多多更為複雜，有時更為關鍵的各種人和各種因素的交互作用，甚至將起了拯救紅軍命運作用的西安事變與紅軍長征的歷史割裂開來，這實在不能不讓人感慨良多。

　　問：提到莫斯科和共產國際這時在對中共命運至關重要的統戰策略問題上的作

用,我們發現您在自己的研究中似乎非常重視中外關係方面的問題。像您剛才提到的幾個例子,包括您在《中蘇關係史綱》一書中所描述的中國政治、社會、思想文化受到俄國革命及蘇聯內外政策巨大衝擊和影響的情況,也都顯示出您對近現代中國發展道路與西方社會及其國際政治內在聯繫的高度關注。我的問題是,您對外部世界衝擊的重視,以及對中國由傳統走向現代的必然性的強調,是否會導致「西方中心論」亦即「外因決定論」?

楊:我想,用任何一種單一的理論模式,來解釋中國近代社會發展的複雜現象,都是不可取的。「西方中心論」行不通,「中國中心論」也一樣太過簡單化;不僅「外因決定論」難以普遍成立,就是「內因決定論」也同樣解釋不了所有問題。我所感興趣的,不是找到某種萬能試劑,把複雜的歷史現象分解成若乾化學成分,或是去測定出其中的DNA。我最希望自己做到的,是能夠借助於我的專業知識,透過理性的分析和文字的描述,比較真實地再現一段又一段歷史。我不會在意何者為「中心」,何者來「決定」。不會因為自己的中國血統,就去想像中國比西方更文明;也不會因為中國傳統經典裡沒有「國民」和「共產」的概念,就認定國民黨和共產黨都只是一些舶來品。說實話,對於今天中國近現代史的研究者來說,讓自己走近真實、「還原」歷史,本身就是一件很難很難的事了。我們始終覺得,我們這代人因為距離過去的歷史很近,很多思想、文化、意識和觀念相通,因此理解起前人來還比較容易,因此有責任在「還原」歷史方面多做一些工作。理論方面、更宏觀性的工作,如果需要的話,只能留給後來的人來做了。

問:您是否認為,歷史研究中根本就不應當涉及對是與非的價值問題的討論呢?可是我們在您寫的《內戰與危機》一書裡特別注意到,和過去革命史觀全面否定國民黨政府的態度相比,您似乎相當看重南京國民政府在中國現代化進程中造成過的歷史作用,比較您分析說明同一時期導致中共蘇維埃革命失敗的種種問題,這一印象尤其強烈這是不是說明您也並非不重視價值判斷?

楊:其實,不論強調還是不強調,喜歡還是不喜歡,一個傳統的中國必然會走向現代,這本身就包含著某種價值觀在內了。研究近現代史的學者,特別強調問題意識,強調研究者要能夠從人文關懷和現實關懷的角度,運用歷史研究的方法和成果,來回答人們今天所關心的種種問題。這正是因為他們本身對歷史發展的方向和過程,有著某種既定的價值認知。比如,注意到胡主席提倡「八榮八恥」、數百萬

民眾熱購於丹的《〈論語〉心得》，不少學者就會思考：中國的傳統文化是從何時開始缺失的，到底是科舉的廢除使人們逐漸告別了經典，還是「五四」白話文運動割裂了傳統與現代，亦或是中共建國後全面引進蘇式教育模式和破除「四舊」的意識形態運動，導致了黃鐘盡毀？比如，注意到改革開放後中國大陸逐漸開始推行法制建設，大量制定和完善各種法律法規，一些學者就會發出疑問：何以中共建國後幾十年，除發佈一婚姻法和憲法外，民刑商諸法皆無，其原因何在，影響如何？從晚清到北洋到南京，歷屆中國政府在法制建設方面成績幾何，不足幾何？從中國現代社會演進的角度，這種歷史的中斷和延續，包括比較新法與舊法，又有什麼值得汲取的經驗與教訓？顯然，這種問題意識中都存在著明顯的價值判斷在內。而左右著中國近現代史研究者的這種價值判斷的一個基本邏輯，就是肯定基於工業化的現代化進程，是中國社會必然的一個發展趨勢。而它所帶來的社會的和文化的衝擊與裂變，勢不可免。因此，對於他們來說，中國近現代歷史中的問題，更多地不是革命、不革命或反革命之間的衝突對抗的問題，而是誰在何時何地如何應對了社會向現代轉化，以及這種應對的方式和結果如何之類的問題。基於這樣一種觀點，客觀地描述和說明南京國民政府在中國現代化進程中的地位和作用，就是理所當然的。依據不同黨派、社團、人物在整個社會由傳統向現代轉變過程中的態度及其作用，突顯這一社會轉型過程中種種矛盾衝突和文化碰撞的複雜性，也是題中應有之義。

問：您在《內戰與危機》一書中不僅著力描述了1927～1937年的中國政治史，而且對這一時期中國經濟發展、社會生活、思想文化等領域也用力甚多，這是否也是您想要借此來突顯南京政府在中國資本主義經濟發展和中國邁向現代國家過程中所起過的作用呢？

楊：也不盡然。傳統的通史寫法更多地側重於政治史、外交史和軍事史，對經濟、社會、文化及思想、教育、科學學術等等注意不多。但近二三十年來通史研究著作已經較多地注意到歷史發展的多側面和多層面，尤其是近些年來社會史、文化史研究的興盛，更是推動了人們多維度地瞭解歷史的強烈興趣。任何人類社會的歷史，都是由許許多多無窮無盡的相關的人和事所構成的。一個社會也好，一段歷史也好，原本就沒有政治、經濟、外交、軍事、社會、文化等等嚴格的區隔與分野，所謂政治史、經濟史、外交史、軍事史等等，不過是後人為了研究的便利人為地分類梳理出來的。因此，真的要想盡可能地「還原」歷史的本來面目，就應當注意到

歷史發展和影響這一發展進程的方方面面的問題。嚴格說來，我雖然在這方面用了點兒心，盡了點兒力，但因為我的研究一向較多地側重在政治外交史方面，因此在你所提到的那些方面我自認為著力還非常不夠。因為自己在這些方面的研究十分欠缺，因此本書中這些方面的努力更多地還是建立在前人已有的研究成果之上的。而由於目前涉及這一時期的這些方面的相關研究成果還不是很多，能找到的多數研究也不很深入。因此，我並不認為我書中這方面的研究嘗試令人滿意。

關於民族國家

問：在《開卷有疑》一書中，您幾處都談到了落後國家向現代國家轉變過程中民族國家的建立具有重要的意義。並且在《內戰與危機》一書中，您具體地談到了國民黨在中國建立民族國家的嘗試和努力。但是，今天的大陸讀者多半仍舊難以完全擺脫革命史觀的思維方式，而容易習慣於從誰更革命的角度來看待當時的國共兩黨如果讓您在這裡做一個概括的話，您認為應該怎樣評價1927～1937年這一階段國共兩黨的成敗得失才是適當的呢？

楊：其實「革命」是一個用得很濫，卻歧義甚多的字眼兒。古語中的「革命」，講的是改朝換代。而我們長期生長在大陸的人今天所理解的「革命」，則多半是和被壓迫階級的暴力鬥爭方式聯繫在一起的。說誰更「革命」，就意味著說誰在對付壓迫階級的問題上更暴力。因為即使改過朝、換過代了，也還有繼續壓制舊階級反抗，亦即繼續革命的問題。但對於當年的國民黨人來說，「革命」則更多地只是創建和維護一個在他們領導下的獨立和統一的民族國家的代名詞而已。在今天的學術研究中，簡單地搬用「革命」這一字眼兒來衡量進步與反動，顯然麻煩多多。那麼，有沒有一個簡單明瞭的衡量標準可用呢？有。那就是實踐的標準。實踐證明，1927～1937年中共在政治的和軍事的鬥爭中雖然有過局部的和短暫的成功，但其蘇維埃革命的方針和階級革命的政策在總體上是失敗的；國民黨在政治、外交和軍事鬥爭中雖然有過部分的混亂與部分的失敗，但其創建統一的民族國家的努力，在總體上卻是成功的。至於這個時期的國民黨為什麼成功，而共產黨為什麼失敗，自然是與這個時期中國所面臨的向現代國家轉變這一特殊歷史課題有機地聯繫在一起的。國民黨適應了並且推動了這一課題的實現，因而雖然面臨種種重大內外挑戰，卻依舊獲得了成功。共產黨則因為沒有適應並且妨礙了這一課題的實現，雖然代表了部分民眾的利益，卻因為脫離了更大多數的民眾，而歸於失敗。有關這方

面的邏輯問題，胡繩先生有過很深入的剖析。具體的史實問題，我的書中也有很細緻的說明和交待，這裡亦不必多言。

問：您怎麼看這個時期國民黨創立統一民族國家過程中的代價問題？比如，我們究竟應當更多地強調國民黨在統一中國問題上的貢獻呢，還是應當更多地批評它所建立的一黨獨裁的專制體制呢？事實上，一個國家的現代化包括民族化和民主化兩個方面，而中國從近代開始向現代國家方向邁進之日起，幾乎所有當政者都高唱民族主權而壓制人民主權的實現。造成這種現象的原因究竟是什麼？

楊：依我所見，是工業化水平過低，商品經濟不發達，市民社會尚未形成，還不存在一個由於在經濟上擔負了國家的幾乎全部開支，進而對整個政治運行規則能夠產生極大影響力的第三等級。在這一點上，我們和歐洲民主國家早年從中世紀走向現代社會的情況有著極大的不同。歐洲各國走向現代社會，逐漸從承認人民主權發展成為民主制度，根本上在於在他們那裡早已在商品經濟的基礎上，形成了一個強大的第三等級。凡是盛行商品經濟的地方，自然也就信守等價交換原則，知道權利平等是維持整個社會正常運轉的關鍵所在。中國之所以無法像當年法國那樣，首先把人權、民主、自由的口號寫在自己的旗幟上，就在於在國內政治上占據主導地位的各種勢力，熟悉的只是強權和特權，是權利的不平等，他們既沒有等價交換的意識，更不懂得權利平等的必要。在這種情況下，我們怎麼要求他們良心發現，來限制自己的特權地位，而給人民以取消自己特權的權利呢？列寧當年所謂俄國不是苦於資本主義太多，而是苦於資本主義太少的論斷，正可以用來說明中國和世界其他落後國家。事實上，上百年來，凡經濟落後國家，都有此種痼疾，並非中國所獨有。消除此痼疾別無他法，只有發展資本主義，使經濟成長達到相當水平而已。當然，此種發展有兩種途徑，一種是由某宗主國或某強國主導該國政治經濟的發展，逐漸實現之。一種是透過民族解放鬥爭獲得民族獨立和統一，造成統一的民族市場，加入到國際資本主義的市場之中，在經濟發展中逐漸形成一個有影響力的中產階級，進而由經濟而政治，逐漸提出各種權利要求，最終改變專制體制走向民主。瞭解到這一點，我們就不難得出結論，對國民黨在1927～1937年間統一中國的嘗試與努力，應當給予更多的關注與重視。蔣經國1987年能夠自主在臺灣解除戒嚴，開放黨禁，促成民主政治，未嘗不是這種內在的邏輯力量作用的結果。

（本文由《南都週刊》記者謝海濤書面採訪，經楊奎松先生修訂提綱並作答

覆。）

如何讀懂我們的歷史

中共革命勝利的偶然與必然

長期以來，國內外史學家多少有一種觀念：中共回應了國內的土地危機，革命成功有其必然之處，但從歷史看，中共多次在存亡之際能夠扭轉形式，實屬偶然，如1935年毛在大公報上發現陝北蘇區的存在，又如1936年發生了西安事變，如果不是這些偶然的事件，歷史的面貌將有很大的不同——既然如此，那種將革命及其勝利看作是必然的觀念，又是從何而來呢？

答：歷史的發生是偶然，是必然，原本就要辯證地看。有些偶然裡面有必然，有些必然裡面有偶然。比如1935年中共中央北上甘南進入陝南時從《大公報》上發現陝北蘇區的事情，看起來很偶然，但這與中共中央始終堅持北上和接通蘇聯的方針聯繫起來看，又存在著某種必然的聯繫。因為陝北蘇區就在中共中央北上的方向上，只要中共中央堅持北上方針，讀到報紙，發現陝北蘇區，就只是個時間問題。同樣，1936年西安事變的發生，從停止蔣「剿共」軍事，實現二度合作的角度看，確是一個很偶然的事件。但西安事變所以會發生，又和中共政策轉變，一年來策動張、楊聯蘇反蔣抗日的統戰工作密切相關。張學良半年多前就已經在與中共密謀發動西北事變了，只要蔣無法幫助張回東北，且又堅持逼張「剿共」，以張之處境、性情和對聯蘇抗日的渴望，斥諸兵變手段，也就不純粹是一種偶然了。

同樣的情況，看中共的勝利，也要看到事情的兩面。即既要看到其勝利的偶然性的一面，也要看到其勝利的必然性的一面。中共的勝利，有沒有偶然的因素起作用呢？當然有。比如，中共勝利的一個很重要的原因，是因為毗鄰共產黨的蘇聯。我們看歷史地圖可以很清楚地看到一點，即除了一個60年代初的古巴以外，幾乎所有共產黨國家都是圍繞著蘇聯建立起來的。這說明了一個什麼情況呢？這說明，地緣政治起了很大的作用。而中國與蘇聯毗鄰，這是便利中共革命成功的一個重要關鍵。但說因為這一點，中共革命就一定成功，卻未必。

以芬蘭為例，芬蘭不僅與蘇聯毗鄰，而且久為俄國和瑞典分治，19世紀初完全被沙俄所統治，十月革命後才乘機獨立。蘇聯強大起來後大力扶助芬蘭共產黨，甚至出兵芬蘭，扶持芬共建立起分裂政權，芬蘭卻始終保持了獨立的地位，頑強抵抗

蘇聯的入侵，沒有變成共產黨國家。芬蘭共產黨所以不能透過蘇援而成就其革命，一個根本原因是芬蘭人口中多數是因民族獨立和政治民主而獲益的農民，他們反對共產黨的政策，並且堅決抵制蘇聯併吞芬蘭的企圖。這說明，外援或外部力量的作用，並不一定就是決定性的，它多半要與一個國家內部的條件和需要相適應，才能發生重大影響。因此，毛說內因是根據，沒有錯。

中共為什麼會在中國成功，當然有許多因素在起作用。中共裡面出了一個毛澤東，比較其他許多國家的共產革命，可以說這也有一定的偶然性。而且，並不是中共有了毛澤東就一定會成功。哪有那麼簡單？過去中共黨史把遵義會議抬得很高很高，好像因為1935年1月中共中央召開一個遵義會議，毛澤東成了黨的主要領導人，中共革命的命運就由失敗走向成功了。但是改革開放後很快就發現，毛澤東在遵義會議上只是被推舉成了中共中央政治局常委，黨的新的最高負責人並不是毛澤東，而是留蘇學生張聞天。而且，遵義會議只是批評了過去的軍事路線，也沒有討論和解決黨的政治路線問題。因此，中共重獲生機，根本上靠的並不是遵義會議。如果沒有1935年共產國際政策的轉變，紅軍就是按照中共中央的主張堅持北上，能夠看到那張報紙，找到陝北蘇區，也很少存活下來的可能。如果沒有1936年張學良、楊虎城發動西安事變，逼出所謂第二次國共合作，共產黨還是難免牢獄之災。傳統的黨史解讀最失敗的地方，就是把中共革命的成功與失敗，和黨的領袖個人的作用直接掛起鉤來。給人印象，領導人選錯了，革命就寸步難行；領導人選對了，革命就一往直前，顯然太簡單化了。

其實，講中共成功，有一個因素不能不講。這就是蔣介石國民黨的政策失敗。蔣介石寫《蘇俄在中國》，和中共黨史傳統的寫法正好相反，它是把中共的成功完全歸結為蘇聯的幫助和陰謀。但我們都知道，如果講蘇俄的作用，蘇俄歷史上兩度大力支持過國民黨，援助國民黨的力度還曾經遠超過它援助共產黨。說起來國民黨無論歷史的經驗、影響、實力，當年在中國都是獨一無二的。如果它的政策對頭，自己爭氣，中國根本就沒有中共革命成功的條件和可能。問題是國民黨自己的政策很失敗。蔣介石後來總是抱怨上了蘇俄的當，並且把失敗的原因歸結到兩度與共產黨合作。可是當年同樣也是毗鄰蘇俄的土耳其，為抵抗歐洲協約各國的壓迫，凱末爾黨人也接受過蘇俄的援助，也曾和土耳其共產黨合作過，結果它成功地贏得了民族獨立，卻沒有造成一個強大的共產黨出來。如果我們考察國共兩度合作的歷史，

中共也並不都是因合作而壯大成功的。第一次合作就是以中共失敗而告終的，如果不是國民黨自己四分五裂，內戰不斷，導致外敵入侵，中共也很難有發展的機會。事實上當國民黨內部基本上統一起來之後，雖然仍有外敵壓迫侵擾，1934年以後國民黨還是打敗了共產黨。國共第二次合作雖然便利了中共東山再起，但戰後國民黨還是執政黨，各方面依舊占據著統治地位，至少在戰後兩年時間裡未必有誰相信共產黨有打敗國民黨的可能。因此，考察歷史可知，國民黨的失敗，根本還是敗在國民黨自己，敗在蔣介石身上。

對於共產黨來說，你說這算是偶然呢，還算是必然呢？

國共實力的大逆轉

1945-1949年之間，國共雙方力量突然發生逆轉。原因眾說紛紜，您在書中幾處作了回應，比如中共接受的外援數量，以及土改在動員中扮演的角色，都和以前流行的看法相反。您覺得國共實力逆轉主要是哪些因素造成的？

答：我們看國共實力逆轉，必須要從抗戰看起，不能只看戰後幾年。從抗戰結束後的情況來看，國共雙方力量對比已經出現某種勢均力敵的態勢了，不是戰爭結束時中共力量弱小，因為土改，或因為蘇聯援助，一夜之間才突然壯大起來的。光是看公開的資料就可以瞭解，1945年戰爭結束時中共光是正規軍就已經發展到120多萬人，連同地方武裝已經有三四百萬，它並且控制著連接東北的通道和包圍著北平、天津、青島、南京、上海的大片敵後根據地，形勢不是對共產黨不利，而是對國民黨很不利。為什麼呢？因為當時日本人占了中國的大半壁江山，把國民黨的軍隊逼到雲、貴、川、陝等邊遠地區，日本一投降，蔣介石最怕的就是共產黨就近進據各大中城市和交通要道。那樣一來，就麻煩大了，因為共產黨一旦占據了城市，瞬間就會擴充和強大起來，再靠武力來和共產黨奪取那些地方就太困難了。因此，日本天皇正式宣告投降當天，蔣介石就迫不及待地打電話給延安的毛澤東，邀請他去重慶談判戰後國內和平問題。毛拒絕後，蔣又兩電懇切相邀，同時透過盟軍司令麥克阿瑟命令駐華日軍只能向蔣的軍隊投降，還透過駐華美軍司令魏德邁安排美國海空力量幫助，緊急運送國軍前往華東、華北和東北各中心城市。由此就可以看出戰後國共實力對比上國民黨存在著很大的弱點。

瞭解這一點很重要。因為，雖然國民黨正規武裝在兵力上仍兩三倍於中共，裝備也先進得多，但計算地理條件、部隊士氣及其作戰力，雙方力量差距已經不是很

大了。更重要的一點是，經過1944年國民黨中央軍在豫湘桂戰役中大潰敗，特別是中共打出聯合政府的旗號，贏得中間黨派廣泛支持之後，無論從哪方面，毛澤東都已經有了挑戰國民黨統治的底氣了。還在1944年12月，即日本投降前8個月的時候，他就在內部批示中寫過一句話，叫「這次抗戰我們一定要把中國拿下來！」新中國成立後毛澤東在談到與斯大林的恩怨的時候，最不滿的也是抗戰結束時他拒絕了蔣介石去重慶的邀請，斯大林卻打來電報嚴令毛一定要去。他對此十分氣惱，說斯大林這是「不許革命」。這意思也是一樣，即他在抗戰結束時其實已經做好了和國民黨一較高低的準備了。從日本天皇正式宣告投降後毛澤東所做的一系列部署，特別是指示各根據地組織奪取上海、南京、天津、北平等中心城市的軍事行動的情況即可看出，如果沒有蘇聯干預，他很可能下令會發動奪占這些城市和收繳日軍武器的作戰行動。而這一步驟顯然是衝著與國民黨爭奪天下去的。

從這裡我們不難注意到中共利用與蘇聯的「同志」關係，搶在國民黨軍前面大舉進入可以三面背靠蘇聯的中國東北地區，其作用影響會有多大。直到1945年底，中共全力以赴派進東北去的，不過10萬人，幾個月後就擴展到40萬。1948年9月進行遼瀋戰役時已發展到七八十萬人，原來沒有的各種現代化的軍事裝備幾乎應有盡有了。不論今天人們怎麼計算蘇聯戰後在軍事上給中共的援助數量，可以肯定的是，第一，沒有中共在抗戰期間的迅猛發展，以及充分占據了地理上的優勢地位，中共戰後就沒有和國民黨爭奪東北的條件；第二，如果中共戰後不能進入東北，它也就很難迅速完成軍事裝備上鳥槍換炮的現代化轉變，更談不上在兩三年內從10萬近乎徒手的軍隊擴充成近百萬裝備齊全、供給充足，可以靠火力和國民黨美式裝備的軍隊一較高下的強大軍事力量。關於東北戰略地位的這種重要性，毛澤東還在1945年三、四月間中共七大會上就再三強調過了。他清楚地講到兩點：一是強調蘇聯援助的必然與便利；二是強調進東北後可取得三面背靠蘇聯和掌握日本重工業條件的意義。他講得很清楚，只要我們進了東北，哪怕其他根據地都丟了，我們也能夠更大規模、更大力量地打回來。後來的事實很清楚地印證了毛的這一預見性。

當然，毛澤東的這一戰略要想成功，還必須要有蔣介石幫忙才行。今天讀這一段歷史，大概最讓國民黨人扼腕嘆息不已的，就是蔣介石當年的種種錯誤決策了。坦率地說，戰後東北從法理上並不是中共的，而是國民黨的。為什麼這麼說？因為1945年8月9日蘇軍出兵中國東北，14日蘇聯政府與蔣領導的國民政府簽訂了《中蘇

第一編　觀念與方法的討論

友好同盟條約》，雙方明確約定蘇軍三個月內撤出東北，交蔣介石國民政府接收，而且蘇聯一切援助都只能給國民政府。因此，中共北方根據地的部隊雖然距東北僅一步之遙，最初卻不能名正言順地開進東北。就連美國總統特使馬歇爾前來中國調處國共衝突，開始都無權介入東北地區的問題，因為國民黨堅持那是主權接收的問題。中共方面初入東北因不很順利，想要蘇聯幫忙，爭取讓國民黨承認它在東北可以插上一腳，蘇聯因與國民政府簽有外交條約，也明確予以拒絕。

　　由此可以看得很清楚，戰後東北並不就是中共的囊中之物。由於背後有美國軍事上的大力支持，有幾十個師可以得到全套美式裝備，蔣介石戰後很長一段時間完全不把共產黨的「土八路」放在眼裡，拒絕承認中共在東北的存在。也因為太過依賴於美國，儘管蘇聯方面最初曾經設想用不在東北扶助中共為條件，與蔣介石國民政府簽訂確保蘇聯利益的雙邊協定，讓政府軍順利接收東北，卻都遭到了蔣介石的拒絕。換句話來說，至少在戰後半年多的時間裡，蔣介石不僅有過全面接收東北的條件，而且有過多次可以合理合法地控制東北大部的機會，卻都被蔣介石自己輕易丟掉了。中共武裝在東北的迅速壯大，並能透過東北大力援助關內各根據地對蔣作戰，導致國民黨軍事上日漸轉為劣勢，兩黨軍事力量徹底逆轉，蔣介石國民黨自己昏著錯著連連，不能不是很主要的原因之一。

毛澤東為何放棄新民主主義

　　您的《毛澤東為何放棄新民主主義》一文是15年前首次發表的，再次在本書中發表時，討論「新民主主義」似乎面臨著很不相同的語境。為此，你加了一段很長的按語。你覺得有必要特別提醒今天的讀者什麼？

　　答：去年以來有不少人又開始在談論新民主主義，雖然談論者的意圖不一，但大多數以此為話題的談論者顯然都對1940年代中共的新民主主義方針有很高的評價。中共在抗戰中成功贏得人心，改變國共在政治上的力量對比，高舉新民主主義的旗幟，用一些政治民主和經濟民主的溫和政策，對內對外都產生了重要的影響力。就中共新民主主義政策在當年的歷史作用予以實事求是的評價，我是贊成的。我當年寫這篇文章，針對的是那種把這一政策主張當成一種先驗的理論建構，並賦予它原本沒有的國家理論和社會理論的說法提出商榷性意見。重新發表這篇文章，也是因為我注意到，今天人們的討論中也存在著類似的傾向和觀點。

　　我想提醒關心這一問題的讀者注意的，其實還是一個歷史方法的問題。即我們

67

雖然應該注意現實與歷史之間的聯繫，但是不能簡單地把二者混同起來，更不能不顧歷史事實，想當然地把某一個歷史階段的情況理想化、概念化，然後拿來用在當下。第一，毛澤東當年提出這一政策主張，很大程度是基於國共鬥爭的現實需要出發的，因此，它更多的是出於一種策略構想的政策闡發，而非深入的理論思考和長期的戰略構思。第二，「新民主主義」這一概念就其質的規定性，即「民主主義」一點而言，屬於中共革命「兩步走」中的第一步，在中共二大就有明文規定。毛所以要加一個「新」字，只是想要強調領導權的變化。這是因為，抗戰幾年來，共產黨一直公開承認蔣介石國民黨中央政府的領導地位。這個時候毛澤東相信這一情況需要改變了，中國革命應該走向由共產黨領導（或「參加領導」）的「幾個革命階級的聯合專政」的方向了。因此，也是第三，新民主主義政策主張的提出，在當年顯然是基於階級鬥爭思維的一種進攻性步驟，它實質上不過是對列寧領導的俄國革命經驗的一種繼承，其中心內容也是對斯大林和共產國際本來主張的一種延續。1926年底和1927年初，斯大林、共產國際就提出了中國革命必須由共產黨來領導，走「非資本主義道路」的政治主張，當時就曾提出過把武漢國民政府改造成為共產黨領導（或「參加領導」）的工農小資產階級革命專政的設想。

瞭解到這一點，就應該看到，這一基於「兩步走」方針和階級鬥爭思維而形成的政策主張，和當時國共鬥爭力量對比的狀況有著密切的聯繫。所以會提出新民主主義主張，基本原因就是國共力量對比已經和3年前共產黨只有兩三萬軍隊，必須服從於國民政府的情況大不相同了。但是，1940年中共也還只有40幾萬軍隊和只在敵後農村占據著一些根據地，因此，毛澤東雖然大膽地提出了共產黨領導的問題，但由於兩黨力量對比差距還比較大，故他在「共產黨領導」這幾個字的後面還不能不小心地加上了一個補充性的說明，即「或參加領導」的字樣。這說明，毛澤東提出這一新的政策策略方針的時候，都是特別注重現實的力量對比的。一兩年後毛澤東再改《新民主主義論》一文時，由於兩黨力量對比和兩黨關係進一步發生變化，他就把這個「或參加領導」的說明刪掉了，明白地寫上未來中國政權要由共產黨一黨領導的要求了。由此亦可看出，這一政策主張的提出，根本上是毛澤東基於當時階級鬥爭的現實需要，著眼點更多的是側重在策略上。

由於新民主主義不是毛澤東對未來中國前途的理性思考，而是一種策略步驟的政治表述，因此，我們只要稍微細心地考察一下毛1940年的這篇文章和以後的各種

相關言論，就會發現，他提出新民主主義主張的時候，很多認識都不完善，連一些重要的政策概念都沒有做過充分的研究論證。

比如，毛澤東的《新民主主義論》一文初成時，對中國資產階級的認識和判斷就很不成熟。文中反覆強調的新民主主義政權，亦即「幾個革命階級的聯合專政」，竟不包括民族資產階級在內。毛澤東當時依據的基本邏輯是：「資產階級必然叛變」，因此，他的「幾個革命階級的聯合專政」一說中的「幾個革命階級」，並不包括資產階級在內。毛澤東當時認為，將來只有工、農和小資產階級和知識分子是革命的，資產階級則是反動的。這一政策主張發表了半年多之後，毛澤東才開始注意到這一理論判斷在現實政策上不恰當，因為抗戰條件下策略上不宜把國民黨各派力量，尤其是不宜把各中間黨派、地方勢力，包括工商資產階級，籠統地當成資產階級排除在團結的對象之外。1940年7月之後，他才開始考慮透過把中國的資產階級劃分成「大資產階級」和「民族資產階級」兩部分的辦法，把蔣介石劃入到「大資產階級」當中去，把國民黨反蔣派或地方實力派等等，劃到「民族資產階級」裡面來，繼續當作團結的對象。類似這樣的內容變動還有很多。由此也不難瞭解，毛澤東何以從來不曾把「新民主主義」當成自己重要的理論或政治貢獻，何以1949年進城以後不久很快就開始拋棄掉這一概念了。

把被毛澤東拋棄掉的政治概念拿來應用到當下政治生活中來，不是不可以，問題是要先徹底清理舊概念的內涵及其歷史，重新建構一套新概念的內涵和邏輯，不能簡單地把兩者混同起來，甚至簡單地把舊的東西拿來套用到我們今天已經大大變化了的社會政治生活中來。

今天我們如何讀史？

您在《讀史求實》的前言中特別提出要警惕「剪裁歷史來適應我們的主觀願望」的做法，您覺得這種做法的有害之處何在？事實上，透過重新解釋歷史，為現實政治尋找支持，對中國人來說是一種非常熟悉的做法──康有為寫過《孔子改制考》，斯大林編寫過《聯共（布）黨史簡明教程》，1949年後的歷史教科書根據歷史階段論的需要劃分中國歷史的社會性質──歷史學者是否有義務去面對、澄清和批評這種做法？

答：「剪裁歷史來適應我們的主觀願望」其實有兩種情況，一種是有意識、有目的的，剪裁者的目的就是為政治服務，他們真的相信歷史是任人打扮的小姑娘，

或者「謊言重複一千遍就會變成真理。」一種是盲目的、無意識的，剪裁者本身只是意識形態色彩太強，他們認定一種邏輯，一種歷史，就聽不進，也不想聽任何其他的邏輯，或別樣的歷史敘述。無論哪一種，同這樣的人都沒有什麼道理好講，也沒有什麼歷史真實可以爭論。這就有點像臺灣今天的「深藍」、「深綠」一樣，相互間完全沒有什麼共同的價值判斷，無論什麼歷史、什麼真相，對他們來說，恐怕都是信者恆信，不信者恆不信。

現實社會中的絕大多數人當然不會有那麼多意識形態的考量，但是，他們多數並不研究歷史，或只是對很少部分歷史情況感興趣，因此，面對虛假的歷史宣傳或概念化的歷史灌輸，他們能夠辨別真假的條件十分有限。坦率地說，類似的問題或困惑不僅僅發生在中國，也不僅僅發生在高度注重輿論一律的共產黨國家，許多資本主義國家也還是會有大同小異的類似情況。前兩年引起過熱議的詹姆斯·洛溫著的《老師的謊言——美國歷史教科書中的錯誤》一書，就揭示了像美國這樣的崇尚自由思想的國家，教科書和好萊塢大片一樣，經常會充滿了愛國主義的謊言。我想，這種情況在現代社會恐怕不可避免。重要的是，現代社會不能缺少有良心、講操守、重學術和有獨立思考能力的歷史研究學者。官方可以有官方的歷史解讀，信奉某種意識形態者也可以有自己的歷史解讀，但是，任何一種歷史解讀都不能替代基於學術獨立的研究學者的歷史解讀。雖然，歷史學者的歷史解讀未必能夠成為社會主流一致的看法，但它們所包含的較強的科學性、客觀性，較少意識形態色彩和較強的批判意識，至少會對這個社會去意識形態化造成一點應有的作用。

在現當代史領域，如果說學者和通俗作家之間常常有一條難以踰越的鴻溝，為何專業學者對待歷史材料的態度和結論也往往大相逕庭？比如，對黨史和國史，您在書中就同時批評了通俗作家的演義傾向和同行的曲解傾向。

答：這並不奇怪，每個人都是生活在特定的時空和環境之中，有太多可以影響人的判斷的因素在起作用，包括人與人的性格、經歷、學養和眼界都存在著這樣或那樣的差異，怎麼可能要求大家都保持在同一種水平之上，或一定會對一件事情產生出同樣的看法呢？

有差別是再正常沒有的了。學者和通俗作家間的這種差別會很大，這是不言而喻的，因為雙方寫作的出發點就很不同。只要瞭解到這一點，我們就不會因為存在差異而大驚小怪。就像《三國志》和《三國演義》的差別，也不能因為《三國志》

第一編　觀念與方法的討論

更接近歷史真實一些，就以《三國志》為依據去否定《三國演義》。它們根本就不是可以放在同一標準下進行衡量評判的東西，兩者的服務對象完全不同，其社會功能也完全不同。至於說因為《三國演義》的影響太大，以至於許多人可能會誤以為那就是歷史真實，幾百年過來了，事實證明這種誤導的作用並不大。因此，從長遠的觀點看，所有真正學歷史、讀歷史的人，還是不會把歷史演義故事簡單地當成歷史來看待的。因此，我其實也並不特別看重通俗作家的演義傾向，因為這本來就是他們的一種技能和生存之道。對於同行曲解歷史，甚至演義歷史的作法，瞭解其中問題的學者就不能不批評了。這是因為他們本來就是學者，無論是否歷史專業學者，總要遵守學術研究的規範和基本的學術要求，特別是要尊重歷史事實，不能以訛傳訛。

　　學者的情感和歷史觀唸到底在多大程度上會影響到他們對史料的看法和利用方式？一個研究現當代史的學者，他的實際生活和他的研究對象關係如此緊密，他如何做到冷靜和客觀？從《史記》到正在編寫的《清史》，歷史學家似乎都認為自己對當代實際政治負有嚴重的責任，這是使命感所致，還是一種自我認知的錯位？

　　答：這是一個很現實的問題，也是一個長時間困擾著史學理論的話題。誰都知道歷史研究要儘量客觀，只有儘量客觀才有可能在歷史解讀時保持不偏不倚。我們通常所講的要學會換位思考，陳寅恪講研究歷史的人必須對古人有同情之理解，都是強調要客觀。但我們每一個人，包括歷史學者，都是實際生活在當下社會裡面的，無論如何都會受到這樣或那樣的思想或情感的影響。換言之，都不可避免地會帶有這樣或那樣的主觀傾向性，尤其是今天我們的價值觀肯定和古人的價值觀會有很大的差異。在這種情況下，不要說要做到客觀公正、不偏不倚，對於一些歷史現象，要求一些當代學人解讀評論時保持冷靜，都會變得很難很難。更何況研究現當代歷史，許多事情就發生在不久之前，今人和歷史人物、歷史事件之間存在著千絲萬縷的，甚至是情感上的聯繫。由此帶來的麻煩就更多、更直接。與此同時，歷史學者固然研究的是歷史，但他到底還是知識分子群體中的一分子，他的知識體系及其價值評估體系到底是和現代社會進步息息相關的。凡有良心的知識分子，就一定會有社會責任感，也就不免會有程度不同的社會使命感，也就不可避免地會對現實的以及歷史的問題有獨立的批判意識與鮮明的價值判斷。這些都難免會影響到歷史學者看待歷史的客觀性。

但是，歷史研究畢竟有其獨特的學術方法與規範。記得八九十年代，大多數研究現當代史的文章著述，都沒有，或很少引文和註釋。我九十年代末出版《毛澤東與莫斯科的恩恩怨怨》一書時，出版社也還特別叮囑儘量少加註釋，我堅持要註釋引文出處，他們最後也都處理到每章末尾去了，無論如何不讓注到頁下去，說是怕影響讀者閱讀。一直到2000年後相當一段時間裡，凡是帶註釋的，哪怕人文類的學術著作，出版起來都非常困難，銷量很小。而最近這幾年來，這種情況已經發生了很大的改變。讀者的文化程度明顯地提高了，雖然多數讀者並非受過人文學科的教育訓練，但大家都認識到一點，即對於歷史研究來說，一定要讀那些嚴格地按照學術規範，講究證據的著述。有大量引文註釋的著作現在不僅好銷，而且迫使過去完全不講究這一套的通俗刊物，如今也動不動就在文中加上幾條引文註釋來了。這種情況不僅說明歷史學者對學術規範的堅持是有效的，而且說明，這些規範的研究方法在很大程度上幫助研究者在保持研究的客觀性和準確性。

為什麼說歷史研究的引文和註釋有這麼大的功效？這是因為，歷史研究的生命力在於證據（史料）。胡適講：研究歷史要「有一分證據說一分話」，我們也經常告誡學生：寫研究論文要儘可能做到「無一字無出處」。原因就在於歷史研究就像警察破案一樣，必須掌握足夠的證據，必須能夠用拼圖的方法，使各種證據相互之間形成合理的邏輯聯繫，證據的可靠以及證據鏈關係的嚴謹至為關鍵。因為是憑證據（史料）說話，因此，研究歷史的能力高低拼的就是一個蒐集證據、分析證據和論證證據關係的能力，而不是看你能提出怎樣新鮮的觀點。雖然圍繞著證據本身還有許多技術上需要注意的研究論證的地方，歷史學者也未必每次舉證都十分嚴密，不出一點錯誤，但是，只要你舉證並註明出處，別人就可以就你舉證的可靠性進行同樣規範的考證，甚至可以追尋你的證據的出處查看你引用舉證的內容是否準確、可靠。你舉證或引用過於片面，別人找出不同的證據，就很容易攻破你的舉證，你的研究在學術上就會被否定。如此形成的查證、論證、商榷與質疑，最大限度地限制了研究者造假和把歷史簡單化、片面化的作法，因而也就在相當程度上迫使歷史學者必須要注意保持研究態度的客觀性。

在當下意識形態氛圍濃厚，而各種觀點五花八門的情況下，重實證的歷史研究因其比較客觀冷靜，反而更能夠給關心國事的讀者在思想上一些答疑解惑或舉一反三的幫助，其原因就在於這一點。它未必能夠針對當下的問題提出什麼解決的辦

法，但是它對當下問題的歷史由來及其經過和原因的解讀，因較其他社會科學門類的研究方法更少主觀性，更多些客觀性，反而容易讓人多方面地進行冷靜的思考。

（原載《南方週末》副刊；《新民週刊》）

國共關係史研究的反思與前瞻

中國現代史學家楊奎松說，你讀的史料越多，越會發現當今的宣傳或教育有許多虛假的東西。從小我們受到的教育會把蔣介石看成是「反革命」，楊奎松卻告訴我們，蔣介石不僅不是個「反革命」，還是個「革命」狂人。所有這一切的改變，都有十分複雜的背景和原因。楊奎松還告訴我們，一向高舉階級鬥爭大旗的毛澤東其實也曾多次公開或者私下裡講到要誠心誠意擁護蔣委員長。

最近，由楊天石主編的《中國國民黨史》叢書第一本《國民黨的「聯共」與「反共」》出版。這本書由中國現代史學家楊奎松撰寫，從國民黨的角度深入論述了自1921年至新中國成立前夕國民黨幾次「聯共」、「反共」，到最後國共內戰的歷史時間，深入研究國共兩黨關係的發生與發展。此前中國大陸關於國共關係的論著很多，但絕大多數是從共產黨的視角展開研究的。楊奎松這本書被稱為這類書裡的「開先河之作」，因為他首次以國民黨的角度進行研究與論述。作為歷史研究，「公正客觀」是第一要義。楊奎松的這本書，無疑為海峽兩岸學者與公眾客觀看待國共關係史，開啟了重要的一扇門，相信會有更多的學者沿著這條道路走下去。

只講自己一方的道理，很容易把對方抹黑了事

問：站在共產黨的角度來寫國共關係史，最大的侷限在哪裡？

楊：簡單地從共產黨保存的檔案來研究國共關係史，難免會形成自說自話 *──《南方都市報》訪談錄情況。因為共產黨方面的檔案所記載的多是共產黨方面當時如何想如何做，以及如何猜度國民黨，至於國民黨在想什麼以及從國民黨方面看國民黨這樣做或那樣做又是因為什麼，肯定弄不清楚。如果在感情上和態度上也站在共產黨的角度來看歷史，只講自己一方的道理，就更容易一味地把對方抹黑了事了。這種研究的結果，很多時候連文獻史料也無法準確地解讀。

舉一個我們過去所有談國共關係歷史的書都會提到的一個例子。1923年11月29日，華僑出身的國民黨臨時中央執委鄧澤如領銜上書孫中山，揭發被孫中山任命為中國國民黨組織員，負責幫助國民黨起草政綱黨章的蘇聯顧問鮑羅廷，經常與共產黨人陳獨秀等集會，故他們懷疑「俄人替我黨訂定之政綱政策，全為陳獨秀之共產

黨所議定」，進而認為「為蘇俄政府所給養」之共產黨，正在「借國民黨之軀殼，注入共產黨之靈魂」。對此，大陸幾乎所有相關書的解釋都是一樣的，即說孫中山非常氣憤，「親筆在上書上逐條批駁」。但大家在引述孫中山批語的時候，卻只引述孫中山解釋為什麼要鮑羅廷幫助起草這些文件的詞句，卻不引述孫中山尖刻批評陳獨秀等共產黨人的文字。給人印象，孫中山在這裡表現了強烈的聯共的意圖和決心。為此，有的書還不分時間條件地點地舉出時人回憶孫中山的話，說孫表示國民黨人如果都不支持他的聯共主張，他將一個人去加入共產黨。這就更加強化了這種說法。

事實上，如果我們能夠比較客觀地來讀這段批語，就能夠很清楚地發現，孫中山並非對鄧澤如等的擔心毫不介意，他對共產黨更不是毫無介蒂。孫在批語中講得很明白：一切都在他的掌握之中，陳獨秀等並未與聞其事。陳等「中國少年學生自以為是」，想要包攬與蘇俄的交往，甚至想要阻止蘇俄不與國民黨往來，以便「獨得俄助而自樹一幟與吾黨爭衡」，「若我因疑陳獨秀而連及俄國，是正中陳獨秀之計，而助之得志矣」。好在蘇俄黨人皆屬有黨政經驗之人，不受此等少年學生所欺。早就窺破其伎倆，並逼迫其加入國民黨。可知「俄國欲與中國合作者只有與吾黨合作，何有於陳獨秀？」他並且要鄧澤如等放心，表示絕不會聽任共產黨在國民黨內自行其事，甚至告訴鄧等：「陳如不服從吾黨，吾亦必棄之。」

不顧史實，片面地解讀歷史，不僅會使讀者距離歷史真實越來越遠，而且還會持續地製造出一代又一代在歷史認識上尖銳對立的糊塗讀者。

讀的史料越多，越會發現虛假的東西

問：你畢竟也是在大陸的教育環境下成長起來的學者，客觀地看待這段歷史，對你的觀念意識是不是一種挑戰？

楊：我舉一個例子：我當年從大學畢業後分配工作到中共中央黨校，第一次讀到當年報上所載毛澤東在1938年中共六屆六中全會上所做的政治報告，詫異於一向高舉階級鬥爭偉大旗幟，從來反對妥協退讓的毛澤東，何以會在報告裡大講如何誠心誠意擁護蔣委員長的問題。為此我曾不解地問過一位老教授，沒想到他給我的答覆竟然是：「這是鬥爭策略。」我緊接著問道：「那這不成了搞陰謀了嗎？」他毫不含糊地告訴我：「對階級敵人就是要搞陰謀！」

我講這個例子，是想說明，我當年讀史料時確曾有過你所說的這種觀念意識面對挑戰的問題。因為那時長期所受的教育都是正統的，猛地看到歷史上領袖的言論做法與我所得到的知識不一樣的時候，難免會有理解上的疑惑。但是，做歷史研究的一個好處就是，無論你喜歡不喜歡，你都必須要去面對歷史的真實，而且這種真實在相當程度上只要你肯用心去讀第一手的史料，就不難逐漸有所發現。你讀的史料越多，自然也就越會發現當今的宣傳或教育有許多虛假的東西。即使你不去關心為什麼的問題，你也注定會像我當年那樣，會想盡辦法去搞清楚：到底是那位教授講的對呢，還是存在著其他什麼原因？我的進一步研究使我逐漸發現，教授的答案其實並不準確。為什麼呢？因為深入考察就會發現，毛澤東當年有很多類似的言論，這些言論有些是公開的，你可以說那是講給外人看的，是策略。但也有很多是在自己人內部講的，說這些話也是講給外人聽的，是策略，就說不過去。再結合毛澤東在多年以後所做的自我批評，比如說抗戰初期幻想改造國民黨，後來證明改造不了等等，就會或多或少地看出，其實毛澤東也是人，也一樣會有在不熟悉的環境條件下學習摸索的情況。我們既不能把他看成神，好像什麼他都能未卜先知；也不能把他想像成一個心地陰暗的陰謀家，總是想方設法算計自己的對手。

問：楊天石說過，他對蔣介石的研究受過反對和攻擊，您遇到類似的情況嗎？

楊：這是不可避免的，但卻不是不可理解的。連我們自己研究歷史的人，對歷史的認識都會有一個漸進的過程，何況那些不研究歷史，更多地只是憑藉個人經驗和根據個人感情好惡出發來判斷歷史是非的普通讀者呢？每個人的出身、教育、經歷、學識及其生長環境都有不同，每個人的利益所在及其關注的重點也會有所區別，這些不同和區別難免會影響到每個人的是非判斷及其歷史觀，何況現在的教育宣傳仍舊未著重從實事求是的角度來做調整，存在著不同的聲音是十分正常的一種現象。很難認為這是怎樣的一種壓力。

還原不是太大問題的情況下，我會更側重於解釋

問：即使在寫「三二〇」事件、「四一二」事件、皖南事變、四平戰役等重大歷史事件的時候，我發現你沒有花太多筆墨在事件本身，而是在事件發生的原因、影響以及發展走向。為什麼採取這樣的寫法？是否一直以來人們對不少歷史事件的

認識都存在誤區？

　　楊：我研究歷史，一是注重還原，二是注重解釋。在我認為還原不是太大問題的情況下，我會更側重於解釋。我並非沒有花任何筆墨去交待事件經過，其實很多事件我都做了詳細的交待，比如皖南事變發生的經過，如果不詳細說明它發生的經過，只是按照傳統的大陸上一些史書的敘述，那就無法釐清蔣介石是否有意要製造陷阱消滅新四軍軍部的問題。相反，只有細緻地交待清楚當時事情發生的前後經過，才能一一證實我對事件發生原因的新的判斷與說明。而有些事件我採取了簡約的寫法，比如西安事變，一來是我有專書研究這個問題，不必在這本書裡大段去重複，二來是我所討論的國民黨的「聯共」與「反共」，著重討論的對象是蔣介石和南京政府，並非地方實力派，故不打算面面俱到。至於歷史解讀的誤區問題，我相信，這是不可避免的。其原因很簡單，因為當年對國民黨的研究基本上是基於一種大是大非的觀念來進行的，不存在實事求是的問題。

　　問：您還注意對人物進行分析和解讀，比如書中蔣介石有相對豐滿的形象：暴躁、任性、多疑、恪守傳統禮義，有時候甚至「像個孩子一樣痛哭」，您還用弗洛伊德的理論分析蔣介石的性格。為什麼要這麼處理？

　　楊：我們所研究的歷史，說到底都是人的歷史。研究人的歷史，不注重人的性格、情感、思想及其所生存的環境等對人的言行舉止的影響和作用，就不可能客觀準確地瞭解歷史的由來與發生。我們過去的歷史研究有一個很大的缺陷，就是往往把歷史空洞化，想當然地用階級的理論或其他什麼理論，把歷史中的人僅僅看成某種符號，給人貼上這樣或那樣的標籤。不是講張三李四如何如何，而是以講張三李四的名義，去講這個或那個抽象的階級或抽象的符號，完全忘了歷史中的每個具體的人物其實都是不同的。很多歷史事件的發生，往往正是與這個或那個歷史人物的個性或他的情感、思想或視野、經驗乃至於職務、地位以及訊息來源的情況等等，有著密切的關係。比如你提到的中山艦事件，如果換了是汪精衛，而不是蔣介石碰到當時那樣的情形，我們就很難想像汪精衛會像蔣介石那樣多疑和神經質，更難以想像汪會像蔣介石那樣處理問題。

　　國民黨人也曾是極端的愛國者和狂熱的革命者

問：這本書新發現的史料多嗎？又有哪些新的觀點和結論是與以往研究所不一樣的？

楊：所謂新發現的史料，可能需要從兩個方面來解釋。一是指過去不為人所知的史料，無論大陸，還是臺灣，還是海外相關學者，過去都沒有注意到，是我第一次發掘出來的。嚴格地說，這種史料並不是太多。二是指雖然過去已有出版或提供學者查閱，就史料所藏的檔案館，包括刊發的雜誌或資料書人所盡知，但鮮有人利用，或利用者亦未能發現史料的價值或未能正確解讀，這類史料則是大量的。

關於這本書中新的觀點或新的解釋，我想比比皆是。除了個別章節注重的是具體的歷史經過，側重於說明史實本身以外，絕大部分內容其實都是在做不同於以往大陸國共關係史的歷史解讀。像我上面提到的那則史料，就是我對孫中山與共產黨關係問題重新解讀的一個很小的例子。透過我的解讀，你會發現我們過去對孫中山「聯共」（實為「容共」）態度的解釋，與歷史真實相去甚遠。如果你從什麼書上讀到過國民黨「老右派」，或叫「西山會議派」的情況，相信他們是一些頑固的反共分子的話，那麼你在讀我這本書第二章的內容之後，相信你一樣會發現你過去的認識大謬不然。同樣的情況，如果你從小就把蔣介石看成是一個徹頭徹尾的「反革命」的話，你從我這本書的第三章開始，就會發現，蔣介石不僅不是一個「反革命」，而且還是一個「革命」狂人，甚至相當一段時間裡連思想都和共產黨人非常接近，他與共產黨人也曾經有過非常好的關係。所有一切的改變，都有十分複雜的背景和原因，不能因為蔣介石後來成為反共領袖，我們就想當然地把一切問題都歸咎於蔣介石本身。

問：今天我們研究這段國共關係史，有什麼現實意義？

楊：歷史研究不可能有什麼立竿見影的政治或社會效益。但是，客觀地研究、考察和敘述、說明兩黨關係的歷史，特別是努力嘗試著從國民黨人的角度去解讀國民黨當年的那些歷史文獻與史料，從而去理解國民黨人當年採取這樣或那樣的政策的基本出發點和各種複雜的考慮與原因，肯定是有益的。我們應該讓讀者瞭解，許多國民黨人當年其實與許多共產黨人一樣，也是極端的愛國者，甚至是狂熱的革命者。他們當年你中有我，我中有你，在不同時期所以會你倒過來我倒過去，不是沒有原因的。兩黨之所以會走上分裂、反目和你死我活的道路，存在著很多複雜的原

因，並非一個簡單的我對你錯的問題。多一些讀者瞭解這一段歷史的複雜性，這個社會就會多一些理解和寬容，少一些仇恨與極端。

（原載《南方都市報》，採訪記者為黃長怡）

第二編

歷史研究應有的眼界

研究歷史在於反思我們的過去

1、關於革命和革命史觀

南都週刊：這套書的主題是「革命」，為何取這個名字？

楊奎松：這套書選的是我研究1949年以前中國革命史的四本書，主題就是革命問題，因此用「革命」一詞加以概括，是一個比較好的想法。只不過，這不是我的提議，而是廣西師大「理想國」編輯提出來的。

南都週刊：這套書中的「革命」，並非特指共產黨領導下的革命？

楊奎松：我的《中間地帶的革命》，以及《國民黨的聯共和反共》，都是試圖從一個更大的角度來看1920年代以來的中國革命問題，因此，在我的歷史觀察中，國民黨和共產黨都曾是中國的革命黨，只不過兩者選擇的道路和追求的理想不同罷了。最後共產黨勝了，國民黨敗了。

南都週刊：革命的含義，毛澤東說「是暴動，是一個階級推翻一個階級的暴烈的行動。」現在它的含義是不是有變化？

楊奎松：從我的觀念來講沒有變化，革命一定帶有暴力或強力的性質，任何各國可以稱之為革命的運動，包括孫中山、毛澤東倡導的革命，都是帶有某種強力在裡面的，它不可能是溫和的、漸進的，否則叫改良好了。

南都週刊：您的書中提到了「革命史觀」，它具體的內容是什麼，是不是現在史學界研究的主流？

楊奎松：革命史觀是相對於其他史觀而言，如現代化史觀、民族國家史觀等。但革命史觀其實也不盡然是大陸傳統的階級鬥爭史觀，事實上國民黨過去的史觀，也是一種革命史觀。只不過，在大陸過去講革命，是從階級革命角度著眼的，國民黨則反對階級革命史觀，主張民族革命史觀。因為改革開放，大陸的學界注意到了生產力或現代化的進程的影響，特別是對傳統的階級革命史觀提出了許多批評，認為它不能準確反映中國整個近現代的歷史進程與演進的方向，於是一度熱衷於建構一種所謂現代化史觀，想要從現代化的角度、從生產力進步的角度來解構中國近現代歷史，曾經形成產生了較大的影響。

南都週刊：這兩種史觀之間存在對立嗎？

楊奎松：這兩種史觀當然有很大不同，但它們之間也存在著一些聯繫，不管談革命還是談現代化，其實我們今天談的革命都是現代的，都是在資本主義歐洲產生之後，從歐洲開始蔓延到亞洲，到別的國家。在馬克思看來，革命是現代化的必然產物，只不過他相信這個革命的演進過程核心的內容就是階級鬥爭或階級革命，哪怕是民族衝突，他也把它視為階級鬥爭的一種形式。這也是共產黨後來把中國革命，無論是民族革命，還是階級革命，一概等同於階級鬥爭的一個原因。

南都週刊：能不能這樣理解，這一二十年，革命史觀在學界已經是一個相對較落伍的史觀？學界的觀念已經多元化了？

楊奎松：對傳統的革命史觀自改革開放以後大家就在反思，因為所有人，包括官方研究機構也都認為，單純從階級鬥爭的角度來看中國革命，太過簡單化了。而革命的「以暴易暴」，尤其讓許多人相信，需要從根本上反思革命的必要性。現代化史觀、民族革命史觀等，很大程度上就是這樣應運而生的。今天學界對近現代史的理論解讀確實是多元化了。

從生產力變革和進步的角度來解讀或描述中國近現代的發展變化，這種思考有它的意義，站在社會進化論的角度，這種思考也有其合理性。但問題是，對中國來講，不管你怎麼思考，革命終歸是發生了，無論是國民黨還是共產黨，從辛亥革命之前的各種少數人的革命呼號與興中會、同盟會的革命嘗試，到1911年辛亥革命的爆發，再到1920年代中期的國民革命運動，一直到1927年以後中共的蘇維埃革命和抗戰勝利之後推倒國民黨統治的軍事革命，中國一直都處在革命的風浪之中。在中國20世紀相當一段時間裡，起主導作用的也是兩個以革命為旗號的政黨。避開革命不談，只談生產力發展，顯然不可能。硬把生產力發展與革命對應起來，也常常解釋不通。最簡單的一個例子，假如從生產力進步的角度來講中國現代社會發展的大趨勢，最先進的生產力在城市、在工廠，在國民黨及其中央政府主導的區域裡。蔣介石就特別強調國民黨掌握著現代化。而共產黨則長期在農村，其社會基礎主要是農民，為什麼最後代表現代化的國民黨敗了，而處在落後農村的共產黨卻勝了？從生產力發展的角度，光是這一點就解釋不了。

用民族革命史觀，拋開「階級鬥爭」理論，來解釋中國革命的一切可以不可以？當然不是不可以，問題是階級鬥爭怎麼擺？說同盟會、國民黨、共產黨的產生都是為了基於「救國」的想法和動機，說國民黨和共產黨誰勝誰敗，關鍵在誰救國

救得徹底、救得好，道理上似乎也說得通。這種解釋的路徑也非常符合現實，符合官方及不少網民的民族主義心理。但具體拿來解釋當年共產黨的種種政策及其轉變的時候，拿來解釋兩黨鬥爭及其內外關係的時候，還是困難重重，很容易出現矛盾的情況。因為，共產黨人是信奉馬克思主義的，是講階級鬥爭的，他們當年很多時候並不是從民族鬥爭出發的。中共第一個黨綱，上來就是反對資本家政府，就是要和蘇聯一起實現世界革命的，以後一切鬥爭目標都是把階級利益放在第一位的。光講民族鬥爭，什麼都聯繫到民族或愛國上去，很多歷史情況就講不清楚，甚至不能講了。

我們在看整個中國革命史的時候，會看到國共兩黨經常在爭論誰更愛國。但正像毛澤東經常講的，在階級鬥爭的時代，愛國是有階級性的，你愛國不能愛蔣介石國民黨的國。這裡面的邏輯及其由此造成的種種歷史現象、歷史事件，是不能簡單地從「民族革命」的角度去解釋的，否則越解釋就越亂，越說不清楚。

2、關於個人的史學研究方法和路徑

南都週刊：您自己的史觀是怎樣的形態？

楊奎松：我認為歷史研究的主要功能在「還原」歷史的本來面目，即首先是要弄清楚史實，要告訴世人「歷史事實」是什麼。我不大贊同強化哪種史觀，如果非要從某種史觀出發，史家很可能會過於偏重某種既定的理念、邏輯和價值判斷，而有意無意地過濾歷史事實。符合你的邏輯的你就去講，不符合你邏輯的你就把它撇到一邊，甚至只重視一面之詞，把不符合你的價值判斷的都看成是錯的。所有革命史觀、現代化史觀，都有這方面的問題，即把很多史實都過濾了，按照研究者所認定的歷史發展邏輯或是非去進行組合排列，自覺不自覺地把複雜的歷史現象弄成了一種簡單的理念宣傳，我認為這是過去現當代史研究中存在過的最大問題。

我個人更多重視的是如何還原史實的問題，而不是史觀的問題。還原史實，不是不需要有自己的理念、觀點和是非判斷。有那麼多歷史，一個人研究什麼，不研究什麼，當然是一個主觀的選擇，這裡面一定有個人的觀念、喜好，和價值觀在起作用。但這和基於某種史觀，用自己的價值判斷來重構一部帶有強烈主觀傾向的歷史敘述，完全是兩回事。

我研究歷史會本著兩個基本的出發點：第一是「進化觀」。這裡包含兩層意思，其一是我相信社會就歷史的長程來看，是進化的，而且是漸進的。短時間裡，

會有進有退，有急變有緩變，但從長程上看，歷史是不會跳躍的，任何人為加速社會變革的嘗試，都必須具體足夠的社會發展的基礎條件，否則是一定要失敗的。其二是我相信人的成長是漸進的，由人構成的歷史是漸進的，後人對歷史的考察與研究也必須要與這一漸進的過程保持同一步伐，不能一成不變地看問題，也不能倒果為因地下結論。

　　第二是「人性觀」，我相信「人生而平等」，不止從權利的角度，即使從人的善惡本性的角度來看問題，也不應該把歷史人物簡單地神化或妖魔化。「人之初，性本善」。人固有性格差異，但這種差異並不能決定人後來的善惡取向。每個人後天生長的特定的社會環境與條件的影響更具決定性作用，再聰明的人都要經過從少年，到青年，到中年，到老年的生理變化過程，他對事物的瞭解和應對也都注定會經歷一個從不知道、不熟悉，由學習、認識、熟悉的過程。沒有人可以預知一切，可以以不變應萬變，可不犯錯誤一貫正確。同樣，任何政治人物，無論其所作所為給後人的印象如何，他都注定有其和我們這些無數普通人一樣，很生活化的，甚至是充滿人性的一面。因此，判斷一個歷史人物，必須要把他放在特定的歷史條件和歷史環境下來理解和觀察，對其所作所為的因果認定，也必須基於當事人所處的特定條件和環境，不能超越歷史侷限或站在對立的立場上來討論問題。

　　我強調歷史研究這樣的出發點，中心目的就在於我希望能夠做到我另外一個觀點，就是客觀。我不會因為我有今天的價值觀，就在歷史研究中同情這個、厭惡那個，基於我的立場選邊站。歷史研究不能那麼簡單化。我一直強調，我們不能站在今天我們自己的價值觀和立場上去評判歷史、評判歷史人物，就是因為我希望保持客觀。比如我們今天說誰愛國或者誰不愛國，說誰革命或者反動，都是因為我們站在某一種立場、某一種觀點上，片面的那麼說。最簡單的例子，我們看國民黨對蔣介石的態度，和他們看我們對毛澤東的態度，兩邊是完全一樣的，我們看他們是妖魔，他們看我們也是妖魔，其實我們看我們的領袖，他們看他們的領袖，都是聖人，都是一樣的。

　　南都週刊：透過這種「客觀」展現的歷史，會不會跟以前呈現的歷史有衝突？

　　楊奎松：肯定跟傳統的看法不會完全一樣，但也不是絕對相反。我一直期望，包括跟我的學生也是這樣講，要學陳寅恪，做到「同情之理解」。就是說我要對自己研究的任何一個對象，要努力保持不偏不倚的態度，儘可能地做到換位思考，即

努力嘗試著站在當事人的立場上來思考：他為什麼這麼做、為什麼這麼想？保持客觀，不僅僅是為了評判；評判的基礎是歷史事實，要準確地和全面地還原某一事件的歷史事實，你首先就要做到能充分理解構成事件的每一方，能夠設身處地地站在所有關鍵當事人的角度和立場上來體會、來考察、來瞭解其「不得不如是之苦心孤詣」。只有理解了他們每一方，你才能比較準確地解釋他的想法和行為反應。如果你只是站在預設的立場上，站在某一方的立場上，先入為主地就認定某一方是壞的、惡的、居心不良的，那麼他所有的行為在你眼裡都是陰謀，你的解讀也好，評判也好，自然也不可能是客觀的了。

我寫《國民黨的「聯共」與「反共」》一書，一個基本的出發點，就是想要努力去理解國民黨為什麼會聯共，又為什麼最後每每一定會走到反共上去？你抱著一種同情之理解的態度深入到國民黨的各種史料中去，就不難發現問題之所在。我覺得，只要基於理解的態度，很多歷史上的事情都是可以講通的，也很容易發現那些被今人劃上各種政治符號的歷史人物，也是完全可以基於常情常理常識來瞭解的。

南都週刊：什麼時候形成了您研究的思想基礎，是人大上學的時候，還是在中央黨校工作之後？

楊奎松：實際上我覺得的兩個東西發生過影響。一個是對傳統理論的懷疑態度，這個是在文革後期就開始形成了。一個是在中央黨校，包括在黨史研究編輯部工作的時候，那個時候接觸了許多檔案史料，意外地發現歷史真實是可以透過紮實的研究來重現的。

南都週刊：據說在中央黨校做研究的自由度，其實比外界想像得遠遠要大。

楊奎松：我是1982年到中央黨校，1987年走的，那段時間胡耀邦曾主持過黨校的工作，我覺得當時相對來說那裡是比較寬鬆的。也正是在那幾年裡，因為改革開放的關係，當時正處在制定《檔案法》的關鍵時期，中央檔案館那幾年也是有史以來最開放的時候。我在中央黨校工作，又有條件去中央檔案館查檔，這種自由度或寬鬆度，到目前為止算得上「空前絕後」了。

南都週刊：讀《革命》這套書，有幾點感覺比較強烈。一個是您強調外部環境，而不是我們之前說的「內因」或「獨立自主」；再一個就是偶然性，比如西安事變等各種偶然事件影響革命的進程，這跟我們以前一直強調的「必然性」不一致。您拋出這些觀點之後，有沒有遭到什麼爭議甚至是壓力？

楊奎松：中共黨史或者我們今天講的革命史的研究，是受時間條件制約很大的一種研究。說白了就是，你離你研究的那段歷史越遠，你研究的自由度就越會大些。因此，研究這方面的歷史，必須要打「時間差」。做這一行的人都知道哪些研究在政治上是受到禁止的，沒有誰直接跳進去挑戰它。尤其是在當初剛開始開放學術研究的很長一段時間裡，不讓研究的東西，你寫了也發表小出來。但是，這些禁區的設置，多半都是有時間性的。時間過去久了，有些過去禁止研究的問題就解禁了。舉個例子，80年代的時候我們討論陳獨秀，因為俄國一些檔案披露出來了，讓我們知道有些東西小是陳獨秀的問題，我們那時候在下面就有討論。但那個時代不能發挑戰陳獨秀錯誤問題的文章，而過了十年，到1995年，情況就不一樣了。我就把不同觀點發表出來，並且詳細地做了論證。那篇文章發了之後，沒有受到任何批評，相反很多人都開始寫為陳獨秀翻案的文章了。

但是，如果把握不好這種時間差，你就很容易碰釘子。比如80年代初的時候研究中共和共產國際關係史的著名教授，北大的向青老師，基於史料和史實，提出中國共產黨的成立是共產國際直接幫助和影響的結果這一觀點，這跟我們在教科書裡的說法明顯不一樣，結果就受到了黨史主管部門的批評，弄得好多年都再沒有人講這種觀點了。我在1991年出版的《「中間地帶」的革命》一書裡具體討論了共產國際是怎麼一步一步幫助中共成立的，也沒有用這樣的話來做歸納和結論。然而，到了2004年，日本學者石川禎浩寫的《中國共產黨成立史》被翻譯成中文出版，該書經過了中央黨史研究室的審查批準，書裡就直截了當就講了向青當年講過的那樣的話，即中共是在共產國際的幫助下成立起來的。這本書現在到處公開發行，再沒有人出面去批評這種觀點了。這也是一個很明顯的例子。

3、關於一些具體的史學觀點及其引發的爭議

南都週刊：在《毛澤東與莫斯科的恩恩怨怨》中，您說中蘇關係悲劇的造成，很大程度上還是雙方領袖政治追求和個性衝突的一種反映，是「一山不容二虎」。相當於更注重個人個性在歷史中的作用，這種觀點會不會遭到反對？

楊奎松：這小是一個全面的結論性觀點，是針對毛澤東與蘇聯關係中恩恩怨怨，針對他個人的歷史作川，所做的歸納。所謂很大程度，就是我們可以清楚地看到在中蘇關係上，領袖個人的作用非常突出，雖然是一個特例，但它影響的兩黨兩國關係的走向。就像在蘇聯，如果列寧之後不是斯大林掌權，而是另一個領導人，

可能蘇聯走的路就會不一樣，很多事情也許不會那樣發生。中國的情況也是一樣，不要說五六十年代的中國，在中蘇關係的處理上，如果當年不是毛，而是周恩來、劉少奇，或其他一些領導人，誰會相信中共關係會在那樣短的時間，以那樣一種激烈衝突的形式破裂呢？在這一點上強調的是毛作為個人對中蘇關係的改變起了關鍵性的作用，很難有誰能提出有力的反駁。

南都週刊： 金沖及先生在一篇序裡面寫到，您為了儘量少講或不去重述前人已經說清楚了的問題，常常著重強調事情還有他的另外一面、您是否也擔心這樣會給讀者造成一些片面的印象？

楊奎松： 這個不能說完全沒有，因為寫人物傳記是有側重的，這本書我的標題就清楚地說明了，我著重要寫的毛澤東和莫斯科幾代領導人之間的「恩怨」關係問題，這本來就是著重講個人作用、個人因素，甚至是個人感受的，當然不是一部全面的中蘇關係史。其實，任何人、任何一部著作都不可能做到面面俱到，面面俱到的東西反而是不好的。我寫《中國近代通史》第八卷，寫國民黨的「黃金十年」，作為通史必須面面俱到，但寫起來真是很彆扭，因為那裡面很多實際上已經不再是我個人的研究成果了，我必須要綜合很多別人的研究、別人的資料，才能把一個需要完整交待的時段交待清楚。但這不是我喜歡的東西。我做的是學術研究，因此我一直在講，我的研究只代表我個人從學術角度對歷史真實的解讀，我不能保證我的解讀和我的觀點一定都是對的。我只講了我自己的看法，我只講了我想要強調和想要給讀者看的那個方面，如果大家要瞭解完整的歷史，就要多看一些不同的學者寫的不同側面，甚至是不同觀點的書，去綜合，去比較。這是很正常的，如果人人寫書都去面面俱到，那就沒有自己的特色了。

南都週刊： 前段時間您批評金一南先生的書弄錯史實、涉嫌抄襲的問題，有一些人有些不同的看法，甚至質疑您的治史目的，您怎麼看待自己遭受的這種非議？

楊奎松： 學術方面的東西是要用學術的方法來討論，來評價的。我批評金一南的書，是基於學術的標準和學術的良知。如果金或有人想反駁我，一樣可以從學術的角度，用同樣的學術標準來和我爭論。我歡迎。可惜我沒有看到任何基於學術的反駁和討論。這說明，我的批評在學術上沒有錯，而金書從學術上看實在是錯得太多。

網上會有少數人幫金說話，這不奇怪，也是必然的。學術研究本來就是百花齊

放、百家爭鳴的事情，有不同意見很正常，只要你能基於學術的標準對話就沒錯。但是，學術討論和網上質疑不是一回事情。也沒有哪個做學問的人會受到方方面面的歡迎，在學界不可能，在網上就更不可能了。我研究的東西原本就跟傳統的東西有很大差別，有些人接受，有些人不接受，這很正常的。舉個很有意思的例子。我經常會在網上看到一些人對我的議論，有人說我是「毛派」，有人說我是「反毛派」。你會覺得很奇怪。很右的人覺得我「左」，很左的人又覺得我「右」，沒有誰覺得我的立場很徹底，很鮮明。我恰恰覺得這很好，這其實就是我的特色。因為我一直努力在研究中保持一種客觀、中立的態度，自然希望大家都知道我不走極端。今天對中國革命史上的一些歷史人物評價兩極化，而基於「同情之理解」的態度，我既要同情和理解毛澤東，也要同情和理解蔣介石。因此，兩面不討好也是必然的。

我堅持按照求真求實的思路做中國現代史或當代史研究，除了學術上的追求外，也希望能夠突破今天非黑即白、非左即右的極端思維。我希望能讓更多的人瞭解，歷史是複雜的，人也是複雜的；歷史是漸進的，人也是變化的、漸進的；相對於複雜和變化的歷史及歷史人來說，沒有什麼絕對不變的標準。在今天看來好的東西，在過去看來未必好；在這些人看來壞的事情，在那些人看來未必壞。任何歷史問題的討論與評價，都必須要放到當時當地特定人群的範圍內，必須基於當時人的價值觀。我們不能簡單地站在今天的歷史高度去指責歷史中的人，因為這不僅是「事後諸葛亮」，而且我們對很多事情的看法或觀點都已大大不同於歷史中人了。更不必說，立於不同黨派的、民族的、國家的，以及意識形態的立場上，標準不同，情感不同，你是他非的情況比比皆是。歷史學者如果不能保持客觀、中立的態度，偏於一方，歷史研究勢必會成為政治鬥爭的工具，永遠也不可能爭出個什麼頭緒出來。

因此，我研究歷史，最看重的還是如何能夠把歷史事件的真實情況揭示出來，如何能夠說清楚事情發生的來龍去脈及其原因。

南都週刊：看到之前有個媒體對您的採訪，您提到自己的血型和星座，說個人的性格可能會潛移默化影響做學術的方式，這個細節很有意思。

楊奎松：這是玩笑話。但我也確實想不大通很多事情。比如，周邊有些做歷史的朋友，平時也知道研究態度要客觀、中立。真的研究一些事情的時候，就做不到

了。不是說他們不想客觀，而是很多人做不到。我過去和一些朋友一起做抗戰史的研究，後來做著做著一些朋友就把自己的情感加進去了，抗戰史的研究常常變成了反日聲討，對日本戰爭罪行和戰爭反省的批判，也變成了對日本民族「劣根性」的論證。我始終不贊同這樣一種研究態度。為什麼？因為我堅持人是平等的，即使是參加過侵華戰爭的許多日本人，在我看來，他們跟許許多多普通的中國人沒有什麼不同。不要說我們經常會接觸到許多日本學者，和我們並沒有多大區別，就是那些沾有中國人鮮血的日本兵，看看方軍前些年寫的那本《我認識的鬼子兵》，你就會知道，那些鬼子兵在日本國內，無論過去還是後來，其實都只是一些很普通，而且很善良的老百姓，跟大多數普通且善良的中國人沒什麼區別。為什麼一被徵兵到中國打仗，人就變壞了呢？那是因為政治，因為戰爭的關係。因為政治、因為戰爭，中國人自己不幹那些殘忍的事情嗎？稍微多讀一點中國的歷史書，各種各樣的屠殺，各種各樣殘酷、恐怖的肉刑與慘案，少嗎？中國人創造出來的各種殘害同胞的刑罰五花八門，世間少有，為什麼？是我們民族的劣根性？哪有那麼簡單。

作為個人來講，我覺得人都是有弱點的，在特定的條件，好人也可能會做壞事，甚至在特定的意識形態支配下，許多人做了壞事也不認識。我過去寫文章講過一句話，叫「戰爭把人變成鬼」。實際上，任何一種形式的鬥爭，尤其是打著族群、黨派、國家名義的鬥爭，都可能把人變成鬼。古今中外，莫不如是。沒有哪個人天生就是壞的，也沒有哪個民族先天就是惡的。可惜的是，真能這樣比較平衡地看問題的人不多。所以我開玩笑說，這是不是因為我是天平座的原因呢？

4、關於歷史研究的其它一般性話題

南都週刊：《革命》包括四本書，之前也出版過，現在學界或者您自己在一些史實認識上有沒有新的變化？比如《西安事變新探》中提到的張學良究竟有沒有加入共產黨，現在是否有定論？

楊奎松：沒有。我的文章裡討論過這個問題，最直接的原因是沒有人有直接的證據。我看到的所有材料是不支持的。有人說「是」，但根據的是回憶。而我還是相信檔案史料比回憶更可靠些。但這種問題僅憑檔案史料也不能下定論，因此我只提出我的看法，我也不否認存在著另一種可能性。因為在中共歷史上也確有單線聯繫、祕密發展的先例。我的基本觀點在於，去爭論張學良入沒入黨並不重要。即使我們相信中共祕密發展了張學良，也不妨礙我們得出張學良不是共產主義者，不信

奉共產主義，其發動事變不是什麼組織行為，他依舊還是基於個人及東北軍自身利益行事的結論。有足夠的證據說明，西安事變的發動，與中共中央的指示和意圖完全無關，是張學良臨機的自主的行動。張學良事變期間和事變後的種種處置，特別是事變後努力想要讓東北軍脫離中共影響的作法，都可以看出他不是站在共產黨員的角度在考慮問題。

南都週刊：你似乎不太重視「口述歷史」這種樣式的資料，包括很多人對西安事變前後的回憶錄。

楊奎松：一般的歷史學家都不會拿口述歷史或者回憶錄來做主要的事實依據，這是學界的常識。因為回憶的主觀性很強，很容易記憶錯誤，而且還會因為回憶者的個人傾向發生選擇性記憶的情況。包括口述歷史，我們做過很多口述歷史的工作，所謂口述其實是「我請你回答我的問題」，提問者的引導性非常強。這種引導顯然會導致一些偏向，同時，會做口述引導的人和不會口述引導的人，做出來的東西也會非常不一樣。

最典型的例子就是張學良的口述，他生前挑過好幾個人來給他做口述，先是唐德剛，後來又換了郭冠英，最後硬是換了兩位並不熟悉歷史的張小姐。唐德剛是史家，他給李宗仁、胡適做口述，都做得非常好，他知道要做很多功課，看很多資料，然後去引導張講什麼，大家都覺得他做的口述史可信度比較高。但是唐德剛的口述沒有做下去，後來換成了郭冠英。郭冠英是記者出身，善於挖新聞，因此他跟唐德剛的做法差不多，也是查了很多資料，提了一些很重要的問題。但他也沒有做下去，就被換掉了。後來讓兩位張小姐做，她們一個學圖書館，一個學中文，對歷史不熟悉，只是因為她們的父輩跟張家比較熟。結果是今天留在哥倫比亞大學的口述資料，量倒很大，卻幾乎沒有多少對研究張學良生平和西安事變史有用的東西。

南都週刊：看您寫的東西簡明易懂，讀懂漢字就能讀懂您的著作，您之前也說不太喜歡汪暉的那種文字風格。是有意識的追求這種通俗性嗎？

楊奎松：文史不分家，歷史研究和社會科學或那些理論科學不同，它的任務就是要把我們人類或我們民族經歷過的，但被遺忘、被扭曲、被篡改的種種經過，還原出來。它的任務是要讓後人能夠記住這些故事，當作經驗，或當作教訓，記下來。既然是留給後人的，也就不是給極少數或個別人的，儘可能的讓比較多的人瞭解和記住歷史的真實一面，就是史家的一種責任。把歷史研究的結果弄成詰屈聱

牙,只能給少數專業者讀的東西,不是我追求的。也正是為了要想辦法讓許多史學的研究成果變成普通人喜聞樂見的形式,我們在專業研究之餘,曾經花時間、花精力,專門辦過一個《百年潮》雜誌,目的就是想做這種轉化的工作。寫東西要讓更多的人看懂,這是我的一個基本的觀念。我對學生也是這樣要求,我要求他們寫文章時必須要假設讀者什麼都不懂,因此,使用任何一個詞、一個概念,都要注意選用最通俗易懂的用法。沒有辦法選擇,必須要用的,一定要注意加以解釋。我很不贊同一些學者故作高深,盲目搬用或硬譯出一些西方的術語和概念,把明明可以寫得清楚明白的東西寫成多數人看不懂的東西。

5、關於歷史研究與現實的關係

南都週刊:關於研究歷史的目的,一個是發現真實,一個是挖掘背後的規律和意義,有點以史為鑒的意味。在您自己看來,做歷史研究的意義究竟是什麼呢?

楊奎松:每個人研究學問的選擇是不盡一致的,有些人就想做純學術的研究,不考慮社會的需要,我做研究更多關心的是現代中國的問題,想要知道「今天的我們是怎麼來的」,將來的我們可能應該怎樣前行,應該如何避免重蹈以往自己或別人錯誤的或失敗的覆轍。

今天的社會,已經是一個相對比較開放的社會了。無論我們今天怎樣意圖左右或限制社會大眾的觀念、思想與認識,因為種種原因,人們很容易瞭解到海量的訊息。我們越是不想講的東西,就越是會有各種對立的說法湧進來。正是因為存在著這種分歧,也就不可避免地出現了各說各話,社會思想極度混亂的情況。如果研究歷史的學者也不研究,也不講話,那就更沒有真相可言了。我覺得之所以大家今天會說楊奎松做的不錯,根本上不是因為我的能力如何,很大原因是因為真正有能力做研究的人很少人會來做這種研究。大家都覺得太危險,禁區太多,資料限制太多。我因為各種機緣從大學開始就進了這個圈子,下決心要做這件事,反而磕磕絆絆走出一條自己的路來了。

改革開放提供的最大好處在於,第一是思想解放了,言論比較自由一些了,不會說你講了一句話大家就覺得你反動,把你投入監獄;第二是因為思想解放,人人都在思考,都想知道歷史的真相,都想弄明白今天為什麼這樣,而不是那樣。因此,大家的求知慾很強,越是有創新的東西就越是容易引起大家的閱讀興趣。第三是教育程度大大提高了,過去報紙雜誌不加分辨地什麼都接受,越是新奇通俗的傳

記文學作品就越是受歡迎。這些年受過大學教育，知道學術的實證研究的重要性的讀者越來越多，影響到我們今天已經不再需要再去做那種學術轉化工作了。過去註釋曾經成為大眾閱讀的一個很大的障礙，現在沒有註釋和引文出處的歷史書，反而會讓讀者起疑了。這也說明，我和我的同事們在這方面的堅持和堅守，是卓有成效的。

6、關於革命與中國的現實走向

南都週刊：看您的微博，在評價唐山大地震時候說，即使文革，很多百姓依然守著傳統，中國人沒有因為革命泯滅了人性。也就是說，實際上您認為革命對人性有個壓制的一面？

楊奎松：革命崇尚暴力，它對人性這種東西原本就是排斥的。何況，中國經歷的最大的革命還是階級革命，階級革命更是排斥人性，因為它相信階級利益高於一切，認為人性、人道主義，包括人權等等，都是資產階級的，應該被否定的。建國以來，我們從來沒有正面承認過人性或人道主義之類的概念。直到改革開放之後很長時間，也沒有承認。改革開放幾年後，原文化部長周揚發表文章從正面肯定人道主義，還被嚴厲批判過。我們從正面談論這些涉及人的概念，基本上都是二十一世紀到來前後的事情了。不難看出，革命的歷史及其革命的思維模式，和人性觀念之間存在著怎樣的對立。要脫出那樣一種排斥人性的思想方法，有多麼困難。

人性、人權、人道主義這些觀念，多半都是中世紀神權統治後期，伴隨著資產階級啟蒙運動的興起，逐漸被世人接受和認同的。但是，即使在古代，在專制的或神權統治的時代，許多民族的民間社會也還是存在著某種對生命的敬畏感和對財產權利的尊重的。即使是像我們漢民族，缺少宗教觀，但民間社會一方面有儒學禮教的規範，一方面相信鬼神的作用，大家天然地害怕做壞事，害怕殺人。革命的暴力，不是你死，就是我活的鬥爭邏輯，把這一切傳統的東西打破了。韓丁的《翻身》一書描寫當年的土改很正面，也沒有太血腥，但是他筆下那些普通農民，從害怕打人殺人，不敢分地富的財產，到最後爭先恐後到富裕農民家裡去掘地三尺，甚至跑到墳地裡去刨人家祖墳，湧到城裡去抄人家產，這種心態、觀念和行為的變化，還是讓人觸目驚心。中國後來歷次政治運動，大都會發生殘酷血腥、泯滅人性的事件，甚至會釀出人道主義的慘劇，革命場域的暴力刺激和你死我活的鬥爭理念，是重要原因之一。

南都週刊：這段歷史看下來，好像不是一個「進化」的感覺。

楊奎松：對呀，這也是我們的問題所在。我為什麼一直講進化的觀點？一個原因就是我相信中國人其實有一種文化上的缺憾。因為從來有一種自我中心觀，突然間發現自己落後於人甚至還會挨打受氣，於是便會千方百計地想要重新回到世界中心的地位上去。從這種心態出發，幾乎所有有著很強抱負心的政治精英人物，都想中國能走一條捷徑，很快達成強國目標，並且超越發達國家。可想而知，照此行進，只能革命，而難走進化的路。十年前，胡繩先生曾對此有所反省和檢討。他明確指出，現在看來，當年梁啟超等人在五四時期關於中國非經過資本主義不能走到社會主義的觀點，才是比較符合中國社會進步的實際的。但無論是當年，還是後來，國人中能夠認同社會進步要一步一步走的是少之又少。這種心態恐怕到今天都是如此。

南都週刊：這似乎跟革命目的與革命手段的那個話題有關。比如說我給你一個美好的革命目標，這中間的手段可以反人性，可以流血。如果未來真的那麼美好，您覺得這種手段是可以接受的嗎？

楊奎松：首先第一個，如果你的未來建立在這樣的基礎上，那你所能見到的未來很難是美好，所謂以暴易暴，那是一定的。所以我說走捷徑是要付代價的，這個代價在不那麼重視人權、人性和人道主義的時代也許人們還能夠接受。然而隨著社會進化，後來的人就未必能接受，能理解了。更要緊的是，破舊易，立新難。當一個社會打破了一切舊的東西、舊的秩序，像恩格斯說的，倒洗澡水把孩子也倒了之後，你要重建一整套新的理念、道德、秩序，又要和舊的完全切割，最終的結果是禮崩樂壞，新的東西並不能真正建立起來。另立新理念、新道德、新秩序，充其量只能講一些大口號、大名詞，實際沒有文化的基礎。我們到今天到處重建所謂公民道德，每個城市都自搞一套四字經、五字經，要求公民遵守。殊不知任何一種社會道德其實都是靠潛移默化的文化熏陶一代代傳承下來，並且是靠嚴格的權利、尊卑、秩序的觀念鞏固下來的，它是無法透過搞幾個順口溜或思想灌輸來主觀建構的。

舉一個例子，一塊公共綠地橫在眼前，你可以多繞幾步不去踩踏，也可以徑直踩進去讓自己省幾步路。公私觀念比較清晰，有公德心的人，多半不會省那幾步路，但我們大多數中國人往往會選擇走一條捷徑，切著直線走，把這塊公共綠地踩

出一條路來。試想一下，如果這塊綠地是自家的園子，第一，你不會為省幾步路去把自己的園子踩出一條路來；第二，你也不會允許鄰居為省事而隨便穿行。私的頑固，公的脆弱，可見一斑。

革命如果僅僅是政權的更迭，即使發生一些強力、暴力的情況，還不是那麼可怕。革命如果是打爛舊世界，另立新世界，問題就太多了。不是理想不好，而是人力所不能及。何況我們的革命從一開始就把矛頭指向了私的領域、私的權利，直到今天，雖然個人的財產權得到了承認，但公也還是凌駕於私之上。問題是，作為中國這種很特殊的小農國家，公權力再強勢，也不可能真正達到化私為公的目的。因為直到今天，多數國人還是處在個體小農的思想境界。公的東西，在他們看來其實一樣是私的東西，只是一個是大私，一個小私而已。憑什麼你可以占有，我就不能占有？如果是私有制的條件下，因為財產受法律的保護，人們相互之間的權利界限還比較清楚。公有制了，大家反而成了「你的就是我的，我的還是我的」，分不清什麼公和私了。

自1950年開始，我們就不斷看到地方黨政工會對工人自私自利問題的各種討論與整頓教育的提議。原因是工廠公營以後，工人中間小偷小摸、化公為私的情況十分嚴重，各種生產工具損耗丟失極為普遍。為教育工人明確公私界限，遵守廠紀廠規，各級主管部門沒少花力氣，但直到我文革後期在工廠工作的幾年裡，這種現象絲毫未見減少。新政權改變這種情況最重要的一步努力發生在農村，特別是大躍進期間。當時把農民幾乎一切生產資料，包括生活資料統統充了公，許多地方連私的根基——家庭也破壞掉了。農民集體生活，分男營女營，吃公共食堂，孩子送幼兒園，老人送養老院。結果，凡是被公有的東西，從山林，到農具，到耕畜……，農民都不愛惜。高王凌管這叫農民的「反行為」，說是消極抵抗的表現。不管怎麼分析，我們這個社會還沒有發展到那樣一種程度是肯定的。這也是改革開放後政府不得重新恢復農民傳統的生活方式，重新把財產權，甚至包括土地使用權交還給農民的一個重要原因。

不難看出，理想歸理想，現實是不依理想而轉移的。要人為地創造一個公的世界，在過去公權力那樣強勢的時代都行不通，在今天這種私領域、私權利的意識急劇膨脹的情況下，公領域、公權利的維系只會變得更加困難。劃不清公與私的界限，總有一天連強大的公權力也難以維系。

南都週刊：當代中國的社會矛盾現在是比較突出的，您怎麼看很多人期待的漸進式改良式的改革？

楊奎松：我剛剛講的進化觀其實有兩層意思，一層意思是我覺得這是一個社會進步的過程，是不依人的意志為轉移的，沒辦法。你看歐洲資本主義社會的發展成長過程其實也經過了幾百年之久，哪怕是十九世紀後期許多新的秩序、新制度開始逐漸完善和建立起來，它的最終穩固，也還是又經歷了近百年時間。其間甚至發生了兩次世界大戰，到1940年代末大家才最終在不能靠暴力改造世界的問題基本上達成了共識。這也是為什麼，十九世紀還會出革命的馬克思主義，就是因為那個時候歐洲資本主義還特別混亂，社會也亂的不得了，社會的貧富差距特別大，階級鬥爭特別激烈，各種社會運動特別多，反對的聲音特別多。許多人甚至認為資本主義不行了，馬上就要完蛋了。因此，即使我們從馬克思主義興起的那個時代開始算起，資本主義也經歷了一二百年才穩固下來。中國何時可以算做是資本主義的起步階段？即使我們說從20世紀初開始算起，到現在也不過才走了100年左右的時間，其中還一直在走彎路，一直在打仗，在革命，在破壞。真正建設階段只能從1950年代開始算起。後來又經歷了十幾二十年的停頓時期。大家直到1980年代以後才逐漸明白中國不能再亂，不能再革命，必須要走漸進改良的路了。

南都週刊：在這一進化的改良的過程中還會不會出現革命呢？

楊奎松：革命的發生是有條件的，問題在於我們會不會重走過去國民黨執政時走過的路，為革命創造條件。我們許多學者一直強調我們過去革命的遺產的影響，一個靠革命建立起來的國家，革命的意識和衝動肯定比靠漸進的改良方法建立起來的國家，要大得多。這還不要說我們今天的社會仍舊到處可見革命的痕跡，民眾中大量存在著革命的意識。從歷史經驗看問題，今天社會的穩定根本上取決於經濟的增長和穩定。經濟保持增長和穩定，即使革命的遺產影響巨大，也很難發生動亂和革命。相反，經濟增長停滯，甚至下滑，影響到民眾生活下降，貧富懸殊進一步拉大，情況就不容樂觀了。抗戰勝利後國民黨所以會迅速走向失敗，一個重要因素就在於它在經濟上出了嚴重問題，社會發生了嚴重分裂，當時又有一個共產黨可以替代國民黨，共產黨又確實比國民黨強，這個革命的選擇就不可避免了。

7、關於歷史研究重心的轉變

南都週刊：聽說這套書出版之後，您就基本不再做1949年前的歷史研究，而是

要把重心放到建國後的歷史？

楊奎松：我出校門之後就決定要研究中共，從中共怎麼產生開始，實際上是沿著時間順序在往前走。現在已經陸陸續續研究到50年代了，我當然希望以後的精力主要能夠放在研究建國以後的歷史上。

南都週刊：研究方法上會不會有變化？

楊奎松：不會有太大的變化。但建國後的研究和建國前的研究在技術上有很大的差別，一是因為建國後的檔案資料太多了，過去大家研究古代史和近代史，一個很大的瓶頸在於資料不夠，必須把各種零散的資料拼湊起來，然後去分析、推理，甚至於合理想像。共和國史的資料情況完全不同，浩如煙海，各地檔案都在陸續開放中，多得不得了。這樣多的資料，要都去讀都去研究都去介紹，幾乎不可能。因此，對建國後歷史的研究，在技術上就多了一個很大的問題，就是怎麼處理這些材料，這麼多材料，研究什麼、不研究什麼，需要有很強的選擇性。

另外，建國前的歷史研究，因為材料所限，我們可以主要研究一些比較宏大的問題，一些專著可以從頭寫到尾。像寫毛澤東，就可以一直順著這個人物的生平思想的變化往下寫，一本收就可以交待清楚。但是建國後的研究很難這麼做，一是上層的，即中央及其領導人的材料有很多不開放；一是底層的、社會的、個人的材料多得不得了。如果加上民間史料，包括基層單位的小型工作會議記錄、文件資料，連同個人筆記、日記、檔案、信函、回憶、口述等等，多得不得了。這樣就導致大家的研究會非常分散，而且趨於社會化、基層化。現在這方面的研究已經很多了，但題目大都非常小，關於一個村落啊、一個個人啊，微觀史的研究非常多。如何能夠把大量微觀的歷史，進一步上升到宏觀上來，目前的研究非常少，力量很弱。

我們自己也一直在檢討這些問題。我們在華東師範大學成立了一個中國當代史研究中心，就是在做這一塊研究。但也發現很多問題不好解決。比如以前我們可以寫一本中華民國史的教科書，建國後的現在就很難寫，因為很多方面資料很多，但大都還沒有研究到。不要說我們的研究者還很少，很有限，即使再多一些，面對這樣多的材料，大家的精力和能夠顧到的面，還是十分有限。

南都週刊：是不是意味著您建國後的研究切口也會更小一些？

楊奎松：現在難說，我個人努力的方向可能還是跟我以前對建國前的研究比較接近，比較關注一些重大事件和重要人物，以及整個政策的來龍去脈，跟政治史關

係比較大吧。但新的資料類型也決定了，所有這些新的研究都會涉及到基層。比如說研究大躍進，以前的研究多是著眼於中央的政策，如何形成、造成什麼作用，特別是毛講了什麼話，起了什麼作用，但從大量已經看到的資料情況可知，毛澤東的作用是兩方面的，導致毛錯誤估計形勢的因素也是兩方面的。一方面是他個人的問題，另一方面也是制度使然。很多事情毛澤東是被蒙在鼓裡的，他不少時候根本不知道自己犯了什麼錯、造成了什麼樣的後果。包括後來他自己承認錯誤，他也沒有真正弄明白自己究竟錯在哪兒了，產生問題的根本原因是什麼。

這說明什麼？說明從基層到省裡到中央，一層一層的幹部在講假話。比如從基層報到省裡，再報到中央，最後到毛那裡，人人都在講假話。有的確實不知道下面的真實情況，有的知道但不敢說，還壓迫下面不許說。因此，毛澤東看到的東西、聽到的東西，其實也是兩面的，既有讓他懷疑的，也有讓他興奮的。當然，下面層層壓力根源來自毛的推動，就像後來出了事各地調查報告中基層幹部講的，我之所以講假話，是因為上面給的壓力，我沒辦法，只能講假話，只能去逼迫農民、擠壓農民。現在我們最震驚的就是，講假話的幹部會這麼多，包括生活在最基層，還要參加生產勞動的大隊，甚至是生產隊的幹部，許多也在強行擠壓農民。而且不光是縣上的幹部，就連當時相當多數公社的領導幹部，對農民生活、口糧的情況，也是一問三不知。很顯然，那個時候的干群關係就已經出了很大的問題了。如果連相當多的公社幹部都與農民發生了隔膜，高處不勝寒的毛澤東又如何能掌握到下面的實情呢？因此，共和國史的一大挑戰，就是要上下打通來做研究。光研究上層不研究基層，不研究上下互動和互相作用的過程與關係情況，許多大問題就說小清楚。這是我們今天研究共和國史面臨的最大問題。

多問幾個怎麼了、為什麼？

吳海雲：當我向人提起您的時候，一個很常見的反應就是：「楊奎松，做黨史，不容易！」說「不容易」，自然和中國的政治環境有關。因此我首先想請問的是，您當初為什麼會選擇「中共黨史」這個研究領域？

楊奎松：最初我沒有選擇這個方向。77年參加高考的時候，我的志願是政治經濟學，因為我的父母都是搞經濟的，經過文革以後，那個時候大概也沒有誰願意自己的孩子去研究什麼政治，更不必說當時沒有誰會把中共黨史看成是可以研究的一門學問了。我學中共黨史，純粹是因為考分不夠理想，第二撥錄取時被分了過去。我對這個專業本身不感興趣，進去學了以後，覺得更不行。所以我沒有去繼續讀研究生，寧可自己去學、去做研究。幸運的是，我分配到了中央黨校，成了黨史研究的編輯，接觸到大量的、各種各樣的新材料。而80年代那段時間，又是改革開放之後新一波的思想解放時期，視野一下子開放很多，資料條件也變得非常有利，這是我能夠堅持下來的重要原因。當然，能堅持這麼幾十年，是因為這個研究有助於解決我心中長期存在的一些問題。

吳海雲：是一些什麼樣的問題？

楊奎松：中國究竟怎麼了？近代中國為什麼會發生這一系列的事件？中國為什麼會走向革命？為什麼革命總會吞噬自己的兒女？今天中國這一切是怎麼來的，又會向哪裡去？……這些問題，不止是我一個人在想，在問，在那個時代，實際上從文革後期開始，很多人都在這樣想，在這樣問。記得林彪事件發生後，北京許多幹部子弟都在讀理論書，西方的、馬列的，什麼都讀。大家都在反思，都在問：共產黨到底怎麼了？毛出了什麼問題？為什麼會這樣？等等。很多疑問是我當年就已經總是在問，卻總也解答不了的。

要回答這些問題，嚴格說來是需要學術研究的背景的。因為它們事關文化，事關傳統，事關理論，尤其是需要有歷史研究做基礎。因此，能有機會、有條件從事歷史研究，能夠去研究我所關心的共產黨歷史的問題，至少在我個人來說，是一件非常幸運的事情。它的確非常困難，影響我們客觀研究和討論的因素太多、太大，但是，我還是心存感激之心，畢竟30年來中國政治進程再曲折，總的還是在進步，

在開放,因此,我的研究總體上也一直在向前走。

吳海雲:許多歷史學者在做研究時,喜歡選擇一個斷代、比如文革,或是某個歷史人物、比如陳獨秀,做那種比較具體的微觀研究。而您做的是那種跟著時代走的宏觀研究,為什麼?

楊奎松:我之所以沒有讀研究生,除了當時比較狂妄,不認為有哪個黨史教授值得我去跟他讀學位外,還有一個原因,就是我希望能夠從頭開始系統地按照歷史發展的進程來一步一步地具體弄清楚共產黨是怎麼來的,又是怎麼發展變化的。因此,我不喜歡那種一上來就鑽到一個歷史事件或一個歷史人物思想中去的研究方法。在我看來,我們研究的歷史通常不過是人類社會的某一部分沿著時間線索發展變化的過程。我們要搞清楚任何一段歷史,哪怕是一個人的某一段歷史,在弄清楚這段歷史的具體史實經過以外,特別需要搞清楚它的來龍去脈。我們要解釋清楚任何一段歷史,哪怕只是一個很具體的歷史事件,不把前面的各種影響因子梳理清楚,不瞭解構成事件各方的具體情況及其相互關係和各自的動因,我們可能連具體解讀說明這個事件的微觀過程都有困難。因此,我從大學出來後,第一個想法就是想要從我所關心的共產黨的意識形態問題,特別是從農業國的中國人為何會對超資本主義的社會主義、共產主義感興趣這個問題入手,來考察瞭解為什麼連資本主義大工廠幾乎都還沒有的落後中國,何以會產生出一個宣稱代表產業無產階級的共產黨來。換句話來說,我個人更喜歡追根溯源地做研究,想問題。

你剛剛提到了「文革」。確實,從我們那個年代成長起來的很多學者,包括民間歷史愛好者,都對研究文革史感興趣。但是,文革為什麼會發生?它其實和整個共產黨的發展歷史相關。如果你把它放在中共黨史的整個進程中來看,文革絕不是一個孤立的、獨特的事件,更不是毛澤東在晚年腦子一熱突發奇想的東西。舉個例子:上世紀20年代中後期,中國學生在莫斯科就一度發生過內訌。因為追查所謂「江浙同鄉會」,大家互相揭發、批判、貼小字報,向蘇聯安全部門檢舉告密,靠外力介入抓「反革命」等等,當年就整了好多人,後來還因此弄死了一些人。這件事跟毛澤東毫無關係,甚至跟蘇聯人也沒什麼關係。事實是,無論有毛澤東、沒毛澤東,類似的情況在中共歷史上一直在發生。像蘇維埃時期的中共肅反,除了富田事變和毛澤東有關外,其他根據地的肅反同樣死了很多自己人,都不是毛澤東在起作用,當時斯大林也沒有搞大清洗,也不是蘇聯人在那裡瞎指揮的。這說明,我

們中國人自己其實是有問題的，並不簡單的是哪個人的問題。如果不更深入地去考察、瞭解、弄清楚歷史上的、社會文化上的種種原因，單純做文革史研究，我們就只好圍繞著大量微觀史實來下功夫，回答不了我們大家都關心的問題：那樣慘烈的一場自我相殘的政治大動亂何以會發生？

吳海雲：但這樣一步步地往下走，很慢啊！

楊奎松：哈哈，是很慢。我研究了30年，做到今天，才從20世紀初做到1950年代，還沒到1960年代。我一直希望能夠把中國共產黨的歷史重新寫一遍，但現在看，即使中國的政治進程不會發生嚴重倒退，我怕我還沒做到「文革」，人就不在了。

吳海雲：做中共黨史的研究，會不會受到很多制約？

楊奎松：還好。我說過，中國的政治環境整體上其實一直是在進步的，當然，30年裡會時鬆時緊，時進時退。但做學問的人只要注意不要太過超前，一般情況下還是可以生存下來的。事實上，做到我們這種程度以後，已經不像青年教師、青年學者那樣生存壓力那樣大了。我們不會為了發表文章去做很多違心的事情，青年人要養家餬口，要評職稱保飯碗，就很難做得到。從我研究歷史的經驗看，改革開放後最好的一點就是，無論今天政治上多麼保守，學者們總還是有一定的研究空間的。有時候限制得太嚴了，大家埋下頭來做一段基礎的研究就好了，這種時候總是會過去的。很多問題，1980年代不能談，到了1990年代就不是問題了。總的來說，作為歷史學者，我對歷史進步是持樂觀態度的。

吳海雲：聽您說的，似乎別人心目中您因為做「中共黨史」而遭遇到的種種困難，都不是什麼大問題。

楊奎松：確實，那些政治上的禁忌想通了就沒有什麼可怕的。中國那麼大，東方不亮西方亮，這個地方不讓發東西，還有那個地方可以發；今天不能發，明天總可以發。做歷史的人關鍵是要把史料研究的基礎打紮實，有了新成果，總有能發的時候。我覺得我碰到的主要難題，還是歷史研究本身的困難。這就是我一直在講的一點，你必須既能深入於歷史之中，又能超然於歷史之外。

所謂深入於歷史之中，就是要能夠像陳寅恪先生所講的那樣，即要能夠「與立說之古人，處於同一境界，而對於其持論所以不得不如是之苦心孤詣，表一種之同情」。這也就是我們通常所講的，要學會換位思考，即要設身處地地站在我們所研

101

究的歷史人物、歷史事件的場景之中，按照當時特定的歷史條件、歷史環境和當事人特定身份、地位、教育、知識等所決定的立場情感背景，來具體地理解歷史當事人所思所想。所謂要超然於歷史之外，就是要努力擺脫歷史條件小身的束縛，不受一家、一族、一黨、一派、甚至一國的情感立場及其意識形態的左右，儘可能用比較科學的發展的眼光，從今天的歷史高度，基於人性的立場，來看待歷史上的種種恩怨與是非。而要真正做到並堅持住這一點，是非常困難的。

吳海雲：那讓我們回到您的研究——「革命」——上。我想請問，在做了那麼多年的研究後，您對革命的基本態度是什麼？

楊奎松：從歷史主義的角度來看，革命，無論是指以群眾暴力等急劇方式推翻專制統治或腐敗政府的造反行動，還是以武裝反抗的形式改變本民族屈辱地位的激烈行為，都不是近代中國獨有的現象，也不是二十世紀的特殊產物。我贊同漢娜·阿倫特對革命的闡釋，即「只有在現代，而不是在現代之前，社會問題才開始扮演革命性的角色」。現代革命的一個重要原因，就是人們平等自由意識的覺醒及其由此產生的對壓迫平等自由的反抗心理。只要這個問題存在，無論是政治上的平等自由受到過度壓迫，還是經濟上的平等自由受到過度壓迫，革命的爆發都是不可避免的。你沒有辦法去「告別」過去，也未必阻止得了今後的革命。我對「革命」的基本態度？我想我贊同美國《獨立宣言》裡面講的一個觀點，這也是當年各國共產黨人革命的一個重要出發點，即「人人生平等，造物者賦予他們若干不可剝奪的權利，其中包括生命權、自由權和追求幸福的權利。」「任何苦難，只要是尚能忍受，人類都寧願容忍，而無意為了本身的權益便廢除他們久已習慣了的政府。但是，當追逐同一目標的一連串濫用職權和強取豪奪發生，證明政府企圖把人民置於專制統治之下時，那麼人民就有權利，也有推翻這個政府，並為他們未來的安全建立新的保障。」

吳海雲：革命當然不是近代中國獨有的現象，但問題在於，中國的革命有很大的特殊性。

楊奎松：當然，這也是我一直在探討的。中國革命大致可分為兩類：國民黨式的和共產黨式的。而無論是哪一種中國革命，外因都造成了很大的作用。在蘇聯及美國的影響日益增大的背景下，即便是最具權力與決斷力的領導人——不管是孫中山、蔣介石還是毛澤東——都必須學會適應複雜多變的國際環境。我們可以假設，

如果沒有蘇聯革命,中國革命可能是一個孫中山引導的革命,由於它受到較多美國式的革命觀念的影響,由於國民黨的成員中更多深受中國傳統文化影響的知識精英,因此,現代中國將變成一個保留更多傳統文化的、比較美式、而不是俄式的國家。但當時的時代背景和中國特定的地緣政治環境使得中國無法離開蘇聯的作用與影響,以致最終走上了一條「階級鬥爭」的俄式革命之路,這就是特定時代和特定環境條件下的中國特色了。

吳海雲:問題在於,革命雖然有暴力、血腥的一面,但也確實給人類帶來了公正、自由與進步。且不說美國革命、法國大革命,就說不久前阿拉伯地區的茉莉花革命,不僅很少受到譴責,甚至還占據國際政治道德輿論的制高點。然而,在今天的中國,從官方到民間,對革命都有一種「告別」的情緒。在您看來,這當中的原因是什麼?

楊奎松:首先,我想指出,國人中對革命的「告別」情緒多半是從改革開放以後才開始生長起來的。至少,在毛時代,「革命」還是許多中國人以為驕傲的一種政治符號:那裡面既包含著一種「中國人從此站起來了」的民族主義自豪感,也包含著對中國可能建立起一套真正能夠實踐平民政治的制度體制的政治自豪感。上世紀60年代末的幾年裡,中國這種革命理念甚至一度曾經風靡世界,1968年遍及全球的「紅色五月風暴」就是一個證明,如今一些人對於毛時代的懷念多半也是基於這樣一種想像。

任何歷史的發生都有其相對的邏輯和原因,中國革命也是一樣。問題在於,如果革命沒有一種適應時代發展潮流普世的價值觀作為支撐,打破舊制度之後,不能建立起一套符合歷史發展方向的基本制度,這種革命帶來的未必是歷史的進步,反而可能造成嚴重的歷史反覆。因為,就像馬克思講過的,潑髒水是對,但把澡盆裡的嬰兒一起倒掉,就過猶不及了。

具體來說,任何社會文化,都是精英文化在起著主導作用,並規範著社會上一切人的言行舉止。舊的制度文化確有束縛人性的,甚至是「吃人」的一面,但也有其總結人類幾千年歷史經驗所由形成的維繫公共生活的起碼規則。革命自有打破舊制度、舊文化的功效。但是,破舊未必能立新。特別是依靠民眾造反的底層革命,一旦把舊的制度文化打破,把原有的階級關係摧毀掉,那種底層的、原始的、人性醜陋野蠻的東西就會抬頭。如果這種革命不是順應歷史發展步伐而來,新的法律制

度、道德文化沒有能夠在舊社會中自然生成並在新社會中成長起來，新社會勢必會被更落後的制度文化所統治。

吳海雲：人性都是自私的吧？這恐怕不是中國人獨有的。

楊奎松：人性本身都有自私的一面，但不同的民族，其民族性及其國民性其實很不同。民族中人的性格特點多半是受社會、經濟、歷史、文化，乃至於環境影響作用形成的。中國人，或者我們說漢人的性格特徵就離不開中國特有的小農經濟條件。中國兩千年來一直是非常特殊的一種小農經濟的社會，自耕農多，小地主多，大地主少，最重要的是農民和地主，和土地，都沒有人身依附關係。這和西歐、日本的古代社會完全不同。歐洲、日本的莊園地主經濟因為農民與貴族或地主休戚與共，貴族、地主不僅經濟要靠農奴，保衛莊園，乃至與外部關係，包括出糧、出丁、出兵、打仗，也都要靠農奴。農民因為依附於貴族或莊園主及其土地，他們的命運也與之息息相關，往往一榮俱榮，一損俱損。因此，莊園地主經濟很容易造就出一個內聚力較強的民族來。而中國式小農經濟恰恰相反，農民本身沒有依附性，土地可以自由買賣，人可以自由遷徙，甚至多數農民自有少量土地，可以維持基本生存，這種經濟制度很容易造就出「只知有家，不知有國」的散漫個體。從早年孫中山，一直到今天海外華人中的知識精英，幾乎無不感嘆國人的這種特性，即一盤散沙，且內鬥不止。

所以，中國人特別愛講「平等」，甚至於要講「均平」，但出發點卻多半是著眼於自私的目的。中國人講的「平等」和西方概念中的「平等」不完全是一回事兒。西方從莊園地主經濟的角度，必須要講個人主義，因為不處理解決好「公」與「私」的關係，就會帶來整個依附關係很強的莊園經濟體的解體；中國小農經濟中因為很少個體「私」對「公」依附關係，多半只有「大私」和「小私」的問題，所以很容易形成人人「只管自家門前雪，不管他人瓦上霜」的利己主義。中國漢人通常個人生存能力很強，群體意識及團結力卻很弱，這不能不是一個重要原因。

吳海雲：您剛剛還提到了階級鬥爭……

楊奎松：是，那是中共革命最重要的遺產之一。但是，它也是今天的中國最嚴重的歷史遺留問題之一。表面上，階級鬥爭是有利於集體主義習慣和理念形成的，對克服國人自私自利的國民性有好處。實際上，中國人自引入階級鬥爭以來，從來就不是嚴格按階級劃線的。並不是你是工人，你就是革命的；你是地主，你就是反

動的。幾十年來，中共的階級政策一直在左右搖擺，今天講鬥爭，明天講團結。講鬥爭的時候，你是知識分子都可能要被劃入另冊；講團結的時候，你是地主也可以變成統一戰線的對象。不僅如此，農民中間也是要分階級的，工人中間同樣要查異己分子，要分左、中、右。無論俄國，還是中國，作為落後國家共產革命的一個最重要的特點，就表現在根本無法簡單地依據馬克思所說的生產資料占有的有無多少來劃階級，通常要看一個人的政治言論、行為、情感、立場，甚至要看他的社會關係，看他的家庭出身，看他以往的歷史，包括讀書上學的經歷，來認定他的敵我屬性。因此，哪怕你昨天還是共產黨員，今天就可能因為這樣或那樣的原因被定性為階級敵人。由此可知，中國的階級鬥爭並不能真正推動國人集體主義觀念的形成，反而容易更進一步強化國人不顧是非善惡，唯上唯權，從眾跟風，落井下石的利己心理。

這種情況也很好理解。因為階級鬥爭是敵我鬥爭，敵我鬥爭就是你死我活，因此碰到這種問題必須選邊站，站對了就萬事大吉，站錯了就萬劫不復，有幾個國人還敢獨立思考，去判斷什麼對錯是非呢？改革開放了，今天不再搞階級鬥爭了，但是，我們今天政治觀念及其處理問題的方法仍舊是階級鬥爭式的，還是非我即敵，你死我活式的。凡被視為敵對者，不管確否，一定要被看成是壞的、惡的、反動的，在政治上必須仇恨、防範，甚至於打擊和消滅之。影響到大部分國人今天在看問題時，也仍舊擺脫不掉非黑即白的極端立場，很少能有個人的獨立思考，更談不到保持客觀態度了。

吳海雲：我發現，雖然您是個歷史學者，但很注重現實的關懷

楊奎松：那當然，我之所以研究歷史，就因為我關心我們今天的這種狀況是怎麼來的，無論成功還是失敗，為什麼會這樣？對於這些問題，每個人都可以從自己的角度去看問題，去得出這樣或那樣的看法，但是，離開了真實、客觀、全面的歷史史實的研究與披露，任何討論和看法都只能是望風撲影的空談空論。而還原史實，非要歷史學家出來做這方面的基礎工作不可。

吳海雲：那作為一個現實的關注者，您在系統地梳理中國革命歷史的基礎上，對中國的未來發展抱有一個什麼樣的態度？

楊奎松：從歷史的角度看問題，我既是宿命論者，也是樂觀主義者。從歷史的長程來看，任何國家、民族都在發展中前行。何況，就我們生活的這幾十年來看，

中國的進步也是再明顯不過的了。比如，在八十年代，「人道主義」這個概念還遭到批判；而今天，主張人權、尊重人性、弘揚人道主義，固然習慣於敵我思維的國人的接受和認識程度還不一致，但相對於大多數人來說，它們已經是一種社會共識了。今天連對貓啊、狗啊，都要講獸道，又何況對人呢！在我看來，一個社會文明發展的最主要的標誌，就是對人、對人的生命和權利是否高度重視與尊重。古代社會之所以野蠻，根本上就是還沒有完全脫離獸性，不懂得，也不知道人生而平等的道理；不懂得，也不知道要善待一切生命，要保障每個人應得的權利。西方思想啟蒙與思想解放，最重要的一個歷史進步，就是讓歐洲人越來越多地認識了人性的價值，從而使大多數人開始認識到人權平等的意義。中國社會的歷史進步，也一定會從對人權平等和對人的價值的認識變化上逐漸體現出來。

當然，今天還有幾億農民的中國社會進步得再快，也還是存在太多的問題。尤其是社會文化意識方面的進步，遠不是靠多建幾個工廠，多幾億農民進城務工，就能夠改變過來的。人類文明進步從來是一個潛移默化的過程。任何人為想要一步達到所謂超資本主義文明的程度的努力，結果一定會跌回到中世紀野蠻文明的水平，甚至更慘。

舉一個例子。人類從有文字記載以來，就有人吃人的記述。但是，隨著人類文明和科學的進步，這種情況已越來越難見到。中國的情況固有不同，而史書記載為復仇食人之事至少在清史稿中已不復見到了，為食補而食人的記載也鮮能見到了。想不到，歷史發展到1940年代末，1950年代初，因為在農村用階級鬥爭觀念搞土改和鎮反，底層農民中又再度發生了並非因饑餓而食人的怪現象。這種情況，發展至文化大革命，在落後地區打擊所謂反革命敵人的過程中，竟又一度死灰復燃。僅此一點即說明，以中國底層文化之落後，城鄉文明差距之大，要讓歷史文明倒退是一件再容易不過的事情了；要讓歷史文明進步，則難上加難。

歷史發展的趨勢當然是不可逆轉的，無非是快與慢的問題。但是，任何能馬上靠主觀力量強加給這個社會的東西，再好都會變質！我們背負著幾千年的小農經濟社會的沉重歷史遺產，又經歷了俄式階級革命的歷史反覆，這注定了我們國家的文明進程勢必會走得比理想中慢得多。我們今天最重要的，恐怕還不是馬上提升全國民眾的文明道德水準，這不是靠十年、二十年的宣傳、教育、樹榜樣能起作用的。我們今天其實最應該做的，是普及人權意識，強化人權觀念，譴責任何反人性、不

人道的思想、觀念和行為，也就是應該做反對野蠻文化的思想啟蒙工作。如果能夠有更多的人瞭解這種工作的意義，願意自覺地幫助推進文明的進步，哪怕大家只是從社會生活、社會實踐方面多做一些嚴於律己，寬以待人的講人性、重人權的事情，中國的社會進步也都可能會加快一點。

社會發展中的「阿凡達」式困惑

《世界博覽》：GDP攀升、生活富足，拋開社會表面這層光鮮的現代化外衣後，人類文明進步的實質是什麼？

楊奎松：這個問題太大，也複雜，我們今天講的文明和進步，其實多半都是「現代」的。換言之，就是以人類今天最現代的生活和最現代的思維為標準的。就像我們今天說張三的某種行為不文明，說李四的某種觀念太陳舊，不進步，我們多半都是拿我們今天生活的現代工業社會已經公認的某種標準在做比較。而這裡的問題在於，我們今天基於現代工業社會所產生的一切標準，是否就是唯一正確的，或文明的、進步的呢？

作為一個拚命在搞現代化，一心想要擠進現代國家行列的發展中國家來說，我們今天真正感受到這種問題的弔詭性的人，還很少。因為我們絕大多數人都還在追求最現代的，或是比較現代的生活方式，並以此為目標。但是，在那些發達國家，特別是在那些早已不為稻粱謀，甚至對過度的物質消費已毫無興趣，因而開始懷念或幻想大自然的無窮魅力的人們來說，對人類現代化的反思和批判就自然而然地產生出來了。在這方面近年來最能給人以視覺和情感衝擊的，應該就是最近在熱播的美國大片《阿凡達》了。導演卡梅隆幾乎調動了一切技術手段成功地展示出了一個宛如仙境般，人和物都純淨得可以讓人窒息的神話世界。他製造這一夢境的目的很清楚，一個如此美妙無比的大自然，我們怎麼能忍心為了人類自己的現代生活而去毀壞它？！

看過這部影片的國人很多，但是，在場面上、技術上受到震撼的人很多，在思想上、情感上受到衝擊的人卻很少。中國導演陸川因為坦率地講出了他看過這部影片後在心靈和情感上受到的衝擊，甚至還遭到不少網民的怒斥。

《世界博覽》：為何國人不認同陸川的看法？

楊奎松：其實，國人認識上的這種差距，很大程度上不過是大家審美眼光不同造成的。這就像有的人痴迷於大自然的美，就想住在人煙罕見的自然環境中間，遠離繁華喧囂的現代城市，而更多的人則離不開物質生活的享受和舒適。我們只要看一看陸川所拍的《可可西里》和《南京！南京！》，注意一下他電影裡對自然、生

命和人性的關注，就不難瞭解他對《阿凡達》的看法為何會與許多國人不大相同。

值得注意的是，在中國這個曾經被半殖民化，遭受過帝國主義嚴重侵略和欺凌的國度裡，今天的人竟然已經現代化到很少會去關注卡梅隆這部影片的政治批判意識了。我注意到網上和報紙上都有不少人在批評卡梅隆「反人類」意識。在他們看來，影片只塑造了寥寥幾個正面的人類形象，絕大多數影片中的人都寫得面目可憎，這表現出了卡梅隆對人類的某種仇恨心理。

不錯，這部影片明顯地嘲諷了現代的人類。只可惜，這只是卡梅隆意淫現代人類的結果——土著的納美人成功地趕走了入侵的文明人類。而在人類自己數百上千的歷史事實當中，幾乎從沒有真正發生過這樣的情況。想當年英國人、法國人、荷蘭人、西班牙人憑藉著他們代表著現代文明的船艦和大砲，在亞、非、拉美各大洲到處移民、墾「荒」，驅趕、殺害地球上的各種「納美」土著的時候，文明的現代人類終究會是戰勝者。

比較一下人類現代文明發展的弱肉強食的歷史，卡梅隆的後現代史觀其實很值得我們中國人歡迎。因為他其實是越來越多的具有後現代意識的發達國家中文化人，對帝國主義和殖民主義批判的一個代表。那麼，為什麼有世界上大多數與土著「納美」族人有著近似遭遇的中國人，今天卻對卡梅隆的這種批判意識抱以反感呢？很顯然，今天的國人實際上已經被現代化了，從物質生活到思想意識，都不再民族，不再傳統，甚至不再對自己的歷史和文化有太多感覺，自然也就不大會站在「納美」族人的角度來看待電影中的現代人類了。

《世界博覽》：那是不是可以說現代化就是民族性的反面呢？

楊奎松：說起來這也是一件很弔詭的事情。今天激烈批評卡梅隆和陸川的許多網民，本身往往也有著很強烈的民族主義情緒。尤其從他們對陸川的批評中，常常可以看出他們那種極強的民族自尊心。之所以他們忽而是民族的，忽而又是人類的，同樣也是因為他們太現代了。因為中國和美國還有很大差距，這讓他們很民族，很自尊，對任何看起來像是對發達的美國卑躬屈膝的人都義憤填膺；因為中國如今也很現代，很進步，這又讓他們很以中國能夠被納入到，甚至說不定哪天會引領這種現代的全球化進程而自豪，因此難以接受對人類文明力量的任何嘲諷與不屑。殊不知，現代的，其實就是西化的，通常也就不是民族的了。對於這一點，馬克思在資本主義最初發展階段，就透過《共產黨宣言》做過分析和說明。他的意思

很明白，資本主義生產力的飛速增長，最終將會以現代的形式，把適合於這種生產力發展的制度、觀念和生活方式，擴展到全世界的各個角落，從而使一切民族都被吞噬、消融和現代化。

所謂現代化，在我看來，根本上是一個生產和消費無限增長的過程。因為生產力高速發展，人們的生活水平、人口數量、對消費量和消費形式的要求等，也水漲船高，漫無止境。它在地球上最初造成的結果，就是馬克思所說的那樣一種以生產力高低為條件的弱肉強食、優勝劣汰的過程，是接連不斷的殖民主義、帝國主義戰爭，直至第二次世界大戰以後，人們逐漸地轉變到更文明的方式，即透過經濟和貿易的擴張，來取代過去弱肉強食的流血爭奪。但結果並沒有兩樣。

以中國為例。1840年鴉片戰爭之後，中國被迫打開了國門，一步步接受了西方的文明：從政治制度、政治組織方式，一直到經濟制度、生活方式，乃至於最基礎的教育內容和形式。不錯，在和西方的對抗中，中國像許多落後國家一樣贏得了獨立自主，但自1950年代以來它不是更民族了，而是更西化了。不僅政治、經濟、法律、軍事、教育、衛生、體育，乃至於從衣著服飾、書寫文字，一直到接人待物的禮俗方式，也都越來越遠離了自己民族的傳統與文化。今天的中國漢人到其他國家去，除非對方能夠聽懂你的漢語外，大概沒有人能夠認得出你是哪國人？而中國一旦強大起來，它也同樣開始運用其經濟、貿易，甚至是各種手段，在世界各地四處去擴大和尋找原料與商品市場……

現代生產力的發展刺激生產和消費無限增長的另一個今天越來越被人們所重視的情況，就是對自然資源無止境的掠奪，和由此帶來的對人類生存環境的空前的毀壞。殖民主義、帝國主義戰爭的一個重要的目的，就是在世界範圍內爭奪維持現代生產高速發展所需的各種自然資源。第二次世界大戰後，這種戰爭爭奪的方式雖然停止了，但是，大批落後民族和國家的獨立，推動了世界範圍內更大範圍的現代化熱潮興起，資源的採掘和自然環境的破壞變得更加嚴重。如今，許多國家早就已經開始盯上了地球以外的星球，卡梅隆的電影不過就是把地球人過去的殖民主義、帝國主義和資源掠奪的歷史，照搬到他所設想的一個叫潘多拉的星球上去罷了。在他看來，人類繼續如此無止境地追求現代化，即追求生產和消費的無限化，最終勢必要走上這樣一條宇宙殖民主義的發展道路，把人類過去以發達國家侵略掠奪落後國家和民族的歷史，到其他星球去重演一遍。

《世界博覽》：那這種趨勢是不可阻擋的嗎？

楊奎松：我們理當注意到《阿凡達》這部影片提供給我們的另一層思考。這就是，人類今天這種現代化的生活方式，真的就是最好的，或者如你們的問題所提的，是最「進步」的生活方式嗎？卡梅隆塑造的這個叫「納美」的土著民族，毫無疑問是一個虛幻的，因而也是被他理想化了的民族。也正因為如此，一些國人會用「小兒科」來評論卡梅隆的劇情構思。他們很難理解，有什麼人會放棄「文明」的生活方式，只為了與土著女人純潔無瑕的愛情而甘願去做原始人。

現代化的觀念，本質上就是一種物質文明的觀念。而中國漢人自古以來就很少受到宗教思想的影響，新中國建國後大陸人長期以來又一直受著唯物史觀的熏陶和教育，因此，今天的年輕人要想理解卡梅隆的情感幻想，的確會十分困難。這就像我們今天許多漢人看阿拉伯人的著裝（也包括對日本人、朝鮮人、印度人的民族服裝），總覺得怪怪的，認為不開化一樣，一方面是因為這些人早已把西化視為正常，視為現代的標誌，因而在內心裡和思想上只會認同西式服裝，很少會認同民族服裝；一方面是因為他們沒有卡梅隆那樣（包括陸川那樣）的對自然和自然美的發自內心的嚮往和情感，因而完全無法設身處地或做換位思考。卡梅隆這部影片最大的特色，就是它不是像過去許多影響那樣，站在現代人類的角度，從同情和欣賞的角度，而是站在土著人的角度，來認識什麼是幸福，什麼是美，什麼是它們所希望的「文明」。

這樣一種思路其實是有助於我們瞭解很多問題的。比如，依照我們今天的觀念，自建國以來，我們為少數民族做了很多事情，提供了各種各樣的援助，今天的邊疆地區已經和過去煥然兩樣。在我們看來，這無疑是給少數民族送去了文明、進步和現代化。但是，為什麼不少宗教意識較強的少數民族民眾並不都能夠認跟我們的這種幫助呢？這裡面一個最大的問題，就是我們今天所追求的所謂現代化，與他們的宗教觀和民俗觀之間其實是存在著相當差距的。你不站在對方的立場上、感情上和宗教觀上，你根本就理解不了他們內心裡的幸福和文明是什麼。

記得有一位外國來訪者在某大學做講演，講到了歐美如何發達、進步。我們的一位陪同者當場提出了一個問題，說是：歐美的科學那麼發達，為什麼還有很多人相信宗教迷信呢？把宗教視同迷信，這是我們長期進行無神論教育的結果。但是，這個問題即使在沒有宗教信仰的西方學者看來，無疑也是很荒謬的。由此我們也不

難看出，在現代化的條件下，人和人之間、民族和民族之間，有著多麼大的文化差距與隔閡。

我們這裡沒有辦法深入討論文化的問題，但是，看了《阿凡達》的觀眾至少應當瞭解的是，生活在歐美現代社會，享受著遠比我們絕大多數人充裕和奢華的高科技的物質生活的人，未必都感到幸福。像電影主人翁傑克那樣，迷戀大自然，信奉宗教，甚至願意到艱苦環境下生活的人，並不在少數。

現代化最大的成就，是最大限度地擴展了人類生存的空間和能力，創造了無盡的財富，改善了多數人的生命質量。但是，現代化也有極其嚴重的惡果，就是像馬克思所說過的，它用生產力這一把尺子，把人類文化發展數千年來的結果一刀切了。凡是達不到最先進的生產力水平的民族和與之相適應的文化，統統被西方一種模式所代替了。與此同時，無限的生產和消費的結果，也嚴重毀壞了人類自己的生存環境，使地球越來越難以承受人類的存在了。按照近百年來人類生產力、資源採掘及環境破壞的發展速度，地球至多只能再維持如此巨大且還在飛速增長的生產消費需求上百年的時間。100年以後怎麼辦？最近的《阿凡達》、《2012》等幾部美國影片，其實都在講這方面的問題。包括最近召開的哥本哈根會議，也是在關注這個問題。

《世界博覽》：您對文明進步的看法是什麼？

楊奎松：簡單地說，肯定不是物質的滿足，因為人的物質需求是永無止境的。這也就是說，我們看這個問題，必須跳出物質生產力的標準，即不應當簡單地拿所謂現代化的物質指標來衡量一個國家或一個民族文明進步與否。既然我們講的是人類的文明進步，就理當以人的感受為基本的考核點。物質的滿足僅僅是一個方面，精神的、情感的、心理的和思想的滿足，同樣也會影響到每個人的幸福感。

比如，少數人富有，多數人貧窮，即使從國家或民族的總體上看生產力水平和物質生活水平都提升了，但多數人感覺不到幸福，反而感受到不公不平，充滿怨恨，自然不能認為是文明進步。同樣的情況，多數人相信一種信仰，少數人不相信，卻得不到選擇信仰的權利，精神處於壓抑狀態，甚至自由權也受到限制，表面上這個國家或民族是和諧的、富足的，實際上也還是談不到文明和進步。

我們今天講文明，毫無疑問要以人為本。不是以少數人，或以多數人，而是要做到尊重每一個人的人權，尊重和保障每一個公民的憲法權利。我們今天講進步，

就要能夠持續地不斷地改善人的物質生活，尤其是精神生活及其環境。

用歷史的眼光來看待中日關係

凡熟悉近20年抗日戰爭史研究發展狀況的人，大概都有這樣一種體驗，那就是，在上個世紀80年代到90年代中期，抗日戰爭史的研討會，無論國內國際，大都較為客觀冷靜，即使是討論日本侵華罪行的話題，通常也都較為學術。然而自90年代末以來，抗日戰爭史的研討會日趨明顯地出現了情緒化，甚至政治化的苗頭。今天，在不少討論抗日戰爭問題的學術會議上，常常能夠看到一些學者言辭激烈地斥責日本民族的劣根性的情況。

導致部分學者的抗日戰爭研究逐漸情緒化的一個重要原因，當然是日本自由主義思潮的泛起，和日本一些人在教科書問題、南京大屠殺問題以及慰安婦等問題上，否認當年戰爭罪行的頑固態度。但是，無論是中日兩國正式建交前，還是建交後，日本社會上始終存在著這樣一種美化侵略戰爭，否認戰爭罪行的思潮和現象，為什麼過去我們幾乎從未見到有誰試圖把學術研討會變成深挖日本侵華罪行的聲討會和斥責日本民族劣根性的批判會呢？很顯然，除去日本方面的原因，以及中國現實政治環境較以往為寬鬆等因素以外，中國學人心態的變化應當也是造成今天這種情況的一個相當重要的原因。

自上個世紀90年代下半期以來，中國的國力日漸增強，國際地位極大提高，伴隨而來的，則是國人民族主義情緒的明顯升溫。這種情緒自然也波及學術界中來了。因為逐漸開始熱衷於看到政府在國際關係當中對人說「不」，因此，日本政府及其少數自由主義知識分子面對過去戰爭罪行的態度，難免會愈加激起部分學人情感上的憤怒。

學者也是人，人總有七情六慾。對歷史上日本侵略者的戰爭罪行深惡痛絕，對現實中日本政府和少數自由主義知識分子抹殺甚至美化日本戰爭罪行的態度忿忿不平，這些也都在情理之中。但是，因為不理解日本人在過去戰爭期間的殘暴和部分日本人始終不敢正視自己戰爭罪行的態度，轉而把這一切歸結為日本民族的劣根性，甚至運用學術的手段來論證日本人天生殘忍、虛偽，卻明顯地脫離了學術研究的範圍，使自己滑入了民族主義的泥潭。

民族主義有激勵國民奮進的效用，但它同時也容易導致不能冷靜客觀地看待民

族國家的矛盾，過分誇大他民族的缺點，甚至仇視他民族的傾向。而事實上，我們每一個從事抗日戰爭研究的學者都有一些日本友人，我們深知這些友人的可愛與真誠。甚至，正如方軍在《我認識的鬼子兵》一書中所描述的那樣，即使是他隨機採訪的那些殺害過中國人的老日本鬼子，又有幾個是殘忍、虛偽的呢？他寫道：「當年的老鬼子們不過是一群開機床的、種菜的、送信的、做木匠、開飯館的、修鐵路的、教書的、敲錘子的、當會計的普通勞動者，總之和你我一樣都是平凡的人。」把他們變成魔鬼的，是戰爭，是戰爭環境下愛國主義、民族主義的狂熱政治煽動，並非是日本民族本身的特性使然。

戰爭會使人性扭曲，幾乎可以說是一個再普通不過的常識了。不獨日本人如此，德國人又何嘗不是如此？甚至不獨日本人、德國人如此，中國人自己又何嘗不是如此？遠的秦軍坑趙卒、清兵屠揚州不必說了，近的各種政治勢力之間因攘權奪利，自相殘殺的戰爭就不在少數。國人所熟悉的名目繁多的刑訊逼供乃至坑殺異己的酷刑與慘劇，不少也發明和發生在這近百年生死予奪的政治軍事鬥爭當中。因國民黨的「清黨」和共產黨的「肅反」，死的人還少嗎？即使舉國軍民一致抗日的八年期間，不也還是出現了諸如皖南事變、平江慘案等一系列同類相噬的悲慘事件嗎？十分明顯，只要在戰爭的環境下，只要擺在面前的是你死我活的選擇，猜疑和仇恨的種子就必定會在原本善良的國民心中生根發芽和開花，直至結出罪惡的苦果。與其說它與日本民族的特性相關，倒不如說它是整個人類的一種劣根性更準確。

今天，中日之間早已沒有了戰爭，但是，在中日兩國國民心中播種什麼依然是一個極為現實且相當嚴峻的問題。我們大家都清楚，我們堅持批評日本當局對中學教科書問題的態度，正是希望能夠在日本年輕一代的內心深處中，種下熱愛和平的種子。但我很懷疑，在我們希望日本人能夠讓他們的下一代瞭解日本當年對中國犯下過戰爭罪行的同時，我們的一些學者卻有意無意地在中國國民當中播種鄙視日本民族的種子，這能夠為中日兩國人民之間帶來持久的和解與和睦嗎？

中國有句俗話，叫「怨家宜解不宜結」。何況中國與日本是一衣帶水的近鄰，中國為了自身的國家利益更需要和日本等周邊國家搞好關係，因此，儘管今天有許多人對當年國共兩黨堅持用以德報怨的方法來處理中日關係問題持有強烈的批評態度，但我相信，它還是有效的。至少我們一直到今天都可以不斷地聽到那些感受

到這一政策恩惠的日本軍人充滿感激的話語，看到他們由此所產生的對當年戰爭行為的由衷懺悔。而他們的現身說法，至今還在日本民間產生著巨大的宣傳效力。試想，如果沒有他們這些親歷者的聲音存在，自由主義歷史觀的鼓噪和影響，會不會更多更大呢？

日本不是德國，我們不能指望日本全國上下都能在短時期內勇敢地面對自己的歷史。但是，時間是最好的治療劑。顯而易見，今天的日本就已經不是過去的日本了。我們雖然依舊會發出警告，但今後的日本已經沒有可能脫出世界和平民主的軌道，重新走上軍國主義的老路。身為歷史學工作者，我們理應具有歷史的眼光，理應秉承理性和客觀的精神來看待過去和現在，既不被民族主義情感所左右，更不以民族主義的情緒去影響國人。

實事求是地總結抗戰史的經驗與教訓

　　中國的抗日戰爭時期是中國近代歷史上最值得國人驕傲的一段時期，甚至可以視為「中華民族復興的樞紐」。改革開放以來，有關抗戰史的研究取得了豐碩的成果，抗日戰爭在中國近代歷史上的重要地位日漸為人們所重視，透過對抗日戰爭，包括對國共兩黨在內的整個中華民族這段可歌可泣的鬥爭歷程進行展示與宣傳，必將有助於提高我們民族的自豪感。

　　但是，應當看到，抗日戰爭這段歷史，仍舊是整個中國近代史中間的一個環節。由於整部中國近代史包含著許多悲哀與遺憾，抗日戰爭史也絕難例外。實際上，我們今天對抗日戰爭的研究與宣傳，也仍在不斷地受到這眾多悲哀與遺憾的困擾。像如何看待第二次世界大戰爆發的時間；如何評價中國的抗日戰爭對整個第二次世界反法西斯戰爭的貢獻；如何準確地說明國共兩黨在抗日戰爭中的地位和作用，等等，都是多少年來國內外輿論以及相關學人無法取得共識的重大課題。它甚至影響到我們自己在一些問題的認識和宣傳上，表現得反反覆覆，令人無所適從。

　　人所共知，能不能實事求是地看待和說明自己的過去，這多半能夠檢驗一個民族成熟與否。對戰敗國是如此，對戰勝國又何嘗不是如此。中國雖為戰勝國，並一度享有與蘇、美、英等大國平起平坐的榮耀，但是，實事求是地看，中國並沒有因此脫離弱小國家的行列。正如國際上幾乎沒有人把率先舉國抵抗法西斯入侵的埃塞俄比亞列入二戰英雄譜一樣，在國際上幾乎沒有一本有關二戰史的重要著作把1931年日本入侵中國東北看作第二次世界大戰爆發的開始，幾乎沒有一部二戰史的著作把中國戰場視為第二次世界大戰中的主要戰場。這其實一點兒也不奇怪。有些人把它看成是我們宣傳和介紹不夠，恐怕不十分準確。因為說到底，它並不是一個說理充分與否，或者鼓吹有力沒力的問題；它是一個觀念問題，或者說，是實力問題。歐洲中心的觀念怎麼來的，是歐洲國家靠實力搶來的；區區一個戰敗國日本，何以能夠不理睬受害國的譴責，拒絕承認戰爭罪責？何以差點兒沒把自己說成是受害者，迫使美國為其投擲原子彈一事道歉？同樣也是由於它有實力。

　　當然，實力問題也與事實問題相聯繫。蘇、美、英之所以有足以載入世界戰爭史冊的斯大林格勒戰役、北非戰役、諾曼底登陸作戰、中途島戰役、跳島作戰等一

系列值得炫耀的戰爭紀錄，它們之所以能夠透過戰爭的方式大片大片地解放被占領土和迫使曾經不可一世的法西斯強盜最後無條件投降，根本原因就在於它們確實擁有強大的實力。反過來，中國抗戰的最成功之處多半只在於它的持續抵抗和不屈服拖住了大批日軍，它沒有也無法透過大規模的進攻來收復失地，它甚至從未能成建制地殲滅過日軍任何一個師團甚或旅團。正因為如此，1945年中國的最終勝利，不是直接在中國戰場上取得的，而是日本在美國和蘇聯大舉進攻下被迫投降的結果。

　　承認中國的弱國地位，正視中國的抗戰遠非盡如人意，是不是就會長他人志氣，滅自己的威風呢？要振奮民族精神，是不是只有統計出龐大的殲敵人數和死傷人數，才能達到目的呢？未必。歷史講究的是具體的事實。本來，落後就要挨打，這是一條顛撲不破的真理。一個半殖民地半封建的老大貧弱中國，又怎麼可能在幾年之間改變貧弱面貌，完全靠自己的力量來打敗強國日本呢？抗戰之偉大，原本在於近百年來一盤散沙、四分五裂、倍受列強欺凌侵略的中華民族，終於有了舉國一致奮起抵抗的一天；在於它憑藉著十分落後的武器裝備一次又一次地挫敗了日本人滅亡中國的迷夢；在於它以自己的流血犧牲贏得了它長期失去的尊嚴。儘管，它沒有能夠完全依靠自己的力量把侵略者趕出去，從而不得不把自己的勝利建立在他國勝利的基礎上，這多少是一種遺憾，一種悲哀，甚或一種恥辱，但是，壞事可以變好事。

　　我們中國人一向講求實事求是。所謂「知恥近乎勇」，所謂「失敗是成功之母」，所謂「前事不忘，後事之師」，大都是前人主張實事求是地看待過去的經驗之談。迴避我們歷史上所存在的遺憾與悲哀並不能給我們帶來多少真正的榮耀。恰恰相反，如果我們能夠正視這種遺憾與悲哀，能夠實事求是地從這些遺憾和悲哀中汲取教訓，我們是不是更能夠以此來激勵自己和後人奮發圖強，更容易從中找到成功之「師」呢？試以抗戰期間國人的團結禦侮為例。如今國內有些抗戰史的研究與宣傳，往往熱衷於談論抗戰期間的國共合作與統一戰線如何成功，似乎唯有如此才能說明第三次國共合作之可能與必須。他們全然忘記毛澤東當年如何表示「感謝」日本帝國主義，和蔣介石對當年接受中共「輸誠」如何痛悔莫及；全然忘記晉西事變、皖南事變等等令人髮指的內部相殘，似乎只要隱去「反共高潮」幾個字，至今分裂的兩黨就能夠取得共識。殊不知，此僅文字遊戲爾，何足以服人？

　　其實，我們國力之弱，並不僅僅是經濟上、武器上、外援上如何不濟，它同樣

也在於當年我們國家政治與軍事不能真正統一。抗日戰爭的堅持與成功，固然是國共兩黨以及全國各黨各派各軍各界結成統一戰線之結果；但抗日戰爭的遺憾與悲哀，又何嘗不是與國共兩黨以及國內黨派軍隊之間日益貌合神離相聯繫。抗戰前期，團結禦侮深入人心，統一戰線比較穩固，於是就有平型關戰役、忻口戰役、臺兒莊戰役乃至淞滬會戰等頑強的抵抗；抗戰後期，黨派、軍隊間磨擦衝突愈演愈烈，於是自然出現作戰消極、保存實力，出現豫湘桂戰役一潰千里之悲劇。外國史學家一談到中國戰場之「次要」地位，就要提到國共衝突之影響，這豈是毫無道理？中國本來就積貧積弱，國內黨派軍隊又各有各的山頭，各有各的利益，相互防範、磨擦、保存實力，乃至公開衝突，誰都擔心拚命抗日會削弱了日後保護自己利益的實力，抗戰又如何能夠不受影響？事實上，中國軍隊並非不能打仗。以國民黨中央軍入緬作戰優於英印軍的例子，以共產黨領導下的人民志願軍出兵朝鮮打疼世界頭號強國美國的例子，有誰能說中國的軍隊就打不敗日本侵略軍？問題是，這需要真正的團結和統一的指揮。而抗戰期間又不能達成真正的團結統一，黨派利益始終影響著人們對民族利益和國家利益的理解。尤其是當政的國民黨，始終頑固地堅持把一黨私利視作國家民族利益，堅持用一黨獨裁的辦法來壓制和剝奪其他黨派團體的民主權利，堅持要把全國各黨各派的力量都統一到國民黨一黨政權的手裡去，這不可避免地遭到了以共產黨為代表的其他黨派團體的各種形式的反抗，進而逐漸造成了黨派利益至上的可悲局面。抗戰期間抗日黨派軍隊內部之間的種種對立衝突，何嘗不是因此而來？一邊打日本，一邊想著如何保存自己那一黨或一派的看家本錢，這仗又如何能夠有效地組織起來？

　　事實昭然，中國要強大，要能夠不受強權欺凌，除了經濟上一定要強，武器裝備上一定要好以外，最重要的恐怕就是要在民族利益的基礎上實現真正的團結與統一了。沒有真正的團結統一，中國也就很難真正強大起來；如果不能把黨派利益置於民族利益之下，真正的團結統一也就沒有實現的可能性。

　　試想，像這樣實事求是地說明團結統一的歷史必要性，是不是要比那種把不團結說成團結，把不統一說成統一的說法要更有說服力一些呢？

　　概括言之，實事求是地看待抗日戰爭的歷史，實事求是地總結出抗戰史中真正值得我們後人記取的經驗教訓，似乎應當是我們今後抗戰史研究需要著重注意的一個問題。

何謂民族主義及我們應該怎樣愛國？

問：2005年，恰值世界反法西斯戰爭勝利和中國抗日戰爭勝利60週年，有關民族主義和愛國主義的討論在一些人中相當熱烈，並且也有很激烈的爭論，其中也不可避免地涉及了歷史上的一些問題。究竟怎樣的民族主義才是積極的，究竟怎樣才算是愛國，不知道您作為一個歷史學家，是怎麼看待這種問題的？

楊：我想，這種爭論中國近代以來久已有之，不足為奇。不僅今天和過去會有爭論，就是今後多少年內，也還是會成為一個很難統一認識的問題。問題的原因、由來很多，其中一個原因，恐怕是能不能實事求是地用歷史的眼光看待歷史的問題。實際上，真的能夠瞭解近代以來的歷史的話，我們就會發現，其實民族主義也好，愛國也好，在不同的時期，對於不同的個人或政黨，包括政府，都是有著與我們今天很不同的表現的。很難認為，愛國有一個亙古不變的標準，並且是越激烈、越徹底就越真誠。

以孫中山在中日甲午戰爭時候的作為為例。沒有人能夠否認孫中山是中國近代以來最傑出的愛國主義者。但是，熟悉近代史的讀者都知道，孫中山自走向革命道路之後所做的第一件轟轟烈烈的事情，就是1895年的廣州起義。問題是，1895年孫發動這次起義的背景是什麼？是中國剛剛經歷了中日戰爭史上第一次慘敗、國家面臨被瓜分的危機。

而且，孫中山不僅選擇這個時候發動起義，他還想要利用敵國日本的幫助，來實現推翻滿清政府的設想。結果，這邊日本正在北方進攻中國的海軍和海防，鄧世昌等愛國將領壯烈犧牲，那邊孫中山卻在廣州幾度祕密求見日本駐廣州領事，要求日本給中國的革命者提供武器幫助。儘管日本政府這時沒有理會孫中山的請求，孫所發動的起義沒有成功，但是這件事無疑留給後人一個頗多困擾的問題：如果我們相信那個時候鄧世昌他們更愛國的話，那麼，孫中山他們的行為又該如何理解呢？

也許有人會認為，這種例子還不足以說明問題。那麼我們再來看一個更極端的例子。我們知道，1915年日本乘著第一次世界大戰爆發，佔據了原本為德國所佔據的中國的膠東半島，並且利用袁世凱想要稱帝因而需要得到列強支持的機會，向袁政府提出了變相獨占中國的「二十一條」。自上個世紀60年代以來，就有資料顯

示，孫中山瞭解到日本政府的這一陰謀，曾力圖搶在日本政府與袁政府達成條約之前，以日本幫助中國革命為前提，率先與日本達成一個類似的祕密盟約。圍繞著這一事件的真偽，學界已經進行了長達40年的激烈爭論。一些學者堅信孫中山不可能做出這種行為，因而認為這些資料不可信。但是，其實在這個時期，更重要的可能還不是這個沒有簽成的盟約的有無、真偽的問題，而是孫中山領導的中華革命黨已經乘日軍占領膠東半島之機，在日控區建立了中華革命黨東北軍，並且開始從日本占領區向當時中國政府所控制的山東其他地區發動進攻。要知道，日軍占據膠東半島這件事情，後來恰恰是爆發1919年全國範圍的「五四」愛國反日運動的關鍵所在。然而，中華革命黨這時卻利用日軍的占領，在日本軍方的幫助下，建立起一支骨幹為日本浪人和日本中下級軍官的革命黨人的軍隊，試圖以此來發動軍事革命，推翻當時中國的中央政府。如果我們不是歷史地看問題，我們大概是不會把孫中山和中華革命黨的這種行動與「愛國」這兩個字劃上等號的。

當然，今天許多人還是深受階級觀念的洗禮。他們會強調說：孫中山以及他所領導的這些革命組織，不過是些資產階級的革命黨；而中國資產階級的革命性，從來就是不徹底的，他們愛國自然也不可能徹底。那麼好，我們再來看一個有共產黨參與的例子。

1924年春天，正是國民黨與共產黨第一次合作的蜜月期，雙方卻爆發了第一場公開的爭論。爭論的焦點是如何對待外蒙古的地位和前途的問題。外蒙古這時還是在中國的主權範圍之內。但是由於這個時候北京政府一直處於風雨飄搖之中，自顧不暇，因此已經失去了對外蒙古的實際控制權。蘇聯紅軍為解除退入外蒙古的白俄勢力的困擾，乘機進入了外蒙古，並且在外蒙古扶植起一個人民黨，還利用它建立起一個親蘇的政府。面對這種情況，北京政府極力反對，並以此為由，拒絕與希望與中國建交的蘇聯政府發生外交關係。雙方幾度談判，均不得結果。為牽制北京政府，蘇聯這時也和南方的孫中山進行積極的接觸。孫中山和國民黨的態度與北京政府略有不同，他與蘇聯外交代表越飛簽訂了一個聯合宣言，宣布在蘇聯方面承認外蒙古主權屬於中國的前提下，贊同蘇聯紅軍可以暫駐外蒙古。對於這個問題，中共這時的態度又與孫中山和國民黨不同。他們為了推動北京政府在外交上做出妥協，公開主張對外蒙古的問題應當依據「民族自決」的原則來行事。即應當允許外蒙古人民自己在這個問題上做出選擇：是繼續保持與中國關係的現狀，還是選擇高度自

治，亦或乾脆獨立出去。可以想像，中共的這一看法不可避免地要受到國民黨人的激烈批評。在這一事例中，究竟是當時的北京政府更愛國，還是國民黨人更愛國，抑或是共產黨人更愛國呢？顯然，今天大概沒有人會說中共不愛國吧？那麼，何以共產黨當年對於維護中國在外蒙古主權問題上的態度，不僅不如北京政府徹底，而且還不如國民黨堅定呢？

問：您提的這些事情真是讓我很吃驚。實在是慚愧，我們也都學過歷史，甚至很關心中國的近現代史，但對您談的這些事情幾乎是聞所未聞，即使偶爾看到了，也不會從您這個角度來考慮和比較。但是，我還是要請您解釋一下，為什麼會是這個樣子？我們今天又該怎樣來理解這些事情呢？

楊：其實，出現這種情況並不奇怪。我在講中國近現代對外關係史的時候，一上來通常都先要給同學們放一些投影，或留一個作業，讓同學們看不同朝代的歷史地圖，比較不同時期古代中國的疆域和版圖有什麼區別。這樣做的目的，是讓同學們在學習中國近現代對外關係史的時候，腦子裡先有一種歷史感。就是要知道，中國近代以來的疆域和版圖，並非古已有之。古代中國的疆域版圖的變動是非常大的，始終都是不確定的。這種不確定性，並不是到清末就停止了。嚴格地說，它一直延續到了20世紀40年代。如果具體到每一條具體的邊界的劃定，某一小塊土地或島嶼的歸屬，甚至延續到今天都還沒有得到一個徹底的最終的解決。試想，在這種並不確定的狀態之下，我們又如何能夠要求歷史上的志士仁人在對領土主權等問題的認識上，一定要保持同一的觀點甚或按照我們今人的認識來行事呢？即使到1949年以後，考慮到中國與鄰國關係的種種因素，我們也有一些過去曾被許多人視為領土的地方劃給了鄰國，我們能否因此就斷然指責主持劃界的政府是在賣國呢？

問：邏輯上這似乎是不錯的，但是，近代國人真的對領土主權沒有一致的看法嗎？就以東北地區而論，中俄之間也早就簽訂有《璦琿條約》等相關的界約啊？為什麼東北的主權歸屬在近代以來還一直會受到挑戰呢？

楊：這恰恰是我們必須要進一步提出來討論的問題。即為什麼中國的領土和疆域長期以來不能確定？說起來也很簡單，就是因為落後，因為中國近代化或我們今天講的現代化的進程開始得太晚。落後就會挨打的道理大家都很瞭解。夏威夷距離美國本土四五千公里，美國人卻用不著解釋什麼「自古以來」，原因也很簡單。

但是，更重要的是我們需要明確一個概念。那就是我們今天所談論的民族國

家，包括近代以來的中國，與古代的或中世紀的國家，是根本不同的。歐洲30年戰爭以前，世界上還沒有什麼主權和領土的觀念，自然也就談不上有什麼確定的國家的概念。這個地方今天是你的，明天可能就是我的。直到這種弱肉強食、你爭我奪的戰爭實在打不下去了，1648年弄出一個《威斯特伐利亞條約》，於是漸漸地產生出來相互尊重主權與領土完整，和建立國與國之間平等外交關係及其共同遵守公認的國際法之類的觀念。

當然，這並不是說從此以後弱肉強食的局面就改變了，尤其是對歐洲弱小國家和歐洲以外其他落後民族，這種情況其實是隨著工業化的發展而愈演愈烈了。近代的中國之所以會被列強瓜分來瓜分去，幾度面臨著亡國滅種的危機，就是因為處在這樣一個大的時代背景之下。

想當初，第一次鴉片戰爭之後，清政府不就是因為根本不懂得國際法，又從沒有過外交常識，因此才會把治外法權（領事裁判權）拱手讓出，並且主動與列強去協定關稅的嗎？在1840年以後差不多100年的時間裡，中國的志士仁人第一位的目標就是要建國，建一個能夠自立於世界民族之林的獨立統一的中國。至於這個國，究竟應當有多大，究竟能夠包括哪些地方，在開始的時候，國人之間自然也不會有很統一的看法。尤其是那些當年的革命者，多數以受滿清統治為恥辱，公開以反滿為號召，因此，他們最初的建國目標往往也不出「復明」的範圍，即試圖恢復明朝的疆土。關於這一點，我們只要看一看孫中山1905年成立同盟會時所提出的宗旨就能夠明白。其宗旨總共16個字，即「驅逐韃虜，恢復中華，創立民國，平均地權」。「驅逐韃虜，恢復中華」幾個字，已經再清楚不過地表明了孫中山等革命黨人當時意圖建國的範圍了。按照同盟會這時的建國設想，它自然是不包括關外，即今天我們所說的東北地區的。其實，即使從民族主義的角度，孫中山他們當年信奉的，也多半只是單一民族的國家觀。他們反覆宣傳的，也都是要恢復和建立漢民族的國家。這種思想觀念的影響，就孫中山而言，甚至一直延續到20年代初。

問：但是，這樣的主張，當時多數的中國人都能夠接受嗎？

楊：當然有人不接受。這也就是我所說的，即使在同一時代，不同的個人和政黨，對何為中國認識也不盡一致的一個例子。但問題是，在民族國家民族構成及其疆域範圍這些問題上，當年主張「保皇」的康有為、梁啟超的想法，遠比孫中山革命黨人的想法，要更符合我們今人的認識。為什麼會這樣呢？這是因為他們是站當

時清政府的角度來認識國家民族問題的,和造反的革命黨人不一樣。他們除了相信光緒皇帝尚有可為,值得信賴以外,因為以滿清的國家為國家,故他們不願看到因為孫中山等人的反滿革命,而使中國已有的版圖四分五裂。問題是,康有為他們的主張在當時有多少代表性呢?我們要知道,在當年,一個國家落後,不僅僅會招致侵略,更重要的是會造成國人的民族情感和國家意識的淡薄。關於這種情況,我們只要拿1895年的公車上書運動與1919年的五四運動略做比較,就可以明了其中原委。

我們知道,著名的公車上書運動的發生,與五四運動的發生,具有大致相同的背景,都是針對日本割占中國領土一事所進行的抗議,並且都是針對相關的正在簽訂中的條約。所不同的是,1895年的馬關條約,使中國損失的是遼東半島和臺灣島;而1919年的巴黎和約則使中國無法收回原本已租讓給德國的膠東半島。兩相比較,馬關條約的危害無疑更加嚴重得多。今天有學者質疑康有為等人的公車上書是否實際發生過,但也肯定當年確曾有過全國性的上書現象。問題是,當年的這種愛國舉動,僅僅集中在文武官員和一些中心城市的舉人中間,在全國大多數地方幾乎沒有太多反響。不僅如此,正如我們上面所提到的,當時在廣東,康有為、梁啟超的老家,孫中山等革命黨人還在祕密聯絡日本領事,希望取得援助,乘機發動推翻朝廷的武裝起義。這種情況和1919年的五四愛國運動形成了非常鮮明的對比。五四運動的爆發,全國各大中城市幾乎都有響應。其實際參與者,既有上層政府官員,更有大批知識分子和青年學生,甚至還有相當多的普通市民,包括工人和店員捲入其中。不僅其參加人數超過公車上書運動不知多少倍,而且其影響也大得太多了。也正因為如此,公車上書運動對政府簽約幾乎沒有造成任何阻力,五四運動卻能夠迫使政府向列強各國表示了拒簽的態度。

這兩次目的大致相同的運動,何以會有如此之大的區別呢?這裡面原因很多,但有一條值得注意,即1895年的中國,要遠比1919年的中國更落後。

首先是訊息傳遞的方式落後。1895年時,中國內地之間的交通工具基本上還是靠馬和馬車。靠這種工具傳遞訊息,即使是發生了甲午戰爭,鬧出了割讓遼東半島和臺灣島這樣的大亂子,稍遠一些的城市要想聽到消息,通常都需要很長的時間。當時雖然已經開始使用西方的電報技術,但它多半也還只是官方通訊的一種特殊的手段,能夠由此得到消息的人數非常有限。而由於電報技術不普及,自然也就沒有

報紙，普通人對於這類消息也只能靠道聽途說，難以確認。再加上當時訊息傳播的方式還是用文言文，一般百姓也被隔絕在外。其對社會影響之微弱，可想而知。

其次是舊學當道、新學未開。由於1895年既未開始向歐美日本大批派遣留學生，在國內也還未開始辦新學堂，眾多莘莘學子還分散在鄉村私塾裡啃四書五經，城市作為教育和文化集散地的功能尚未形成，新式知識分子和接受新式教育的、自我感覺與國家命運息息相關的學生群體也尚未出現。換言之，即使有割地賠款之類的消息傳出，因為沒有容易受到這類消息刺激的受眾，也難以形成群眾性的抗議浪潮。以康有為那時的熱心，且又身在京城，能夠組織數百上千舉子進行公車上書，最後竟因顧及會試而不了了之，亦可見當時情形之一斑了。

五四運動何以浩浩蕩蕩，一發而不可收拾？第一，電報通行；第二，報紙雜誌鋪天蓋地，巴黎和會的消息轉瞬間即傳遍全國各大中城市，乃至於大街小巷；第三，新式知識分子人數眾多，再加上青年學生齊集各大中城市，思想觀念與1895年的舉子秀才們根本不同，視愛國為己任，極易受到此種消息的刺激，故而一呼百應；第四，帝國成了民國，民眾觀念上也大不同於晚清時的臣民思想，國家民族之事，在許多城市居民看來，也與自己息息相關，從而也就有了五四運動的群眾性基礎。

兩次愛國運動，兩種不同規模，影響到革命黨人的政治主張，也大不相同。孫中山在康有為發動公車上書之時還可以在廣州聯絡日本領事，而五四運動一發生，他連與日本進行祕密外交都不行了。史料記載，孫中山在「五四」之前還一直試圖與日本談判，取得其援助呢。其交換條件，主要就是表示願意在其革命成功後，租讓滿蒙地區給日本用。正是因為這種情況，我們在他此前十幾年的言談話語中，幾乎找不到公開批評日本侵略的言論。而五四愛國運動爆發後不久，他就不僅公開地批評了日本的侵華野心，而且再也不曾和日本人談論過用滿蒙之類的權益來交換援助的事情了。中國民族主義運動之漸進及其效用，也由此可知一二。

問：關於這個問題，我有些不理解，即為什麼是在五四運動之後？事實上辛亥革命已經創立了中華民國，孫中山和同盟會也已接受了「五族共和」的觀念了，為什麼這之後他還曾一度嘗試拿滿蒙地區的權益來交換日本人的援助呢？

楊：要回答這個問題，我們可能需要先來談論一下何謂民族國家的問題。我們這裡所說的國家或民族，指的都是近代意義上的。而它是根本區別於古代和中世紀

的國家的。其區別,除了有得到國際公認、受到國際法保護的確定的邊界和獨立的主權以外,更重要的則是國民和國家的關係發生了根本的改變。古代的或中世紀的國家是什麼?形象地說,就是「朕即國家」,即所謂「普天之下莫非王土,率土之濱莫非王臣」。人民和國家的關係,就是父父子子、君君臣臣的關係,是統治與被統治的關係。我們所以不能同意說被清王朝玩弄於股掌之中、以排外為主旨的義和團運動是什麼民族主義運動,其原因也就在這裡。

近代以來的民族國家是什麼?是Nation State,也就是所謂的「國民國家」,即是建立在「天賦人權」和「主權在民」基礎上的國家。在這種國家裡面,每一個達到法定年齡的共和國國民,不僅享有前所未有的自由權,而且擁有選舉權和被選舉權,他們可以定期透過選票來決定誰代表他們行使管理國家和服務國民的權力。也正是在這種情況下,「民族」才具有實質的意義。因為,它是由那些與國家的前途命運緊密地聯繫起來的,一個個享有平等的權利與義務的國民集合而成的。因此,我們今天所高唱的「愛國主義」的口號,不是誕生在中世紀的羅馬帝國時代,也不是誕生在工業革命初期的英國,而是誕生在法國大革命期間。為什麼?因為只有這個時候人民才會相信,這個國家的命運與他們自己的命運息息相關,從而也才會有所謂的「愛國主義」產生出來。如果當時的法國仍舊是路易十六的國家,法國人那時還會那樣熱血澎湃地去投身於愛國的戰爭嗎?當然不會。

瞭解到這一點,我們也就多少能夠明白孫中山當年是怎樣看待這種問題的了。很顯然,他所以會那樣做,是因為在他看來,無論是滿清皇帝統治下的中國,還是袁世凱統治下的中國,都不是他心口中真正意義上的國民的國家。在他心目中,中國作為漢族國家的基本疆界是很清楚的。即使中華民國的最初建立,肯定了滿蒙地區屬於中國的版圖範圍,但是,第一,在孫中山等人看來,滿蒙從來不在中國歷代漢族王朝的有效管轄範圍之內,如今也仍舊鞭長莫及;第二,與其讓滿清皇帝或另一個漢族皇帝袁世凱長期統治下去,使中國人永遠不能擺脫受奴役的地位,不如暫時做出一些權益上的犧牲,創立真正的國民的國家。而類似這種觀念,大凡革命黨人都會有。當然,也不僅是革命黨人,包括那些愛國的知識分子,也不例外。

比如,楊天石教授就考證過著名的自由主義知識分子胡適在抗戰爆發前與眾不同的愛國態度。事實上,從九一八事變後不久,胡適等人就對中日關係的繼續惡化極其憂慮,深恐當時正在穩步開展的國家建設過程會因此中斷。因此,他們在當時

力主直接對日交涉，甚至力主承認偽滿洲國，以交換日本保證不進一步入侵中國的華北地區。胡適甚至為此親自上書國民政府和蔣介石，詳細說明其理由。

再比如，關於對1941年《蘇日中立條約》和1945年的《中蘇友好同盟條約》的看法問題，國共之間就有很大不同。當時國民黨和共產黨的地位，與當年孫中山與袁世凱之間的地位，正好換了個個兒。國民黨執了政，共產黨是革命黨了。《蘇日中立條約》因為蘇聯在事實上承認了偽滿洲國，自然引起了當時主導國民政府的國民黨人的抗議；《中蘇友好同盟條約》因為蘇聯迫使國民政府同意外蒙古獨立，租借旅順港和共管中東鐵路，同樣引起國民黨人的不滿。但是，對於這兩個條約，中共當時卻公開表示了歡迎的態度。這裡面的原因其實也是一樣，即共產黨人相信，國民黨一黨統治的中國，不是人民自己的國家。而且這種暫時的領土和主權的犧牲，並不會影響中國人民的根本利益的獲得，反而會加速中國革命的成功。一旦它開始建立自己的全國政權，它就會想辦法來收回這些權益。結果也是如此。國民黨人當年沒有辦到的事情，共產黨辦到了，至少是相當部分辦到了。我們從這個角度來看抗戰期間國共兩黨你說我「游而不擊」，我說你「消極抗日」的相互指責，也就不難明了其中的關鍵所在了。至今仍舊倍受爭議的毛澤東1964年對日本社會黨人講的那段「感謝」日本皇軍的話，所反映的不正是這樣一種情況嗎？

問：這是不是可以看成為是一種政治的謀略？問題是，一般民眾恐怕很難理解。畢竟，國家民族的權益，在他們眼裡是實實在在的。

楊：其實民眾對國家的認識和要求是非常不同的。對於絕大多數普通民眾來說，真正實實在在的是生活。即使在具體的生活層面之上，也有城市和農村，中心區域和邊遠地區，受過相當教育和很少受過教育等等的不同。由於民眾的屬性不同，利益不同，看問題的角度不同，其對國家民族問題的感受和主張也就不會是完全相同的。何況，隨著時間的發展，人的認識也會變化。即使到了今天，對於國人津津樂道的轟轟烈烈的抗日戰爭，對於民眾的民族主義覺醒，包括愛國的程度，也仍舊有非常大的差異。一個我們和外國人提得最多的例子，就是中國抗戰的同時，也是漢奸輩出的時候。當然，如果歷史地看問題，我們不應該簡單地斷言：凡是與日本人合作過的，就一定是漢奸，凡是漢奸就罪不可赦。我想，應當有不少人都看過姜文導演的電影《鬼子來了》吧？那部影片所反映的是發生在黃河邊上的一個村莊的農民，抗戰期間艱難地在日本人槍口下討生活的情形。那裡不算是中國最落後

或最不發達的地區，但是情況卻沒有太大的差別。比如，許多農民從小到大沒有進過城，沒有上過學，更沒有讀過書報；他們一輩子都只是在和黃土地打交道，就連中國過去有過怎樣的歷史都不大清楚，你怎麼要求他去愛國？他們和國家的關係，是透過地主士紳和地方官吏在租稅關係中體會到的。因此，他們其實無法真正感覺到國家能夠帶給自己什麼。這也正是為什麼，中國的農民歷史上可以為了生活而揭竿起義，卻很少會像士大夫那樣關心到底由誰來統治他們。在他們看來，哪個朝代的租稅輕，哪個朝代的皇帝就是好皇帝。想一想歷史上外族入侵時農民普遍表現出來的漠然態度，你就知道為什麼姜文電影中的農民沒有我們通常在教科書中看到的那種民族主義的激情了。

關於這一點，最有力的一個例證莫過於劉震雲在《溫故1942年》一書中所記述的抗戰期間1944年發生在河南的事情了。當時已經到了抗戰即將結束的時候了，日本人發動了豫湘桂戰役，在橫掃黃河以南的河南國民黨守軍時，當地的農民竟蜂擁而起幫助日本人打中國自己的軍隊。「為日軍帶路的，給日軍支前的，抬擔架的，甚至加入隊伍、幫助日軍去解除中國軍隊武裝的，不計其數。」為什麼？就是因為當地農民太痛恨國民政府駐守河南的將領湯恩伯及其軍隊了。由於守軍的殘酷壓榨，導致那裡的農民寧願接受日本人，也不願受自己人的統治。從這個例子中很容易看出當年民族主義在中國普及的程度如何。

當然，簡單地認為這種事情只是發生在農村，也不公平。1947年底中共占領石家莊後，當時負責指導城市接收工作的中共中央工委書記劉少奇就發現，石家莊老百姓裡普遍存在著一種「人心思漢（奸）」的情況。何以如此呢？就是因為國民政府抗戰勝利後「接收」變成「劫收」，導致民間怨聲載道；再加上國共戰爭不斷，經濟惡化，許多市民轉而懷念日偽軍統治的時期。因為那個時候社會要更有秩序得多，生活也要更安定得多。同樣，像東北這樣的地方，蘇軍幫助中國打敗了日本關東軍，結果因為其軍紀不佳，再加上一度土匪橫行，東北的老百姓中間也長時間流傳著日本人比老毛子好的說法。而熟悉戰後臺灣史的人想必也知道，國民政府接收臺灣以後，因為國民黨太過腐敗，和日本占領時期形成巨大反差，在臺灣不少民眾中間自然也就發生了日本人比國民黨好的心理。這種心理延續之久，甚至在國民黨領導臺灣經濟起飛之後，也依舊無法消除。

我舉上面的例子，其實只是想說明，我們不能因為我們今天生活的水平、環境

第二編　歷史研究應有的眼界

及與國家的關係改善了，就簡單地拿今天的標準去衡量過去，甚或簡單地去批評過去人的國家民族意識如何如何薄弱，並輕易地指責別人是漢奸。我們必須要理解，很多情況是歷史條件和不同的生長環境造成的。包括我們今人對國家和民族的認識，也都是在歷史漸進的過程中逐步發展完成的。即使到今天，即使是在國家、民族這種問題上，這種歷史的漸進也還是在繼續其步伐的。一個最簡單不過的例子，二戰結束後，聯合國成立時，世界上只有60多個國家。經過60年後，如今的聯合國已經達到200個國家，幾乎是戰後的三倍。換句話來說，在這60年裡，儘管已經不再是弱肉強食的時代，已經不再有一個國家吞併另一國家的戰爭，國家的分裂，新的民族和國家的崛起，卻仍舊在不斷地發生著。這並不是什麼值得奇怪的事情。因此，我們要很慶幸，中國因為太大和有古老的歷史，因此沒有被列強所瓜分；中國因為走向近代化的過程恰好趕上兩次世界大戰，再加上歷屆政府或政黨在外交上沒有犯太大的錯誤，因此才得以保有今天的領土和疆界。如果我們因為中國沒有被瓜分，因為我們能夠有今天，反而自我膨脹起來，相信應該去找歷史的後帳，甚至以中國自古以來就是如何如何，來看待我們和周邊國家的關係，包括中國在世界政治當中的地位，那不僅是不明智的，而且是注定要犯錯誤的。

問：那麼，在您看來，中國作為近代意義上的民族國家，應當是在什麼時候形成的？民族國家的形成與國人民族主義意識的發展具有怎樣的一種關係？

楊：中國作為一個近代意義上的民族國家的形成，毫無疑問是一個緩慢的、漸進的過程。正如我前面講到過的，形成一個近代意義上的民族國家，至少需要有兩方面的條件。首先是它要能夠統一成一個民族，有獨立、統一併且是穩固的政府，因而有得到國際公認的主權地位和領土疆域；其次是要有相當的民主，也就是說，國家不能是少數個人的，而應當是與多數國民的命運息息相關，即是多數人要認同這個國家，相信自己是可以行使主人的權利的。這樣的條件在1949年中華人民共和國成立以前，顯然不很具備。無論是晚清的皇權統治，還是辛亥革命以後的北京政府，抑或是國民黨在南京建立的中央政府，幾乎都沒有能夠實現這兩個條件，特別是無法實現第一個條件。國民黨在大陸統治了20多年，連統一的問題和建立穩固的政治中心的問題都沒有根本解決。其有效統治範圍最大的時候，也不過內地的十幾個省而已。在國民黨統治的時代，它始終沒有能夠改變中國最大多數人口的農民與國家權力之間的那種隔膜的狀況。因此，中國作為近代意義上的民族國家，應該只

是在中華人民共和國建立之後,才逐漸形成起來的。儘管這裡面仍舊有一個漸進的發展變化的過程,但很顯然,只有到中華人民共和國建立之後,中國才真正統一起來,它的疆域和政權也才真正穩固下來。同時,也只有在共產黨的統轄下,中國的民眾才如此廣泛地被動員起來,以至於變成整個國家機器中的一個部分,而且在當時那樣一種政治氛圍內,相當多的人甚至真心相信自己已經在當家作主了。這種感覺很容易讓人們的民族主義情感得到滿足。

　　我想,我們每一人應當很清楚地記得毛澤東在建國前夕那句傳遍中國而至今仍舊讓人唸唸不忘的豪言壯語吧?即:「中國人從此站起來了!」為了實現這樣一個理想,近代以來多少志士仁人為此拋頭灑血、前僕後繼啊。但是,唯有共產黨滿足了中國許多憂民憂國者的這種民族主義訴求。這也就難怪,那樣多原來寄希望於使中國更西方化和民主化的知識分子與社會名流,包括大批工商企業人士,在國共兩黨最後的搏鬥中,竟然會逐漸地倒向了共產黨一邊,歡欣鼓舞地一起歡呼一個統一的中國的誕生。傅國湧2005年出版的《1949年中國知識分子的私人記錄》一書,比較集中地記述了相當一批社會名流在新中國成立前後思想變化的情況,你可以清楚地看到他們當時的這種心態。他們未必瞭解共產黨,更未必喜歡共產黨,但是,他們發現,對於他們所追求的民族主義理想來說,共產黨至少幹得比國民黨要好。在經歷了幾十年分裂的局面和持續不斷的戰爭之後,這對他們在當時可以說是最大的一種福音了。

　　問:我記得您在一篇文章中提到過,說民族主義是一把雙刃劍,它既能造成動員民眾的作用,也很容易傷害到自己。您是不是認為離開歷史的、發展的眼光來看待中國近代以來的屈辱史,會使民族主義偏離積極的方向?

　　楊:的確如此。中國的問題很特殊,它在近代既是一個落後國家,同時又是一個有著幾千年文明史因而很長時間以自我為中心的「天朝上國」。這種反差極大的情況,很容易造成國人強烈的悲情意識。這種悲情意識的存在,在國家危亡且內外交迫的情況下,會造成動員民眾和激勵鬥志的作用;而一旦國力上升,卻依然受人輕視,甚至只是感覺受人輕視,都很容易反應過激。我寫過一篇討論建國初毛澤東訪蘇時中蘇兩黨民族主義碰撞的論文,其中談到的幾則情況,就很反映問題。比如毛澤東動身前往蘇聯為斯大林祝壽這件事,在國內引起的反響,就頗多負面。武漢總商會會長以及其他一些工商界人上,就批評新中國領袖不應去外國給外國領導人

祝壽。他們的理由是：中國曆代皇帝都是接受別國的朝貢。即使學斯大林，也應該找一個邊界地區，把別國的領導人請來會面，才足以顯示新中國的自尊。再比如，新中國建立，急需發展經濟、引進資金和技術，經國內地方領導人提議，中央批準，毛澤東和周恩來向蘇聯方面提出要求，成立了中蘇經濟合作的具體協定，準備由蘇聯提供資金和技術，在中國成立包括航空、造船、石油、有色金屬等四個合營公司，雙方各占50%的股份。這個消息傳到國內，竟然引起包括北大、清華學生和教授在內的一些人的抗議遊行，認為是便利蘇聯攫取中國經濟權益的喪權之舉。結果是，就連毛澤東回來後也認為應當徹底取消一切外資，才足以顯示國家主權之獨立。因此，不僅一切外資企業從此不復存在，隨著斯大林去世，中蘇合營公司也很快宣告取消。影響所及，當1954年10月蘇聯領導人赫魯曉夫來華訪問時，主動提出中國南方剩餘勞動力多，而蘇聯西伯利亞地廣人稀，需要開發，正好可以互通有無，因此建議中國向蘇聯出口勞動力。對此，毛澤東當即反應道：蘇方的這種提議實際上是對中國人民的一種汙辱，如果我們採納你們的建議，別人就會認為蘇聯對中國的看法同資本主義西方國家是一樣的。因為西方國家就是把中國看成是勞動力過剩而需要出口勞力來度日的貧困國家。很顯然，國人中這種看起來相當自負、實際上隱含自卑的矛盾心理，對當時的中共領導人也不無影響。不難想像，正是因為當年人們抱著這樣一種心態來看待和處理對外事務，因此無論是在處理對蘇關係上，還是在處理對美關係上，都很難擺正自己的地位，因而不斷地發生問題。

問：您說的這種現象的確很值得注意。那麼您是不是同意，說在落後國家，正確引導和教育國民熱愛自己的民族和國家，是一個更為重要的問題？

楊：中國既然是落後國家，它與發達國家不可避免地在文化、教育以及生活水平，包括在政府管理與政治法律制度等許多方面，會存在巨大落差。這種落差，注定會導致國人對國家和民族的認同意識上存在著差距。正視這種差距，理解人們之間認識不同的由來，應該遠比主觀地的引導和教育要現實得多。

那麼，有意識地引導和教育是不是必要呢？當然有必要。我們不用舉別的事例，只要比較一下抗戰期間國共兩黨統治下農村地區落後農民民族意識的巨大差異就足夠了。我們前面講到過河南湯恩伯的軍隊被日本人進攻時，同時遭到當地農民圍攻的情況。與此同時，抗戰期間中共根據地裡的農民，卻明顯地支持中共抗日。一位山西的農民當年就講過：我們村裡的老百姓都喜歡八路軍，小孩子們看到八路

來了,都搶著去遛馬;大人們也搶著去聽差。為什麼?因為八路軍吃喝都給錢,不打罵百姓,打日本鬼子比晉軍強。從陝西過來的八路軍幾乎沒有一個當漢奸,當漢奸的都是晉軍裡面的人。這裡有很多人都當八路軍了,村子裡的人都說:「遲早要當兵,早一點當八路軍,免得給晉軍拉去當兵。」在八路軍占領區和國民黨軍隊占領區的農民所以會有這樣的區別,當然是和中共在政治上的組織、宣傳、引導和教育分不開的。

當然,從上面的例子中其實也可以看出,中共及八路軍當年能夠把農民吸引過來、動員起來,教育其懂得為什麼要救國,更多的也並不是靠講什麼民族主義的大道理,而是靠他們自身的言行和榜樣,來使農民從比較中受到影響;用現實的利害關係,讓農民瞭解保家保鄉與衛國之間存在的內在關聯。

今天的情況其實也差不太多。與其批評指責別人不愛國,講些大道理,倒不如從自己做起,特別是從每一件小事做起。臺灣一位叫高振東的校長談到過一件事。說的是廣島亞運會舉行閉幕式,與會的數萬日本觀眾離場後,體育場竟和開場前一樣乾淨,找不到一片碎紙。天安門廣場舉行活動後,每每滿地垃圾,需要十幾輛卡車才能運完。相比之下,我們為什麼不能引導和教育國人向日本人學習,處處注意規範和約束自己的言行而自覺地為國爭光呢?我想,他的這個說法很有些道理。以我個人的感想,當我們一些人民族主義情緒膨脹、四面出擊地指責他人的時候,不知道有沒有首先檢討一下我們自己的問題呢?只有身正才不怕影斜,如果我們自己都沒有做到的事情,反過來去指責他人,要求他人必須做到,那就不僅不足以服人,而且還很可能造成反效果。

正確引導國人的民族主義情緒,依我看,最好是把那種對外的亢奮心態,更多地轉移到解決好我們自己的事情上面來。鄧小平關於要「韜光養晦」的意見,恐怕不能輕易放棄。我們自己沒有足夠的實力,並且做得不好的時候,說什麼恐怕都是多餘的。實際上,我們如今要解決的問題還很多。比如我們要國人愛國,首先就要他熟悉中國的歷史和文化,如果一個人連自己民族的歷史和文化都不熟悉、不喜歡,又怎麼能談得上熱愛自己的祖國呢?

而要做到這一點,第一步要讓每一個中國人都能夠受教育,而且從小就應當受到優良的傳統文化的薰陶,絕不能空洞地強行去灌輸一些完全不知從何而來的大道理。

要如此，又要首先使人們的生活相對富裕，或者政府要能滿足每一個家庭維持衣食住行和接受教育、醫療及養老的基本需要。因為「倉廩足」才能「知禮樂」；飯都吃不飽，又如何能夠去學習愛國的道理？就是學了，又如何能夠體會到國家對自己的好處？

還是那句話，對於每一個具體的國民而言，更重要的還是現實生活的感受。所謂愛國的情感，理當是由人們對國家和民族的滿足感，乃至於從中油然而生的自豪感。

當然，「倉廩足」了，也不見得就一定能「知禮樂」。一方面，百姓要真正達到衣食無憂的境界，必須要確保禮樂不會崩壞；另一方面，沒有相應的政治建設，國人越來越找不到當家作主的感覺，也就不會有對國家真正的忠誠與熱愛。至於應當建設怎樣的一種政治，在這裡，我很願意利用龍應臺最近一篇文章中非常形象的說法，來暢想一下做一個對國家有自豪感的國民的感受：

他應當不怕警察，因為有法律保障了他的權利；他發言批評，可以不擔心被整肅；他需要病床，可以不經過賄賂；他的兒女參加考試落榜，不會怨天尤人，因為他不必懷疑考試會舞弊或不公；他進出政府大樓，不必經過衛兵盤查，不需要開介紹信；他去辦一個手續，申請一個文件，蓋幾個章，公務員不會給他臉色；各級政府和國營機構的年度開支，包括每一塊錢的流向，不會輕易地被貪污和挪用，他可以隨時舉證要求調查；任何一屆政府辦事不公正或服務態度不好，他都有權用選票在下一屆選舉中來改變這種情況⋯⋯

總之，一句話，與其高唱民族主義一致對外，不如腳踏實地地做好我們面前急需要做的種種事情，讓國人能早日以做一個中國人為自豪。

（本文原載2005年7月28日《南方週末》，全文發表於《社會科學論壇》2005年第9期。）

紀念抗戰，反思自我

問：一切歷史都是當代史。我們紀念抗戰，緬懷歷史，可以說不單單是因為那段歷史的悲壯與慘烈。抗戰仍跟今天和今天的時代相連。您怎麼理解我們為什麼要這麼重視對抗戰勝利的紀念，重視那段歷史？

楊：首先，自我記事以來，不要說每年，就是抗戰勝利20週年、30週年、40週年紀念日時，都沒有印像有過全國性的紀念活動，大概一直到1985年才有了一次比較正式一點的紀念活動，而參加者也主要只是學術圈子裡的人。1995年，抗戰勝利50週年，才真正算是有了一次由政府參與的全國性的紀念活動，在人民大會堂開了大會，出版的書多了一些，但也僅此而已。

為什麼今年如此不同？毫無疑問是與政府的提倡和鼓勵有關。為什麼要提倡和鼓勵？內在的原因也許很複雜，但有兩個原因是顯而易見的。一個原因是國家的領導人親身參加了俄羅斯紀念反法西斯戰爭勝利的紀念活動，對俄國人的紀念活動及其規模印象深刻。而俄國從蘇聯時代起，每年都十分鄭重地紀念他們衛國戰爭的勝利，逢十就更加隆重。類似這種全國性的紀念活動，世界上許多當年參戰的國家年年都會搞，中國許多人多少年來就主張我們應當向這些國家學習了。

另一個原因是大家都瞭解的，就是近年來，特別是從去年到今年，中日關係因為日本領導人不能正視戰爭責任問題，包括修改教科書問題，造成兩國關係不正常，甚至引發了建國以來鮮見的全國性群眾自發抗議遊行活動。顯然，隆重紀念抗戰勝利，是顯示政府重視民眾情緒和聲音的一種表現，同時也是提醒日本政府要重視戰爭責任問題的一種方式。

至於我們自己為什麼應當重視這段歷史，很大程度上恐怕是因為這段歷史對於今天的人們來說，是不可忘卻的。因為它印證了一個道理，即當一個國家的國民被廣泛動員起來，具有了一定的民族主義覺悟之後，任何列強都不可能輕易地征服它。近百年來中國遭受列強侵略多少次，沒有哪一次不是以割地賠款或忍辱負重、委曲求全為代價。而這一次所以不同，就是因為民眾開始關心國家的生死存亡，並且有了影響政府的力量。從這一點出發，紀念這段歷史，無疑能夠在一定程度上激發國人的愛國主義熱情，增強民族的凝聚力，尤其是可以從中看到中國未來發展的

趨勢和希望。

問：日本的這場侵華戰爭是不是具有必然性？該怎麼理解這一必然性？有人說，日本侵華是因為中國在進入20世紀以後，由帝國轉型民國，逐步走向現代化，日本懼怕中國會統一和復興。您認為呢？

楊：日本為什麼要發動這場侵華戰爭，不能僅僅從1937年「七七」事變談起，也不能僅僅從1931年的「九一八」事變談起，我們甚至不能僅僅把目光盯在日本這一個國家身上。有點奇怪的是，我們在其他問題的研究上，幾乎都是隨著整個社會科學和人文科學的發展，而不斷地在前人研究的基礎上向更廣更深邁進，唯獨在對日本侵華問題的研究上，近年來的言論有倒退的嫌疑。為什麼這麼說？因為我注意到，今天有不少人在談論日本侵華的原因時，更多地談論的只是日本的武士道傳統、軍國主義的發酵和日本軍國主義者當年所闡述的種種理由，還有人甚至把它歸結為日本民族的所謂「劣根性」。這也正是為什麼，儘管在今天已經完全不同的時代條件下，我們有些人還是會大談日本復活軍國主義，和重新走上擴張侵略老路的必然性。

其實，要認識這個問題，我們還是應當回去看一點共產黨人「老祖宗」的書。因為這種話題至少馬克思和列寧都再三再四地談到過。馬克思在《共產黨宣言》和《資本論》裡，反覆地論述過他那個時代的資本主義是如何生存和發展的。列寧在《俄國資本主義的發展》和《帝國主義是資本主義的最高階段》裡，更是直截了當地論述了他那個時代資本主義列強為了爭奪世界市場，不得不走向戰爭的種種原因。儘管他們沒有能夠看到資本主義後來的發展和變化，但是他們對他們所在的自由資本主義時代列強所以會不斷地拓展和爭奪殖民地，從而導致帝國主義時代和帝國主義戰爭的出現，還是有相當精闢的論斷的。作為那個時代後起的，同時又是資源緊缺的國家，日本當年自然也是一樣按照帝國主義者的邏輯認識問題的。因此，它把毗鄰的貧弱中國視為日本頭號殖民地，在那種時代背景下是不可避免的。即使當時中國的近鄰不是日本，換了其他列強，也一樣會把中國看成自己在與其他列強弱肉強食的生存鬥爭中的重要生命線。以日本帝國主義者當時的那種心態，我相信他們未必會相信中國能夠很快統一與復興。他們倒是時時擔心中國會被其他列強所瓜分。因此，從便於日本入侵和反對其他列強干預的角度，日本的帝國主義者更樂於，並且鼓勵中國分裂，這是事實。

問：按照有的日本老兵的說法，厲害的是八路，您覺得是什麼使得共產黨領導的力量逐步強大了起來？對共產黨推進的農村社會改革在抗戰中的意義，該怎麼看待？

楊：我想，實事求是地講，八路軍有厲害的，國民黨軍也有打得好的。臺兒莊不用講了，南京大屠殺怎麼來的？還不是國民黨軍在上海的抵抗把日本人打得太痛了，存心報復。還有崑崙關大捷，第三次長沙會戰等，也都打得較出色。像衡陽守衛戰，年僅39歲的方先覺軍長，帶領第十軍，孤軍死守衡陽城長達47天，創造了中日交戰史上前所未有的戰績。戰後，日軍攻城部隊的部分軍官在世時都一直對方部的勇敢表示敬重。因此，對日本老兵的說法，也要具體分析。

當然，相比較而言，相當部分共產黨士兵的政治覺悟和單兵素質確又在國民黨士兵之上。和八路軍作過戰的日本兵會對八路軍作戰機動靈活，神出鬼沒，一些士兵單兵作戰戰術熟練有深刻印象，也是可以想像的。這裡面的原因，很大程度上是共產黨軍隊的徵兵辦法和政治工作與國民黨軍隊有很大不同，即實現了全面政治化。在抗戰期間，共產黨的政治工作不是靠黨在軍隊裡派幾個政工人員去解決問題，它的政治工作做到了家家戶戶，甚至做到了士兵個人。共產黨的兵和國民黨的兵都是從農村裡來的，問題是國民黨的兵大部分是強徵，甚至是抓來的。而共產黨很重視透過在農村中推進社會改革的措施和減租減息運動，給普通農民以實惠和利益，使農民切身感受到當兵是一種義務和責任。再加上共產黨幹部樸素廉潔，八路軍親民且紀律嚴格，凡軍烈屬不僅享受特殊待遇，其生產生活也有變工隊幫助和照顧，這些都使共產黨和八路軍在華北根據地的農民當中享有良好的口碑。共產黨在宣傳上也注意把當兵和保家衛國聯繫起來，和光榮模範掛起勾來，同時搞全民皆兵，在農民中組織民兵，在民兵之上建立地方武裝。凡加入到正規部隊中，村裡必定敲鑼打鼓，披紅掛綠，使當兵變成一件十分榮耀的事情，而且和家庭在全村的顏面聯繫了起來。這些自然都使得八路軍士兵的思想覺悟和政治素質，普遍高於國民黨軍隊的士兵。士兵進入部隊之後，共產黨的政治教育和思想熏陶跟得更緊，部隊注重培養士兵的集體榮譽感和團隊精神，軍官注意以身作則，老兵注意傳幫帶，同時注重精神鼓勵。不少士兵進入部隊之前早就在當民兵時或地方部隊裡面受過最基本的軍事訓練。到部隊後，因為主要打游擊戰的緣故，休整的時間相對較為充裕，因此一些部隊單兵作戰的訓練也能跟得上。原本八路軍的武器就差，因此提高士兵

的勇敢精神、單兵作戰能力和加強部隊的整體作戰力都極為重要。正是在這種情況下，當和多數國民黨軍隊交手時，在武器裝備相差不多的情況下，八路軍的戰鬥力通常會顯得強許多。而日軍在敵後遇到的又基本上都是些國民黨的雜牌軍，和八路軍比起來，日軍士兵自然也會認為八路軍要厲害些。

問：您提到了抗戰中國共之間的衝突，您是否認為這是抗戰歷史中最為複雜，也是最難說清楚的一個問題？正如研究這段歷史的人們所說，讀懂抗戰不容易，您覺得是否就是指的這方面的問題？

楊：系統地和全面地講述抗戰史實，是唯一能夠改變目前讀者頭腦中對抗戰史看法混亂的辦法。講抗戰，不能只講團結抗戰，不講磨擦衝突；只講過五關斬六將，不講關公走麥城。而特別重要的是，我們今天講抗戰史，不能太過功利主義，絕不應當忽略當年存在的問題，否則怎麼吸取經驗教訓？我們應當讓讀者瞭解，為什麼在這樣一場全民族的對外戰爭中，特別是隨著抗戰時間的延長，中國人內部還是會表現出很深的裂痕？不僅有許多人投降於日本占領者，或與之合作，而且抗日的隊伍中也存在著激烈的衝突與對抗。不僅國共兩黨有磨擦對立，就是國民黨人內部，特別是中央系與地方實力派之間，也一樣有勾心鬥角、貌合神離的情況。要讓讀者瞭解，正是這些中國人自己的內訌和相互之間的防範，在相當大的程度上影響了中國抗戰的力度，分散了抗日的力量，從而造成了中國必須要靠美國和蘇聯才能最後戰勝日本軍隊，留下了巨大的歷史遺憾。為什麼讀懂抗戰不容易？就是因為我們今天看到的，報紙上、展覽中和電視上所宣傳的，都是英勇抵抗、浴血奮戰的英雄。但是，如果中國人真的都是像宣傳的英雄們那樣，哪怕只是十分之一的中國人是像他們那樣，並且能夠團結一心，不要說一個日本，就是10個日本來侵略中國，也早就被打出去了。

問：在這場決定中國命運的戰爭中，中國人自己之間確有過分裂，但還有一個引人注目的問題，就是您剛才提到的投降者或與日本合作者的問題。抗戰中出現了太多的偽軍，數量甚至超過了日本在華的軍隊。您怎麼解釋這個現象？他們是認同日本侵略者「解放」自己的意識形態，還是缺少對「中國」這個國家的認同，抑或是保持自己生存質量的需要在誘使他們那樣做呢？

楊：所謂漢奸的問題也是一個非常複雜的問題。嚴格地說，這個問題在所有遭受侵略的國家中都有。在歐洲，號稱歐洲第一陸軍強國的法國僅僅抵抗了幾十天就

宣告投降，進而成立了在納粹德國控制之下的貝當政府。法國的抵抗力量最初只有幾千人，以後才逐漸擴大起來。蘇聯歐洲領土被德國占領時，一些具有分離主義傾向的少數民族明顯地支持了德軍的占領。美屬菲律賓除原自治政府總統逃亡美國外，其他政府成員絕大多數都留在了國內，聽命於日本當局。以反抗英國殖民統治著稱的緬甸民族獨立運動領袖昂山，是帶領他的獨立軍，於1942年隨著日軍打回緬甸的。泰國沒有遭到日本侵略軍的軍事占領，則是皇室和政府以與日本簽訂攻守同盟條約，向英美宣戰，並服從於日本的調遣為代價的。類似的情況還有很多，並非我們國家特別特殊。

具體到這許多國家，我們可以發現，凡是有相當強大的抵抗運動，並最後由抵抗運動取代了戰時與侵略國合作的政府的國家，都或多或少地存在著與中國幾乎同樣的問題。只不過對法國的這些人通常要叫「法奸」，對蘇聯的要叫「俄奸」。而對於那些國內並無強大抵抗運動，戰後也沒有發生完全對立的政治更替的國家來說，這種問題幾乎不被人所重視。如泰國、緬甸等國即是。包括那些有抵抗運動，並且在戰後抵抗運動取代了舊政府的國家裡，也有一些國家因為戰後美蘇爆發冷戰，敵我陣營依照共產黨與非共產黨重新排列，結果凡反共者，不論當年是否與侵略國合作過，都站到了同一戰線上去，共同執政了。如韓國就是這種情況。中國其實在某種程度上也存在著類似的現象。如因為國共內戰的關係，國民黨和共產黨都收編了不少偽政權的軍隊，國民黨收編的龐炳勳、孫殿英、郝鵬舉等，共產黨力爭倒戈的吳化文等部都是。

上面列舉的這些情況說明，造成與侵略者合作的情況相當複雜，既有國家認同的問題，也有政府認同的問題；既有生存所迫的問題，也有誤判侵略者為解放者的問題，很難一概而論。也正因為這種情況十分複雜，我們會發現，各國民眾對類似的現像有非常不同的看法。而且，現實政治的因素也時常在起作用，甚至左右民眾的認識。因此，只是簡單地從愛國的角度來找啟示，恐怕並不足以讀懂如此複雜的問題。當然，如果我們僅僅從國家認同的角度來談問題的話，我們必須要強調國民的主人翁地位的問題。我們永遠都不能排除有人會為了這樣或那樣的原因與侵略者合作，甚或出賣國家利益。但是，如果大多數國民對國家事務擁有發言權，即孫中山所說的復決權和罷免權的話，那麼，發生這樣的情況就會少得多。同樣，也只有當每一個國民都享有平等的政治權利，並且為自己的國家和民族感到由衷自豪的時

候，他們也才會認真地看待自己的言行與責任。

問：抗戰最終使得中國實現了主權和疆域的完整，甚至使臺灣也得以光復，抗戰對中國疆域的影響是不是很大？您能不能講述一下抗戰對中國確定自己的疆域起了怎樣的作用？

楊：一個國家的主權地位，特別是它的領土範圍，即疆域狀況，根本上取決於其實力地位和現實的國際環境，而不取決於其政府有多少熟悉外交事務的專家，甚至也不會簡單地取決於國民對國家疆域的看法如何。

1931年「九一八」事變的發生及其隨後偽「滿洲國」的建立，使國民政府爭取中國主權和領土完整的外交努力嚴重受挫。國民政府雖然從來沒有承認過偽「滿洲國」，但是一直到1940年，蔣介石等人一直對在暫時放棄收回東北主權的基礎上與日本達成妥協，抱有幻想。具有類似情況的地區，當然不只一個東北。

這種情況的改變，很大程度上得益於太平洋戰爭的爆發和美國的參戰。由於美英等民主國家政府深信，德、意、日法西斯發動世界戰爭的根本原因，就在於否認各民族享有平等的權利，因而兩國領導人公開發表《大西洋憲章》，進而促成了包括中國在內的反法西斯國家共同簽署的《聯合國家宣言》的發表。這兩個文件公開宣布各國均應尊重別國的主權和領土完整，不謀求領土擴張和變更別國的領土，支持喪失主權和自治的民族恢復其主權和領土完整，等等。由於中國是最重要的反法西斯國家和聯合國創始國之一，美英等國自然很快與中國簽訂了廢止各種不平等條約的協定，並且透過《開羅宣言》等承認中國有權收回被日本占領的領土。1943年對於中國的外交具有劃時代的意義，正是因為大批中國人追求了上百年的夢想，終於在這時實現了。

但是，說中國的疆域就此確定下來了，則為時過早。抗戰結束，中國固然收回了東北及臺灣的主權。由於中國當時的國力和整個國際環境的關係，中國對外蒙古的主權在抗戰結束前夕卻被迫放棄了，而且香港、九龍等問題也沒有得到解決。甚至新疆的問題，也是到共產黨戰勝國民黨之後，才在蘇聯的幫助下真正得以解決的。而看起來已經得到解決的臺灣問題，竟然也因為國共內戰和朝鮮戰爭的爆發，促使美國政府改變態度，宣布「臺灣地位未定」，並據此公開介入臺灣海峽，干涉臺海兩岸關係，使之成為今天這種狀況。

不難看出，抗戰固然在很大程度上為中國爭取到了主權獨立的地位，並在一定

程度上宣示了中國的疆域範圍，但具體實現中國的主權與界定中國疆域的範圍，卻不是這個抗戰所能決定的。

問：國民政府進行了十年的現代化努力被日本侵略戰爭打斷了。有人說，抗日戰爭帶來的人力物力的犧牲和消耗，推遲了中國的現代化進程至少半個世紀。但也有學者論證說，抗日戰爭推進了中華民族的復興。對此您怎麼看？

楊：抗日戰爭是在中國的領土上打的，中國的損失自然十分巨大。國民政府從1928年以後在內戰不斷的情況下，依然全力推動國家的經濟建設。到1936年，國家的工農業產值達到了近代以來中國曆年的最高水平，其他各項現代化制度和教育、科學研究體制以及法制建設等等，也都初具雛形。直到新中國建立以後的20世紀50年代上半期，也就是差不多過去了20年時間，中國農業生產才恢復到那個水平，而其他一些制度性建設則長期滯後，不得發展。從這個角度來說，日本的侵略戰爭打斷了國民政府推進中國現代化的努力，確實是損失巨大的。但是，說推遲了多少年，則很難嚴格計算。在有些方面，比如工業建設方面，肯定推遲了不到半個世紀，20年都沒有。而在其它很多軟件建設方面，推遲的則多半不止半個世紀。但這些卻並不純粹是由於日本侵略所造成的，還有很多我們自己方面的原因。

至於說抗日戰爭推進了中華民族復興的步伐，則有一定的道理。這是因為，作為一個民族國家，中國只是由於日本的大舉入侵和舉國抗戰體制的形成，才在當時條件下最大限度地實現了統一。在此之前，中國雖然有過中央政府，但幾乎總是不斷地遭遇挑戰。就是國民黨人自己，也時常會挑戰中央的權威，否認南京國民政府的地位。這種情況直到抗戰爆發前一年的1936年還在不斷髮生。抗日戰爭的爆發，根本上改變了這種情況。中央政府的地位空前穩固，國人的民族意識也因此得以極大提升。當然，政府不等於就是國家，對國家民族的認同不等於一定要認同某一個政府。但是，一個國家的統一，畢竟是建立在具有一個統一政府的前提之下的。而國家的統一，又恰恰是民族復興的關鍵所在。因此，從這個意義上，我們說，抗日戰爭使近百年飽受分裂之苦的中國重新統一起來了，增強了國民對國家認同的程度和對政府的監督程度，它自然也就促進了國民對國家和民族發展的關心和參與，從而對中華民族的復興具有重要意義。

問：有評論認為，今天日本對同是戰勝國的美國、蘇聯（俄羅斯）和中國有著完全不同的政治表現和國民情感，日本對蘇聯和美國從心底里感到恐懼，卻一再對

中韓耀武揚威，屢出狂言。這說明日本骨子裡有那種崇尚強者的文化。對日本，除非中國當年能夠自己打敗它，或今後強大到美俄那樣的程度，足以壓服它，這種情況才會改變。對此，您怎麼看？

楊：我認為，這種評論是不負責任而且錯誤的。說日本人骨子裡有一種崇尚強者的文化，難道中國人骨子裡就沒有？至於狂人放話，更是哪兒都存在。到網上去看看，中國網友豪氣干雲的人數恐怕只比日本多，不比日本少。何況，像石原慎太郎那樣的日本人，不僅對中國和韓國口出狂言，同樣也對美國桀驁小馴，很難認為他只是看不起中國人。但是，有一點必須清楚瞭解，那就是，石原也好，日本右翼也好，甚至像小泉首相也好，他們畢竟只是日本人中間的一小部分，他們並不就等於日本國民。他們的情感，自然也不能簡單地視之為日本國民的情感。要知道，在選舉文化的背景下，政治家的許多過激言行，在很大程度上部是有目的地表演給他的選民看，為了政黨或自己拉選票用的。而越是容易炒作，並且是越刺激的話題，也就越是容易被政治家們利用來影響民眾，贏得支持。

戰後中日兩國的關係曲曲折折，但是，無論共產黨，還是國民黨，對日本實行的都是「以德報怨」的政策，其目的都是為了爭取日本的國民。尤其是共產黨，從毛澤東，到周恩來，到鄧小平等，無不高度重視在中日兩國民眾中間，包括在大批中日青年中間培植友誼與信任。儘管對他們當年的一些政策或作法，在今天一些人可能不理解，但是，我們可以很清楚地看到，在他們當政的時代，中日兩國民間的交流不僅十分活躍，而且相當廣泛和深入。今天許多深刻反省日本戰爭罪責的老兵，恰恰就是受到了中國當年政策的積極影響，才得以根本轉變觀念的。

由於當時兩國國民之間的感情比較融洽，影響到日本政壇，原本反共、反華的一些老政治家，也都逐漸改變了態度。那個時候也有過日本教科書問題，也發生過右翼勢力公開挑釁的情況，但在當時那樣一種中日友好的大氛圍中，右翼的鼓噪並不能造成日本國民對中國情感的惡化。

十分明顯，中日關係漸趨緊張，以至中日兩國國民互生惡感，是上個世紀90年代中期以後的事情。這一方面是因為中國國力漸強，中國部分民眾的民族主義情緒逐漸高漲，另一方面是因為中國的迅速發展引起了日本右翼及一些政客的高度戒備和不滿。事實上，破壞中日友好關係，惡化日本國民對中國的感情，進而牽制中國經濟迅速發展，恰恰是日本右翼勢力由來已久的政治意圖。而我們對此如果毫無認

識,並且刻意針對日本右翼的挑釁行為煽動國人的民族主義情緒,與之對抗,便利日本右翼挑唆、惡化兩國民眾之間的感情,這就等於是自己往日本右翼的圈套裡鑽。

我們必須瞭解,無論是從世界和平民主發展的大趨勢,還是從中國自身發展的客觀現實需要而言,強化對抗,鼓動與日本國民為敵的心態和作法,都不值得推崇。對於中國人自己來說,根本的還是要做好自己的事情,把國家建設富強。大概今天還沒有人會幼稚到認為中國已經在經濟、科技、軍事和教育等各個重要方面,發展到可以和日本看齊的水平了吧?既然如此,我們應當知道今天中國需要些什麼。而要想讓自己強大起來,在外交上就必須要堅持鄧小平所提出的「韜光養晦」的策略。這倒並不是主張先臥薪嘗膽,然後再去打什麼旗幟,逞什麼威風,而是希望中國能認清自己目前的主攻方向和最大的外交挑戰來自何方,知道為加速發展和改革需要創造和平的國際環境,而不能四面樹敵;希望中國人能習慣於成為更有內涵的國民,不僅有自知之明,分得清先後主次,輕重緩急,而且深謀遠慮,踏實苦幹,小事張揚。

問:抗戰激起了中國的現代民族國家意識,努力建設一個強大且具有現代文明的國家開始成為中國人的共識。應該說,直到今天,我們在紀念和反思抗戰勝利的時候,這個現代民族國家的建設過程還沒有完成。我們應該如何汲取抗日戰爭的經驗教訓,推進這一建設事業呢?

楊:今天總結抗日戰爭史的經驗教訓,我個人認為最關鍵的可能有三條:

第一是要團結。抗戰所以能打起來,國共團結,各派團結,大家服從一個抗日的目標,至為關鍵。如果沒有這一條,只靠政府去打,大家都各自保存實力,甚至乘機搶奪地盤,抗戰就打不起來了。中共承認國民政府為中央政府,改編紅軍為國民政府名下的國民革命軍,也正是因為必須要服從於這個前提,團結起來,一致抗日。但是,中國的抗戰,所以不能有效地抗擊日本的推進,不能靠自己的力量把日本人趕出中國去,除了武器裝備和軍隊素質不如人以外,也與相互防範,互相磨擦,各派勢力為了自身的利益,許多時候保存實力,以致在軍事上無法形成全國一盤棋,實現有效的統一指揮,從而在戰役行動上難以達成預期目的有關。

第二是政府要能夠贏得國民的認同。要對日抗戰,根本上在於廣大國民有對國家和民族的認同感。中國能堅持八年抗戰不投降、不瓦解,沒有國民和各派勢力對

國家和民族的高度認同，是不可能的。但是，僅僅有對國家的一致認同，沒有對一個統一政府的認同感，各種政治勢力之間還是統一不起來。國民政府所以能夠在抗戰中成為中國統一的中心，根本上就是因為它自1927年以來經過不斷努力，已經逐漸取得其政治合法性的基礎，從而迫使各派勢力都不得不承認其權威性。但是，到了抗戰後期，其權威之所以再度受到挑戰，國共兩黨重新衝突起來，甚至直接影響到戰後內戰爆發，也恰恰是國民政府漸失信用，以及和當時的共產黨政權比起來，顯得既獨裁又腐敗所造成的。因此，國家要想迅速發展，僅僅要求國民愛國是不夠的，政府的廉潔自律、民主公正，真正造福於民，取信於民，是至關重要的。

第三是要培養國民素質。一個國家的強大，與國民素質有直接的關係。中日戰爭，兩軍對抗，通常一個日本兵可以頂七八個國民黨軍隊的士兵，一個日本步兵大隊可以對抗國民黨軍一個上萬人的陸軍師，並不全是武器先進的問題，也與日本國民的整體素質有關。日本國民的素質當時為什麼一般會遠高於中國國民的素質？其中一個原因，就是日本歷屆政府對國民教育給予了高度的重視，影響到日本普通國民的文化程度和對國家民族的認識水平，遠高於中國的普通民眾。日本戰後，生活水平與當時中國大陸的生活水平相當，可謂窮困已極。然而它仍舊克服重重困難，堅持實行九年義務教育，不僅學雜全免，並且在一些學生回家不便的地方，還免費為學生提供膳食。日本戰後迅速崛起，與此也不無關聯。與日本相比，我們直到今天都還沒有能夠在真正意義上實現九年義務教育，甚至還要靠海外和民眾捐款來救助失學兒童。幾十年來，口口聲聲最重教育的我們，國家的教育投入在國家財政開支中的比例，始終在世界上排在倒數幾位。甚至免費提供的義務教育，還趕不上世界上最貧困的一些非洲國家。這種情況必須改變，否則，當年抗戰中發生過怎樣的不幸，將來一樣還會困擾我們自己。

（本文原載2005年9月3日《新京報》，採訪人系該報時事訪談員張傳文）

建構健康開放的民族主義

近代以來，中國打開國門之後，民族主義的聲音就一直沒有斷過。在全球化的今天，中國局部地區出現了一種極端民族主義思潮，對此，有識之士表示憂慮。《瞭望東方週刊》就此採訪了楊奎松教授。

楊教授說，在任何一個民族國家形成的過程中，民族主義都起過相當革命的作用，因而是民族國家形成的一種重要精神支柱。但是，民族主義歷來是和民族悲情意識結合在一起的。換言之，高唱極端民族主義的國家，從來就不可能是一個真正強大而有自信的國家，它注定只能是落後封閉的國家，或者是自我感覺備受壓抑的民族。

問：您認為極端民族主義適應今天的世界嗎？

楊：在世界日益全球化和走向地球村的大趨勢下，人類相互之間的聯繫已經變得越來越緊密，甚至歐洲發達國家開始從經濟共同體，大步邁向了政治共同體，國家民族的界限在那裡像馬克思當年所預言的那樣，逐漸變得不特別重要了。其原因顯而易見，就是這些國家間發達的經濟聯繫已經日益超越了它們之間民族和國家的界限與隔閡。因此，民族主義在中國今天日漸活躍、發達，絕不是一件值得慶賀的事情。它恰恰證明了我們國家的部分國民還處在一種相對落後的，甚至是半封閉的悲情意識極強的狀態。

問：請問您怎麼評價極端民族主義分子的一些行為？

楊：我想沒有人不懂得這個道理，在人與人相處的過程中，不可能不出現矛盾和衝突。一旦出了問題怎麼辦？那就要把握住理智，依據相應的法律，透過必要的程序來解決問題，而不能輕率地採取非理性的方式來解決糾紛。許多犯罪行為，最後害人害己，都是當事人單方面行事以至失去理性惹的禍。人和人的相處是如此，國與國的關係更是如此。不顧對方的立場情感，不理會國際公法和相關協調機制的作用，單方面採用非理性的方式來挑起國與國之間的爭端，不妥協地把本應冷處理或擱置爭議的歷史遺留問題弄到雙方劍拔弩張的程度，不僅無助於解決問題，往往還會造成南轅北轍的效果。

希特勒當年怎麼上臺？就是因為第一次世界大戰德國戰敗，割地賠款，國內民

族主義情緒高揚，希特勒及其德國國家社會主義黨藉機煽動民族復仇，結果兩相適應，取得了政權。希特勒上臺後的種種舉措和他在收復領土名義下的擴張，也確實一度給深受戰敗困擾的德國人帶來極大的滿足感和自尊感。但是，一旦這種非理性的行為得到肯定，並促成了德國人的民族虛榮心，進一步的後果就不是德國人民所能控制的了。坦率地說，與其說是希特勒法西斯主義誤導了德國，不如說是德國民眾中日漸發酵的非理性的民族復仇主義，將德國推入了近乎毀滅的歷史深淵。這種歷史教訓值得每一個帶著民族悲情意識高唱民族主義的青年記取。

　　問：在1985年出現的建國以來第一次民族主義運動中，當時就有評論將其指稱為「義和團精神」，而今經常有人將民族主義者（憤青）們比作是「義和團」，對於這個比喻，您認為恰當嗎？

　　楊：我認為這種比喻並不恰當。義和團把洋人視為亂倫所生，視鐵路為妖術，扶乩打卦，迷信「刀槍不入」，今天顯然不會有任何一個「憤青」如此愚昧。而更為重要的是，義和團嚴格說來並無民族主義思想，他們除了能夠在朝廷鼓動下扛起「扶清滅洋」的旗幟，幫助鞏固滿清皇帝的統治地位以外，對何謂現代意義上的國家和民族，甚至對中國的領土幾何，其實都一無所知。在這一點上，兩者就不可同日而語。

　　當然，今天有些人把二者相提並論，也並非毫無根據可尋。至少有一點兩者具有一定的共同性，這就是盲目排外。不論義和團迷信幾何，其行動的突出特點就是排外，一切外國人、外國物，恨不能統統拋到爪窪國裡去。而今有些激進的民族主義者，在網絡上也或多或少地表現出這種四面出擊，任誰都認為是敵人，都想要透過對抗來解決問題的極端心態。照他們的主張發展下去，四面樹敵，的確可能走上盲目排外的道路。

　　問：那麼，政府、輿論應當怎樣引導當今的民族主義思潮呢？

　　楊：凡落後封閉或有受壓抑感的國家，就不免會有極端的民族主義者。這嚴格說來並不奇怪，也不值得杯弓蛇影，草木皆兵。但是，相對於有些國家而言，如俄國自由民主黨領袖日裡諾夫斯基，或日本的東京都知事石原慎太郎，固然也會因為不滿自己國家的境遇和在國際上的地位，常常口出狂言，民族主義情緒表現得十分極端，但他們畢竟自恃國力強大，不會去抬出歷史上的張三李四來證明弱國也可以強硬對外。而我們的一些激進網民，卻好像對自己國家的狀況一無所知，盲目樂

觀，甚至相信當年毛澤東既然可以四面出擊，何以今天我們對有領土爭議的鄰邦要忍氣吞聲？他們好像完全不清楚，即使強硬如毛澤東者，無論是在邊境劃界問題上，還是在對抗主要敵國的問題上，也都不能不為了合縱連橫，做了許多退讓和妥協。比較一下抗美援朝前後和1970年代中國在對美政策問題上對解決臺灣問題的不同尺度，就不難瞭解，臺灣問題會有今天這樣複雜的情況，正是毛1970年代為了聯美抗蘇留下的一種後遺症。

由此也可以看出，今天相當一部分極端民族主義者的出現，其實很大程度上是我們以往中學、大學教育，特別是政治宣傳長期誤導出來的一種結果。首先是沒有實事求是地講述歷史，把愛國問題簡單化、概念化；其次是忽視了對學生世界眼光和和平、民主思想及其人道主義精神的培養與薰陶；第三是過分強調了「鬥爭哲學」的威力，過分渲染了武力威脅、訴諸戰爭解決問題的作用，以至於在21世紀的今天，許多年輕網民依舊津津樂道於建國以來運用暴力，甚至是用戰爭解決內外部衝突和國與國糾紛的事例，並以此來作為評價當今政府處理對外事務能力的一種標準。

特別應當注意的是，過多地強調「鬥爭哲學」的結果，已經在很大程度上造成了部分國民心態的扭曲。在這方面最典型的，就是美國「9.11」恐怖襲擊案發生之後，中國不少年輕網民的第一反應，不是為恐怖分子撞擊紐約雙塔會造成成千上萬平民傷亡而擔心和憤怒，反而是為不可一世的美國受到如此懲罰而歡欣鼓舞。甚至有網民公開在網上調查，以此次襲擊後的第一反應如何，來衡量其他網民愛國與否。注意到諸多年輕網民對中國近現代歷史上，乃至現實政治中造成大批人員死亡的重大事件，態度異常冷漠，甚至視為當然的種種討論，就不難看出我們國家網民的極端民族主義心態是怎樣培養出來的。

要想正確引導國人的民族主義，別無他法，第一要加強人性的教育，要全社會都來關心人，關心人的權利、人的價值、人的尊嚴，推崇人道主義和人性至上的精神，真正明白「己所不欲，勿施於人」的道理，要徹底掃除以政黨、階級或國家劃線，不是你死就是我活的極端心理；第二要引導國人樹立「和為貴」的思想，造成一個真正熱愛和平的社會氛圍，堅持反對任何打著正義的旗號，濫用暴力和戰爭解決問題的作法。第三要實事求是的講述歷史，要讓年輕人清楚地瞭解暴力和戰爭的兩面性，特別是其殘酷性，瞭解國與國關係的複雜性，瞭解前人在處理國家關係問

題時曾經經歷過的艱難曲折，並熟悉其成功與失敗的歷史性原因，等等。

　　總之，要讓大家都瞭解，一個過分自我中心，一味主張自己的權利而不惜動輒揚言訴諸武力，不關心他人死活，甚至不在乎自己同胞感受的人，注定了只能是一個麻煩製造者，而不會對社會、對人類，有任何建設性的貢獻。包括對他們奉為神聖不可侵犯的國家和民族，他們的這種態度，也注定了只能是好心幫倒忙，很難真正造成有益的作用。

　　（本文原載《瞭望東方週刊》2005年第44期。採訪人為塗釋文。）

歷史上國共兩黨的民族主義及其影響

一、國共兩黨具有民族主義的共性

自從1922年秋中共當時的主要負責人陳獨秀、李大釗等經張繼等人介紹加入國民黨，一直到1949年國民黨退踞臺灣，國共兩黨始終分分合合，打打談談。如果計算兩黨分合的時間段，我們會發覺，雙方談判或合作的時間，甚至比雙方戰爭的時間還要長。當然，除了二十年代初的一段時間以外，兩黨間縱使有過合作，相互也甚少互信，不乏大敵當前兄弟鬩牆之舉。但意識形態上的差異與對立，並沒有妨礙它們在一定條件和一定基礎上，長期保持和平的甚至是合作的關係，這表明，兩黨間仍舊存在著某種共性的東西。

國共兩黨在歷史上究竟相互間存在著哪些帶有共性的東西，當然不是今天這一短時間所能討論清楚的問題。比如雙方對民權自由的理解，對民生平等的贊同，特別是把1948～1950年間國民黨內部大批黨員幹部自我批判及檢討的文字，與共產黨各種言論和政策加以對照，我們不難發現其中確有許多可以相通之處[10]。但我們在這裡特別要提到的，還是雙方所共有的民族主義特質。

長期以來，國民黨斷言共產黨是蘇俄侵略中國的工具，共產黨批評國民黨是帝國主義的傀儡，雙方都堅持認為，只有自己是真愛國。事實上，當年孫中山也好，蔣介石也好，陳獨秀也好，毛澤東也好，他們成立或參加國民黨（包括興中會、同盟會及中華革命黨）或共產黨，多半都不是基於均貧富的衝動，其最初的動機反而大都是不滿於國家和民族遭受列強壓迫欺凌的現狀，必欲實現民族的獨立和復興。20世紀20年代國共兩黨能夠實現黨內合作，一個重要的條件也是雙方在「打倒列強」，即實現民族革命和解放這一關鍵性的政治目標上有著幾乎一致的看法。三四十年代國共兩黨再度建立統一戰線，還是因為雙方都把正在侵略中國的日本帝國主義視為自己的頭號敵人。同樣的情況，南京國民政府成立後，儘管明明力所不及，它上來首先著手進行的一件事，就是推行所謂「革命外交」，力圖透過談判盡快廢除帝國主義強加給中國的種種不平等條約，實現民族的獨立。而共產黨建立政權後，也照樣首先把反對帝國主義的方針列入到自己的議事日程當中。並且由於他們這時的實力遠超過當年的南京政府，因而態度上更徹底更激烈。它不僅公開宣布廢

除一切舊有條約，堅持暫不與歐美列強建立外交關係，而且還直截了當地要求蘇聯歸還外蒙和放棄其1945年透過條約形式在中國東北取得的一切特殊權益，如此等等。

很明顯，儘管國共兩黨各自追求的理想有所不同，依據的理念區別甚多，借助的社會力量差別很大，所走的道路以及採取的革命手段也大相逕庭，儘管它們都強烈地懷疑對手的民族性，曾經使用過許多極端的語言來抹黑對方，但蔣介石也好，毛澤東也好，他們中誰也沒有，事實上也不可能像對方所斥責的那樣，心甘情願地成為列強的附庸。看一看蔣介石筆下對美國干預自己內部事務的強烈不滿，注意一下毛澤東對俄國不惜破裂關係的強硬態度，可以說，國共兩黨，包括它們的最高領導人，在爭取民族獨立和民族平等這一點上，基本的訴求其實並沒有多少實質性的差別。雙方之所以堅持指責對方，除了由於意識形態差異所導致的分析模式和政治立場的影響以外，籍用蔣永敬教授之言，多半也是操之在誰的問題。「操之在我」，一切都對；操之在人，則一切皆非。熟悉當今政治角力和政治話語者，對此當不會感到太過陌生。

二、民族主義優先，還是意識形態優先？

談到歷史上國共兩黨在民族主義問題上所表現出來的共性和特點，不可避免地要涉及意識形態的影響和作用。在此必須回答：無論國民黨，還是共產黨，它們通常是把意識形態的考慮放在首位呢，還是會把民族利益的考量放在首位？或者它們在什麼情況下會把民族利益放在首位，什麼情況下會把意識形態放在首位？這是因為，我們無論如何不能簡單地得出結論說，民族主義肯定可以成為連結國共兩黨的紐帶。畢竟，國共雙方之所以始終缺少互信的基礎，意識形態的區別乃至對立有很大的關係。所謂「操之在我」，政治上就是以我劃線。而以我劃線的背後，意識形態的作用至為關鍵。

我們這裡所說的意識形態，指的是受到某種特定觀念左右的習慣性的思維方式，以及由此而產生的相應的政策模式和政治目標。不難想像的是，當人們的思維方式固定化以後，他們通常很難不站在某種特定的立場，透過某種特殊的角度去看待和理解對手的思想與行為。抗日戰爭期間的國共兩黨關係就是一個很好的例子。當時，國共兩黨基於抗日的共同願望而妥協與合作，但它們卻經常懷疑對手抗日的真誠性，國民黨說共產黨「游而不擊」，共產黨說國民黨「消極抗日」。結果是你

疑我，我疑你，進而你防我，我防你，磨擦衝突愈演愈烈。導致它們無法信任對方的一個重要原因在於，它們都堅持認為只有自己才是民族利益的真正代表者和徹底的捍衛者。所以會得出這樣的結論，自然同他們各自所特有的觀念意識是分不開的。從國民黨的理念出發，共產黨本來就是國際性的組織，是受蘇俄指揮，以世界革命為目標的，共產黨人當然不愛國；而從共產黨的理論出發，國民黨不過是半殖民地半封建中國內部的地主資產階級集團，它不是依賴於這個帝國主義，就是依賴於那個帝國主義，對帝國主義列強妥協投降則是理所當然。在這種認識的基礎上，國民黨極力防制、打擊甚至試圖根本取消共產黨，共產黨堅持壯大自己的力量，努力爭取取代國民黨，站在他們各自的立場上，都是一種必然的選擇。

既然觀念上把對方看成是自己革命的敵人，為什麼雙方又能夠妥協甚至合作呢？換言之，如果雙方根本就不相信對方是民族主義者，它們又如何能感覺到自己需要與對方妥協或合作呢？其實，就歷史上的國共兩黨而言，它們在一些情況下確實不是簡單地因為認識到大家具有共同的民族主義立場而聯合在一起的。但不論它們各自如何看待對方，民族主義的共同目標和共同敵人仍然是雙方重要的妥協基礎。所謂「兄弟鬩牆，外禦其侮」，離開了兩黨的成員都是中國人這個基本的要件，它們很難會從內鬥迅速轉向外戰。當然，直接促使國共兩黨做出這種選擇的，還另有原因，這就是實力本身的侷限性和來自外部的現實壓力。國民黨和共產黨之所以會選擇妥協，通常都是由於它們在整個中國的政治角力場中深切地感受到自身實力嚴重不足，甚至面臨危機，同時受到外部壓力，因而必須要基於某種現實政治利益的需要來區分主次敵人和制定靈活的策略。如果對自己的實力有十足的把握，相信對手已微不足道，對不妥協、不合作可能帶來的政治後果沒有重大擔心，即使他們的民族主義情感同樣強烈，也未必會掉轉槍口，跳進同一條戰壕。

在此，我們仍以兩度國共妥協的起因略作分析。

從1922年秋天中共領導人加入國民黨，或國民黨接納共產黨員，到1924年國民黨一大最終確定容納共產黨，實行黨內合作的政策，國共兩黨都有相當現實的利益考量。在共產黨方面，由於它的人數太少，需要借助國民黨走向群眾，實現掀動民族革命的計劃；在國民黨方面，由於它的組織長年渙散，又連續遭受失敗，也存在著利用共產青年來推進黨務，增添活力，使自己變成名副其實的群眾性的革命黨的某種現實需要。不僅如此，它們雙方的合作也還帶有滿足蘇聯和共產國際願望的現

實考量。因為它們都必須要得到莫斯科的援助。只有兩黨結合在一起，它們才能變得生機勃勃和充滿革命的氣息，進而贏得莫斯科的高度重視。

同樣，1936年的西安事變之所以能夠一舉撲滅燃燒了將近十年的國共內戰的戰火，也並非只是由於蔣介石的一念之差。當時的國民黨、共產黨事實上都面臨危機。一方面，日本步步進逼，華北隨時可能重蹈東北覆轍，南京政府退無可退，戰爭迫在眉睫，蔣介石從一年前，即華北事變發生之日起，就已經在祕密地尋求政治解決共產黨問題的途徑了。另一方面，共產黨戰爭失利，軍事形勢惡劣，臨近華北前線，它也面臨日本入侵的直接威脅，因此也早就表明了願意和解的意圖。雙方沒有能夠及早地從祕密接觸中找到解決問題的方法，很大程度是因為在這一年裡雙方的政策目標都還不是十分清晰，溝通上也頗多問題，蔣介石更顧慮妥協後蘇聯的作用，共產黨則在很長時間裡事實上只是以反蔣派作為統戰對象。隨著西安事變爆發，蔣清楚地看到十幾萬東北軍和十七路軍存在著轉向紅軍的嚴重危險，同時他也看清了蘇聯的態度，得到了周恩來擁蔣抗日、願受指揮的親口承諾，再加上有日本入侵威脅和國內社會各界對「停止內戰，一致對外」的強烈渴望，因此，權衡利害得失，蔣介石這個時候下決心和共，共產黨這個時候轉而全面挺蔣，也是水到渠成。

分析國共兩度妥協與合作的原因，可以清楚看出的是，即使在長期對立的國共兩黨之間，意識形態有時也並不能起多大的作用。雙方之所以能夠走到一起去，民族主義是基礎，實力不足是條件，外部的壓力和各自現實的利益需要是基本的動力。正是由於在中國政治的角力場上，雙方都不具備決勝的把握，甚至面臨嚴重的危機，民族主義的目標才不期然地成為它們現實政治利益需要與考量的重要內容，意識形態的目標則不得不被暫時束之高閣。

三、以四十年代國共美蘇關係變化為例

要深入瞭解歷史上國共兩黨基於現實政治利益的考量，而在事實上把民族主義置於優先地位的情況，20世紀40年代國共美蘇關係的變化是一個很生動的例子。

眾所周知，抗戰期間國共關係漸趨緊張和惡化，是1939~1940年以後的事情。而美蘇開始介入中國內部事務，包括直接或間接地介入國共鬥爭，也都是在40年代這段時間。按照毛澤東當年的概括，這一段時間的基本態勢是「國共反映美蘇」，即國共兩黨這時的一舉一動，都與美蘇對華政策及它們之間的相互關係密切相連。

照理說，國民黨的背後是美國，共產黨的背後則是蘇聯。而當年的國民黨和共產黨也確實都強烈地指責對方受到了列強的支持。共產黨嚴厲批判「美蔣反動派」，斷言國民黨之所以堅持戡亂內戰，是因為美國企圖控制中國，而不惜大量向國民黨提供軍援和經援；國民黨最著名的是在聯合國搞了一個「控蘇案」，蔣介石又寫了一本《蘇俄在中國》，堅持國民黨不是敗於共產黨，而是敗於中共背後蘇聯的陰謀。但事實上，40年代國民黨與美國的關係，和共產黨與蘇聯的關係，恰恰處於相當矛盾和弔詭的境地，與當年雙方的說法頗多差距。

就共產黨而言，從1940年秋天起，毛澤東就開始與莫斯科之間發生磨擦。所有這些政治上的磨擦，大都是基於民族主義的利益衝突。只不過蔣介石把自己等同國家，毛澤東則是把中共的利益直接視同民族的利益。1941年蘇德戰爭爆發，毛兩度拒絕莫斯科出兵牽制日軍的要求，斷言如果中共被打垮，不僅不利於中國革命，而且也不利於蘇聯，這件事再典型不過地反映出中共與蘇聯利益的不同。正是由於與莫斯科之間的這種分歧，毛澤東於1941年秋到1942年春開始發動了全黨的整風運動，毫不留情地清除了黨內「國際派」的影響力，此舉更清楚地展現出毛不受蘇聯控制的決心。斯大林等人對毛及其領導下的中國共產黨人的不滿，也因此而強烈地表現出來，在他們1942年以後對美國人的許多談話當中，都可以看到對中共的批評。一個最典型的批評，就是指責中國共產黨人不過是些「人造黃油式的共產主義者」。言外之意，莫斯科相信毛澤東領導的中共只是名義上的共產黨罷了。

令人稱奇的是，幾乎就在俄國人懷疑中共的共產黨性質的同時，與共產黨有著完全不同的價值觀的美國人卻在對延安發生好感。而他們發生好感的原因，又恰好印證了俄國人的猜疑。1941年皖南事變後羅斯福總統特使居里訪華時向蔣介石轉達了美國最高當局對中國共產黨的評價。羅斯福說：在萬里之外的美國人看來，中國的共產黨其實不過是一些社會改革的推動者。與此同時，相當一批美國記者、外交官和派駐延安的美國軍事觀察人員在和共產黨人接觸，他們不斷地向國內發回各種讚美中共的報導和報告，也明顯地同情共產黨人。他們確信，延安比重慶更值得美國人重視，特別是從戰後美蘇關係變動的前景看，真正能夠有助於美國確保其在東亞地區利益的，可能不是國民黨，而是共產黨。

就國民黨方面來說，這個時候的情況其實也相差不多。40年代初期，美國雖然給了國民黨極大的援助，但蔣介石的民族主義情緒依舊表現得相當強烈。發生在國

美軍事合作熱絡期的史迪威事件,就是一個十分典型的例子。蔣並沒有因為羅斯福及美國政府提供了大量的軍經援助和在外交上的大力提攜,而容忍美國將軍凌駕於自己之上。同樣,美國政府也並不因為國民黨更接近於自己的意識形態,就站在國民黨一邊。雖然美國部分外交官和軍事人員對共產黨高度同情和讚賞的現象並沒有直接影響到美國官方的對華政策,並且在赫爾利做了美國駐華大使之後很快有所改變,但美國對國民黨的批評,事實上並沒有因為雙方意識形態較為接近,就有所削弱。甚至在戰後美蘇冷戰格局形成,意識形態的對抗開始成為左右美蘇政策的基本政治考量之時,國民黨也仍舊被排斥在美國戰略盟友的大門以外。從馬歇爾到艾奇遜,美國國務院的領導人寧願在中國培植第三勢力,寧願眼睜睜地看著共產黨一步步接近勝利,也不願意下大力氣拯救國民黨。來自美國的援助,正是由於美國的這種態度而時斷時續,完全達不到國民黨方面的要求,致使蔣介石對美國政府的反感與不滿與日俱增。他之所以未能公開與美國人翻臉,僅僅是因為國民黨處境的日趨惡劣,使他不能不在公開場合忍氣吞聲,委曲求全罷了。

可以肯定的是,毛澤東也好,蔣介石也好,他們所有政策的出發點,都離不開自身的利益,特別是在處理同蘇美兩國的關係上,民族主義的情感明顯地占據支配的地位,意識形態的作用反在其次。這是因為,無論國民黨,還是共產黨,他們在和美國人或蘇聯人打交道時,都無法用意識形態的一致性來掩蓋由於民族差異而存在的利益分歧。同樣,美國也好,蘇聯也好,它們所關心的,根本上也是它們各自的利益。美國的外交官們當年之所以看中中共,一是美國軍方出於對日本本土作戰的需要,急於借助中共在沿海地區的根據地和軍隊,配合美軍登陸作戰;一是美國政府的決策部門高度關心戰後美國同蘇聯在遠東及太平洋地區可能出現的力量抗衡,他們相信,以國共力量發展的趨勢,內戰勢不可免,如果中共倒向蘇聯,那麼不僅中國大陸可能會成為蘇聯的勢力範圍,就連整個東亞乃至東南亞都可能受到影響。而赫爾利後來之所以能夠扭轉美國對華政策的這種發展趨向,同樣是基於其現實利益的考量。因為首先美國麥克阿瑟將軍成功地實現了跳島作戰,美國軍方已經不需要借助中國大陸來進攻日本本島了。其次,歐洲戰爭即將結束,蘇聯參加對日作戰已成定局,美國已經準備對蘇聯就兩國戰後在東亞地區的相互利益問題達成某種妥協,相反,美國更需要利用蔣介石的支持來安排戰後世界的其它一些重大問題。戰後美國之所以對國民黨逐漸抱定了離棄的態度,其實也是由於它不能不把自

己的戰略重心放在歐洲，放在近東，結果它已經沒有太多的力量可以用於中國大陸，不管共產黨的背後有沒有蘇聯的援助，根本上它的對華政策是以自己的利害得失為考量，而不是以所謂道德、信義和意識形態的親疏為基礎。

戰後的莫斯科同美國一樣，它所關心的也是自身的利益。第二次世界大戰期間所形成的大國政治格局，導致了著名的雅爾塔協定。這個協定成為美蘇制定各自對華政策的重要依據。所謂蘇聯一開始就蓄意違反雅爾塔協定以及中蘇條約，祕密支持中共向國民黨挑戰的情況其實並不存在。恰恰相反，俄國人戰後在遠東最主要的目的就是確保它在中國東北的特殊權益，只要能夠保證它在東北的權益，它並不在意美國把中國大陸置於自己的勢力範圍之下。同它處理歐洲的問題一樣，對於其勢力範圍以內的國家和地區，它毫不退讓，強硬到底。對其勢力範圍以外的國家和地區，則拱手交出，毫不顧惜。正因為如此，對於東歐國家，它堅持要全面控制，沒有共產黨也要扶起一個共產黨來，不許美英干涉。而對共產黨勢力本來較強的希臘、法國和義大利，反倒抱以相當溫和的態度，聽任英美等國為所欲為。正是基於這樣的原因，斯大林在戰後給毛澤東發的第一封電報，就是要毛澤東到重慶去和蔣介石談和平，希望毛澤東也能同法國、義大利共產黨人一樣，交出武裝，到資產階級政府裡面去當部長。因為他相信，中國不在它的勢力範圍之內，毛澤東不應當製造麻煩，破壞美蘇之間已經達成的妥協。在斯大林的這種態度裡面，我們同樣看不出有多少意識形態的色彩。

重慶談判期間，蘇聯的上述態度確曾一度發生過變化。但這同樣是基於保護其在東北的特殊權益的考量。導致莫斯科產生這種嚴重擔心的，是1945年9月美軍在未與蘇方通氣的情況下，貿然派遣海軍陸戰隊大舉登陸華北，並公然協助國民黨軍隊強行打通陸路交通，開入東北。美軍登陸華北，對東北蘇軍造成極大刺激。為阻止國民黨把美國的勢力引入東北，蘇方一度不顧中蘇條約的相關規定，開始有意把共產黨的軍隊引入東北。但隨著蔣介石下令撤退東北行營，同時考慮到自己與美國在歐洲和近東的種種糾紛，蘇聯很快又回到了中蘇條約的立場上來，把共產黨的軍隊統統趕出重要城市和工業區，並逼使他們遠離交通要道，重新開始與國民黨進行交涉，試圖透過經濟合作的談判，使國民黨同意不讓蘇聯以外的第三國染指東北。如果不是蔣介石堅持拒絕蘇方的合作要求，很難想像蘇聯會違反中蘇條約放手支持共產黨在東北發展。正是由於國民黨太過明顯的親美態度，終於促使蘇聯在東北問題

上開始製造麻煩，共產黨也因而得到了大批日軍裝備。

　　但是，即便如此，也並不表明莫斯科已經相信了毛澤東。雙方在東北問題上的合作，與其說是意識形態一致性的產物，倒不如說是利益上相互需要的結果。一個很明顯的情況是，隨著1947年南斯拉夫共產黨領導人鐵托與蘇聯鬧翻，蘇聯重又開始懷疑與鐵托同樣強勢的毛澤東，公開認為毛澤東是「半個鐵托」。此後，蘇聯在沒有徵求中共中央的意見的情況下，令其駐華武官和大使在南京積極活動，推動各國外交官在國共兩黨間斡旋和平；在毛澤東反覆提出要求訪問蘇聯的情況下，再三拖延甚至尋找各種藉口不讓毛澤東成行；斯大林相信中共中央內部有人會隨時向西方透露機密消息，他派在毛澤東身邊的私人代表不止一次地向莫斯科反映中共領導人中存在著親美派……凡此種種，在在表現出蘇聯對中國共產黨的不信任。結果是，一方面美國政府不願意幫助拯救國民黨的失敗，另一方面是蘇聯也不熱心推動共產黨的勝利。具體到這個時期國民黨的失敗和共產黨的勝利，外部因素的作用和影響究竟占多大的比例，實在是值得討論的問題。

　　簡要地講述這段歷史，只是要說明，意識形態其實並不能根本決定蔣介石和毛澤東對美蘇的親疏遠近。蔣不滿美國也好，後來仍不得不依靠美國也好，毛反感斯大林也好，後來宣布向蘇聯「一邊倒」也好，最主要的還是在民族主義情感的基礎上權衡現實利益得失的結果。當然，反過來我們也可以看到，美國和蘇聯也同樣不純然是從意識形態的角度來考慮問題或選擇盟友的，它們的實用主義特點同樣不亞於中國人。

　　四、幾點結論

　　由上面簡略的分析，我們應當可以得出如下幾點結論：

　　其一，不同的意識形態，是區別國共兩黨，並且是導致它們長期對立衝突的基本要件。但是，這種意識形態的對立和衝突，通常是透過不同的政治利益及政權關係表現出來的。而意識形態從來不是構成一個政黨或政權的現實政治利益的全部要素。換言之，不論國民黨還是共產黨，當它們不得不基於現實政治利益的需要來考量和決定自己的政策，尤其是對外政策的時候，通常很難單純從意識形態的角度來考慮問題。對於一個生長在特定民族土壤中的政黨或政權來說，與意識形態作為一面規定政黨或政權政治性質及其政治理想的旗幟相比較，它的民族主義基礎對於它的生存與發展，明顯地更為重要。

其二，國民黨也好，共產黨也好，他們首先是民族主義者，然後才是其他什麼主義者。換言之，蔣介石也好，毛澤東也好，他們民族主義的悲情意識，及其對外來干預和歧視的逆反心理，幾乎是半殖民地中國給他們打下的畢生的烙印。實際上，他們相信某種意識形態，首先是因為他們相信那是實現其民族主義等訴求的最有效的手段和工具之一。也正因為如此，其自身民族主義合法性的基礎受到挑戰的時候，他們都可能不惜一切，包括與自己意識形態的對手進行妥協，來達到爭取和保護民族利益的目的。雖然，就自身現實的政治利益著想，基於不同的政治地位，他們對這類情況所做出的反應往往差別很大。但這種差別更多的往往只是一個操之在誰的問題。

其三，無論國民黨，還是共產黨，都只能基於現實利益的需要來調整自己的政策目標。但對現實利益及其政策調整目標的評估，通常是和政黨或政權的實力評估成反比的。實力評估越強，對現實利益的擔心就越小，結果牽就政治現實作出妥協的需要也就越少；實力評估越差，對現實利益的擔心就越強，牽就政治現實作出妥協的需要也就越大。與此相聯繫，實力評估越強，對意識形態的訴求就會越發升高，其爭取民族主義目標的手段也就容易趨於激烈；實力評估越弱，對意識形態的追求就越會趨於節制，其民族主義情感也相對地比較容易保持理性。當然，值得注意的是，政治角力場上的這種實力評估通常是以當政者的自我判斷為主的，特別是遇到外來的或內部的壓力過大時，這種判斷就更容易發生偏差。

最後，民族主義這種情感，不僅飽受列強欺凌、積貧積弱的中國人有，戰後不可一世的美國人和從來高唱國際主義的蘇聯人同樣也有。在處理國與國關係的問題上，民族及國家的利益從來都是各國自己的問題。寄希望於外部的扶持與援助，強調意識形態的相同與接近，結果往往適得其反。畢竟，所謂外交實質上就是國家間的利益交換。而任何一種利益交換，又都必須基於等價的原則。因此，當美國或蘇聯感覺到自己的付出遠遠多於它所能得到的時候，它們就會變得斤斤計較。而當它們發現自己可以從其他方面得到更大的收益，設法免除這種無休止的麻煩與負擔的想法，就會導致其很快改變自身政策的現實目標。因此，國共兩黨雖然長期以來背後都有美蘇在起作用，但實際上最終還是要靠它們自己去解決問題。

第三編
書序談史錄

面對中國革命

在這套集子中輯錄的4種專著，圍繞的都是一個核心問題，即20世紀前半期發生的中國革命。《「中間地帶」的中國革命》和《毛澤東與莫斯科的恩恩怨怨》，著重討論的是中共革命的國際背景，尤其是受到俄國革命，亦即受到強鄰蘇聯等外部因素的影響問題。前者側重於宏觀線索的梳理與解讀，後者側重於說明毛澤東個人在其中的經歷與作用。《國民黨的「聯共」與「反共」》和《西安事變新探》，著重討論的是中國近代兩大革命黨，即國民黨與共產黨在大陸近30年分分合合及勝負較量的問題。前者側重於國民黨與共產黨關係總體變化的解讀，後者側重於國共關係史中影響重大的事件說明。

正如李澤厚所言：「影響二十世紀中國命運和決定其整體面貌的最重要的事件就是革命。」只不過，從歷史主義的角度看問題，這種革命，無論是指以群眾暴力等急劇方式推翻專制統治或腐敗政府的造反行動，還是以武裝反抗的形式改變本民族屈辱地位的激烈行為，都不是近代中國獨有的現象，也不是二十世紀這100年的特殊產物。注意到進入二十一世紀之後類似的情況在許多國家依然持續出現，不僅很少受到譴責，甚至還會占據國際政治道德輿論的制高點，我們就更是不能不承認，任何從後見之明的角度來討論革命必要與必然與否的問題，其意義本身就大可質疑。

革命之所以會引起爭議，關鍵在於其暴力形式造成的人身財產傷害，以及以暴易暴的嚴重危險。但是，專制與反抗，同樣暴力，同樣血腥，同樣會造成巨大的傷害，兩害相權，孰能證明哪種破壞更大，為害更深？何況，當局者的感受又如何能夠達到旁觀者希望的水平？年輕的毛澤東當年參加中共時講過他的一個理由，就頗能反映歷史中人的思維邏輯。他說：「無產階級比有產階級實在要多若干倍，假定無產者占三分之二，則十五萬萬人類中有十萬萬無產者（恐怕還不只此數）。這一百年中，任其為三分之一之資本家魚肉，其何能忍？」

從歷史的角度考察中國革命，不是要探討其應否的問題，而是要還原其史實真相，考察變化邏輯，揭示其內在的種種因果關係。本輯各書雖已分別就各主題所涉及的史實與問題多有研究，但對中國革命這一中心問題並未能有總體的討論。為避

免讀者分別閱讀後對作者的「革命史觀」難於把握，甚至產生歧義，以下特就作者對二十世紀上半期中國革命發生、發展的背景、原因與內在邏輯，做一扼要論說，以供讀者參考。

現代革命的暴力與血腥

人類社會在從中世紀專制社會走向民主社會的過程中，曾經發生過一系列重要的革命。如英國革命、法國革命等。這些革命激烈程度不同，暴力形式各異，但它們在破除舊秩序，建立新秩序的過程中，都不能不粘染血腥。這當然不是現代革命本身所特有的問題，歐洲中世紀本來就是一個野蠻的時代，上千年的歷史，其暴力、血腥、黑暗，對人類社會進步，乃至人身財產的傷害，無疑遠甚於英國革命，哪怕是法國革命所造成的破壞。革命能不能不流血或少些暴力？歷史地看問題，至少在最初要想擺脫那個黑暗時代的英、法等國是難以做到的。即使是被後人稱讚相對溫和的英國的所謂「光榮革命」，從大憲章到權利宣言，前前後後也花了幾百年，死了很多人，流了不少血，才成就了君主立憲。與英國自上而下的革命比起來，自下而上的法國革命就更要慘烈得多。它在革命的很短一段時間裡，就以革命的名義處決了至少1.7萬人，這也是後人認定由下至上的革命會以暴易暴，造成更多傷害的一個最好的例證。

歐洲的這種革命浪潮進入十九世紀後仍舊表現得洶湧澎湃，但就像彼得‧卡特佛特指出的，這些頻發於十九世紀歐洲國家的革命，不論從任何角度來看，都沒有可以與十七、十八世紀的英、法革命相比擬的。十九世紀以德國為代表的一系列歐洲國家邁向工業化的社會變革雖然也有很重大的意義，但它們多半都在當政者的主導之下，以較少暴力、流血，較少引發社會劇烈震盪的情況下，只透過漸進的演變就實現了。

以建立資本主義新秩序為職任的現代革命的發生，根本上是受到資本主義生產方式及其生活方式在全世界迅速擴張的推動與刺激而成的。這種制度的變革具體會採取什麼形式，除了與環境的擠壓和主政者的覺悟有關外，往往還要取決於不同民族、國家的歷史條件、文化傳統與發展水平。儘管資本主義最大限度地把人從專制和等級的桎梏中解放了出來，但頗為弔詭的是，以「自由」、「平等」為號召的資本主義，在全面挑戰和摧毀專制帝國的同時，也把自己推到了社會平等與民族平等的審判席上。

資本主義剛剛誕生即成為新一輪革命的目標，是生產力急速發展刺激資本對利潤狂熱追逐的一種結果。殘酷的生產擴張和資源掠奪帶來了大量的社會財富，同時也摧毀了一切傳統的生產關係與分工形式，把大批小私有者變成了僱傭勞動者；它用堅船利炮把它的廉價商品及其制度文化強行推廣到世界的各個角落，摧枯拉朽般地消滅了一切還籠罩著道德和情感光環的封建的、宗法的和田園詩般的民族關係、社會關係及家庭關係，也製造了更加赤裸裸的新的社會不平等。但是，資本主義在製造新的不自由和不平等的時候，也把它所由產生的自由、平等的觀念傳播到全世界的幾乎各個角落，從而幫助一切感受到不自由、不平等的人生成了反對資本主義的革命意識。

十九世紀資本主義最遭人詬病的，就是貧者愈貧，富者愈富，而在自由競爭原則下生產的無政府，卻不時地會因為生產過剩導致整個經濟陷入週期性的嚴重危機之中。正是這種極度不合理的現象和堅信人生而平等的觀念，使得革命的馬克思主義應運而生。

馬克思、恩格斯認定資本主義已無可救藥，完全可以採用一種合理的制度取而代之，從而消除貧富差異乃至於分工的侷限，實現真正意義上的自由與平等。而他們當時能夠想到的辦法，也是革命，而且是暴力的革命。他們相信，運用階級暴力與階級專政的手段，推動產業無產階級起來革命，就可以根本廢除資本主義的私有制，建立起人類歷史上最先進、也是最公平的社會主義和共產主義的理想社會。

從馬克思主義盛極一時的重要背景中，漢娜・阿倫特發現，構成現代革命的一個重要原因，就是由貧富差別造成的社會問題。她指出：「只有在現代，而不是在現代之前，社會問題才開始扮演革命性的角色。」比較英、法革命慘烈程度的不同可以看出，越是有那些意圖打破貧富壁壘的理想家或窮人直接捲入的革命，越是容易充滿暴力和血腥。

與由上而下的英國革命相比，幾乎發生在同時，且具有同樣歷史地位的美國革命，應該比法國革命更具可比性。這個更加理性，更少暴力的美國革命，也是最多被後來的思想家、理論家拿來做例證的。托克威爾相信，美國革命之所以優於法國革命，根本上在於美國沒有像法國那樣形成一種盲目一致的觀念；蘇珊・鄧恩則相信，美國革命的領袖們面對的原本就是與法國不同的社會，那裡的人們主要關注的不是民族國家問題，而是每一個個體的自由與權利。

不論我們如何看待美國革命的理性程度，作為一個剛剛由五花八門的歐洲各國和不同族群移民而來拼湊成的新社會，它當時的革命訴求的確與法國人完全不同。它的革命沒有引發大規模的暴力，歸根到底還是和它不存在法國那樣嚴重的社會問題密切相關。然而，即使沒有發生法國那樣的底層革命，也並不意味著就不會使用暴力。美國革命首先是建立在反對英國和西班牙殖民統治的基礎上的，不為獨立而戰也就輪不到美國人按照他們的意志來制定各種法案。同樣的情況，進一步奠定了美國特有的現代制度和理念的另一場戰爭，即十九世紀中葉美國政府發動的爭取黑奴解放的內戰，就更是要訴諸暴力了。這場戰爭更是流了不少血，死了很多人。

落後國家革命的多重使命

十九世紀末的最後幾年，因反抗滿人統治和改革清廷政治遭遇失敗的孫中山與康有為、梁啟超，都輾轉逃出中國，先後流亡到了歐美日本。幾年之後，他們幾乎是不約而同地開始對他們曾經寄予希望的歐美資本主義抱以了某種懷疑和批判的觀點。梁啟超是第一個公開揚言「社會主義必將磅礴於二十世紀」的中國人，他的老師康有為則是中國第一個致力於撰述人類共產主義遠景的思想家。孫中山更是兼具理想家與實行家的雙重特質，他在1905年籌建了中國第一個公開以推翻滿清統治為目標的革命組織，並且宣布了一個綜合現代各種革命任務的政治綱領，合稱為「三民主義」。

「三民主義」，即民族主義、民權主義、民生主義。孫中山相信，這是中國必須要解決的順應世界現代潮流的三大革命目標。故實行三民主義，就是要進行民族革命、民權革命、和民生革命。所謂民族革命，就是要推翻中國的異族統治，即要「驅逐韃虜，恢復中華」；所謂民權革命，就是要實現民主共和，「創立合眾政府」；所謂民生革命，就是要照美國經濟學家亨利·喬治的主張，「節制資本，平均地權」，使社會分配公平，避免和消除資本主義弊病。孫中山又時常強調，他主張的三民主義，就是以達成美國總統林肯「民有、民治、民享」的理想為歷史使命的。

不難看出，孫中山的三民主義多半是以美國革命的目標為其藍本的。與此同時，注意到歐美資本主義階級分化、貧富懸殊、社會動盪的弊病，孫中山也特別注意汲取社會主義、共產主義及其各種有助於校正資本主義弊病的思想觀點。他顯然相信，社會主義是優於資本主義的一種制度選擇。孫中山對找到一條超越資本主義

的道路雄心之大，在他1905年開始全力推進中國革命之初，就表現得淋漓盡致。他當年專門去到歐洲社會黨國際總部去告訴其領導人說：中國革命成功之日，也將會是世界上第一個社會主義國家開始建立之時。

孫中山等革命黨人的努力，一度使落後的中國得以成就了二十世紀初世界各國中看上去最為成功的一場革命。1911年，革命黨人不僅步法國革命之後塵，推翻了帝制，創立了共和，而且實現了美國式的民族自決，達成了原定民族革命的目標。最為重要的一點是，由於滿族統治者極端孤立，多數漢族官員都站到了革命陣營一邊，這場革命幾乎沒有流血。然而，也正是因為滿族統治及其帝制只具有形式上的意義，因此，這場革命沒能解決中國任何一個實質上的問題。隨著漢族權貴與革命黨人關係破裂，沒有了中央集權的帝制，中國近兩千來的大一統格局幾近土崩瓦解，不僅邊緣區域或先或後地脫離了中央政權的控制，就連內陸十八省事實上也四分五裂。革命黨追求民族自決、國家獨立、社會改良未成，反而又多出一個非用強力不能達成的統一國家的緊迫任務來了。

在二十世紀前二十年，東方落後國家中最具典型意義的革命，發生在歐洲最東部的兩個國家。先是俄國，後是土耳其，它們都透過戰爭和暴力成就了革命黨人所追求的革命事業。土耳其軍事將領凱末爾（又譯為基馬爾）以民族獨立為號召，依靠社會中上階層，不僅成功挫敗了協約國的殖民企圖，成就了民族革命，而且推倒了君主制，創立了共和國，進而開啟了社會改革的進程。列寧及布爾什維克走的則是典型的由下至上的法國式的革命道路，它也推翻了帝制，建立了共和國，確保了民族獨立。但是它更進一步，即按照馬克思所主張的階級鬥爭和階級專政的辦法，用強力創造了世界上第一個號稱社會主義的新國家。

不難看出，二十世紀落後國家大都面臨著三重革命選擇，即民族獨立、共和民主，以及社會改造。有些落後國家的革命者會選擇走土耳其那樣的革命道路，以民族獨立為最高追求，輔之以共和政體和社會改良的目標；有些落後國家的革命者則希望學俄國革命的榜樣，一步到位地走到社會主義或共產主義。

然而，就像聯合國前祕書長安南所講過的那樣，二十世紀本身就是一個充滿了血腥的世紀。作為20世紀最早揭旗革命的落後國家，無論是土耳其，還是俄國，它們的革命不僅會訴諸於暴力，而且沒有哪一個選擇了歐美的政治理念和民主模式。依靠軍事力量，或靠暴動奪權的土、俄兩國，雖然所走道路，兩者靠強力達成政治

與國家意志統一的目的毫無二致。因此，它們表面上實行的是共和制，實際上卻都選擇了一黨專政的統治辦法。兩者的最大區別僅僅在於，革命後的土耳其雖也用強力壓制反對派，並展開種種社會改良，它始終還是受到社會精英階層的指導，因而延續著傳統社會的固有秩序；俄國革命卻是典型的所謂平民革命，革命後的俄國不得不破舊布新，重新建立新的階級統治關係。因此，同是一黨專政，俄國革命的暴烈程度就遠比土耳其革命要高得多。

土耳其模式在中國的夭折

1920年代，東方落後國家的兩大革命趨向在中國有了鮮明的表現。繼孫中山領導的中國國民黨之後，中國有了一個新的革命黨，即受到毗鄰的蘇俄共產黨扶助的中國共產黨。地理上與革命的俄國毗鄰並不意味著中國的共產革命就會成功。土耳其同樣毗鄰俄國，土耳其共產黨和中國共產黨一樣，也是在俄共的幫助下組織起來的，它比中共還早誕生了將近一年時間。但是，由於凱末爾手握軍權，其民族獨立的鬥爭具有極大的號召力，因此，他不用過多地求助於蘇俄的援助，可以對土共採取嚴厲的壓制措施。直到凱末爾去世之後很長時間，雖然有蘇俄及其共產國際的支持，在土耳其，共產黨始終都沒能發展起來。

中國的情況不同於土耳其的關鍵之點，在於孫中山不是一位有顯赫聲望的軍事將領，國民黨也沒有一支自己的軍事武裝。久困難抒的孫中山國民黨，最終只能求助於蘇俄，以便獲得革命必須具有的這一切條件。為此，孫中山也就不得不付出相應的代價，即允許中國共產黨人加入國民黨，同意他們以國民黨的名義開展工作。

不過，孫中山固然不是軍事將領，他卻具有中國凱末爾的高度政治威望，他和凱末爾一樣強勢獨裁，也像凱末爾那樣堅決反對中國走俄國革命的路。孫中山敢於聯俄容共，就在於他有足夠的政治權威和國內國際的政治影響力，他對於共產黨借助國民黨壯大自己力量的可能性並不那麼擔心。客觀上，共產黨人也很少可能挑戰孫中山的個人威權地位。換言之，只要孫中山活著，中國革命多半也只有一種發展可能，即與土耳其革命的模式和前途相近，斷難走到俄國革命的路上去。然而，1925年3月12日，國民黨在政治上、軍事上初見起色，孫中山卻因肝癌病發突然離世，中國革命隨之會發生道路之爭也就難以避免了。

1925年以前的中國已經處於軍閥割據的混亂之中，1925年以後的中國依然還是一個強人林立、群雄紛爭的局面。繼孫中山之後挑起國民黨大梁的蔣介石表面上更

像中國的凱末爾。因為蔣也是一介軍人，孫在世時已做到國民黨第一所軍官學校——黃埔軍校的校長，培養出一批年輕軍官，因而得以成為國民黨新建成的軍事力量的最高領導人。但是，蔣介石卻全無凱末爾那樣的威望。無論在國民黨內，還是在國內外，其資歷、影響，以及知識和經驗，既不能和孫中山相提並論，也難望凱末爾之項背。

蔣介石之能夠被孫中山看中，任命為黃埔軍校校長，甚至不是因為蔣有出色的軍事才能和豐富的作戰指揮經驗，而是因為國民黨內鮮有軍事人才。蔣作為孫幾乎唯一信得過的軍事參謀，在國民黨軍事崛起之際正逢其時，他對孫中山的忠誠，以及他的政治意識，都足堪勝任。但是，蔣為孫中山工作總共不過八九年時間，在國民黨內根基甚淺。在孫中山去世後，蔣能夠迅速竄起，靠的還是蘇聯顧問的大力提攜與幫助。即使如此，蔣能夠用以支撐起自身實力者，也只有黃埔生指揮的少數武裝；他實際所能控制的地域，在很長一段時間裡也僅限於中央政府所在地周邊的地區。如此淺顯的資歷和有限的實力，使蔣介石必須一方面自詡正統，極力排斥異己，鞏固自身地位，占據革命道德和權力的制高點；一方面又不能不用機會主義的手法，縱橫捭闔，以應對各種矛盾衝突，伺機削弱各派力量，蠶食地方勢力，以求逐漸達成一統權力之目的。

靠縱橫捭闔之策，並施以胡蘿蔔加大棒的政治手腕，的確增強了蔣介石在黨內和國內的權力地位，但太過機會主義的對內對外政策，也因倍受爭議有損於蔣個人道德形象與威權地位的建立。由此導致的結果顯而易見，國民黨軍隊內部並沒有因為蔣的權力逐漸增強、中央地位日臻鞏固，而使蔣擁有孫中山那樣一言九鼎的地位，或像凱末爾那樣擁有國父般的崇高威望。因為無力徹底改變軍事指揮、組織、後勤及兵員補給系統，越來越多的軍閥武裝變成國民革命軍甚或併入中央軍的結果，不僅使國民革命軍，而且使蔣系中央軍內部也日漸發生分化。無論內戰外戰，這支名義上的「黨軍」，一旦遭遇強敵，經常都會有內訌和被分化的危險。

蔣介石人生事業最顯輝煌的時候，應該是在1930年代中期。當時的蔣年富力強，一一挫敗黨內對手，並征服了各種反蔣的軍事聯盟，還把共產黨在城裡的組織消滅殆盡，把共產黨在農村的根據地幾乎全部剷平，把剩下的中共武裝趕至西南、西北偏遠荒蠻之地。1936年10月底，蔣介石正值知天命之時，各地賀電頻頻，甚至獻機祝壽，也顯示威望上升。而中共這時全部軍隊又集中到生存條件極端惡劣的甘

肅北部，更是給蔣介石提供了在軍事上徹底解決共黨問題，最後成就全國大一統的極佳機遇。

然而，表面輝煌的背後依舊是重重隱患與危機。僅僅一個月之後，蔣介石攜眾多軍政高官齊集西安，躊躇滿志地準備一舉完成剿共軍事。不意其副手——西北剿總代司令張學良，聯合西北地方實力派將領楊虎城等人，於12月12日突然發動兵變，一舉破碎了蔣介石的統一大夢。國民黨歷史上唯一一次武力消滅共產黨的機會，就此失去。必須先行解決西北反叛武裝問題的蔣介石，反而不得不委曲求全地給紅軍提供糧餉，並與共產黨商談「改制」、「改編」的條件。等到西北張、楊兩部問題解決後，中日戰爭竟然打響，「兄弟鬩牆，外禦其侮」，蔣連苛刻條件都堅持不了了。國民黨至此再無可能解決所謂共黨問題了。

俄國革命模式在中國的挫敗

中國之成不了土耳其，就一定能成蘇俄嗎？也未必。

中國多數期盼變革的知識精英，對俄國革命從來都是羨慕與恐懼交夾。俄國人建成第一個平民政府，創立世界上第一個社會主義國家，戰勝十四國武裝干涉，集舉國之力實現工業化……。凡此種種，都讓國人羨慕不已。但是，俄國的暴力革命、一黨獨裁、階級壓迫、政治清洗……，也讓眾多國人觸目驚心。因此，在中國，成立共產黨，絕非一件容易的事情。尤其是五四時期的知識分子，凡加入共產黨者，無不需要挑戰自己剛剛在人性解放思潮洗禮中形成的人道主義關懷。

1920年12月毛澤東決心加入共產黨。在認定只能走俄國人的路時，他曾對自己的選擇做過具體的說明。他說，用漸進改良的和平辦法改造社會一直是他的志向，但實踐的結果證明，要想漸進改良，只能從教育入手，教育的辦法至少需要經過幾代人之久，我們能否忍受得了資本家魚肉如此之久？且教育一要有錢，二要有人，三要有機關，而現在世界，這一切都掌握在資本家手裡，人是慾望的動物，歷史上專制主義、帝國主義，沒決沒有自己肯收場的，資本家又如何能回心向善？資本家有議會以制定法律，有政府執行法律，有軍隊與警察保障其利益，有學校和報館幫助其進行宣傳教育，在資本家統治下如何能施行反資本家的教育？他的結論是：「俄國式的革命是無可如何的山窮水盡諸路皆走不通的一個變計，並不是有更好的方法棄而不採，單要採取這個恐怖的方法。」

毛澤東一年前還公開反對暴力、流血，兩個月前還在積極推動漸進改良，這時

思想轉變,當然沒有那樣徹底,內心亦承認俄式革命確是恐怖的方法,只是不得已而為之。但同情俄國革命,進而接受俄國布爾什維克的階級鬥爭和階級專政的觀點,不消幾年,他就已經自覺地依據階級分析的方法開始認識中國與世界,認定「無論哪一個國內,天造地設,都有三等人:上等、中等、下等。詳細點分析則有五等:大資產階級、中產階級、小資產階級、半無產階級、無產階級。」一切有產階級分子,不是敵人也離敵人不遠,只有無產階級和半無產階級才是革命的力量。

但是,簡單地運用這種俄國式階級鬥爭的思維邏輯,並沒有把共產黨人引向勝利。

階級的存在,是一個客觀現實。但現代社會條件下階級的差別,更多地是經濟方面的差異決定的。由於經濟利益的不同,不同階級的人會有不同的政治考量。但人畢竟是社會的人,種種環境的影響下,同一階級的人未必會有同一想法或追求。尤其是在現實政治中,經濟狀況相近的張三、李四常常看法不同、立場不同,參加的黨派團體不同。這就迫使共產黨人判斷敵友往往只能著眼於政治態度,順我者赤,逆我者黑。

早期制定對國民黨的統戰政策時,共產黨人的判斷是,其政治上反列強、反軍閥,和中共部分主張接近,因而可為盟友。但國民黨內圍繞著聯蘇容共問題又意見分歧,因而共產黨人認定國民黨內含有不同階級。其中,反對聯蘇容共政策的分子,就是資產階級右翼,定為右派;態度中立猶疑者,應屬資產階級左翼,定為中派;支持聯蘇容共者,可視同小資產階級,定為左派。於是,總體政策上對國民黨是統戰,要團結,以對付共同的敵人;內部掌握上卻要貫徹階級分析和階級鬥爭原則,要把國民黨看成是競爭對手,或是分化對象,發展左派,中立中派,打擊右派。如此統戰,結果如何實不難想像。

孫中山去世後,群龍無首的國民黨很快分裂。1925年分裂出去的國民黨人,被共產黨人定性為大資產階級的代表,視為政治上的敵人。1926年初蔣介石又與蘇聯顧問和共產黨人發生激烈衝突,因而被共產黨人定性為民族資產階級代表,視為新右派,要又鬥爭又團結。鬥爭的結果,是1927年4月蔣乾脆發動了反共政變,並與得到蘇聯和共產黨支持的武漢國民黨人翻了臉,基於這一情況,共產黨斷定整個資產階級已經背叛革命。不料僅僅三個月後,武漢的國民黨人也廢止了聯蘇容共政策,從階級分析的角度,共產黨人認定小資產階級也退出了革命陣營。不得已,共產黨

人公開舉起了俄式革命的「蘇維埃」旗號，廢止了統一戰線政策，宣布中國革命進入更高程度的「工農革命」了。

上述這種政治認識的邏輯和政策變動，實際上都是基於俄國革命的經驗，由中共上級指導機關，即在莫斯科的共產國際推動形成的。依照俄國革命模式，凡落後國家，都要經歷這種從聯合戰線式的多階級革命，革命陣營不斷縮小，敵對陣營不斷擴大的過程。革命最後一定會分化到只剩下一個階級，即無產階級單獨革命的程度。問題是，俄國革命從20世紀初開始，最終走到一個階級革命和專政，至少經歷了十幾年時間，即使是1917年十月革命，也還是與小資產階級聯合鬥爭實現的。它到1921年才最後把一切小資產階級政黨趕出了政府，實現了一黨獨裁。而中共革命從1923年實施統戰開始，到1925年就部分地趕走了資產階級，到1927年更是接連把資產階級、小資產階級全都推到自己的對立面去了。前後才用了不過4年時間。而它不僅沒有政權，連軍隊都沒有，結果無異於自我放逐。

一切從階級眼光看問題，非黑即白，你死我活，不可避免地會導致另一個同樣致命的後果，就是「階級鬥爭擴大化」。

所謂「階級鬥爭擴大化」，其實就是看不見具體的人，只看到階級的人。從階級鬥爭你死我活的角度，認定凡是敵對階級的人，一定都是壞的、惡的、反動的、必須仇恨、防範甚至消滅。尤其是在軍事鬥爭條件下，稍有疏忽就可能導致慘重失敗，因而，高度戒備、大膽懷疑、寧錯勿縱，就成了政治信條。在蘇維埃革命期間，因為這種思維方式而造成的自我戕害，實在不勝枚舉。

兩個各具典型意義的例子：一是1927年秋冬，因國共關係破裂，認定小資產階級已經反動，因而得出「不要顧惜小資產階級」的認識，影響到各地一度肆行燒殺，凡有房屋財產者即難逃厄運。因為不相信任何小資產階級分子，就連廣東大批還在黨內的青年學生和知識分子也不能信任，大部被遣去當兵，死傷殆盡。一是從1930年底開始，因黨和軍隊內部出現意見分歧，指導機關上綱上線，懷疑地主富農作祟和有階級敵人滲透，中共各蘇區先後發起肅反鬥爭，導致數以萬計的共產黨人和軍官慘死於自己人之手。

1927年共產黨人舉起工農蘇維埃革命的旗幟，就已經陷入到自我孤立的境地。他們曾經試圖堅持城市中心，不過三四年時間，就喪失了在工人中間的影響，被迫全面退去農村。利用1927-1930年間國民黨北伐和南京中央與各地方實力派持續混戰

的機會，共產黨人曾經在幾省交界、交通不便的地區創立過一些根據地，發展起自己的武裝力量，1931年11月還利用日本發動「九一八」事變，進占東北三省的機會，在江西瑞金一帶宣告成立了一個「中華蘇維埃共和國」。但是，一旦南京國民黨逐漸取得了對各地方實力派的優勢地位，暫時穩定住中日關係，可以集中力量來對付共產黨之後，蘇維埃革命的失敗就不可避免了。

1933-1934年南方各農村蘇維埃根據地接連失敗，紅軍被迫退往西南、西北，並不是偶然的。毛澤東曾將這一失敗的原因直接歸結為階級政策上的「關門主義」，並把共產黨當時自我孤立的作法，形象地比喻為「為叢驅雀，為淵驅魚」的「孤家寡人政策」。可以肯定的是，這種極端政策哪怕再延續一年時間，當1936年底中共紅軍陷於險境時，是斷不會有張學良、楊虎城來冒死伸出援手的。那樣的話，在國共兩黨的較量中，最後失敗的，也就不會是蔣介石國民黨了。

中國現代革命的戲劇性轉折

國共兩黨歷史命運的逆轉，形式上可以歸因於1936年的西安事變，實質上卻決定於1935年共產國際新政策的提出與在中國的實施。不僅西安事變乃由此而成，整個抗戰八年，中共由二三萬軍隊和黨員，一舉發展到戰爭結束時的110萬軍隊和120萬黨員，靠的也是這一新政策。

這一新政策所以能發揮巨大威力的原因何在呢？胡繩生前有過一種總結。他的看法是：「國民黨的人只是一小撮，我們的人也很少，實際上是第三種人占大多數。」「革命能勝利，是因為我們黨把中間勢力拉過來了。」

胡繩的這一說法中包含著深刻的歷史認識。但是，這畢竟是半個多世紀後少數共產黨人才可能得出的認識。對於「百分之百」地按照俄國革命的模式和經驗來思維的共產黨人，當年哪怕是這樣想一下，都是不能被容忍的。如果沒有1935-1936年間一連串看似偶然的情況湊在了一起，戲劇性地改變了中國革命的進程，中共革命未必能夠走上一條不同的發展道路。

1935-1936年發生的對中共革命最具決定意義的偶然事件，就是共產國際政策的意外改變。

說它意外，是因為這一政策轉變，甚至也不是共產國際自己決定的，更不必說，中共對此完全是一無所知了。

共產國際被要求轉變政策的基本動因，是蘇聯的外交安全考量。1931年日本發

動「九一八事變」，占領了中國的東北三省，對蘇聯的遠東構成了威脅，但最初蘇聯並沒有要求共產國際改變支持中共反對國民黨中央政府的政策。1933年1月，因為德國法西斯上臺，進而與義大利法西斯政權沆瀣一氣，公開反蘇反共，蘇聯政府才意識到安全可慮，被迫改變它自身的外交政策，開始向國聯，特別是向歐洲各國提議締結所謂「集體安全條約」，力圖聯合各國政府共同對付德國。在這種情況下，莫斯科才下決心改變共產國際過去的關門主義政策，要求各國黨改行統一戰線政策，聯合各國社會民主黨，一同來推動歐洲各國政府贊同蘇聯的提議。由於這一政策轉變異常重大，共產國際花了一年多時間才於1935年夏透過召開第七次代表大會的方式，宣告改行新的統一戰線的政策。

共產國際改取新政策，並不就能導致中共很快改變政策。這是因為，中共這時在城市中已經毫無力量，且喪失了幾乎所有的農村根據地。剩下的幾萬紅軍和中共中央，正處於國民黨軍隊的圍追堵截下，退至沒有任何現代交通工具可以達到的邊遠的川兩地區。共產國際與中共中央之間已沒有任何聯繫溝通的條件了。

恰恰在這個時候，中共中央與統率四方面軍的張國燾圍繞著應該北上還是應該南下的問題，發生著嚴重的意見分歧。張國燾四方面軍槍多人多，中共中央並不能說服張同意北上中蘇邊境地區去。如果遷就了張國燾的意見，中共中央及全部紅軍就將進一步南下轉去更偏僻的川康地區，不僅更加聯繫不到共產國際，無從改行新的政策，就是自行改變政策，也接觸不到一年後能夠用武力停止蔣介石剿共計劃的張學良和楊虎城，完全沒有條件及時間對他們開展統戰工作。

巧就巧在一方面共產國際制定了新的統戰政策，允許中共實行統戰；一方面，中共中央裡面有個毛澤東，幾個月前又剛好取得了中央常委的資格，可以參與核心決策。正是由於毛澤東在北上問題上的堅持和勸說，中共中央主要負責人才敢於冒著分裂紅軍的罪名，只率一部中央紅軍乘夜出逃，脫離了四方面軍的左右，不顧一切地開向中蘇（蒙）邊境，力圖接通蘇聯，取得援助。

毛澤東的這一選擇其實具有極大的冒險性。一年後四方面軍北上，以相當於1935年中央紅軍北上3倍的兵力組成西路軍，試圖接通蘇聯，最終仍全軍覆沒。中共中央及所率紅軍總共只有六七千人，還帶有大批非戰鬥人員，包括婦女。在既無後方根據地，又完全不熟悉地形民情的情況下，貿然北上硬闖人跡罕見的戈壁灘，其後果可想而知。巧的是，中共中央原本徑直向北挺進，無意在進入甘南之後，讀到

169

報紙，得知在北上附近的陝北，還有一部紅軍和一塊根據地。中共中央因而改變了原定計劃，轉去陝北落了腳。

更巧的是，共產國際因知道陝北根據地的存在，還在召開七大期間就專門派聯絡員從外蒙潛來陝北，試圖接通中共，傳達新政策的要求。就在中共中央到達陝北蘇區不到一個月的時候，共產國際聯絡員張浩歷經數月，也輾轉抵達了那裡。結果，中共中央也就順利地在共產國際新政策提出4個月後便得到了指示，從而全面改變了過去排斥一切中間勢力的極端政策。

光有一個統戰政策還不夠，沒有合適的統戰對象，仍舊解決不了中共和紅軍的生存發展前途問題。再巧不過的是，蔣介石恰在這個時候把張學良及其東北軍調到陝甘地區來了。張學良被任命為西北剿總代總司令，負責統率包括楊虎城在內的四五部西北地方武裝，共同圍剿紅軍。但張及東北軍官兵、家屬合共二三十萬人，背井離鄉已4年之久，四處漂泊，苦不堪言，一心只想能回東北，根本不想打內戰。和土生土長，生怕紅軍搶奪其地盤的西北地方武裝不同，張學良和東北軍恰恰是中共實施新的統戰工作的最佳對象。而只要成功爭取了張學良東北軍，西北地方武裝，包括楊虎城等部的工作，就容易做通了。一旦分化了張、楊與蔣介石中央政府的關係，紅軍就在陝甘兩省獲得了相當的生存空間。萬一蔣介石中央軍非要剿共不可，弄出西安事變之類的兵變來，也是情理中的事情了。

爭取到張、楊，引發了西安事變，打亂了蔣介石國民黨的剿共計劃，一時間緩和了中共和紅軍所受到的嚴重威脅，是不是意味著中共就轉危為安了。也不是。西安事變之初，中共中央仍舊把蔣介石看成是反動頭子，頑固不化，因而設想只能除掉蔣介石才能解決問題。然而，除蔣的結果，中國必定會陷於混亂和內戰。就西安事變發生後，張、楊在國內外陷於極端孤立的情勢，以及當時東北軍、十七路軍戰力薄弱的情況看，可知發生戰亂未必就會對中共有利。

同樣巧得很，莫斯科並不喜歡張學良，從推動中國抗日的角度，它反而認定中國統一抗日非靠蔣介石不可。因此，事變發生後，蘇聯很快即出面干預，中共因此改唱紅臉，最後的結果雖然使張、楊做出重大犧牲，卻避免了內亂，並拯救了中共和紅軍。中共中央隨後宣布承認蔣介石國民黨主導的中央政府地位，接受「改制」、「改編」，轉而實行溫和的改良政策，促成了國內和平。表面上前面的革命失敗了，實際上中共卻因禍得福，使自己的政策適合了廣大中間勢力和時代的需

要。隨著日本入侵，抗戰爆發，中共代表及其軍隊得以走出陝北一隅之地，前所未有地在全國範圍內得到了廣大的活動空間和政治舞臺，為10年後戰勝國民黨贏得了一個極其有利的物質基礎。

中共革命的成功與必然

相比較而言，蔣介石國民黨掌握著全國政權和各種資源，它用來爭取中間勢力的條件要優於中共不知多少倍。讀蔣介石日記亦可知，南京政府初建不久，他就意識到這方面的問題，因此不斷提醒自己：「懷柔敵黨，收羅人才，當亟圖之」。光是為籠絡中間知識分子和社會名流，蔣就做了許多努力。不僅極力網羅有意從政者擔任各種行政職務，而且禮賢下士，聘請知名教授單獨授課或面談，還為事業上有困難者慷慨提供經費援助或其他幫助。「九一八」事變後，國民政府更是不斷組織各種全國性會議，主動問策於名流學者。抗戰一爆發，它還特別成立了具有定期諮詢和議政性質的國民參政會，不分左、右，將眾多社會精英人士聘為可以領取較豐厚薪水的參政員。

但奇怪的是，抗戰開始4年後，剛剛從山溝裡走出來，能夠在大後方公開活動的人手極其有限，鮮有資源可加運用的中共，卻成功地與各主要中間黨派和不少地方實力派建立了密切的聯繫，並成為各派力量與國民黨政府抗爭的重要支持者。到抗戰結束前夕，中共事實上已經成了中間黨派向國民黨提出強硬政治訴求的主要代言人。戰後不久，當國共兩黨關係再度面臨破裂時，多數中間黨派則公開選擇站到了共產黨一邊。內戰打響，兩軍決戰之際，多數過去還游移在兩黨之間的中間派人士和大批知識分子，轉而響應中共組建聯合政府的號召，乾脆集體投奔了共產黨，拋棄了國民黨。

1936年以前長期排斥中間派，抗戰期間也很少有條件對全國範圍的各種中間勢力做工作的共產黨，靠什麼「把中間勢力拉過來」，控制著中央政府的國民黨又是因為什麼越來越多地喪失了中間勢力的同情的呢？

所謂中間勢力，按照胡繩的觀點，其實是包括社會上大多數游離於國共兩黨之間的人，既有深感對社會和國家負有責任的知識名流和青年學生，也有那些對政治毫不關心，卻厭惡權貴、痛恨不公的藝藝眾生。蔣介石國民黨之所以會從唐德剛所說的「如日中天」的聲望中跌落下來，越來越多地受到社會的批評，根本上還是軍人出身的蔣介石執政理念、統治手法問題多多，導致黨政軍內部勾心鬥角，矛盾重

重；官僚階層專橫腐敗，與社會基層嚴重隔膜。

國民黨的悲劇命運在抗戰後期就已顯露無遺了。戰爭最後兩年裡，政府、軍隊中醜聞惡行已層出不窮，戰後接收時中央政府巧取豪奪，接收大員「五子登科」，更是把自己推到了社會輿論的對立面。而面對知識分子和青年學生的激烈批評與要求開放政權的強烈呼聲，控制在軍人和黨部人員手中的地方政權，動輒便施以武力鎮壓，包括公開毆打，甚至不惜殺害教授和學生。國民黨政治形象早已是一落千丈，身居統帥之位的蔣介石毫無自知之明，反而堅持要訴諸武力來擊敗共產黨。殊不知八年抗戰後，國家早已是百孔千瘡，戰爭只能進一步惡化形勢，造成嚴重的經濟危機，把民生推到水深火熱的地步。民不聊生的結果，不僅會使民怨沸騰，而且會直接撼動原本就厭戰的軍人的意志。國民黨之走到眾叛親離的地步，動輒便被共產黨所離間，被多數中間勢力所遺棄，說到底還是身為獨裁領袖的蔣介石長期以來統治無方的結果。

正如胡繩所說，所謂中間勢力，絕大多數既不傾向國民黨，也不傾向共產黨。不僅如此，中間勢力中的大多數精英分子，多半都是受英美政治文化熏陶教育成長起來，無論政治上、觀念上，還是歷史上，他們照理都更接近國民黨，而不是共產黨。

《觀察》雜誌主編儲安平直到1947年3月國共兩黨全面開打後，還在告誡國人：「我們現在爭取自由，在國民黨統治下，這個『自由』還是一個『多』『少』的問題，假如共產黨執政了，這個『自由』就變成一個『有』『無』的問題了。」他們實際上非常清楚，在國民黨統治下至少比在共產黨下會更多些自由的可能。

然而，就是這個儲安平，一年多之後，卻響應中共號召，北上參加新政協，站到共產黨一邊去了。把儲安平這樣的知識分子逼走的原因可想而知，國民黨已經發展到無所不用其極的地步了。接連不斷地查封黨派團體和報紙雜誌，使儲安平這種人不僅沒有了言論的空間，而且隨時可能丟掉性命。

與此形成鮮明對照的是，從來主張專政獨裁的共產黨，卻一直尖銳抨擊國民黨的獨裁與專制，力倡民主政治，甚至公開提議各黨派共同協商，合組聯合政府。

一方面是國民黨越走越極端，一方面是共產黨展現出高度民主的姿態，大批熱切希望另起爐灶的中間人士和知識分子，又如何會不對共產黨寄予厚望呢。

共產黨所以能夠吸引到中間勢力，也並不僅僅在於共產黨打出了民主的旗幟。

儲安平看得很清楚：「在今日中國的政爭中，共產黨高喊『民主』，無非要鼓勵大家起來反對國民黨的『黨主』，但就共產黨的真精神而言，共產黨所主張的也是『黨主』而決非『民主』。」既然清楚地瞭解這種情況，儲安平們為何還會倒向共產黨呢？這即是因為，中國的多數知識分子除了對自由的追求以外，他們像蘇珊‧鄧恩所說的法國革命中的那些知識精英們一樣，往往把國家民族的前途，看得比捍衛自由的原則要重得多。他們對辛亥以來長期戰亂、分裂，早已哀怨叢生；好不容易盼到國民黨北伐統一，想不到又來了一個十年內戰和八年外戰；總算熬到抗戰勝利，國民黨又再度把中國投入到戰火之中，而且社會經濟也被拖到了崩潰的邊緣。面對於此，他們如何還能對國民黨抱以絲毫的幻想呢。

他們不得不寄希望於共產黨人，一個重要原因也在共產黨人身上看到了讓他們極其看重的那種朝氣。共產黨雖然是一個窮人黨，不僅意識形態上強調「向窮就好」，黨員幹部的基本成份也基本是窮苦人出身，但久居農村的共產黨幹部普遍艱苦樸素，作風廉潔，官民平等，且紀律嚴明，這些中國社會久違了的清新之氣，顯然讓許多把國家民族命運看得比個人自由更重要的社會中間分子更看好共產黨。

多數中間派人士寄希望於共產黨人的另一個原因，是他們對社會主義均平觀念與提升國力作用的強烈好奇與嚮往。中國多數知識精英都信奉「不患寡而患不均」的古訓，他們對資本主義在財富分配上的弊病心知肚明。他們害怕社會主義，純粹是因為蘇聯社會主義在政治上的獨裁與專制。然而，自從蘇聯政府利用社會主義集權體制，調動全國資源，一舉將一個落後的俄國，建設成了一個工業化的強國之後，中國知識階層中相當多數的人就已經對社會主義刮目相看了。三、四十年代中國的知識精英，多半成了政治上希望學英美，經濟上希望學蘇聯的折衷派。很顯然，如果共產黨能夠使中國迅速強大起來，並一掃社會貧富懸殊的危險，為什麼不可以犧牲一點自由，來和它一起創造這個奇蹟呢？

在中國現代革命中，究竟有沒有人心向背的問題呢？當然有。只是，人心向背所反映的，是戰後中國兩個左右中國政治的大黨中哪一個更讓人失望，哪一個更讓人希望的一種社會現象，它並不能決定兩者之間的成敗。導致人心向背發生變化的原因，才是國共兩種革命力量爭鬥勝負之所在。如果統治的國民黨無可救藥，革命的共產黨看起來比國民黨清廉得多，能幹得多，還民主得多，共產黨自身又不再犯過去那樣極端的錯誤，它又如何能不勝利呢。

所謂敗者自敗，成者天成，理也，勢也，命也。

我為什麼研究西安事變？

還在上大學的時候，多半是在1980年，至遲不超過1981年，一次很偶然的機會，使我有幸在一位朋友那裡看到了一些有關西安事變的相當珍貴的文獻資料。其中的幾件資料給我留下了很深的印象。這就是1936年4月27日和30日劉鼎給李克農的報告，以及5月初朱理治和曾鐘聖兩人給中共中央的電報。這幾件資料清楚地表明，還在1936年4月底5月初，張學良就已經開始做反蔣的準備了。不過，那個時候西安事變對於我還是一個相當陌生的課題，這些資料還不可能使我對研究西安事變發生興趣。

畢業以後，由於從事編輯工作的關係，我開始較多地接觸到近代歷史的研究成果，其中自然也包括西安事變的研究。象吳天威先生的《中國現代歷史的轉折點》，申伯純先生的《西安事變紀實》，李雲峰先生的《西安事變史實》，乃至李雲漢先生的《西安事變始末之研究》等，大致都是在20世紀80年代中期陸續拜讀的。使我感到好生奇怪的是，包括海外的著作在內，幾乎所有的研究者在談到張學良與周恩來那次頗為著名的延安會談時，都一口咬定，張學良當時力主「聯蔣抗日」（或稱「逼蔣抗日」），並且說得周恩來口服心服，最後就連中共中央也確信張學良是對的。因此在延安會談結束後不久，即4月底5月初中共就改行了「逼蔣抗日」的策略。同是一個4月底5月初，我們的研究者們竟得出了如此不同的結論！

也許，這些西安事變的研究者都沒有看到我幾年前就已經看到的那幾件資料？1987年，我試著鼓動兩位朋友利用有關的資料寫了一篇論文，刊登在1988年《近代史研究》第三期上，對上述看法提出了不同的意見。也許是人微言輕，或者還有別的什麼原因，總之這篇文章沒有引起多少反應，唯一提到這篇文章的一位學者，還在他的論文裡把這個觀點好好地批評了一通。可想而知，在1989、1990、1991年西安事變研究碩果纍纍的幾年裡，我們眾多的研究者們照舊人云亦云，把過去那個說法抄來抄去。但最讓我驚訝的，還是劉鼎先生自己：他竟然也支持這樣的說法！

劉鼎先生的說法公開發表在1989年。這一年中共中央文獻研究室編輯出版的《黨的文獻》雜誌連載了一篇題為《劉鼎在張學良那裡工作的時候》的長文。傳主劉鼎1936年西安事變期間始終作為中共聯絡員駐在張學良身邊，並且親身參加過延

安會談等一系列當時發生在張學良與中共之間的重大事件,以後並作過全國政協西安事變史寫作組的組長,這篇文章的基本資料,恰恰就是劉鼎先生自己在1975年所做的追憶筆記。而介紹劉鼎這段經歷的這篇文章的作者,又是繼劉鼎之後擔任過西安事變史寫作組組長,在西安事變研究上頗有成就的張魁堂先生。其份量可見一般。

既然是劉鼎先生自己所做的追憶筆記,按道理劉鼎先生應當對當時事情的大致經過有所記憶,更應當記得自己當年所寫的報告。即使是忘了,他也應該看過留存下來的那幾份已經不再神秘的歷史資料。可是,在這篇文章中,或者勿寧說在劉鼎的筆記裡,不僅關於報告及當時朱理治、曾鐘聖兩人的電報內容一句也沒有提到,而且竟然也人云亦云地大談張學良在延安是怎樣說服周恩來贊成聯蔣抗日的。文章中居然把周恩來在延安會談後寫給張學良的信裡的一句主張反蔣的話,即「為抗日固足惜蔣氏,但不能以抗日殉蔣氏」,也說成是中共「主張有條件聯蔣」的表示。唯一值得慶幸的是,劉鼎先生的回憶並不否認張學良曾經有過準備反蔣的事實。可是,照文章中所記,這段史實被安排到1936年7月去了。結果事情的經過就變成了一個怪圈,即在4月間延安會談期間剛剛勸說中共聯蔣的張學良轉而反蔣,而剛剛在延安會談時勸說張學良反蔣的中共中央,這時卻又倒過來勸說張學良應當聯蔣。嗚呼哀哉!堂堂當事人,又是西安事變史寫作組的組長都這樣記述歷史,難怪在此之後陸續出版的《西安事變簡史》、《東北軍傳》、《張學良將軍傳略》、《張學良傳》,包括海外學者所作的《張學良的政治生涯》……也都異口同聲地如此說。但是,我相信,這不是事實。

在以往的西安事變研究中,究竟還有多少這種不是事實,或者似是而非的說法呢?有一位資深的張學良問題研究專家明確地告訴我說,有關西安事變的基本史實都已經寫清楚了。言外之意,在有了如此之多的研究成果,而眾多成果已經大同小異的情況下,重新再來系統討論西安事變的史實經過是沒有太多意義的。可是,時至今日,在我仔細地研究過有關的著作之後,我發覺,儘管不少關心西安事變歷史的人同意這樣的看法,即西安事變的發生同中國共產黨有關係,但卻沒有一本書對中共與西安事變,或者說與張學良的關係問題做過系統而深入的研究。甚至,當許多讀者從近幾年公開發表的報刊雜誌上已經知道張學良曾經有過加入共產黨的要求,但卻很少有人進一步就此提出疑問:在那個打算加入共產黨的張學良,與我們

通常在西安事變史書上所看到的那個力主聯蔣的張學良之間,是否存在著矛盾?當然,儘管這些年來人們已經聽說了太多的有關「西北國防政府」、「西北抗日聯軍」、「西北大聯合」……這些曾經風行於當年大西北的、明顯的帶有反蔣色彩的政治詞彙,可又有誰具體地研究過它們同張學良,特別是同西安事變之間,究竟存在怎樣的關係呢?

有關西安事變史的研究無疑已經取得了非常重要的成就,但是,說以往的研究已經完全解開了西安事變留存於人們心中的種種謎團,怕是言過其實。自張學良先生完全實現了人身自由之後,新聞界以及歷史學界之所以頻頻重提西安事變的問題,正好說明了有關西安事變還有許多疑問沒有解決。至少,在筆者看來,在西安事變研究當中,一個最薄弱的環節,就是關於張學良與中共關係問題還沒有深入地進行研究。而前此關於西安事變的研究,更多的還只是圍繞著張學良個人經歷以及他和東北軍同蔣介石之間的矛盾形成過程來進行的,多數研究者只是用很少的篇幅來描寫有關張學良與共產黨的關係問題,而且這些描寫往往還是簡單地建立在諸多當事人真假難辨的回憶錄的基礎上的。

西安事變研究的一個重要優勢就在於它的回憶史料十分豐富。在整個中國近現代史上,大概還沒有哪一次事件有過像西安事變這麼多的回憶資料。但多半也正因為如此,過多地依靠回憶史料來描述史實,也成了西安事變研究中的一個十分明顯的缺陷。翻開有關西安事變史的著作,把回憶錄當成判斷史實唯一根據的情況可以說司空見慣。回憶錄(或者用時髦的字眼兒:口述歷史)與第一手的文獻資料相比,有其特殊的功用。其最大優點,就在於它比文字書案資料更具有直觀性,可以提供獨特的個人視角,告訴人們那些發生在文獻資料背後的東西,給人以較強的立體感。但人所共知,如果回憶資料沒有當事時的日記、筆記或文獻作為依據,它們通常並不是那麼很可靠的。而在我們今天可以看到的與西安事變有關的回憶錄中,又有多少是以當年的日記、筆記或文獻為依據的呢?甚至,即使是對那些有足夠的歷史文獻可供參考的眾多當事人來講,由於幾十年之後種種因素的影響,他們回憶中的許多事情也難免走樣。像劉鼎先生關於延安會談內容的回憶,就是很典型的例子。顯而易見,如果我們的研究多半只是建立在眾多這些回憶的基礎上,而不是更多地依靠第一手的歷史文獻,由此得出的許多說法必然是大可懷疑的。

當然,以前的研究者之所以不得不更多地依靠回憶材料來進行有關西安事變的

研究，確曾有其不得已的苦衷。記得在十二年前，當時我剛剛開始做編輯，我的上司曾經提示過我有關的宣傳紀律，其中就包括西安事變的問題。據說此前上面曾經就西安事變問題的宣傳與研究打過招呼，提醒有關部門在發表涉及到張學良和西安事變的文章時，要注意到張學良先生還沒有恢復自由的情況，不要給張學良先生帶來意外的麻煩。因此，在張學良先生恢復自由之前，我們曾經很小心地迴避那些在西安事變研究上有任何新的說法的文章。但事實上，還在1985年以後，這種情況就已經發生了很大的改變。

從1985年《文獻和研究》公佈「中共中央和毛澤東等同志關於『聯蔣抗日』方針的一組文電」和「中共中央和毛澤東同志關於促成第二次國共合作共同抗日的一組文電」開始，直到1994年《毛澤東文集》（第一、二卷）和《毛澤東年譜》相繼出版，中共中央文獻研究室陸續公佈了大批與西安事變有關的歷史文獻。被公佈的文獻不僅涉及中共中央這一時期的策略方針的演變、國共兩黨祕密接觸談判、紅軍打通國際路線問題、西北大聯合計劃、對東北軍的統戰工作、與張楊談判交涉（包括張學良與李克農的洛川會談、張學良與周恩來的延安會談以及楊虎城與張文彬的西安會談等）的大量報告，而且還包括了西安事變發生期間中共中央與西安中共代表周恩來及張學良之間的各種來往電報。在這些文獻中間，有些資料在過去無疑是屬於高度保密的。比如象關於張學良要求入黨及被共產國際拒絕的文件；中共中央在西安事變期間曾經主張一旦西安被圍，就應對蔣「取最後手段」，張學良也表示贊同的電報；以及中共中央在西安事變期間討論如何處置蔣介石的會議記錄和共產國際電報指示等。值得注意的是，在大約五年左右的時間裡，中共歷史檔案公佈得最多的，正是1936年西安事變發生前後這段時期的檔案。粗略計算下來，光是這一年前後的文件，至少就公佈了近二百件之多。這還不算在那些尚未正式公開，但已經在有關論文中直接引用的數量更多的與西安事變相關的文件。

事實昭然，如果說在20世紀80年代中期以前，我們的研究者還沒有足夠的條件利用第一手的文獻資料研究西安事變，這也許不錯。但如果說在80年代中期以後，我們的研究者還沒有足夠的條件利用第一手的文獻資料來研究西安事變，那就大謬不然了。可是，令人十分不解的是，即使在張學良先生已經完全恢復自由多年之後，我們至今還是看不到這樣的研究著作，它更多地利用的是這些已經公開或半公開的文件，而不是那些明顯地不那麼可靠的回憶錄。也許，有些研究者會解釋說，

所有這些檔案文獻的公佈當時還只是「內部」的。但我看不出這有什麼太多的區別。不要說這些所謂「限制國內發行」的刊物大量流傳國外，為外國學者所引用，即使是在國內，利用這些已經在「內部」公開的文獻進行研究的文章和著作也俯拾皆是，為什麼偏偏研究西安事變的學者不能或很少利用它們呢？（況且，從兩年前開始，《黨的文獻》，即《文獻和研究》，和《中共黨史資料》等過去限制在國內發行的刊物已經公開發行，前此的刊物也因此全部對外公開出售。）其實，說到底，真正的理由只有一個，即人們對於過去的說法已經習以為常，因而多半嚴重地忽略了那些新公佈的文獻中所揭示的各種新的事實。甚至，一方面有關中共與張學良關係的檔案大量公開，另一方面諸多西安事變和張學良研究的著作文章卻越來越多地開始否定中共曾經直接對張學良發生過重要影響。有人公開宣稱，中共當時充其量只是一個配角，不僅在整個事變中，過去有關周恩來的作用的說法是誇大其辭，而且在整個事變的形成過程中，張學良也始終是居於支配的、決定的地位，完全憑據自我意志行事，與其說是中共影響了張學良，倒不如說是張學良幫了中共的忙。因為，張學良不僅幫助中共製定了唯一正確的「逼蔣抗日」的政策，而且還在關鍵時刻救了中共的命。

很可惜，我從來不是研究西安事變的專家，也很少對西安事變的問題作個案的研究，因此，長時間以來，我只是站在旁觀的角度來評頭品足。我希望有這樣的人來做這樣的工作，他將解開許多仍舊謎一樣的問題，並且告訴那些關心西安事變問題及其相關研究的讀者，過去寫在書裡面的哪些是可信的，哪些則需要重新去瞭解。在1993年在莫斯科看到了俄國人已經解密的一些相當重要的檔案以後，特別是讀了臺灣蔣永敬教授的書評以後，我相信我應當把這個工作做下去。我很感謝候樣祥先生和廣西師大出版社的編輯們約我來寫一部有關西安事變的書。儘管我很清楚，這對我本人很可能是「越俎代庖」了，但我仍舊相信，我所選擇的區別於前人的獨特角度，將使我能夠做得比以前的一些研究者要好些。因為，我始終認為，在我們現在的條件下，主要利用第一手資料來進行研究，其結果通常總是更可靠的和更重要的。

不論我在這本書裡提供的新的解釋能否為多數讀者所承認，在西安事變的研究中缺少了這種角度的研究無論如何都是一種缺陷。我唯一的希望就是要使那些關心西安事變歷史的讀者注意到我書中所介紹的那些極為重要的新的史實，關於這些情

況，我曾經在1991年出版的《中間地帶的革命》一書中勾勒出一個大致的輪廓，而在今天的這本書裡，我終於有機會把它完整地並且是相當細緻地描繪出來了。我唯一想請讀者原諒的只是，為了使那些十分珍貴，卻長期被人忽視的歷史文獻重新為人所重視，我在書中對於某些我認為有助於說明歷史事實的文獻資料，作了較詳盡的引證。當然，它們的數量並不是很多，而且我相信，無論我的這本書的讀者是否願意詳細地研究這些資料，在讀過這本書之後，都會對當年張學良與中國共產黨的關係留下與前不同的印象。

為了這本書，我還要感謝臺北的蔣永敬教授。我們雖然相識的時間並不很長，但蔣教授對我的研究所給予的關心使我深為感動。本來，我對於寫這本書一直相當猶豫，正是蔣教授的鼓勵和他為我的《中間地帶的革命》一書所寫的書評，促使我下決心完成這樣一本書。

在這裡，我還要感謝挪威諾貝爾研究所韋斯塔博士和俄國社會科學院遠東研究所的舍維廖夫教授。由於韋斯塔博士的幫助，使我有機會前往莫斯科查閱有關文獻；而舍維廖夫教授則幫助我克服了在閱讀資料方面所遇到的許多語言上的困難。

中國革命受到外部因素的影響有多大？

　　中國革命是一次成功的革命，這是歷史已經證明了的。但是，通向成功的道路又是如何向前伸延的呢？如果我們沒有忘記中國最初並不是共產主義思想的故鄉，如果我們還記得最早的中共黨組織只有幾十個人，如果我們注意到共產黨在28年的漫長革命生涯中幾乎始終處於強大敵人的壓迫之下，我們就應當想到，中共革命的成功並不是一帆風順的，它畢竟經歷了許許多多的失敗與犧牲。同時，也正是在這許許多多的失敗與犧牲中，中國共產黨人，特別是毛澤東，才逐漸摸索出了一條通向成功的道路，明確提出了「中間地帶」的思想，闡明了中國革命運動在國際格局中的特殊地位，以及它對世界的特殊影響。

　　中國革命的成功，正如它所經歷過的種種失敗一樣，有著各種各樣的具體原因。多少年來，學者們反覆探討了它的內部原因，分析說明了國內社會、階級、黨派集團以及各種經濟、政治、文化條件對於中國革命的影響和作用。但是，作為一個專門的課題，我們對於外部世界作為一個整體對於中國革命的影響和作用，似乎還缺少系統和深入的討論。事實上，我們都知道，無論是共產主義思想在中國的傳播，還是共產主義事業在中國的生長和發展，都是一定的國際環境的產物，離開了特定的國際環境和條件，中國革命的任何一種成功和失敗都是不可想像的。

　　比如，我們可以試問：為什麼作為一種外來文化，共產主義即革命的社會主義思想會在1919年五四愛國運動之後，很快為少數知識分子所接受？為什麼中國共產主義者最初要按照俄國共產黨的模式建立中國共產黨並確立自己的政策？為什麼中國革命者會主動接受來自外國的共產黨人的資助和指導？為什麼第一次國共合作的政策是出自一個外國人的主張，而整個合作的進程很大程度上也由外國顧問和代表人物來規劃和設計？為什麼中國革命會一度提出一個對中國革命者自己都感到陌生的「蘇維埃」革命口號？為什麼共產黨人為之奮鬥幾達十年之久的「蘇維埃」的革命形式竟會被永遠地放棄？為什麼中共領導人在抗戰期間既與蘇聯和共產國際存在矛盾，而又明確地把它們看成是世界革命的「總司令」？為什麼共產黨要把政治民主化作為自己的鬥爭目標，並且一度把資本主義的「總司令」美國看成是自己實現這一目標的助力，而它最終又為什麼採取了「一邊倒」的政策？與此相關聯，我們

似乎更應當試問：這樣一種狀況在不同的時候，在不同的條件下，究竟對中國革命發生了怎樣的影響？中共的策略方針究竟在多大程度上是與此相呼應的？而40年代中共與共產國際及其國際無產階級領導中心蘇聯關係若即若離之際，中共的理論觀念又發生過哪些變化？這些變化是否影響到共產黨人的革命目標和政策？換句話說，中國革命的策略，不論是成功的還是失敗的，它們究竟在多大程度上是受國際環境支配的？而國際環境的變化，又在多大程度上影響了中國革命的進程？

我們多半都相信，內因是根據，外因是條件，外因是透過內因起作用的。但是，歷史的辯證法還告訴我們，任何事物至少都存在兩個方面，它們往往也互為因果，即內因往往也要透過外因才能發生作用。比如，沒有適當的溫度，雞蛋也不能孵出小雞來，而雞蛋距離熱源的遠近，熱源本身的變化，以及整個氣候條件對於熱源溫度的作用等等，都可能對雞蛋的孵化過程產生直接的影響。比如，一個十分簡單的事實是，距離蘇聯較近的國家，形成社會主義國家的較多，而距離蘇聯較遠的國家，形成社會主義國家的較少。同樣，在革命和戰爭期間，社會主義國家出現較多，而在和平發展時期，社會主義國家出現較少。這種情況告訴我們，外部原因確實在發生作用。

中國之所以會不斷發生革命，這無疑是由中國社會的內部原因決定的。但中國革命究竟將要達到何種目的，這又是與整個外部世界的形勢和條件密不可分的。中國革命之所以從20年代而不是從1905年開始走上通往社會主義的艱難道路，顯然是與俄國十月革命的成功有密切關係的。毛澤東所謂「十月革命一聲炮響，給我們送來了馬克思列寧主義」，正是高度形象地概括了這種關係的本質。它告訴我們，中國共產黨所領導的革命，就其基本內容和方向而言，都是得益於俄國革命性質的影響和規定的。恰恰是由於中國革命及其中國共產黨與蘇聯和共產國際之間的特殊關係，由於來自蘇聯和共產國際的理論、政策和策略的指導，由於後者對於前者的援助乃至干預，中共領導下的革命才走上了今天我們所看見的這條旨在走向共同富裕的艱難曲折的漫長道路。

當然，筆者並非外因決定論者。何況，中共革命的成功並不取決於包括蘇聯在內的外國干預，正如毛澤東所說，中國的事情必須由中國人自己來辦，而不能由共產國際那些管中國問題的外國人來辦。事實證明，完全依照蘇聯人的方式來處理中國問題和解決中國革命所面臨的種種複雜關係，多半都是不能成功的。在中國革命

最初的十幾年裡，共產黨所經歷的種種挫折無疑都與這種辦事方式有密切關聯。但結果，不論蘇聯在中國革命身上投入了多少心血和精力，中國共產黨人到底並沒有完全按照蘇聯人的意志去發展自己，從主張世界革命，主張保衛蘇聯，主張百分之百的布爾什維克化，到提出馬克思主義的民族形式問題，以致提出「中間地帶革命」的思想，他們曲折地卻又是勇敢地走出了比較適合於自己的發展道路。然而，儘管如此，失敗還是成功之母，成功中也依舊包含著失敗，外因也仍舊透過內因在起作用，歷史總還是一種合力的結果。無論是從意識形態，還是從歷史聯繫來看，在整個國際大氣候、大環境中，中國革命和中國共產黨人與外部世界的聯繫越緊密，它考慮和制定中國革命策略的因素就越複雜，其成功與失敗的機會也會同時存在。通向成功的道路依舊充滿了荊棘。

從中國革命與外部世界的聯繫來考察中國革命的發展過程及其策略變化，是本書寫作的目的。如果我的這種研究能夠使人增加對於中國革命曲折程度以及艱難程度的瞭解，並注意到中共領導的革命產生和發展的極其複雜的國際政治背景，和它們之間存在的或多或少的因果關係，那麼，我的目的就達到了。至於本書中因為我自身的水平和對問題的理解程度而存在的各種不足之處，還希望能夠得到有關專家的諒解和指正。

從中共建黨談起

　　研究中國現代史，不可不研究中國共產黨；研究中國共產黨，不可不研究中共與莫斯科的關係。毛澤東曾用「十月革命一聲炮響，給我們送來了馬克思列寧主義」這句話，來形容雙方關係的先後主次及其密切程度。所謂十月革命，就是指1917年11月7日列寧領導的布爾什維克（即社會民主工黨多數派，以後改稱共產黨）在彼得堡發動的奪取政權的武裝暴動。這次暴動的成功，不僅創造了一個以社會主義為號召的蘇維埃俄國（後稱蘇聯），而且應運而生了一個以組織發動世界革命為職任的共產國際，從而在許多國家推進了共產黨的產生和共產黨領導的暴力革命。與俄國有著世界上最長的共同邊界線的中國，在受到布爾什維克革命掀起的這股熱潮的衝擊方面，自然更是首當其衝。

　　沒有人能夠否認，中國共產黨之產生，同俄國人有關。甚至，還在1919年3月共產國際成立之初，俄國的布爾什維克就已經試圖組織中國的共產黨了。當時召開的共產國際第一次代表大會上，旅俄華工聯合會的領導人劉澤榮（又名劉紹周）等即以「中國社會主義工人黨」代表的名義出席了大會。會後，俄國人更進一步提議，將這個旅俄華工聯合會內原有的共產黨支部擴大到各個分會，並將它們統統「改組成共產黨黨團」。一年之後，在俄共指導下，旅俄華工中共產黨代表召開會議，終於宣告成立了旅俄中國共產黨。它的「組織章程」明確規定：旅俄中國共產黨的任務是要在中國組織無產階級，實行社會革命，中央組織局「將來須移至中國」。由此，足以見俄國人早有向中國輸出革命的設想。

　　但是，在中國建立共產黨之類的組織，並不只是這些俄國人的想法。中國共產黨的產生，又實在是那個時代的產物。既然那個時代進步的中國人大都在苦苦探尋救國方策，而鄰近的俄國人又神話般地創造了一個據說是反強權、反壓迫、奉行平等、正義的新社會、新國家，他們所憑藉的種種「武器」，自然會引起許多中國志士仁人的響往與效仿。因此，並非是靠俄國人的鼓動，十月革命之後不久，一些中國人自己就在那裡高唱社會主義和共產主義了。中國的無政府主義者不用說了，就是孫中山旗下的《民國日報》，不也是連篇累牘地發表文章和社論，稱頌「中國似宜取以為法」的俄國革命，高呼「民生主義當拔幟以興」嗎？這也就難怪，在而今

有關中國共產黨歷史的書中，經常能夠見到當年中共建立之初，孫中山麾下的戴季陶曾積極參與籌劃的記述。其實，若從可以查證的歷史文獻來看，在中國最早捲入所謂「共產黨」活動的人，並不是陳獨秀、李大釗一派人，卻真是張繼、戴季陶這些中華革命黨（國民黨）的干將呢。還在1919年6月，俄國那邊的「中國共產黨」還沒有產生出來，漢口警察廳以及江蘇督軍公署參謀處就接連有報告說，孫中山等人與俄國及美國社會黨人來往密切，「目下共產黨在滬，祕密結社，積極進行。張繼、戴天仇等均為該黨首領，即舊國會議員亦有受運動者。」如此看來，孫中山後來講：因為他對中國民眾有很大影響，因此列寧當初曾要他來組建中國共產黨，也並非完全是信口開河。

目前已經很難考證清楚繼俄國革命之後，在中國自發湧現出來的「共產黨」究竟有多少家了。但已經找到有史料記載的「共產黨」至少也有五、六家之多。最早在1919年就試圖組織，卻未能成功的是所謂「無政府共產黨」，它的「告失敗書」記述了它所作過的努力。其次是此後不久出現的四川重慶的「中國共產黨」，在中共駐共產國際代表團檔案中保存下來的它在1921年初提交給共產國際的報告書說明，它「於1920年3月12日在重慶正式宣告成立」，曾經發展到大約100位成員。再次是大約幾個月之後，由「五四」期間中國全國學生聯合會的領導人姚作賓等人組織的「中國共產黨」。同樣有幾件共產國際的檔案記錄了這個組織曾經存在的點滴情況。我們因此知道這個姚作賓在1920年五月曾專門前往海參崴請求俄國人援助中國革命，得到承諾後即回國祕密組織共產黨，又轉赴莫斯科要求加入共產國際。下面一個是與姚作賓的「共產黨」幾乎同時出現的一個所謂「社會共產黨」。有關這個曾經在上海曇花一現的小組織的痕跡，是在它的參加者俞秀松保留下來的日記中透露出來的。俞在1920年7月10日的日記中記述說：「經過前回我們所組織底社會共產黨，對於安那其主義和波爾雪佛克主義，都覺得茫無頭緒。」透過這句話似乎可以得出這樣的認識，即此前他曾和友人一度組織過一個「社會共產黨」，終因「茫無頭緒」而放棄了。再下來要算是由當時相當有名的國會議員胡鄂公（即胡南湖）等人創立起來的那個「共產主義同志會」了。前文所述北洋政府官文中提到的所謂「舊國會議員亦有受運動者」，不知是否就指的是他。他們早先在北京成立了一個馬克思學說研究會，並公開出版《今日》雜誌以為宣傳機關。而後他們又組織了這個叫做「共產主義同志會」的「共產黨」組織。他們的代表當年提交給共產國際的

185

報告稱，這個組織正式成立於1922年2月16日，中央執行委員會書記即為胡鄂公，正式會員有10000人之多，遍及全國9個省市12個地區，其最終目標在於「建立無產階級專政及世界共產主義共和國」。迄今仍然保存在莫斯科漢學圖書館的「共產主義同志會」的機關刊物《共產主義》月刊，清楚地顯示出了它的性質與實力。另外值得一提的，還有由旅法中國學生組織起來的「中國少年共產黨」，和在四川由前同盟會會員吳玉章等人建立起來的「中國青年共產黨」。關於這兩個共產黨組織的存在，也有不少的文獻可以證實。

在現今的中共黨史著作當中，大概沒有哪一本書提到過這許多曇花一現的「共產黨」。中國現代政治史，特別是中共黨史及其與莫斯科關係史當中的許多問題過去都被簡單化，甚至概念化了。記得幾年前我第一次在文章中提到這些共產主義小組織的時候，立即就有兩位學者公開撰文批評我不該「僅僅根據它（們）『公開打出共產主義旗號』這一點，就斷定它（們）是『共產黨』組織」，那意思是說，因為世界上只有一個代表中國無產階級階級利益的「中國共產黨」，除了它和已經「欽定」了的「共產主義小組」之外，應一概否定或免談，即使是打著引號來談也不行，否則勢必會造成人們觀念上的混淆。於是，幾年過去了，仍舊沒有人關心這些小組織的命運和它們存在過的意義。而事實上，只要結合這些小組織的存在，認真地讀一下近年來公開的共產國際歷史書案，我們就會發覺，1920年出現的那個「共產主義小組」，與國內自發出現的那些共產主義小組織，最初其實也處在同一個水平上。

按照以往的說法，中共的產生過程十分簡單。即1920年4月奉派來華的俄共黨員維經斯基（Voitinsky）等人開始與「南陳（獨秀）北李（大釗）」取得聯絡，5月陳獨秀等人即在上海組織馬克思主義研究會，經過幾個月的醞釀準備，在維經斯基等人的幫助與指導之下，陳獨秀等人在上海建立起中國共產黨上海發起組，然後分別聯絡北京、廣州、武漢、長沙等地激進知識分子，組建了各地共產主義小組。至1921年7月，他們最終召開代表會議，創立了中國共產黨。

然而，新的文獻資料告訴我們的情況卻複雜得多。綜合新的歷史資料，可知1920年4月受俄共遠東局外國處派遣，前來中國的俄共工作人員是維經斯基、季托夫（Titov）和謝列布里亞科夫（Selipliakov）三人。他們清楚地瞭解，在這個時候的中國存在著各式各樣的社會主義、共產主義，乃至無政府主義的激進小組織。而他

們最初的計劃，也僅僅是想把中國同情俄國革命的社會主義者，包括無政府主義者統統聯合起來，形成一股同情蘇俄的革命勢力。維經斯基來華僅3個月，就成功地在7月19日召集了這樣一個聯合大會，建立了一個「社會主義者同盟」的統一戰線組織，並且親自組建了以他和陳獨秀、李漢俊等五人為核心的「社會主義者同盟」的中央工作機關——上海「革命局」，同時在鮑立維（Boliev）、斯托揚諾維奇（Steyarovky）、馬邁也夫（Mamaev）等人的參加下，分別在北京、廣州、漢口等地建立了相應的地方「革命局」。正是這些「革命局」如今被各種中共黨史著作描述成早期的共產主義小組。而實際上，由於這些「革命局」最初所具有的統一戰線性質，因此，它的成員開始時相當複雜。戴季陶、張東蓀以及大批無政府主義者積極參加籌備醞釀，甚至加入其中的，其實就是這些「革命局」。這也就是為什麼，1920年參加這些組織的成員，一年以後當中共正式成立時，絕大多數都不在其中的緣故。

那麼，作為統一戰線組織的「革命局」，又是如何變成中共早期組織的呢？在這方面起作用的，是維經斯基當時的領導者——威連斯基。還在維經斯基計劃召開社會主義者與無政府主義者聯合大會的時候，威連斯基就明確主張應當乘機把這個大會變成創立中國共產黨的代表會議。在大會召開前的7月初，威連斯基為此專門在北京召集維經斯基等在中國的俄共工作人員開會，提出了這一任務。但是，當維經斯基等人在聯合大會上提出這一議題之後，相當一部分與會者不能接受「共產黨」的名稱，會議只能在「社會黨」名義下達成妥協。因此，會後，作為上海「革命局」負責人的陳獨秀，一度只能以「社會黨」人自居。鑒於這一統一戰線式的組織成分複雜、意見分歧，與理想中的共產黨相距甚遠，威連斯基等不久即再度明確提出了組建中國共產黨的任務。於是，在俄國人的幫助與指導之下，陳獨秀等開始致力於把「革命局」進一步轉變為共產黨。從1920年11月維經斯基代為起草《中國共產黨宣言》，宣告「俄羅斯歷史發展的特徵，也是全世界歷史發展的特徵」之日起，直到1921年3月擁護成立俄國式共產黨的代表召開會議，正式宣布不承認無政府主義者及其他一切黨派為「同志」，「革命局」遂告壽終正寢，以陳獨秀為首的中國共產黨終於脫穎而出，獨樹一幟，最終成為俄國共產黨和共產國際在中國全力支持和扶助的對象。

弄清楚中共與莫斯科關係當中的一些重要細節，澄清以往說法中許多似是而非

的東西，也許是當今的研究者們應當下功夫去做的一件事情。進入1990年代以來，隨著蘇聯的解體和中國大陸有關檔案的解密，許多涉及中共與莫斯科關係問題的新資料湧現出來，它們為我們重新認識和探究過去的歷史提供了大量聞所未聞的史實和極其重要的線索。就像1920年中共最初形成的背景和經過一樣，即使是這樣一件看上去並不十分引人注目的歷史事件，重新考察的結果，也有利於啟發我們的思路，深化我們對兩者關係性質及其變化規律的瞭解與理解。

比如，瞭解到當時諸多共產主義小組織形成和存在的事實，我們就可以對那種簡單地把中共的出現歸結為「俄人移植」的說法提出疑義。事情很清楚，在中國出現共產主義團體或政黨，在當時那種國際國內環境之下，無論有無俄國人的幫助與指導，都是一種必然的現象。

又比如，注意到當時中國各種共產主義或社會主義小組織都極力與俄共和共產國際建立聯繫，尋求支持，而其它一切沒有得到共產國際正式支持的共產主義小組織，最終都未能生存下來，可知中共的產生固然不需要俄國人來「移植」，但若無俄共和共產國際在旁援手，要想順利發展，也絕非易事。

由此可以得出的結論是顯而易見的：中國共產主義運動與莫斯科的關係從一開始就是一種有條件的依存關係。中共之所以需要莫斯科，從根本上說，是其基礎過於薄弱的緣故。不惟社會基礎薄弱，主義訓練不足，實踐經驗欠缺，初時幾乎每一步均有賴於共產國際手把手教，而且物質上、經濟上尤須仰賴於俄國人的援助。從目前所知的情況看，當年姚作賓、胡鄂公，以及自稱中國社會黨領袖的江亢虎等之所以極力與共產國際建立聯繫，一個重要目的都是想要得到後者在經濟上的幫助。而陳獨秀的共產黨之所以能夠順利地存在下來，並且迅速地發展起來，一個不可忽視的重要原因也是因為他們能夠定期得到共產國際在經濟上的資助。畢竟，建立一個政黨，宣傳、組織等等費用極大，遠非陳獨秀等少數知識分子靠教書、寫文章的微薄收入所能應付者。何況自共產黨建立之始，他們中大部分人便轉而成為職業革命家，再無薪奉可拿，不靠莫斯科，維系一個小組織恐怕都不可能。這也就難怪，1921年1月維經斯基一離開中國，中共立即「經費無著」，不僅各種宣傳工作暫告停頓，書刊出版被迫中斷，原計劃中的對工人的啟蒙教育工作「不得不停止」，就連派人南下匯報工作的區區10餘元路費一時竟也拿不出來了。

關於共產國際援助的經費對中共的生存發展究竟具有何種作用，我們只要看一

看1922年6月30日陳獨秀給共產國際報告中提到的幾個簡單數字，就可以得出一個大致清晰的印象。報告說：

  黨費，自一九二一年十月起至一九二二年六月止，由中央機關支出一萬七千六百五十五元，收入國際協款一萬六千六百五十五元，自行募捐一千元。用途：各地勞動運動約一萬元，整頓印刷所一千六百元，印刷品三千元，勞動大會一千元，其他約二千餘元。

  這個時候中共國內黨員總計約170人，且多數尚有社會職業，故所費甚少，以「其他約二千餘元」為黨員消費計，人均尚不足13元，並且還可「自行募捐一千元」。但由此已可看出，黨的經費約94%都是來自共產國際，僅各地工人運動一項就占去了大約60%的費用，其黨員自籌款只夠召開一次勞動大會而已。很顯然，中共成立以後之所以能很快在各地工人運動中發揮作用，並逐漸成為中國工運中之舉足輕重的指導力量，這是同共產國際為其大力提供經費幫助，同時它又將這筆錢大量投入工運分不開的。

  不過，隨著中共組織逐漸發展，職業革命家日漸增多，黨的各種開銷日漸加大，自籌經費部分卻更加減少了。儘管中共在第二次代表大會上明確規定了徵收黨費的條款，實際上自籌款數越來越少。據陳獨秀在中共第三次代表大會的政治報告稱：1922年「二大」以後，「黨的經費，幾乎完全是從共產國際領來的」，僅1923年頭8個月，就「從共產國際領到經費約一萬五千」。由於自1923年起黨的經費與工人運動的經費已經分開，由共產國際和赤色職工國際分別提供，因此1923年用於黨組織本身活動的費用的絕對數明顯增多。黨的經費的增加，一個直接的作用，就是擴大了中共的影響力，並且在組織上也有益於其發展。1923年國民黨之所以不得不同意以「容共」的方式來同中共進行合作，自然與其日漸活躍的發展勢頭不無關係。

  有關共產國際在經濟上的援助對中共發展的意義，我們不妨以1921—1927年的數字制一張簡表，給讀者提供更宏觀一些的印象：

年代	1921.10－1922.6	1923.1－8	1924	1925	1926	1927.1－7
黨費總數	0.66萬元	1.5萬元	3.5萬元	4萬元	約12萬元	18萬元
黨員總數	約170人	約380人	約700人	約980人	約1萬人	約5.8萬人
人均開支	約40元	約40元	約50元	約40元	約12元	約4元

由上表可知，共產國際提供的黨費與中共的發展呈同步遞增態勢，後者對前者的依存關係顯而易見。不過，從趨勢上看，一個明顯的事實是，共產國際提供的經費的增長趕不上中共組織的發展。在1926年中共黨員人數大幅度增加以後，共產國際所提供的黨費數漸成縮減之勢。儘管到1927年，中共自籌黨費數仍不足3000元，而這一年來自共產國際、赤色職工國際、少共國際、農民國際、濟難國際的黨費、工運費、團費、農運費、兵運費、濟難費、反帝費、特別費等等，總計幾有近百萬元之多，顯示中共對共產國際在經濟上財政上的需要仍然相當之大。然而，此後不論中共如何要求，來自莫斯科的經費總數始終保持在這一水平上下而沒有明顯增加，致使中共常常感到經濟窘迫，影響其活動和發展甚為明顯。到了1932—1933年中共活動基本轉入農村，中共中央也遷往江西蘇區，共產國際向中共固定提供活動經費的歷史更告中斷，中共遂不得不轉入自我發展時期。1930年代中期以後共產國際雖然也根據中共的要求，時有大數額經費接濟，但對中共的生存發展已不起決定作用。如此一來，中共對莫斯科依存的條件遂逐漸消失。中共既然已有自己的軍隊、政權、地盤和多年實踐之經驗，不必再依靠莫斯科在精神上和物質上的援助而生存和發展，它們之間的關係在1930年代後期逐漸改變，就是一種不可免的結果了。研究中共與莫斯科的關係史，似乎不能不注意到這種情況。

探討中共與莫斯科關係的歷史是一件相當困難的工作，因為許多關鍵事件的關鍵檔案都被塵封在大陸和俄國的檔案館裡。值得慶幸是，自從我開始從事這項工作以來，總是不斷有新的資料和檔案能夠被髮掘和被公開，它使我的研究相對地變得容易了許多，也使我在接連做了十幾年的研究之後，至今仍然有可能利用新的檔案資料向讀者介紹那些長期以來被遺忘、被忽略、被誤解，甚至可能是被掩蓋了的歷史事實。

在此我必須感謝蔣永敬教授和張玉法教授，如同《西安事變新探——張學良與中共關係之研究》一書一樣，本書的寫作很大程度上又是與他們的鼓勵和提攜分不

開的。

應該相信記憶，還是應該從檔案文獻出發？

如今在國內國外，寫毛澤東的書，已是汗牛充棟，多得不可勝數了。但專門談論毛澤東與莫斯科關係的書，迄今為止，國內的出版物中還只有個別當事人的片段回憶，和根據這些片段回憶大膽想像、濃墨重彩地鋪陳出來的兒本紀實文學作品，稱得上專門研究的著作幾乎沒有。

是這個問題不重要嗎？毛澤東作為一代豪杰，左右了中國兒十年的歷史命運，不要說他的那些豐功偉績，就連他的喜怒哀樂、生活趣聞，都成了文人墨客筆下生花的重要題材，被一遍遍地寫進書裡，更何況極大地影響著毛澤東一生的他與莫斯科之間的關係呢！

為什麼寫毛澤東與莫斯科關係的著作少？一個重要的原因是因為文獻資料欠缺。因為資料欠缺，以反映歷史真實為己任的歷史學家敢於大膽涉足這一課題者自然少。於是它就成了那些稍有文采，又喜歡演義的文學愛好者縱橫馳騁的天地。只可惜，那些繪聲繪色地描寫毛澤東如何與斯大林、赫魯曉夫鬥智鬥勇的紀實文學作品，造成了一個讓所有歷史學家都深感頭痛的問題，即這些一遍遍重複著那幾本原來就不是十分可靠的當事人的片段回憶，並加上自己大量主觀想像的紀實文學作品，使得本來就有些撲朔迷離的歷史事實本身，變得更加面目不清，給歷史學家澄清歷史，說明真相，增加了更多的困擾。

近年來，歷史檔案的解密成了一股不大不小的潮流。自20世紀80年代中後期以來，國內的有關機構先後公佈和發表了相當一批十分重要的歷史檔案資料，其中就有大量涉及到毛澤東與莫斯科關係問題的電報、指示和談話錄等。20世紀90年代初以來，俄國相關檔案的大批公開，更使研究中蘇關係問題在國內外歷史學界當中漸漸變成一門「顯」學，開始有越來越多的學者加入到這個行列當中來了。對毛澤東與莫斯科關係的研究，竟開始成為許多國外學者關心的課題之一。

從國外近年來接連出版的幾本談論毛澤東與斯大林關係的專著來看，國外學者積極利用新披露的資料，深入研究這一課題的趨勢已經很明顯。在這方面，中國學者顯然已經落在了後面。充分掌握這些新的資料，對毛澤東與莫斯科的關係做出我們自己的實事求是的研究和說明，無疑也應當是中國學者的重要使命之一。

當然，研究毛澤東不是一件容易的事情。雖然毛澤東與莫斯科關係的研究，還是一個比較新的課題，許多情況還沒有搞得太清楚。但是，作為一代領袖人物，他的一生早已蓋棺論定，包括他的幾乎所有政治活動，不論正確的，還是錯誤的，也似乎都有了比較明確的說法。要想寫出新意，同時又讓讀者相信你講的確有根據、確有道理，很難。

目前研究毛澤東與莫斯科的關係，也確實還有一些明顯的困難，最主要的是因為檔案資料的公開還存在著一些盲點，要想清楚連貫地按照編年體的方式講清楚毛澤東一生中與莫斯科發生關係的全部情況，也還有相當的難度。但是，能不能等到一切條件全都具備，等到所有檔案資料全部公開以後再來寫這段歷史呢？我以為不能。

考慮到種種困難，本書的敘述雖然嚴格按照歷史的順序，但卻主要是以那些最重要的歷史事件作為研究的重點。因為，正是圍繞著這些歷史上分歧最多、也是讀者最關心的事件，各方面公佈的書案資料最多，研究和敘述起來比較容易做到言之有據。

探討那些直接關係到毛澤東與莫斯科之間歷史恩怨的重要事件，不可避免地要涉及毛澤東自己的一些說法。中國共產黨與莫斯科有過長達40年的密切關係，這種密切關係既在相當程度上幫助了中國共產黨和中國革命，也在很長一段時間束縛了中國共產黨人的手腳。可以肯定，如果沒有毛澤東，只是按照莫斯科的計劃、經驗和需要來進行中國革命的話，共產黨人大概絕不會有1949年的勝利了。這也就是為什麼毛澤東在革命勝利後經常抱怨莫斯科的重要原因所在。但這是否意味著，我們今天認識毛澤東與莫斯科關係的歷史，就只能依據他自己的那些充滿感情色彩的回憶和解釋呢？

毛澤東對他與莫斯科關係歷史的說法，長期以來被我們當作金科玉律，並據此來說明當年發生過的許多重要事件的來龍去脈。畢竟，對於毛澤東自己親身經歷過的事情，他自己的說法理應是最具權威性的。但是，任何一個歷史學工作者都清楚，對於當事人的回憶，必須抱著十分審慎的態度，而不能簡單地依據它們來描述歷史，就是對毛澤東本人的回憶也不能例外。

在這個問題上，我相信，即使是中共中央文獻研究室這樣一個嚴肅的官方研究機構，也注定是要根據確鑿的史實，而不會主要依據毛澤東自己的回憶來書寫有關

他的歷史的。一個簡單的例子就是，毛澤東在1936年向美國記者埃得加·斯諾口述自己的歷史，其中談到1920年他在北京期間讀了三本書，正是這三本書給他留下了深刻的印象，促使他成為了馬克思列寧主義者。這三本書是：陳望道譯的《共產黨宣言》、考茨基著的《階級鬥爭》，以及柯卡普著的《社會主義史》。許多年來，談論毛澤東早年經歷的書籍都無一例外地照此說明。可是，20世紀80年代後期，人們已經發現，毛澤東談到的這三本書，當時其實並未出版。很顯然，毛澤東的記憶也一樣有不準確的地方。正因為如此，後來中央文獻研究室在編寫《毛澤東傳》時，就沒有按照毛澤東的這段回憶來說明當時的歷史。

每個人的記憶力都是有限的，每個人即使對親身經歷的事件的瞭解和認識也必定是片面的。人類之所以需要歷史學家，一個重要原因就是要他們利用他們的專業知識，從多方面入手，利用一切可能蒐集到的歷史資料，對過去發生過的歷史事件進行全方位的分析研究，以便能夠對當年究竟發生過什麼，為什麼會發生，事情發生的時間、經過及其結果，做出儘可能少帶個人主觀色彩的實事求是的說明。

為了能夠在一定程度上抵消那些可能會「誤人子弟」的紀實文學作品的影響，本書在寫法上儘量做到通俗易懂。但不可否認，本書仍是一本帶有學術研究性的著作，它對毛澤東與莫斯科關係的解釋也還只是一家之言。筆者的最大願望，就是透過對大量新披露的資料的分析和研究，使我們今天人的認識能夠比較地接近於歷史真實。

本書的部分內容自1997年下半年以來陸續在《百年潮》雜誌上以「青石」的筆名公開發表並連載，引起了許多讀者的熱烈反響，並被一些報刊摘登或轉載。但不少讀者都表示過某種程度的遺憾，即因為限於篇幅，在《百年潮》雜誌刊載的內容，沒有能夠將文中引述的重要論據的資料出處一一標註出來。他們擔心這會影響文章的說服力。比如，不止一個讀者曾經提出過這樣的疑問：你提出的這些新的說法，是否掌握了足夠的證據？你是否只是片面地使用了俄國的檔案而沒有利用到我們自己的資料？本書的出版無疑將彌補這方面的缺憾，回答讀者的這些疑問，並且也能夠在一定程度上滿足那些特別關心這個問題的讀者進一步推敲和研究的願望。

細心的讀者應該可以發現，與已經連載過的內容相比，本書在某些章節中做了一些增刪和修改。這一方面是得益於那些熱心讀者的意見的啟發，另一方面則是得益於中央文獻研究室副主任金沖及教授的指點。金教授為了給本書寫序，在百忙中

逐字逐句地反覆審讀拙稿，訂正了原稿中一些明顯的失誤，並且提出了不少寶貴的意見。在本書定稿過程中，我已儘可能地採納了他的意見。

在本書成稿過程中，承蒙《百年潮》雜誌社長鄭惠先生、主編楊天石教授、副主編鄭海天先生，或審讀原稿，或提出寶貴意見；另外，《百年潮》雜誌徐慶全亦主動承擔了為本書配圖的工作，在此特一併致謝。

一些讀者曾經提出，是不是可以考慮不用「毛澤東與莫斯科的恩恩怨怨」這樣的書名，擔心它可能會使人誤以為本書討論的只是毛澤東與莫斯科之間的個人感情問題。其實，只要讀過本書之後，相信大多數讀者都能瞭解，儘管領導人個人之間的感情好惡對黨和國家關係確實存在著重要影響，但我在本書中通常是在黨和國家關係這個更大的範圍內談論它們之間的「恩恩怨怨」的，我絲毫沒有把中蘇兩黨兩國之間的一切問題都簡單地歸結為領導人個人感情糾葛的意思。考慮到這個標題已經為相當多的讀者所接受，我在此只好請那些對此有過建議的讀者諒解了。

對中共革命成功原因的一點思考

說起來，這是一本舊書，儘管讀過舊書的讀者可能會覺得它已面目一新。

本書斷斷續續寫作於1988-1989年那個特殊的年代，出版於1991年那個更為特殊的時期。起因是1987年秋我從中共中央黨校調到中國人民大學中共黨史系，人在中外關係教研室，要給研究生上課，又因為實在感覺到傳統的中共黨史離開了國際背景講成功，太不真實，想要給研究生們講授一點新的東西，於是就想到了這樣一個題目。但講稿只寫了個大概，1988年春季的課也沒有講完，人就因為去成都開會，到松潘等紅軍長征路上考察，染上了急性肝炎，一病好幾個月。等到體力漸漸恢復起來，就趕上了那場風波。結果，這門課在人大再沒有上過了。因為隨後的一兩年裡在人大已經沒有可能自由開課了，我也知趣地馬上閃人，去了中國社會科學院近代史研究所了。

重新開始把講稿的草稿變成書稿，是1989年底。那邊人大仍在熱火朝天地搞運動，我則利用不用上課的條件，買了一臺PC機，一邊啃DOS，學五筆，一邊開始寫這本書。記得當時還沒有硬盤的概念，電腦的內存只有256M，所有的內容都要存在一張5吋的軟盤裡。但這本書大體成形時，我的錄入速度和修理電腦的能力，至少在當時的老師們中間，也算得上是一流的了。因為那個時候，絕大多數大學老師都還沒有用過電腦，更不要說每半年為電腦升一次級了。就連出版社都還不接受電子書稿，非要你影印出來不可。

能夠在1991年，也就是鄧小平發表南巡講話一年前把這本書印出來，也還是沾了中央黨校的光。因為我在黨校工作了5年時間，又和出版社的朋友比較熟，再加上黨校當年的地位不同一般，黨校許多教員，包括學校的領導層，思想反而比人大這種學校要開放與活躍得多。因此，即使是在那個政治氛圍仍舊相對緊張的時候，我的書稿一經提交出來，還是很快就透過了相應的審查，並在很短的時間就正式出書了。

不過，這本書當年的發行卻很不順利。半年多後編輯告訴我，他們印了兩千冊，發出去的只有一半，其他都壓在庫裡了。我因此把剩下的書全都拉到家裡去了，沒承想傍晚時分搬到三樓的樓道裡暫時堆起來，準備第二天把屋子收拾一下再

把書搬進屋裡去，第二天一早卻發現頭天下午在樓道裡堆得像小山一樣的書，一包不剩地全部消失得無影無蹤了。想來是被那些專門在深夜裡做「廢品收購」的人打劫了。

一方面書很少發出去，一方面隨著越來越多的學者、學生和讀者知道這本書後向我瞭解哪裡有賣，自然就勾起了我想要再版的念頭。而需要再版的一個更重要的原因，還是因為當年出版的機會來得太偶然，因此趕得太急，註釋做得很不規範，最後一章也是草草收尾，再加上編輯校對的工作做得也很粗糙，書中存在的各種問題和錯誤實在很多。何況那以後歷史研究的條件、形勢，包括學術的標準，都有了很大的進步，要求遠比那個時候嚴格得多了，因此再版修訂幾乎是必須的。非常感謝尚紅科先生，幫我了了這樣一個心願。

我之所以堅持要再版此書，一個最重要的原因，是因為雖然時間已經過了這麼多年，歷史資料和史實有了更多的研究和發現，因此可以補充的細節很多，但我當年寫這本書時的基本看法和基本觀點卻並無改變，因此，我還是把這本書看成是我最主要的代表作之一，希望它能夠在技術上和細節上得到完善。

本書修訂中最大的問題是註釋引文的查找。當年研究中共史的條件較差，特別是許多檔案資料沒有開放和出版。在中央黨校工作多年的好處，是有近水樓臺之便，只要有心，就能夠發現很多在其他單位工作看不到的文獻史料。但那個年頭，中共黨史研究有一條不成文的規矩，即大家發表文章或出版著作，利用到這類史料，都只能轉述，不能直接引用。記得我在《黨史研究》雜誌做編輯時，我們已經發現這樣發表的文章，在國際學術界引起的歧義很多，甚至有不少學者直言批評。因此，我們逐漸開始要求作者注意學術研究的通行作法，儘可能使引文註釋規範化，在一定程度上改變了大多數黨史研究的文章沒有註釋或很少註釋的情況。但是，有一點還是很難改變，就是因為中共黨史學者看到的文獻史料多半來自於「內部」，無論是檔案館的，還是單位藏的印刷品，總之都有一定的密級限制，個人沒有直接標註出處的權力和可能。我們後來最大的突破，就是儘可能標註出文件標題和日期，使讀者知道作者確有所憑，但讀者想要知道作者所引來自何處，就愛莫能助了。這也是我當年寫作這本書時的一個重要背景。

由於已經過了20多年，當年許多不能註明出處的文獻史料今天已經公開發表了，或可以在相關的檔案館看到，並可以引注出處了。但也因為過了20多年，而且因為

還是有一些文獻史料不能註明出處,而自己又早就離開了中央黨校,故今天要想找到當年引用的全部資料引文的出處並加以核對,就成了一件超級困難的事情了。此書修訂的時間遠遠超出了我原來的想像,一個最主要的原因就在於此。好在,除了極個別的引文沒有查到出處,做了刪除或改寫以外,其他引文基本上都找到並做過了核對。

修訂中另一個麻煩的問題是史實的核對和補充。由於原書寫於20年前,當時我對有些歷史情況還並不是很清楚。這些年來資料開放的程度遠較當時高得多,而且海外獲得資料的餘地也大得多,因此現在要弄清楚過去弄不大清楚的許多歷史細節,相對比過去就容易得多了。因此,即使是舊書修訂,也需要把這些新的資料和新的研究進展儘可能地反映進去。多少值得欣慰的是,原書在基本史實的研究敘述上至今還是站得住腳的,因此,史實的補充進行得還比較順利。

修訂中另一項自找麻煩的工作,是我為原書過長的段落增加了一些小標題和為每章增加了一個小結。這主要是因為,原書討論的中心內容是中共究竟是怎樣走到它的1949年來的?而要講清楚這個問題,就必須要回答中共早年為什麼一次又一次地走向失敗,為什麼內部紛爭不斷,為什麼每次失敗都和莫斯科的指導失誤有關,而每次崛起也都離不開莫斯科的扶持和幫助?明明暗助中共,莫斯科又為什麼忽而重視國民黨,忽而重視共產黨?中共為什麼明知莫斯科的一些指示或作法對自己未必有利,卻還是一味擁護執行?如果說莫斯科純粹是從自身利益出發在利用中共,它為什麼又一直從政治、組織、軍事、經費、特工及幹部培養訓練等方方面面,大力指導和扶助弱小的中共,幾度出手挽救中共於險境,並且不惜冒著與中國政府乃至於和列強衝突對抗的風險,公開或暗中站在中共一邊?同樣,即使是毛澤東執掌權力,用延安整風清除了黨內的教條風氣,他為什麼依然高度重視用莫斯科的「本本」來教育訓練黨的各級幹部,為什麼依舊鍾情於世界革命,為什麼始終相信蘇聯援助「一定會來」……?要想回答清楚這些問題,都不能不考察說明莫斯科和中共,包括中共黨這一派人和那一派人到底在想什麼,以及他們為什麼會這樣想或那樣想?因而也就不能不對共產黨人的意識形態及其話語邏輯等等,依照具體史實,加以具體的解讀與說明。因此,這本書不同於我其他著重研究事件或人物的具體史實的書,對包括蘇聯共產黨和中共在內的共產黨人的理論、思想、言論,及其政策策略內容的說明明顯較多,一般讀者讀起來有時可能會感覺有點沉悶。多加一些小

標題，就是為了讓不習慣這類閱讀的讀者讀起來會相對容易一些，也便於讀者依照小標題的提示有選擇地閱讀他們感興趣的內容。

這本書的最大閱讀價值，就在於它是到目前為止國內外唯一一本系統講述影響中共革命成敗的外部條件的書。它說明，中共革命的成功和新中國的由來，與朝鮮、越南，以及許許多多落後國家和民族在第二次世界大戰之後獨立解放的經過，有著很大的共同點。那就是，它們其實在很大程度上都是得益於整個世界大環境和戰後國際關係的改變。內因當然是一個最基本的條件，但是，離開了適合的外部條件，再好、再有利的內因也產生不了革命家們理想的結果。

具體到中國，除了戰後世界大環境和國際政治關係轉變的影響外，還離不開日本入侵的影響，否則的話，接連遭遇了1927年和1934年慘重失敗的中共，何以能由極度弱小而一步步壯大；原本足夠強大並且統一了中國的國民黨，何以會一步步削弱瓦解，以至於無法適應再戰後的新形勢、新條件，最終竟被中共所推翻？

中共能夠走到它的1949年，既有賴於外部蘇聯的作用，又有賴於內部毛澤東的作用，兩者缺一不可。如果和中國毗鄰的不是蘇聯，而是美國，毛澤東再機敏睿智長袖善舞，也絕不可能實現1949年的成功。同樣，即使有蘇聯毗鄰，如果沒有毛澤東，中共領袖不論是陳獨秀，還是王明，不論是張聞天，還是劉少奇，我們也都很難設想它能夠順利地走到它的1949年。1948年2月和1949年7月，斯大林兩度直截了當地承認蘇共錯估了中共的實力，曾經誤以為中共革命不會成功，反對中共與國民黨打內戰，因此干擾了中共革命。這清楚地說明，如果沒有毛澤東力持己見，獨立自主，中共很可能和戰後法共、意共一樣，早就被引導到與國民黨妥協的道路上去，成為執政的國民黨的附庸了。但同樣不可否認的是，如果沒有蘇聯就近的指導和援助，中共能否在1921年成立起來，成立起來後能否制定出有益的政策，成功地把自己變成一個群眾性的黨，都頗成問題。即使是在毛澤東領導下，如果沒有莫斯科再三干預和勸阻，完全按照毛澤東的想法行事，國共兩黨的合作關係怕是在抗戰中期就結束了。中共在日蔣兩大敵人的夾擊之下，能否順利發展起來，也頗成問題。

如此一來，有一個問題也就產生了。這就是，中共革命的成功，究竟是毗鄰的蘇聯的作用更大些呢，還是毛澤東個人的作用更大些呢？要就這個問題找到一個簡單的答案几乎是不可能的。我們很清楚，既然斯大林都承認他在中共革命的問題上

犯了錯誤，說蘇聯的作用最大，當然是不準確的。但同樣不容置疑的是，如果沒有蘇聯這個近鄰——無論為了什麼目的——一直在許多關鍵的時候扶助中共的成長，包括阻止中共採取一些明顯錯誤的行動，和在國際上牽制美國⋯⋯，中國再有幾個毛澤東，大概也解決不了問題。

一句話，歷史的演進實在太過複雜了，少了任何一種因素恐怕都構不成為我們今天所看到的歷史。有時，我們必須承認，馬克思在《法蘭西內戰》一文中關於歷史偶然性的說法是完全正確的，即在任何一個革命時代，偶然性永遠都會起著戲劇性的作用，並因此成為總的歷史發展過程中的關鍵因素。「如果『偶然性』不起任何作用的話，那麼世界歷史就會帶有非常神祕的性質」而無法理解了。

這本書講述的一切可以讓讀者瞭解，歷史上的那些成功者實在是太過幸運了。在那樣長的歷史進程當中，一步踏錯，或某一個事件沒有發生，或發生得太早或太晚，歷史可能都是另外一種結局了。如果作為後來者的政治家們不能清醒地認識到這一點，以為過去的一切成功都純粹是因為某個偉大的人物堅持了某種至高無上的理念或原則，那就大錯特錯，並且可能會釀成歷史的悲劇了。

研究馬克思列寧主義中國化問題之必要

「馬克思主義中國化」或「民族化」的概念，差不多是在55年之前由毛澤東等中共領導人首先提出來的，並很快就成為中國共產黨人用以擺脫蘇聯人控制，決心根據中國革命利益的實際需要，獨立自主地決定自己命運的一面旗幟。毫無疑問，這樣的口號是不可能得到長期壟斷著馬克思主義解釋權的蘇聯共產黨人的贊同的。於是，當新中國建立之初，在蘇聯人幫助修訂後正式出版的《毛澤東選集》中，「馬克思主義中國化」的提法消失了，曾經顯得生氣勃勃的「馬克思主義中國化」的戰鬥口號，被「使馬克思主義在中國具體化」這樣一種四平八穩的提法所取代了。在此之後，幾乎是在將近30年的時間裡，多數中國人看來也都相信，「馬克思主義中國化」不是一種嚴謹的科學提法。

重新強調馬克思主義民族化的必然性，多半是在中共領導人再度意識到他們必須重新尋找適合於自己國家特殊條件的獨特發展道路之後。建設有中國特色的社會主義理論思想的提出，標誌著中共再度高度重視把馬克思主義中國化的極端重要性了。歷史似乎兜了一個大圈子，又回到它原來的起跑線上來了。

當然，站在今天的歷史高度，每一個關心中國政治前途的人，在重新認識中共領導人把馬克思主義中國化的歷史時，肯定會受到遠比當時人要深刻得多的歷史性啟示，但這是不是意味著歷史將不會再走回頭路了呢？事情看起來並不是那樣簡單。作為一種意識形態，一面政治旗幟，對於馬克思主義的態度歷來是共產黨人用來劃分敵我的一道分水嶺，但它同時也不能不在某種程度上制約著人們進行創造性的思維。然而創造性的思維，恰恰曾經是馬克思主義理論本身，因而也應當是具有中國特色的社會主義事業本身的生命力所在。可是時至今日，對於馬克思主義某些觀點和理論的不同解釋或修正，在人們的思想當中仍舊是一件相當困難的甚至是充滿危險的事情。特別是在中國當今從事著前人所未從事過的改革事業的時候，種種政治上的顧忌甚至不可避免地會直接影響到我們對許多問題及其後果的看法，因而直接或間接地影響到當前國家的改革決心與進程。沒有必要諱言歷史發展本身的複雜性與曲折性。問題在於，我們有必要瞭解，當今所面臨的一切並不是不可踰越的。早在幾十年前，中共就曾經在極端困難的條件下，依靠自己的力量，擺脫過蘇

聯人所設置的各種各樣的馬克思主義「禁區」，走自己的路，取得了成功。儘管，在今天，在我們談到馬克思主義主義中國化這個題目的時候，有必要強調指出，中國革命其實並不因為毛澤東的出現就「天塹變通途」，中國革命主客觀環境及其條件的複雜與特殊，決定了包括毛澤東在內的所有中共領導人對於中國革命的認識不能不表現出同樣的複雜性與曲折性。但可以肯定，正是這種複雜與曲折，也決定了包括毛澤東在內的中共老一代領導人的思維方式和決策過程不能不總是具有鮮明的實踐特點。鄧小平用「摸著石頭過河」這句話，來形象地比喻當今中國社會主義改革事業的探索與實踐，它其實也同樣可以用來形容毛澤東和中國共產黨人在中國革命的歷史進程中，特別是在處理中國革命的具體實踐與馬克思主義理論關係的過程中，所經歷過的一切。瞭解這一切，真正理解它所具有的深刻意義，對於中國今天的改革實踐應該不無教益。

　　研究歷史上中共領導人把馬克思主義中國化的成功過程，毫無疑問是有它的積極的現實意義的。儘管，成功的意義在這裡遠不意味著正確無誤。恰恰相反，事實上，中共通向政權的每一步都是極為艱難的，任何一種錯誤的政策選擇，都可能給它帶來災難性的後果。而歷史提供給共產黨人進行正確選擇的條件又是十分欠缺的。對於中共而言，他們顯然是幸運的，因為他們找到了馬克思主義這個思想武器。很難設想，沒有馬克思主義，會有中國共產黨；同樣也不能設想，沒有馬克思主義階級分析和階級鬥爭的理論觀點作依據，共產黨人能夠找到最終戰勝國民黨的社會力量。

　　但是，馬克思主義本身並不就是靈丹妙藥，即使是馬克思列寧主義的階級分析和階級鬥爭的方法，由於不能同中國社會和中國革命的具體實際相結合，中共在幾十年裡曾經幾度大吃其苦頭。因此，中國共產黨人之所以幸運，其實還在於他們必須而且能夠把他們奉為經典的馬克思主義「民族化」，即「中國化」。之所以「必須」，是因為他們曾經始終是在強大敵人的圍攻和壓迫之下，不能不「戰戰兢兢，如臨深淵，如履薄冰」，儘可能實事求是，從中國社會的具體實際出發，注意經常調整變化自己的各項政策和策略，而不能機械地照搬照抄外國的馬克思主義的經典模式，甚至不能教條式地理解馬克思主義的理論定義。之所以「能夠」，是因為他們中有著像毛澤東這樣典型地習慣於用中國式的思維方式和中國的語言系統來理解、消化和吸收外來文化，並且習慣於從中國革命實際利益的角度來考慮問題的領

導人；純粹是因為他們的存在與努力，「馬克思主義」才得以在相當程度上擺脫了它的俄國形式，經過不斷的修正和改造，在實踐中逐漸建立起一種適合於在中國生長的獨特形式。「變則通，不變則亡」。這句老話對於中共也同樣適用。正如筆者在本書最後一章所總結的那樣：「時間和空間的變化，不能不影響到條件和環境的變化，從而不能不決定著人們思想和主義的某些內容也要相應地有所改變。……沒有什麼是永遠不變的，變化是正常的，相反，不變化卻是不正常的。時間在變、世界在變，環境和條件都在不斷地改變，把自己的思想、主義固定起來，僵化起來，不能懷疑、不能修正和創新，其結果只能是在變化的大千世界面前失去應變的能力，從而喪失自己的生命力。」看來，正是由於共產黨人後來坐穩了江山，這一邏輯的客觀力量表現得不那麼具有威脅性了，因此在建國後的很長一段時間裡。毛澤東不再像戰爭時代那樣「戰戰兢兢，如臨深淵，如履薄冰」了。經驗轉而成為不可踰越的教條，歷史在這裡又走了回頭路。儘管這並不等於說，他們真的可以「以不變應萬變」了。然而，在戰爭年代裡，面對強大的敵人和險惡的環境，任何一種機械的、僵化的和教條主義的作法，都可能迅速把他們引上絕路；而在新的歷史條件下，這一過程看上去卻像鈍刀子割肉那樣，致人死亡要緩慢得多。然而，正因為其來得緩慢，正因為其容易使人感到麻木，當它為害之際，往往危害更甚，以至難以補救。

歷史向來都是無情的。它從來不以主觀動機論英雄，它所看重的只是客觀的效果。因此，任何一個相信馬克思主義的中國人，都有必要瞭解，馬克思主義本身並不是目的。中國共產黨人過去之所以選擇了馬克思主義作為自己的世界觀和方法論，那只是因為他們相信只有馬克思主義才是他們改造中國與世界的最有效的手段和武器，因而他們敢於根據鬥爭的實際需要修正它和發展它，而並不是把它視為一種教條。本書從一個方面深入考察了中共當年是如何把他們從俄國人和共產國際那裡學來的馬克思列寧主義，具體地應用到中國革命的實際當中來的。從本書所說明的共產黨人對中國革命的一些重大問題的認識以及政策的不斷變化中，人們可以清楚地看到，按照中國革命的實際需要，去認識中國革命、規定不同時期與不同條件下的鬥爭目標，特別是要找到並認可一種靈活適時的鬥爭策略，曾經是多麼的困難，又是多麼的必要。在這裡沒有什麼放之四海而皆準的一成不變的東西，鬥爭的條件和環境都在不斷地改變著，因而中國共產黨人的一切具體的鬥爭目標、政策策

略、行為規範，也統統都在不斷的變化和修正中，統統要根據實際鬥爭的各種不同條件和需要來改變。任何「經驗」、「成熟」、「完善」之類的字眼兒，都只具有相對的意義。而毛澤東在革命期間的長處，多半也就在於他能夠比其他人更注重中國革命的具體實際，能夠更主動地透過認識—實踐—再認識—再實踐的方法，來使自己的馬克思主義的觀點和策略儘可能接近於不斷變化的鬥爭實際。而不是像有些人那樣，為了捍衛馬克思主義的所謂「純潔性」，不僅把馬克思主義公式化、教條化，而且還要把自己也變成所謂「百分之百的布爾什維克」。

本書並不試圖對自己所說明的每一個問題進行理論性的總結和評論，儘管這裡有些可能確實曾經是中共革命的成功經驗所在，而有些在今天人們的觀念看來其實很值得討論。但是，筆者歷來認為，一切發生過的事情都有必然的甚至可能是合理的一面。一個歷史學工作者的責任，其實首先在於他能否讓後來的人們知道過去發生過什麼和它們為什麼會發生；在於他能否讓人們看到歷史上真實的一面，使他們能夠真正瞭解過去。因此，一部有價值的歷史著作，首先並不在於它成功地使讀者接受了什麼樣的結論和觀點，而在於它給讀者提供了多少新的真實的歷史事實和歷史知識。這多半也就是本書寫作的目的。

要深入地而且是實事求是地說明歷史上中共馬克思主義的思想觀念、政治主張以及複雜的政策和策略的形成變化過程，在今天還不是一件十分容易的事情。為了儘可能真實地說明和再現歷史，筆者在這裡嚴格遵循了歷史學研究的最重要的原則，即必須保證自己所研究和介紹的所有重要歷史事實有可靠的儘可能是第一手的史料以為依據。正是由於筆者大量地並且是系統地利用了第一手的檔案文獻資料來研究和說明歷史，本書才得以「披露了」——按照目前流行的說法——「許多鮮為人知的史實」。當然，它們只不過是今天人們應該瞭解的歷史的一部分。

需要說明的是，筆者不可能面面俱到。由於篇幅的原因，以及由於某些資料欠缺的緣故，有些可能是應該談到的問題很遺憾沒有能夠在本書中加以研究說明。特別是關於1949年以後，共產黨人怎樣具體地處理馬克思主義理論觀點和中國社會實際的關係，筆者暫時還無力做如此深入的全面的分析和解說。另外，由於筆者在研究功力上的不足，也由於筆者對某些史實的說明未必符合一些同行對這些問題的認識，本書可能還存在著某些不盡人意之處。凡此種種，筆者只能深表遺憾，並望讀者海涵。

研究歷史，貴在求真

歷史對於我們來說，既遠又近。說遠，是因為哪怕是昨天發生的各種事件，只要我們不是親身經歷並直接參與決策全過程，就未必能夠說得清楚，因此今人和過去未免越來越隔膜；說近，是因為今天永遠是昨天的繼續，過去發生的一切總是會以這樣或那樣的方式，對今天，甚至對明天產生影響、發生作用，想躲也躲不過。

中國有長達五千年的文明史。也許，今天來探討半坡村文化或炎黃二帝如何影響我們現如今的社會文化和生活，多少有點感覺遙遠。但是，自從有中共以來的中國革命的歷史，卻距離我們很近很近。站在今天歷史的高度，回過頭去重新認識一下曾經血雨腥風、轟轟烈烈的中國革命，深入考察一下我們今天生活的這個新中國是怎樣誕生的，關注一下「革命」給我們今天這個國家、這個社會、這種體制以及思想文化觀念留下了怎樣的一些烙印，也許能讓我們活得更明白些。

看革命的歷史，要離開革命的那個時代。所謂站在今天的歷史高度，就是強調要有一定的距離感。以紅海洋中紅衛兵的那顆赤熱的紅心來感覺那個紅彤彤的世界，是一種感覺；用豐富的歷史對比和對人類社會未來發展趨向的深邃理解，來冷靜地俯視過去，所得到的則是另一種感覺。後一種感覺無疑會比前一種感覺，更可靠，更真實。

距離對歷史研究會帶來很多遺憾，距離過遠，今人關心的熱度也越低，反過來對歷史研究的推動力也越小。而且距離遠了，史料，包括活的史料（當事人）和死的史料（文獻檔案等）損耗越大。但距離對研究近現代歷史，比如中國革命之類，卻也有相當好處。除了可以獲得更多理智和冷靜的判斷力以外，還因為包括中國在內，世界上許多國家都規定了文獻檔案30年解密制度。也就是說，有許多引人注目的近現代歷史之謎，差不多都要到事情過去幾十年之後，人們才有可能根據第一手的文獻檔案資料來深入瞭解它的來龍去脈。

距離所帶來的好處並不止於檔案開放。熟悉中國革命歷史的讀者都清楚，即使在十幾年前，我們還可以看到不少文章著作，只是憑藉某個講話、指示、社論和本本上的精神就來解釋過去。而隨著時間的遠去，隨著檔案資料的開放，隨著人們歷史敏感度的降低，要客觀地研究和說明半個世紀以前的許多問題，如今應該不再是

一件很受束縛的事情了。

　　當然，有了這許多足以讓前人羨慕的條件，並不意味著我們一定能夠寫出震聾發聵、啟迪新知的歷史文章。研究歷史，貴在求真。求也者，「如切如磋，如琢如磨」，努力探索之謂也。既為探索，就難免要對過去的研究和定論有所問、有所思、有所辯。而問也罷，思也罷，辯也罷，對於歷史研究而言，非要有全面深入的史料蒐集功夫、實事求是的客觀精神，和清晰有力的邏輯判斷不可。正因為如此，由於個人心態不同，社會及教育環境不同，知識積累不同，對史料的掌握和理解各異，歷史學家的研究心得有時可能並不完全相同，他們提供的知識和新意也未必一樣。時至今日，人們對於中國革命的歷史仍會有這樣或那樣不盡一致的解釋，實難完全避免。

　　但是，這是否意味著歷史就沒有真實可言了呢？當然不是。儘管存在著種種普通人難以想像的困難和侷限，努力探求歷史真相，爭取讓讀者更加貼近歷史真實，仍舊是每一個有社會責任感的歷史研究工作者的共同追求。擺在讀者面前的這本書就反映了筆者個人在這方面的部分努力，它選擇了一些可能引起讀者關心的歷史人物和事件作為討論的重點，並儘可能用大家能夠理解的語言，以期引起讀者對這段歷史的重視與共鳴。當然，以筆者個人的觀點，來對一些傳統說法做出新的解釋與說明，是否真正實現了更加貼近歷史真實的目的，最終還是需要讓讀者認可，特別是還要經過歷史本身的檢驗。不過，筆者可以確信的是，本集所呈現給讀者的研究成果，至少能夠將已有的研究向前推進，並提供給讀者一些新的經驗和新的思考。

　　實事才能求是。只有當我們真正貼近了歷史真實時，我們才可能對我們的昨天和今天有更加透徹的認識，才有可能觸摸到歷史發展的脈搏。正所謂以史為鑒，可以知興替。社會發展到今天，由於缺乏對歷史的深刻檢討，無視歷史的教訓，看不清歷史發展的趨勢，我們曾經走過太多的彎路。但願我們每一個熱愛生活的人都能把歷史當成一面鏡子，既用來照人，更用來照己。而要能夠做到這一點，就不能不指望歷史研究工作者來做出努力。因為只有造出的鏡子質量高，鏡子中的影像才不會扭曲和失真，照鏡子的人才可能不被假象所誤導和欺騙。

避免重犯文革錯誤的關鍵所在

　　1980年，一位義大利記者在採訪鄧小平的時候，曾經問到這樣一個問題，即你們今後將如何避免再犯「文化大革命」那樣的錯誤？

　　鄧小平回答說：「這要從制度方面解決問題。我們過去的一些制度，實際上受了封建主義的影響，……我們現在正在研究避免重複這種現象，準備從改革制度著手。我們這個國家有幾千年封建社會的歷史，缺乏社會主義的民主和社會主義的法制。現在我們要認真建立社會主義的民主和社會主義的法制。只有這樣，才能解決問題。」

　　「文化大革命」已經過去二十多年了，「文革」對社會進步的毀滅和對我們個人靈魂的虐殺，早已被一浪高過一浪的經濟大潮沖刷得痕跡模糊了。甚至，「文革」已經成為許多人的生財之道了，從「文革」像章、「文革」歌曲、「文革」中的樣板戲，直到以「文革」為題材的書籍……但是，那位義大利記者提出的，也是當年我們許許多多人冥思苦想的問題，即如何避免再犯「文化大革命」那樣的錯誤的問題，解決了嗎？

　　「文革」是怎麼發生的？直至今日，人們更多強調的仍舊是毛澤東反修防修的良好願望。也正因為如此，當一些人看到種種社會醜惡現象沉渣泛起、腐化官僚橫行一方時，往往會不由自主地懷念毛澤東，甚至懷念「文革」。他們往往會口出驚人之語：「真應該再來一次『文化大革命』！」

　　幻想再來一次「文化大革命」來杜絕各種社會腐敗現象，這未免有點像天方夜譚。所謂「文化大革命」，不就是一次規模大些的運動嗎？建國以來，這樣的運動發動得還少嗎？1951—1952年是「三反」、「五反」，1957年是「反右」，1959年是「反右傾」，1963-1966年是「四清」，1966-1976年是「文革」，中間還有「鎮反」運動、知識分子思想改造運動、意識形態領域批判運動等等，哪一次毛主席他老人家不是為了「防止資本主義復辟」？結果呢，運動來運動去，問題總也解決不了，最後還要搞「文化大革命」。「文革」搞了十年，要多長有多長，要多徹底有多徹底，除了造成數不清的冤假錯案，使國民經濟的發展嚴重滯後以外，究竟解決了什麼問題？

其實，「文革」搞了幾年之後，毛澤東自己就意識到這不是根本解決問題的出路了。只不過，他老人家的思想已成定式，鑽進「階級鬥爭為綱」的死胡同出不來了。無可奈何之餘，他能夠想到的辦法，就是「過七八年再來一次」。

毛澤東講這話時，已是垂垂老矣。人老多健忘，從1952年到1957年，從1957年到1959年，從1959年到1963年，從1963年到1966年，他親自發動的運動一個接著一個，其間隔最短者不足兩年，最長者也不過五年，「過七八年再來一次」，如何使得？

《我親歷的政治運動》輯錄了歷次運動中一些較典型的親歷者的回憶。輯錄這些親歷記的目的，不是為了獵奇，更不是為了暴露所謂的「陰暗面」。事實上，具體到某一個運動本身的社會效果和政治效果而言，人們今天的評價也不盡一致。並且，即使這些運動的親歷者，不少人也不否認毛澤東當初發動運動時具有良好的動機。問題是，靠運動，或者用「文革」這種令人髮指的「打倒一切」的方式，能夠達到目的嗎？看一看這些親歷者的回憶，體會一下他們所遭受的苦難，凡有人性、有良知者，誰還會期望透過「七八年再來一次」的這種毫無理性可言的運動，來解決我們面前這些令人憤憤不平的社會問題呢？

「文革」過去了二十多年，為什麼仍然有人會讚賞「文革」，主張再搞運動呢？除了那些「文革」中的受益者，和少數思想極端偏執者外，多數普通人的一個基本心態，就是對社會腐敗現象強烈不滿，但又看不出解決的出路何在。

是不是真的沒有解決問題的出路呢？當然不是。幾乎所有國家在走向經濟富裕的過程中，都經歷過社會腐敗現象嚴重這樣的問題，但很多國家都度過了這樣的難關，走上了健康發展的道路。鄧小平1980年對義大利記者的談話顯示，他對這個問題也早有認識。因為他當時就已經很明確地講，我們的有些問題是制度上的問題，這些制度實際上受了封建主義的影響，因此一定要從改革制度方面來解決問題。解決的唯一辦法，就是必須建立社會主義的民主和法制，一切問題要透過民主監督和法律制裁的辦法有序地解決。只有這樣，才能避免再搞「文化大革命」那一套。

遺憾的是，改革開放20年來，我們狠抓了經濟建設，實現了經濟上的騰飛，但卻沒有能夠下大力氣及時建立起一套比較完善的，並且是行之有效的民主監督制度和法律保障制度，致使無序競爭惡性發展，社會腐敗現象愈演愈烈，權大於法的現象比比皆是。這不僅嚴重損害了黨和政府的形象，而且已經在不少地方造成了如同

朱鎔基總理在本屆人大記者招待會上所講的「民怨沸騰」的局面，並導致不少人得出了應該再來一次「文化大革命」的糊塗觀念。

　　政治體制的改革不搞不行了。黨的十五大突出強調了政治體制改革的重要性和體制改革的光明前景：不是沒有辦法。我們編輯這部集子，更是希望所有讀過這本書的讀者都能夠瞭解：搞運動不是出路，中國決不能再搞運動。無論對國家、對人民、對自己，搞運動都有百弊而無一利。

　　中國實現經濟發達、政治清明的唯一方法，只能照鄧小平當年講的那樣：摒棄一切沾染著封建主義痕跡的制度和體制，真正使我們的國家走上民主和法制的軌道。

　　避免重犯「文革」錯誤在於此，恢復人民對改革開放的信心在於此，我們黨和我們國家的長治久安也在於此。

歷史有其自身的邏輯

在國共兩黨關係史上，是不是有過這樣的機會，它可以使政治觀點上截然對立的雙方，在一種相互妥協的基礎上，形成某種合作的局面呢？毫無疑問，不論過去的人們以什麼樣的眼光來看待當時的現實，也不論今天的人們以什麼樣的觀點來理解過去的歷史，這樣的機會確實存在過。有誰能夠否認，自有中國共產黨以來，到國民黨敗走臺灣時為止，在這28年的時間裡，政治觀點上截然對立的國共兩黨，相互戰爭的時間絲毫不比他們「和平共處」的時間長。（計算自有中國共產黨以來到國民黨敗走臺灣這28年的歷史，兩黨處於戰爭狀態的時間總計有1927～1936(9年) 和1947～1949(3年) 共12年左右的時間，而兩黨合作或處於非戰爭狀態下的時間，卻有1921～1927(6年) 和1937～1946(10年) 共16年的時間。相比之下，雙方戰爭的時間應少於合作的和「和平共處」的時間。

當然，過去的和今天的政治家們，站在不同的角度，對於這種「和平共處」始終有著不同的看法。但是，之所以選擇「和平共處」而不是選擇戰爭，這畢竟是一種妥協，並且是相互間的而絕不是單方面的妥協。時至今日，還有人在懷疑，如果沒有西安事變，是否還會有中國共產黨的存在？但是，人們為什麼不從另外的角度想一想，為什麼從1935年開始蔣介石就在祕密尋找共產黨談判，如果張學良不是瞭解到蔣介石祕密尋找共產黨談判的情況，如果他不是相信共產黨有蔣介石也無法消滅的力量，他是否會與共產黨結盟，是否會冒險發動西安事變？進而言之，西安事變結束之後，如果蔣介石有力量有決心，蔣何以要留這無窮的隱患，而與之和平談判？如果共產黨數萬兵力無足輕重，蔣又何以在談判條件上一讓再讓，最終不得不同意中國共產黨人保有事實上獨立的軍權和政權？試比較一下1949年的國共談判，蔣尚有半壁江山和數百萬軍隊，只因共產黨人不想與之妥協，結果竟想要保有部分的政權和軍權而不可得。事實昭然，妥協總是雙方面的，而雙方面的妥協不論形式如何，又何嘗不是一種「合作」？在1937年到1946年這10年的時間裡，恐怕再沒有什麼字眼兒比「國共合作」這個字眼兒包含的內容更豐富了。它裡面既有友愛，也有仇恨；既有團結，也有對立；既像徵著平等，也像徵著不平等；既意味著和平，也意味著戰爭，他們卻始終在努力維持著他們之間的統一戰線。從1936年國共兩黨

談判政治解決兩黨關係開始,到1946年國共兩黨談判破裂為止,他們之間斷斷續續進行了長達11年之久的政治的和軍事的談判。這些談判的內容固然每每不同,他們之間的分歧固然比比皆是,但是,他們之所以談判,目的只有一個,那就是為了達成和實現某種程度的諒解與妥協,為了保持某種形式的和平與合作。

然而,截然不同的觀念形態、政治地位和社會基礎,使得雙方有著截然不同的政治目的。而這種截然不同的政治目的最終導致國共兩黨總是難以找到共同的妥協基礎與諒解方式,真正意義上的妥協——國共雙方互不訴諸武力——幾乎沒有可能。

當然,妥協的機會總是有的,無論是1937年,1938年,1942年,1944年,還是1945年和1946年,我們事實上都能夠發現這樣的機會。但是,機會總是有條件的。它們之所以存在,很大程度上只是客觀環境、力量對比和一方甚或雙方的妥協意願所使然。也正因為如此,機會總是不能保持永遠。任何一種環境的改變,力量對比的變化,乃至談判條件的調整,都可能使本來存在過的機會轉瞬間就消失得無影無蹤。如果我們注意一下1942年和1944年上半年的兩黨談判情況,就可以很清楚地意識到這一點。也恰恰是由於這種情況,我們似乎有必要注意到兩黨關係的極端複雜性。可以肯定,在國共關係史中,兩黨談判的歷史是最能夠集中反映雙方關係的這種複雜性了。在1936～1946年間,國共兩黨幾乎所有重大的矛盾與紛爭,無論是政治上的,還是軍事上的,都不可避免地要訴諸並透過談判來解決。而國共兩黨自身幾乎所有重要的方針和目的,無論是政治上的,還是其它方面的,也都不可避免地要在談判條件的考慮和變換中表現出來。甚至,如果我們把國共雙方的歷史性較量概括為一種「鬥智鬥勇」的話,那麼,談判本身實際上也是雙方運用謀略克敵制勝的一種手段。有人說,談判本身就是一種藝術。如果我們只是就其複雜並極具技巧性的這一特點而言,我們的確可以把它看成是一種藝術——一種「鬥爭藝術」。在抗日戰爭前後,國共雙方實際上也正是把談判當成是一種鬥爭的重要手段的,它甚至遠比那些真刀真槍的磨擦和衝突更加具有威脅性,更加驚心動魄。本書的目的,在於努力研究並說明在國共關係史中最複雜也最富戲劇性的兩黨談判的情況。也許,人們今天可以從中得出某些有益的教訓和啟示。

從國民黨的角度來瞭解國共關係的嘗試

在大陸，已有的研究國共關係史的著作，至少應當在十幾部以上。但是，翻遍已有的研究國共關係史的著作，可以發現一個現象，那就是，所有的研究都是基於同一角度，即站在中共角度所做的研究。與其叫國共關係史研究，不如叫共國關係史研究要準確些。

為什麼說已有的研究著作幾乎都是站在中共的角度來研究國共關係呢？這是因為，迄今為止大陸出版的這些研究國共關係史的著作，所利用的史料，基本上都是中共方面的，很少至少是較少利用到國民黨方面的史料。

主要利用中共方面的史料來研究國共兩黨關係史，有什麼不足嗎？有。從中共保存下來的大量史料出發，來研究它與國民黨關係的歷史，對於瞭解中共在兩黨關係問題上政策策略形成的原因及其推行貫徹這些政策策略的過程，無疑是十分必要的。它便於我們理解在不同時期、不同問題上，中共的認識、感受和它在處理兩黨關係問題上所依據的邏輯。但就研究國共兩黨關係史而言，這卻是不夠的。較少利用和瞭解國民黨方面據以形成其政策策略，包括記述兩黨關係問題的種種史料，就不大容易理解國民黨當時許多政策策略形成的原因及其推行的過程與結果。甚至還可能誤把一方當年在不明了對方真實感受和意圖情況下所做出的某些政治判斷，簡單地當成自己立論的基礎。

筆者還在1991年就寫過一本叫《失去的機會？——戰時國共談判實當》的書，因為研究寫作時還很少可能利用到臺灣方面保存和出版的書案史料，因此也就決定了該書也只能是以中共方面保存和出版的相關史料為分析的依據與線索。儘管，書出一年後即靠脫銷，加印時臨時核對或補充了一些當時已經可以找到的臺灣方面出版的史料，但整體上仍舊沒有多大變化。

當然，就國共兩黨談判史而言，既使在過去了十多年，有機會大量查閱保存在臺灣的國民黨各種文獻史料之後，筆者也沒有發現有更多的依據兩方面史料來研究這一歷史的可能性。這是因為，在那個時期，與國民黨的談判關係著中共及其武裝的生存與發展，是中共各項工作的重中之重。從而也就決定了中共中央及其相關部門，不能不集中主要精力和幹部以應付和謀劃，留下了各種形式的大量歷史記錄。

相反，除在極個別情況下之外，國民黨方面幾乎從來不重視與中共的談判問題。大多數的談判幾乎都是蔣介石直接授命個別人員秘密進行的，並不與黨內高層協商辦法。因此，要想在國民黨保存下來的史料當中找到比較完整且有系統的涉及到兩黨談判的資料，完全沒有可能。

但是，從研究國共兩黨關係的角度，筆者在寫作戰時國共談判史的時候，就已經意識到過多地利用單方面史料的嚴重不足了。因為顯而易見的是，由於中共方面的資料相對豐富，國民黨方面資料極度欠缺，筆者通常可以很容易根據中共中央開會討論或電報來往的情況，具體瞭解中共方面談判意圖以及談判方案形成的原因和過程，卻往往無法準確判斷作為國民黨方面談判的唯一主導者，蔣介石是從怎樣的渠道，得到了怎樣的訊息，這些訊息又怎樣影響了他的認識，他出於怎樣的目的制定了怎樣的應對方案，尤其是他在談判過程中不斷調整和改變談判目的及計劃的原因如何。在這種情況下所做的研究，其容易理解共產黨，而不容易理解國民黨，是不可避免的。

正是因為這種情況，該書出版後，儘管它是第一本系統研究國共兩黨談判史的著作，且首次詳盡披露了歷次兩黨談判的具體文獻，對瞭解和研究戰時國共談判的經過，具有很重要的參考價值，但臺灣幾乎是唯一的中共史專家陳永發卻當面批評筆者的這一研究不夠客觀。嚴格地說，這也是筆者的一種遺憾。陳寅恪先生有云：研究歷史，要「與立說之古人，處於同一境界，而對於其持論所以不得不如是之苦心孤詣，表一種同情」。筆者始終深信此言乃做歷史研究者必備之精神。研究國共兩黨關係，對共產黨當如是，對國民黨又何嘗不該如此呢？

正是因為注意到上述缺憾，筆者在出版了《失去的機會？——戰時國共談判實錄》一書之後，仍舊高度關注著國共關係史的研究狀況和相關資料的發掘與利用，並且盡一切可能在海內外繼續蒐集有關這一問題的各種檔案文獻史料和回憶口述史料，力圖有朝一日能寫一本著重從國民黨史料出發的整體研究國共兩黨關係史的著作，以彌補這一缺憾。只是，因為筆者同時還關心並致力於其他課題的研究工作，這一研究計劃一直拖到今天才正式提上議事日程。

無論如何，本書寫成可以說最大限度地完成了筆者的一個心願。研究歷史，猶如破案。當一個個謎一樣的事件只因研究者鍥而不捨的追問和對種種蛛絲馬跡窮根究底的考據而最終真相大白的時候，其收穫的喜悅常常令人陶醉。但研究中國現代

的歷史，又猶如醫生治病。越是有相當醫術又具有良好醫德的醫生，就越是不能滿足於揭示那些導致多數人頭疼腦熱的病根，他們常常會因為眼見種種惡疾永無止境地吞噬著病人的錢財和生命，自己卻無能為力而嗟嘆不已。研究國民黨與共產黨關係的歷史的過程，也正是筆者感觸於這兩方面刺激的過程。

國共兩黨為什麼時分時合，為什麼經常是我中有你，你中有我？一個最基本的原因，就是因為兩黨之間固然有意識形態以及由此而來的權力和利益之爭，但同時兩黨眾多成員之間也存在著許多共同的東西。這不僅僅因為他們同是中國人，有著相同的語言文化和共同的祖先，而且因為他們中許多人在救國救民的理想追求上，其實也有許多非常相近，甚至是一致的願望。就本質而言，意識形態對於他們更多的其實只是一種實現其理想追求的手段或者工具。驗證此一工具的有效性，靠的還是其應用後的效果是否達到或者接近於他們所期待的目標。而在長期研究了共產黨之後，再來研究國民黨，這種感觸不能不變得更強烈。因為，仔細對照國共兩黨，包括他們眾多成員所使用的語言以及他們在各種公開或私下場合中所表達的願景，我們都會發現，它們竟然常常是那樣相似，甚或是一致。兩者之間的最大區別，很大程度上只是一個推行激進政策，一個堅持改良主張；一個植根於社會底層，一個立足於有恆產者階層而已。一旦共產黨修正其激進政策，雙方之間即會出現妥協合作的基礎；一旦國民黨的改良主張讓人看不到光明的前景，就會有許多國民黨人或明或暗地傾向於，甚至乾脆轉向激進的共產黨。然而，僅僅是因為意識形態所具有的獨一性和排他性，國共兩黨不能不為了「操之在我」和驗證「唯我獨革」，你死我活地相互拚殺了幾十年。在這幾十年裡，直接或間接地死於國共鬥爭的中國人，何止百萬千萬！直接或間接地導致國家民族在主權、領土、財產、生命，包括在社會和經濟發展機遇上所受到的損失，更是不可以數字或金錢計。然而，如果真是為了國家和民族的福祉，為了眾生平等和幸福，難道意識形態的分歧真的不能踰越，而必須要以犧牲無數寶貴的生命為代價，來驗證其正確嗎？1949年以來海峽兩岸各掌政權，曲折驗證的結果，難道還不足以說明一切嗎？可惜的是，時至今日，又有多少人真正領悟到這其中的道理了呢？

言歸正傳，本書雖告完成，筆者卻仍舊不能滿足。這是因為筆者雖然在現有條件下已經盡了最大努力，但本書距離筆者想要達到的高度和深度，實還有相當距離。其原因：

第一是因為現有的，以筆者所能找到的史料，在個別階段仍舊不能充分解釋國民黨人政策策略形成的幕後原因，甚至無法清楚描述其對某些重大事件認識和處置的經過情形。在實在無法較充分地利用國民黨方面的史料來分析其政策策略動因和形成實施過程的情況下，筆者有時仍舊不能不借助於中共方面或其他相關史料，來做分析立論的依據。這自然無助於完整全面地解讀國民黨對共產黨政策形成和變化的歷史。

第二是因為本書的體例和相關史料的侷限性，使本書敘事的角度與重點前後會有些許差異。即前三分之一部分較多地以國民黨內核心人物為中心來展開，而後面的部分則較多地側重於事件經過的分析與說明。這很大程度上是因為國民黨史料的保存前後側重不同，前三分之一時期有關事件史的資料保存欠缺較多，因而就使得有關核心人物個人方面的資料價值得以突顯出來。而以後的情況卻恰恰相反，有關事件史的資料保存很多，有關核心人物個人方面的資料雖多，卻大量被加工修改，利用價值大大降低。當然，這裡面也有體例限制的影響。儘管筆者更樂於突出人物研究，但本書畢竟是一部研究國民黨對共產黨政策史和關係史的著作，除非在史料不能支持的情況下，否則，太多地著墨於個別領袖人物的意志及其作用的描寫研究，與本書的體例會太過偏離。

第三是因為受到筆者的興趣點、對事件意義的個人判斷，以及受到史料掌握情況等因素的影響，本書章節沒有完全依循多數讀者可能已經習慣的歷史階段劃分或事件重要程度來設計。比如，筆者就沒有用太多筆墨去分析國民黨的五次圍剿戰爭的經過，對決定國共最後成敗的「三大戰役」更是完全沒有做軍事史的分析說明，同時卻以一整章的篇幅分析描寫了1946年國共兩黨在爭取東北過程中的一次規模不是很大的四平戰役。這純粹是因為要在一部幾十萬字的通史性著作中面面俱到地展示國共兩黨關係的所有重大歷史環節，是不可能的。因此，筆者更樂於把自己認為的歷史轉折點做一些個案的解剖，以求透過這些大大小小的個案解剖，來達到以小見大的效果。

第四是因為本書仍有個別章節會涉及到兩黨談判的問題，在實在無法迴避不談，又缺少更多新資料的情況下，筆者只能利用上一本書中利用過的一些基礎史料。對此，凡可能重新研究處，筆者均儘量重新做過研究。但是，即便如此，在個別章節中，讀過筆者前一本戰時國共談判實錄的讀者，仍難免會有某些似曾相識的

感覺。

　　第五是本書雖然名為「國共關係史」，筆者也儘可能在一些章節中努力嘗試較全面地反映國民黨內部自下而上和自上而下的互動情形及其政策策略形成的深層次原因，但實際上，本書目前的寫法仍舊較多地停留在上層政治史的層面上，未能充分展現國民黨基層組織和普通黨員在國共兩黨關係史當中的表現和作用。這其實主要還是筆者時間有限，在資料蒐集上用功不夠所造成的。

　　第六是在種種因素的影響下，筆者雖然試圖儘量客觀地去分析和描述國民黨人在對共產黨問題上的複雜心理及其情感變化，但在某些相關概念的使用上，因為無法找到或不便使用更為準確的表達方式，難免仍會沿襲以往帶有明顯傾向性的政治用語。另外，成年人的思維方式及其思維角度，很難完全抹去其生長環境和教育背景影響的痕跡。以筆者的生長環境和教育背景，在分析研究1949年以前國共關係歷史的問題上，要想做到與絕大多數研究這一問題的臺灣學者，完全把握到同一尺度，也並不現實。對此，筆者亦有自知之明。

　　最後要重申的是，對於本書，筆者是努力嘗試了用陳寅恪先生關於要「與立說之古人，處於同一境界，而對於其持論所以不得不如是之苦心孤詣，表一種同情」的這樣一種態度來研究的。如果說這樣一種努力在某些地方做得還不夠到位，那僅僅是筆者的能力所限，而絕非筆者的本意之所在。之所在。

從共產黨人的角度來看國共關係

　　這是一本舊書，卻還是一本新書。說它「舊」，是因為它寫於1991年初，距今已經有將近15個年頭，不可謂不久。說它「新」，是因為過去了差不多15年，這期間趕著潮流寫「國共關係史」，放眼「第三次國共合作」的書出了不知凡幾，還沒見有一部扎紮實實地從史料出發的。因此，即使是經歷了十幾年被人抄來抄去的劫難，好在這只是一本具體研究和記述戰時兩黨談判經過的著作。它所披露的個別文獻可以被人抄，但是，離開了它所整理的系統的談判史料及其背景分析，個別文獻的歷史意義通常並不能得到正確的解讀。何況凡這類「文抄公」多半沒有研究基礎，只求多快好省，即使抄來的東西，也往往是錯誤百出。更不必說那些往往打著國家重點課題或國家社科基金頭銜的大部分頭著作，基本上千人一面，觀點要不就過於陳舊，要不就太趨時髦。時間一長，情勢一變，讀起來不是味同嚼蠟，就是讓人不知所云，甚至哭笑不得。

　　一本好的歷史書，要能夠常讀常新。本書過了將近15年，讀起來仍舊會讓人覺得有些新意，而不會讓讀者有思想落伍之感，關鍵就在於它是建立在比較紮實的史料研究的基礎上，而無意為現實的某些政治目標服務。為什麼筆者總是強調要做史料研究？這是因為，筆者從來認為，歷史研究，貴在求真。當我們儘可能地依照事情的本來面目還原歷史的時候，其實很多重要的啟示也就蘊含在其中了。這比太過追求做理論概括和經驗總結，要來得穩妥和實在得多。

　　就儘可能準確地還原歷史本來面目這一目的而言，本書並不是筆者很滿意的一部著作。筆者的不滿意，倒不是像有的大陸或臺灣朋友那樣，遺憾其思想性不強。本書寫作時，恰值一個相對敏感的時期，筆者初涉國民黨問題的研究，尚不知水深水淺，因而沒有採取邊敘邊議的分析式寫法，只是採取了較為穩妥的擺事實的寫法。這注定是許多讀者讀起來不那麼解渴的原因。但這種紀實性的寫法，也有它的好處。那就是它沒有太多的傾向性，不會讓一部分讀者喜歡，一部分讀者不滿。像國共關係這樣摻雜了太多歷史和感情糾葛，至今兩岸讀者的看法還極為對立的話題，也許把基本的文獻史料發掘出來，系統地予以全面的介紹，給讀者更多的自我判斷和自我思考的空間，比強調筆者個人的看法，會更有價值一些。

筆者對本書的遺憾，更多的是因為史料的問題。這本書寫於十多年以前，那時筆者還沒有去過臺灣，甚至還沒有蹲過南京中國第二歷史檔案館。因此本書寫的是國共談判的歷史，事實上其中利用的國民黨方面的檔案史料，少之又少。除了個別史料是後來加印時根據臺灣出版的檔案文獻資料校訂並加注的以外，本書絕大部分涉及國民黨方面的種種談判文件及其往來信件，差不多都是來自於中共方面保存下來的歷史檔案。因為這種情況，再加上十幾年前筆者的寫作還不夠老道，這也就不可避免地導致自己雖然想要儘量客觀，行文卻還是可能會流露出一些傾向性，即在有的事情或有的敘述上，顯得並不很客觀。

筆者這次承蒙知識產權出版社邀約重印，自然要對太過明顯的錯誤和傾向性太過明顯的文字加以修訂。但是，筆者卻並不試圖在史料的平衡上乘機做一些功夫。這一方面是因為按照有關方面的規定，重印之書必須基本保持原書的內容，只允許有10%-20%的修訂空間；另一方面是因為筆者早已接受了另寫一本國共關係史的邀約，已不必再靠大力修改本書來彌補過去研究的不足了。而更為重要的其實也許是，當筆者重讀本書時，還是相信，保持原有的敘事方式和寫法，也還有其必要性。

何以說呢？

本書引用的兩黨談判草案、提案、談話錄以及各自開具的初步談判條件等等，數以百件計。而直接間接利用到的各種涉及談判問題的來往信件、電報、報告、情報及會議錄之類，更是可以以千數計。這些檔案、回憶史料固然多為共產黨方面所保存，但據筆者此後十餘年來利用五六次在臺灣講學、研究的機會，遍查其黨史館、國史館所存檔案，發現其保存下來的涉及兩黨談判問題的相關文獻，還不及共產黨方面保存下來的百分之一。加上對南京第二歷史檔案館所存檔案的查閱，情況也大致如此。

這種情況至少說明了兩個值得注意的問題：

其一，是國民黨方面對兩黨談判的問題不是頗多避諱，就是不很重視。這是因為國民黨長期以來在對共產黨問題上就抱有老大心態，不願也不能把中共視為平等的談判競爭對手。結果每逢必須與中共接觸或談判時，或者是蔣介石祕密指派人員個別行事，不事張揚；或者雖有黨政軍情各單位負責人與蔣開會確定原則，指派談判人員具體操作，也因只視之為一種策略手段，或是宣傳手段，而很少做具體的文

案工作。即使是幕後的指導，也鮮留下文字的記錄。再加上國共談判多在國民黨統治區，中共中央與中共談判代表必須電報甚或信函往還傳送談判指示和匯報談判情況，而國民黨的談判代表只要去蔣介石官邸當面匯報和領受機宜即可。由於這種情況，共產黨保存下來的談判文獻自然也就要遠遠多於國民黨了。而這意味著，研究國共談判的歷史，要想對稱地利用兩方面的檔案史料，根本就不可能。

其二，由於國民黨方面很少保存有關兩黨談判問題的檔案文獻，共產黨方面保存下來的這些談判檔案就顯得彌足珍貴。因為，在無法透過國民黨方面的檔案來具體瞭解國共兩黨每一次重大談判的經過情形時，就非要借重共產黨方面保存下來的這些檔案史料不可。而從本書出版後這十多年國共關係史的研究狀況來看，除本書所披露的這些史料之外，幾乎再未見有新的研究成果在本書所涉及的這些重大的國共談判問題上，發掘出更新的文獻史料，亦可知本書所發掘和披露的這些文獻史料具有極為重要的研究價值。從這個意義上可以確信，在沒有一本完整收錄國共談判文件的歷史文獻集出版之前，本書目前這種儘可能完整地披露兩黨談判方案及其相關文獻的紀實寫法，仍舊是有相當意義的。而據筆者所知，這樣一種出版計劃在相當時期內都是不可能的。這不僅是因為沒有人能夠有筆者當年的條件，耗時數年來做此工作，而且是因為如今早已失去了出版這種資料集的環境和條件。

當然，正如前述，過多地利用一方的史料來研究對立雙方的矛盾衝突，肯定會存在著某種程度上的危險性。一個最大的侷限，就是並非所有中共代表報告中關於國民黨一方的要求或條件，都一定能夠得到驗證是準確無誤的。除了電報本身可能出現的技術上的問題以外，發電人或報告人帶有強烈主觀傾向的理解和轉述是否完全準確，就可能會是一個問題。更不要說大量使用單方史料——在特定的立場、態度，甚至情緒影響下形成的指示、報告或其他文件——很容易給讀者造成一種傾向性的印象。利用重印的機會，儘可能地全面的引述資料，進行相應的文字處理，避免由此帶來誤讀，自是一件應做的事情。

不過，即便如此，筆者還是想要說明：在不得已的條件下，較多地借助於單方史料進行研究，也未必一定就是一種缺陷。人類的歷史，就是人與人之間發生關係的歷史。既然是不同人之間發生關係，那麼從甲的角度看問題，和從乙的角度看問題，注定會有差別。更何況是兩個利害各異的政黨之間的關係呢？有差別，就可能造成對對方意圖的誤讀；有誤讀，就會加劇原本就立場對立的雙方之間的惡感。如

此循環往復的結果，勢必會把對立一方妖魔化，從而使這種誤讀變得更加不可收拾。歷史已經如此，我們後來者如果仍舊被當事雙方的這種誤讀所誤導，豈不可悲！

以1937年的國共妥協為例，當時的妥協是以中共中央在極端困難的條件下，不得不公開向國民黨中央做出「四項保證」，即停止推翻國民政府的武裝暴動方針；蘇維埃改制、紅軍改編，直接受國民政府及其軍事委員會指導；實施普選制度，和停止沒收地主土地為前提的。由於抗戰爆發以後不久，國共兩黨就開始發生磨擦，再加上中共日益自行其事，部隊成倍成倍地擴展壯大，以至於本來就懷疑共產黨的蔣介石國民黨，更是懷疑中共當初的承諾不過是騙人的幌子。其後又有所謂十八集團軍獨立第一師楊成武部某連支部書記李法卿報稱：臨上前線時毛澤東、朱德曾訓示工作方針為「七分發展，二分應付（國民黨），一分抗日」，於是國民黨人更加認定，中共當初的妥協就是一個重大陰謀。類似的說法，在國民黨人中可謂代代相傳，根深蒂固，至今仍有很大影響。但是，如果我們具體考察過中共中央1936-1937年在國共兩黨談判過程中的種種政策和策略轉變的複雜經過，具體瞭解了他們當時爭取的目標是什麼，堅守的底線是怎樣的，國民黨方面態度變化對他們構成怎樣的刺激，他們如何獲知和看待國民黨以及國民黨提出的種種條件，他們中間在抗日和處理與國民黨關係問題上有著怎樣的顧慮和分歧，他們實際上的形勢估計和應對方法一步步發生過怎樣的改變，以及當時條件下的中日關係，包括共蘇關係，對他們與國民黨的談判方針有過怎樣的影響……我們就能夠瞭解，中共的妥協以及在談判中的種種作法，不過是在自身狀況和整個形勢不斷變動的影響下，包括在適應國民黨態度轉變的過程中，逐漸發展變化而來的。所謂「陰謀」之說，不僅是太

我們常常自勉：研究歷史，要學陳寅恪。但說起來容易，做起來難。尤其是要想在對立的歷史當事人中間扮演一個客觀中立、對雙方都能夠同情的理解的觀察者，更難。故本書若能夠在共產黨方面的研究上幫助讀者理解其當年「不得不如是之苦心孤詣」，即足矣。

歷史研究首先是人的研究

　　本書修訂，主要基於四個原因。首先當然是出版社的安排和建議。其次則是因為本書出版時，因當時條件所限，個別章節內容未能收入其中，使本書內容上不盡完整。如今時過境遷，能將刪去的內容補入，也算了卻筆者的一大心願。再次則是因為本書最初是面向最普通的讀者，為雜誌連載而寫的，因此在引文註釋方面儘量精簡。在經過了幾年幾萬冊的銷售之後，相信這個任務已經基本完成，有機會能夠從學術角度對本書的引文註釋加以完善，是筆者求之不得之事。最後，自本書出版後，有關中蘇關係史的研究，因俄國檔案的進一步披露又有了相當的拓展和深入。學者們在中蘇經濟關係、軍事關係，和在抗美援越問題上，以及在兩國邊界問題上的分歧與磨擦等研究方面，取得了引人注目的成果。對大量新的研究成果做出回應，並且適當補充本書的論據，自然更為筆者所樂見。只可惜，因修訂時筆者人在香港，資料欠缺，增補註釋的工作完成得並不理想。而儘管筆者有所努力，由於篇幅及體例所限，再加上受到本書主題和原有敘說形式的制約，一些由於新史料和新研究的出現而提出的頗為重要的話題，也並未能被吸納和論述於本書之中。

　　筆者寫毛澤東與莫斯科的恩恩怨怨，嚴格說來並不在於發現歷史。筆者自信，本書不過是從一種不同的角度重新深入這段歷史，透過有針對性的思考，給讀者提供了一種不同的歷史敘事而已。事實上，對於許多親身經歷或熟悉那段中蘇兩黨關係歷史的學者和讀者來說，本書中所敘述的歷史事件有多少是他們過去毫無所知的呢？問題僅僅在於，拘泥於傳統的認識邏輯或研究思路，人們過去往往只能看到事情的一個側面，而無法瞭解事情的其他側面。本書不過滿足了讀者瞭解歷史的其他側面的一種願望。因此，從這一點出發，筆者所以想要回應新的發掘和研究，並不是對於進一步在書中發現或重建新的歷史史實有興趣，而是對最近的研究尚有種種不能滿足之處，因而會有進一步闡述自己看法的衝動。不過，即使不能做到這一點，筆者也還是略感寬慰。因為，新的史料和新的研究充其量也只是印證了本書的基本論點。

　　本書的基本論點是什麼？簡而言之，是強調具有獨特性格、特殊成長背景、自我情感經歷，以及特有的政治經驗和意識形態追求的領袖個人，在中蘇兩黨和兩國

這種特殊關係當中起著不可替代的支配性作用。

筆者一向認為，歷史研究，首先是人的研究。離開了對活生生的人的全方位的把握和理解，僅僅從被賦予了太多形式化內容的文本、概念，或被抽象化了的群（黨、階級、民族、國家等等）乃至於意識形態的角度去解讀歷史，是很難使我們貼近歷史真實的。我們之所以需要強調中蘇兩黨兩國關係的特殊性，是因為它實在不同於我們今天所瞭解的一般的黨與黨及國家與國家之間的關係，其中的複雜性遠不是拿我們今天一般的國家關係所能比擬的。它們之間既有利益相左的民族關係，又有利害相同的盟友關係；既有親密的兄弟關係，又有競爭的對手關係；既有意識形態一致的同志關係，又有容易引起情感糾葛的師徒甚或父子關係。但是，如果我們簡單地相信中蘇兩黨兩國的問題主要是民族國家利益、文化差異，或者主要是因為意識形態之間的矛盾衝突；或簡單地認為它主要起因於雙方關係的特殊性，或起因於這種特殊的關係結構所引發的利益磨擦和衝突，卻可能會有失偏頗。一個最簡單的也是被人們問到最多的問題就是：如果在中國黨內作主的當時不是毛澤東，而是劉少奇，或周恩來，情況還會如此嗎？或者人們能夠按照1960年代初王稼祥等人的主張來處理對外關係上的問題，中蘇關係會有那樣的發展嗎？何況，如果當初莫斯科支持的不是毛澤東，而是王明，情況又會如何？這裡面的答案應當是可想而知的。

今天的多數學者，往往習慣於從國家利益或國家安全的角度來看中蘇兩黨兩國關係的變化問題，相信這才是具有普遍性的國家間矛盾衝突的關節點。筆者並不否認在一般情況下國家利益和國家安全理當是所有國家政治領袖心之所繫。但是，歷史研究與一般社會科學之不同，恰恰在於它更注重特質的，而非一般的研究。歐美國際政治學研究之所以會把國家利益和國家安全作為國家關係變動的重要研究依據，是基於一般西方民主國家的政治體制運行的規律，和在此基礎上正常的國家關係來說的。相對於具有特殊政治運行方式的黨國體制和領袖專斷的國家來說，這種研究的方法明顯地有其缺陷。這是因為，在西方民主國家，政治領袖（總統或首相之類）對國家利益和國家安全的判斷要經過一系列複雜程序，不僅要綜合各個方面的相關報告和意見，而且領袖個人的意志和傾向必須要服從於黨內乃至於國內主流勢力的意志，很少敢獨斷專行。個中原因，就是因為其無論黨內還是國內，實行的都是選票政治。個人專斷一旦造成重大過失，不僅要被全黨群起而攻之，而且其代

222

表的政黨也必須要為此付出沉重的代價。而在黨國體制下，領袖的權威一旦樹立起來，其個人的判斷和意志往往就是決定一切，不受監督的。即使錯了，因為沒有批評的機制，也絕不會受到懲罰。況且，在這種體制之下，任何這種判斷都不可避免地會是先黨而後國，即首先是建立在其政黨利益的基礎上，而它又必定是要從其意識形態的邏輯出發的。建立在如此複雜的前提之下，其關於國家利益和國家安全的判斷，準確性會受到侷限，甚至可能會被扭曲，也就很難避免了。

　　換言之，在今天我們按照西方標準來看可能是國家利益或國家安全的東西，卻未必是當年毛澤東心目中的國家利益和國家安全。在今天我們看來可能無關宏旨的東西，在毛澤東當年看來卻可能是關係黨和國家生死存亡的大是大非。關於這種情況，我們只要舉出1962年王稼祥與毛澤東的分歧就足夠了。十分明顯，我們今天可以很容易看出當年王稼祥關於緩和國際關係和少去援助各國激進組織的主張是符合當時中國的國家利益和國家安全的需要的。但是，毛澤東不僅不以為然，且反其道而行之，選擇了完全不同的另一套外交政策。說毛澤東當時完全沒有考慮到中國的國家利益和國家安全，自然是不準確的。但是，毛澤東當時心目中的國家利益和國家安全，顯然不是王稼祥心目中的國家利益和國家安全，多半也不是我們今天所講的國家利益和國家安全。

　　筆者並不否認在共產黨國家關係中存在著民族隔閡、利益衝突，包括存在著結構方面的致命弱點。這也正是冷戰時期共產黨國家之間往往較一般資本主義國家之間，更容易發生磨擦和衝突的一個重要原因。但是，第一，民族間的、利益上的矛盾衝突，是黨與黨之間、國與國之間普遍存在的現象，即使是存在於共產黨國家關係中的特殊結構的問題，在冷戰背景下，作為對立一方的美國陣營中也未必完全沒有，但是，它並沒有成為資本主義世界當中帶有普遍性的問題。第二，也並不是所有共產黨國家之間都發生了類似中蘇之間那樣嚴重的衝突與對立，除了中蘇之外，蘇聯與大多數東歐國家共產黨、與朝鮮和越南勞動黨之間，特別是其他小黨小國相互之間的關係，一般也並未發生太大的問題；第三，即使存在或發生了矛盾和衝突，在其他共產黨國家之間往往最終也能夠得到緩和或化解，這也包括曾經極端對立的蘇聯與南斯拉夫黨的關係；第四，如果說中蘇之間的問題主要是民族、國家利益間的衝突，是蘇聯必欲控制中國，而中國反抗蘇聯控制的問題，那麼，中國與反修的日本黨、兄弟的越南黨、最知己的阿爾巴尼亞黨也相繼鬧翻，又是為何呢？

很顯然，中蘇之間在民族、國家以至於意識形態方面的分歧、矛盾，固然可能造成雙方關係的複雜微妙和在某種情況下的隔閡與緊張，但並不足以導致雙方關係的根本破裂，更不會走到刀兵相見，你死我活的地步。中蘇關係悲劇的造成，很大程度上還是雙方領袖政治追求和個性衝突的一種反映，是「一山不容二虎」，即毛澤東挑戰蘇聯的領導地位，和赫魯曉夫等必欲捍衛其正統的邏輯發展結果。這也正是為什麼，人們通常相信，如果換了其他人，比如劉少奇、周恩來，或者王稼祥，中蘇之間可能不會出現那樣一種情況的部分原因所在吧。

當然，有讀者因為注意到筆者強調領袖個人的作用，就簡單地認為筆者是在強調毛澤東個性或性格的作用，這也並非十分準確。任何一個成功的喜歡獨斷專行的政治領導人，毫無疑義都具有鮮明的個性。但是，任何領袖人物突出個性的表現，也都是有條件的。不瞭解當時的歷史條件，看不到歷史環境的複雜性及其變化所帶來的影響，就不可能準確地把握和理解領袖人物個性的作用。

筆者修訂書稿之際，恰值電視連續劇《漢武大帝》熱播之時。筆者印象最深的就是陳寶國在演繹漢武帝從最初登基倍受內外擠壓，到內削藩王，外平匈奴過程中心態及性格上的明顯變化。其實，在我們所能看到的古今中外眾多歷史領袖人物中，類似的情況可謂俯拾皆是。人的性格或個性固然可以從「三歲看到老」，但是，後天成長的經歷，特別是政治生活的環境所造成的心態上的改變，才可能將其發揮到極致。毛澤東的個性發展，同樣也是與其後天的成長環境分不開的。比如，他在不斷成功中所得到的那種強烈的滿足感和使命感，以及制度所賦予他的至高無上的地位所帶來的強烈自尊感，與現實國際政治環境中中國因落後而被歧視、被孤立之間的巨大落差，都足以導致其個性的極致發展。在研究毛澤東與1958年臺海危機的問題時，筆者就注意到了一個很能夠說明問題的情況。

通常人們解釋毛澤東1958年決定炮擊金門這段歷史時，較多談到的都是毛澤東想要以此來聲援當時的中東事件，幫助中東人民牽制美帝國主義。這樣的說法顯然是太具宣傳色彩了。但即使換一種角度來解釋，比如強調當時福建前線軍民強烈要求收復金門、馬祖，軍方壓力較大，毛澤東亦受此觸動之類，與以後的結果相對比，也顯得太過牽強。事實上，人們大多忽略了當時極為特殊的歷史背景，即美國有意中止與中國之間的大使級會談對毛澤東所造成的心理刺激，和大躍進對毛澤東心態上轉趨亢奮的影響。

自新中國成立之後，中美關係就始終是毛澤東的一塊心病。臺灣問題、聯合國代表權問題，以及美國的經濟封鎖，都使毛澤東成就一個統一、獨立和強大的中國的願望倍受打擊。透過1954年第一次炮擊金門，毛澤東終於成功地迫使美國人坐到談判桌上來了。然而，美國政府對此毫無興趣，勉強應付到1957年底，竟單方面宣布要將其談判代表由大使級降低到代辦級。此舉無疑又是對毛澤東的民族自尊心的一種巨大的挑釁。但此時，恰逢毛澤東對建國以來國內形勢的發展極度樂觀，因而開始發動「大躍進」運動。幾個月後，「大躍進」又隨即如其所願地迅速取得了前所未有的巨大成效，各地到處大放「衛星」，糧食畝產兒十倍上百倍地增長。毛澤東因此倍受鼓舞，又進一步發動了在其看來是躋身世界強國之林所必需的大煉鋼鐵運動。結果鋼鐵產量的指標也是節節上升，一發而不可遏止。於是乎，從《人民日報》1958年元旦社論宣布15年左右趕上英國，再用20到30年的時間趕上美國，到5月份召開中共八大二次會議時，毛澤東已經提出7年趕上英國，再加8年趕上美國的15年奮鬥目標了。6月，他進一步估計超過英國兩年即可。再到9月初，他已經在興奮地要求黨的領導人「為五年接近美國，七年超過美國這個目標而奮鬥」了。在這種情況下，毛澤東心態上明顯地發生了巨大的變化，其對美國不把中國放在眼裡的憤怒可想而知。

　　1958年炮擊金門是怎麼來的？根本上就是毛澤東必欲給美國人以顏色。中國外交部接連受命發出聲明要求美國恢復大使級會談。在美國拒絕理睬的情況下，更進一步於6月30日發出了最後通牒，限美國15天之內給予答覆，否則一切後果由美國承擔。在仍舊得不到美國答覆的情況下，7月14日，即最後通牒限期的幾乎最後一天，彭德懷等即受命具體研究落實了炮擊金門，給美國人以教訓的軍事計劃。之所以後來與中東事件掛上了勾，是因為恰好在14日這一天伊拉克發生了政變，政變者宣布退出美國組織的反共的巴格達條約組織。第二天美國因害怕連鎖反應，出兵黎巴嫩，以支持親美的黎巴嫩政權。毛澤東據此才把炮擊金門的計劃與聲援中東事件聯繫了起來。

　　事實上，足以說明毛澤東此時心態上極為敏感和亢奮的，還有本書中所提到的7月21-22日為長波電臺問題和聯合潛艇艦隊問題，毛澤東對蘇聯大使大發雷霆一事。毛澤東之所以突然震怒，原因也是一個，就是認為俄國人不願把技術給中國，必欲與中國合營，是看不起中國人。這兩件事接連發生，且都是直接涉及民族自尊心問

題，自然不是偶然的。今天學者們在研究這些問題的時候，往往只是就事論事，分別孤立地來解釋它們，很少注意到它們之間內在的聯繫及其與當時國內形勢的關係，顯然是有欠周延的。事情很清楚，毛澤東此前在與蘇聯關係上所感受到的類似的刺激可謂比比皆是，最嚴重的時候毛澤東曾經自稱把自己關在莫斯科的屋子裡幾天閉門不出，背地裡罵娘，但也僅此而已。1958年毛澤東的反應之所以大為不同。當然是另有背景。

　　毫無疑問，毛澤東這時在對美、對蘇問題上的種種決策，固然有其強烈個性的因素，但這種個性的張揚明顯地是和當時的國內「大躍進」形勢所帶來的亢奮心態密切相關的。由於其在處理與美國和蘇聯這兩個大國關係的歷史過程中，長期存在著壓抑感和屈辱感，「大躍進」成就的取得，顯然使他在精神上得到一種空前的釋放，由衷地獲得了一種揚眉吐氣的感覺。由此，其對來自美國和蘇聯的輕視，甚或僅僅是以為輕視的反應，才會變得如此敏感和激烈。這也正是為什麼，毛澤東以後雖然也明白「大躍進」的種種成就多為浮誇虛報所致，卻始終異常牴觸地不許他人置喙。看不到這裡面的種種複雜情形，不瞭解毛澤東作為新中國領袖在爭取美國承認和處理與蘇聯關係上的種種曲折背景與是非恩怨，也就無法理解和解釋曾經明察秋毫、運籌帷幄如毛澤東者，何以竟會被一個弄虛作假的「大躍進」所迷惑、所激動，以至於心態大變，個性張揚無忌的個中原因。

　　為便於讀者進一步深入瞭解本書主旨所在，故利用修訂之便，特再做如上引言。

「恩怨」之中的思考

自從在《百年潮》連載《毛澤東與莫斯科的恩恩怨怨》（以下簡稱《恩怨》）一書的部分章節以來，聽到了兩種相當不同的反響。多數讀者叫好，但也有少數讀者提出批評。無論是叫好的，還是批評的，引起讀者高度關注的其實是同一個問題，即這本書對毛澤東與莫斯科關係的歷史做出了許多不同於過去的新的解釋。

歷史研究是一門科學，科學的生命就在於創新，透過對歷史資料的持續發掘和深入的研究，不斷推出具有新史實、新觀點的歷史著作，這本身就是歷史研究的任務，也是歷史學作為一門具有科學性的學問有其存在價值的最重要的證明。《恩怨》一書因為史實和觀點新而引起關注，包括引起一些批評的意見，應該說是好事。

我研究中共黨史問題已有多年，出版的專著也有七八種之多了，自恃不少都深具新意。但像《恩怨》一書引起讀者如此多的反響，卻還是頭一遭。想來一是寫法取巧，如比較通俗易懂，標題有了一些包裝等；二是本書的內容和題目容易引起多數讀者的關心。畢竟，一個是毛澤東，一個是毛澤東與莫斯科的關係，對不少讀者有吸引力。

說實話，《恩怨》一書中所涉及的許多問題，在我都不是第一次談到了。但是，以往發表的論文和專著，真正瞭解它們的只是少數同行，而且還是那些在學術研究上比較敏銳和勤奮的同行。換句話來說，不論歷史學家的研究成果多麼重要，由於缺少有效的溝通渠道，它們不僅經常難以得到社會的承認，很多時候甚至連許多搞歷史這個行當的教授、研究生也不甚了了。於是，我們常常看到不少同行在那裡「炒冷飯」，寫「假大空」的應景文章，而大批讀者卻在那些專事「揭祕」的「地攤史學」和多少有些離經叛道的港臺政治歷史類盜版書中，苦苦尋找他們所關心的歷史問題的答案。頗具諷刺意味的是，歷史學家們辛辛苦苦發掘來的史料和研究的心得，有時反倒是靠那些以「剪刀加糨糊」生財的書商們，打著紀實的名義，缺手臂缺腿地給推到社會上去了。

歷史研究有必要與社會需要相結合，這似乎不應當成為一個問題。因為歷史學家不能總是搞一些佶屈聱牙、高深莫測的東西，沒人讀沒人看，只為了評職稱，否

則這個社會要歷史學家幹什麼？問題是，長期以來，沒有幾個真正的歷史學家願意把自己的研究成果搞成通俗易懂的形式。為什麼？一方面是因為並不是所有的歷史研究的成果都適合於用比較通俗的語言來表達；另一方面也是因為身在象牙塔尖的人，往往也不敢輕易把腳伸到地面上來，因為那很可能遭人詬病。記得我的一位搞民國史的同事，只因為越界搞了一部電影史，就好受了一頓批評，並且影響了評職稱，又何況要把原本是廟堂之上的研究通俗化。不難想見，要使我們的研究保持相當的學術水準，同時又能夠成為眾多普通讀者喜聞樂見的東西，著實要冒一點風險。

寫這樣的題目，會觸動的還不只是歷史學界的神經。1990年代以來，俄國檔案的大量公開，對中蘇關係史，乃至對中國現代歷史的研究，都造成了極大的推動作用。《恩怨》一書所以能夠披露出許多鮮為人知的史實，提出許多新的看法，在一定程度上也得益於此。但利用俄國檔案研究有時也會引起麻煩。兩年前剛開始發表書中有關朝鮮戰爭的章節時，就聽到一個意見，說是文中太多的依據了俄國檔案。有權威機構的專家甚至專門為此發表了一篇文章，特別談了「如何看待和運用俄羅斯已解密的朝鮮戰爭檔案問題」，說俄國公開檔案是有傾向、有選擇的，研究這方面的問題應當多利用中國方面的檔案。

研究歷史，特別是涉及到與核心政治有關的歷史，最大的困難就是利用檔案文獻資料的不便。任何國家開放檔案都會有一定的限制，也會有傾向性，這是不必諱言的。問題是，美國等歐美國家的檔案公開有法可依，除被認為事關國家安全的個別檔案要適當延長保密年限外，一般30年一過就自動解密。自九十年代開始，俄國檔案也基本上照此辦理了。不過，由於那裡改換了朝代，新政府對公開舊政府的許多祕密，有時反而更徹底。臺灣方面公開檔案的情況也大致相似。目前，最困難的反倒是查閱我們自己的檔案。我們開放檔案的時間按理說不比俄國和臺灣晚，而且我們在八十年代就頒布了《檔案法》，也規定了30年解密的時間界限。但到目前為止，我們開放黨和政府的歷史檔案，還只是一種形式，即由政府委託的部門負責在大量檔案中篩選出極少數加以整理和刊布，不要說一般人，就是相關學者也很少能直接前往有關檔案館調閱查檔。在這種情況下，把我方已經公佈的檔案資料與有關國家已經開放的檔案資料參照起來進行研究，實際上不可避免。

應當說，歷史研究是沒有國界的，我們自己的歷史，我們不去研究，人家也會

去研究。利用本國檔案，與利用外國檔案，在研究者本身並無多少分別。何況，《恩怨》一書其實還是最大限度地利用了中國方面公佈的檔案的。不論海外有關國家和地區在開放檔案時有無傾向和選擇，兩相參照，相信是完全可以得出客觀的判斷的。

　　當然，利用近年來大量新公開的檔案文獻來重新探討毛澤東與莫斯科的關係問題，最主要的還是會讓研究中共歷史的專家們感到不那麼自在。因為此問題肯定會牽涉到中共黨史上的一些傳統的說法和觀點。由於中共黨史研究曾長期脫離歷史學的範疇，被提升到政治理論宣傳的高度，成了政治運動的風向標和宣傳毛澤東個人崇拜的工具。直到改革開放，經濟建設成為一切工作的重心以後，它才漸漸復歸本行，有了從學術角度來進行討論和研究的可能。但凡事積重難返，並不是所有人都習慣於在這個領域裡聽到不同聲音的。

　　記得在《百年潮》雜誌初發《恩怨》一書第一章的內容，旨在對於我們過去所熟知的一個觀點，即「共產國際始終壓制毛澤東」提出不同看法，強調：毛澤東在黨內地位的擢升，除了其主觀的因素以外，莫斯科的態度也起過相當重要的作用。對此，有人表示難以接受，批評說，人人都知道共產國際不贊成毛澤東關於農村包圍城市的道路的思想，並支持王明路線搞「殘酷鬥爭，無情打擊」，「僅僅以斯大林或共產國際領導人沒有直接地公開點名批判毛澤東這個現象為根據，來證明毛澤東與共產國際在政治上思想上的一致性，這種說法是不是太膚淺、也太沒有說服力了？」

　　其實，莫斯科對中國革命道路的認識是有變化的，而毛澤東因《湖南農民運動考察報告》受到共產國際主席的高度讚揚，因領導紅軍和成功創立根據地被莫斯科批准為中華蘇維埃臨時中央政府最高政治領袖，進而被共產國際第七次代表大會頌揚為「偉大旗手」，又是印講話小冊子，又是出個人選集，最後當王明爭權時，國際領導人更明確表態支持毛為黨的最高領導人，這些都是不爭的事實。包括「左」傾中央的「殘酷鬥爭，無情打擊」，背後雖然有國際「進攻路線」的錯誤影響，但莫斯科反對排斥打擊毛澤東，並且堅持要利用毛澤東的豐富經驗，要宣傳和提升毛澤東，也有大量文獻可以證實。歷史有時是很複雜的，有分歧不見得沒有共同利益，有聯繫不見得就思想一致。

　　也許有必要指出，對於一部歷史著作來說，其成功與否的標準，不是看它的政

治批判力如何強，而是要看它能不能充分占有史料，並依據可靠的史料，將歷史事件的來龍去脈客觀全面、實事求是地描述清楚。對錯誰屬，責任大小，並不是一部歷史書必須要討論的問題。要做到實事求是，「客觀」兩個字非常重要。如果研究者帶有強烈的主觀傾向和感情色彩，基於鮮明的政治功利主義，著眼於批判的目的，其研究就難以做到實事求是，許多問題的來龍去脈甚至根本就搞不清楚。以往關於中蘇關係，特別是毛澤東與莫斯科關係研究的文章著作，之所以很多不盡如人意，這不能不是一個值得檢討的原因。

這裡有個很簡單的例子。70年代蘇聯出版了早年曾經到中國來充當青年共產國際代表的達林的一本回憶錄。其中引述了他在1923年寫給共產國際另一位代表維經斯基的一封信，信中明確批評毛澤東右傾，說毛作為中央代表，在青年團中央全會上卻主張加強對官員和鄉紳的工作，宣稱在貧苦農民中間工作很難有什麼作為，實際上是在農民問題上放棄了階級路線。按照我們通常所得到的印象，毛澤東生來就是站在左派一邊的，在中共黨內更是歷來代表農民講話，因此，儘管80年代這本回憶錄在中國出版了，卻沒有人重視這則資料，甚至有些研究者公開認為這封信是偽造的。其實，這封信確實是存在的，90年代我們在莫斯科的檔案館裡就親眼見到了這封信的原件。很明顯，由於不重視，甚至有意忽視這樣的史料，對毛澤東早年生平的研究就缺少了一段很重要的環節，就不可能完整和系統地說明毛澤東早年思想發展的軌跡。類似的情況在中共黨史的研究當中是很多的。

容易先入為主是傳統的黨史教育留給我們的一個相當負面的影響。它使我們對複雜歷史的理解往往會趨於簡單化和概念化。凡事非此即彼，不是黑就是白。因為斷定毛澤東從來都是革命路線的代表，因此任何反映毛澤東當年可能不像人們想像的那樣「革命」的史料一概不予置信；因為相信「農村包圍城市的道路」是毛澤東的獨特創造，因此認定莫斯科必定支持當時的「左」傾中央壓制毛、打擊毛，根本否認莫斯科曾經器重毛、宣傳毛；因為強調中國革命是「毛主席獨立自主的革命路線的勝利」，因此一切以1935年遵義會議劃線，過去統統錯誤，以後統統正確，堅稱中共中央此後各項政策策略的制定再與共產國際無關，中國革命不僅再未得到莫斯科的任何幫助，而且是在抵制莫斯科錯誤干擾的情況下取得的勝利……。但是，歷史真是如此涇渭分明嗎？非也。讀一讀《恩怨》，讀者會發現，這段歷史實在複雜。毛澤東的受壓與崛起，中國革命的失敗與成功，很難說哪一方面與莫斯科沒有

關係。

　　除了傳統黨史教育的影響以外，還容易給讀者，甚至給我們許多研究者造成極大困擾的，是包括毛澤東在內的一些當事人對歷史的評說與回憶。中國社會，凡一統天下之時，都要搞「定於一」。毛澤東時代個人崇拜盛行，自然更是「一句頂一萬句」。改革開放以後，否定了「兩個凡是」，又強調實事求是，歷史學家才有了思想的可能，但有些人也還是習慣用「尊者」之言來衡量一切，從而使任何試圖對傳統說法提出異議的研究都有越雷池之險。

　　但是，在摒除了「兩個凡是」的教條之後，繼續搞「定於一」是否有些有違歷史大潮呢？僅以歷史研究而論，其一條基本原則就是，當事人的觀點和回憶一般不能被簡單地用來說明歷史，因為事過多年，再加上當事人通常都帶有很強的主觀傾向性和感情色彩，其評論和回憶難免會有失實失真的地方。至尊如毛澤東者，也不例外。例如，毛澤東在1936年向美國記者埃德加·斯諾口述自己的歷史，其中談到1920年他在北京期間讀了三本書，說正是這三本書促使他成為了馬克思列寧主義者。但八十年代後期，研究者們已經發現，這三本書，即毛澤東提到的陳望道譯《共產黨宣言》、考茨基著《階級鬥爭》，以及柯卡普著《社會主義史》，這一年並未翻譯出版。也就是說，不懂外語的毛澤東這一年不可能看到他說的這三本書。而將這一點考證清楚，以往關於毛澤東1920年春夏開始轉變成為馬克思列寧主義者的說法，也就有進一步探討的必要了。對歷史當事人的回憶做深入研究之意義，由此可見一斑。

　　由於以往談論毛澤東與莫斯科的關係，通常都是以毛澤東的看法為準繩的。因此，《恩怨》一書很大程度上也正是從對毛澤東許多充滿感情色彩的言論和回憶的深入考證與辨析入手，來展開這一紛繁複雜、色彩斑斕的歷史畫卷。這樣做的目的，既是從寫作的技巧上考慮，層層設置懸念，以便引人入勝，也是為了避免大量重複那些人所共知，可以忽略的事實經過，以便對這一問題多少有些知識的讀者能夠直接切入主題，引發思考。

　　引發更多讀者思考，可以說是《恩怨》一書真正想要達到的目的。除了讓讀者深入瞭解毛澤東與莫斯科，以及中共與蘇聯關係的變化經過以外，筆者希望眾多讀者能夠讀懂的意思之一就是：毛澤東是人不是神。1949年以後犯過重大錯誤的毛澤東是如此，1949年以前常常過五關斬六將的毛澤東也同樣如此。既然是人，他就有

成功，也有失敗；靠能力，也靠機遇；可能「高瞻遠矚」，也不能不摸著石頭過河；儘管心中不滿，卻不得不借力於莫斯科。雖然破釜沉舟，登高而呼，到頭來還是心有餘而力不足……換言之，我們不能因為毛澤東曾經縱橫馳騁，就倒裝葫蘆，斷定毛澤東從來都有未卜先知、百戰百勝的神機妙算；同樣，也不能因為毛澤東曾經翻雲覆雨，就認為毛澤東總是一步步不露聲色地設計好了將對手一網打盡的政治陷阱。

可以肯定，有不少讀者對毛澤東還是抱有某種神祕感的。寄希望從那些名為請下神壇，實為再塑金身的紀實文學作品中去體會其「平凡」，大概是永遠不可能真正理解毛澤東的。經常聽到人們談論毛如何深謀遠慮，其實，看看《恩怨》一書講述的許多重大歷史事件的來龍去脈，相信不少讀者都會發現，毛澤東與我們大家嚴格地說並沒有太多的不同，甚至他所犯的許多錯誤，也與我們日常所犯的錯誤大同小異。只不過，到了他那種至高無上的地位，任何小的錯誤積累起來都會釀成巨大的社會災難。而在缺少制衡和監督機制的體制之下，他的錯誤不僅不可避免，而且是其自身難以發現和克服的。不要說聰明如毛澤東，換了其他人，也不會兩樣。

人活著就應該活得明白。希望這部旨在引發思考的《恩怨》可以讓多數讀者在這方面得到一些滿足。

在毛澤東「革命外交」的背後

　　由於落後國家的革命通常是以統一奪權在先，再繼之以追求民族獨立和民族平等在後，故這些國家的革命黨，每每透過革命的方式獲得了政權之後，緊接著的對外政策也會表現出很強的革命性。中國的情況就是如此。但是，落後國家革命黨的革命性及其理念未必相同，影響到它們在對外政策問題上繼續「革命」的程度和方式，也往往會有很大區別。中國的情況也是如此。

　　中國近百年曾經經歷過兩度革命成功。一度是在1928年，那是在國民黨領導下的國民革命宣告大功告成。一度就是1949年共產黨革命的勝利。兩次革命成功後，新生政權在對外政策問題上所表現出來的革命程度，就相差甚遠。國民黨取得北伐戰爭的勝利後，其南京政府雖然也大力推動「革命外交」，力圖廢除一切不平等條約。但卻是在承認過去的北京政府既有外交關係和承認各種外交條約協定繼續有效的基礎上，試圖透過外交談判的方式，利用各種曲折委婉的外交手段，來迫使列強各國放棄在華特權，從而逐漸達成國家獨立和民族平等的革命性目標。這樣一種「革命」，也難怪後人通常要把它打上引號，或者直接稱之為「修約外交」了。以當時國民黨南京政府自身的力量和有效統治的侷限性，既不想完全得罪各國列強，又要想透過外交談判來求得列強同意廢約或修約，其難度之大，最終弄得虎頭蛇尾，實效寥寥，也就可想而知了。

　　共產黨就完全不同了。還在其軍事革命勝利在望之初，毛澤東就明確提出了三項外交方針。第一，是「另起爐灶」。就是不承認舊政府同外國政府所建立的外交關係及其所締結的一切條約，任何國家必須在尊重中國領土主權和斷絕與國民黨政權外交來往的基礎上，重新與新政府進行建交談判。第二，是「打掃干淨房子再請客」。就是不急於取得資本主義各國的外交承認，要爭取在肅清一切內外威脅和各種帝國主義在華特權及影響後，再與主要資本主義國家談建交問題，以免以美國為首的帝國主義國家會用孫悟空鑽進牛魔王肚子的辦法，在新中國內部來搗亂。第三，是「一邊倒」。就是在美蘇對立的國際冷戰格局下，在政治及外交方面，堅決採取與蘇聯一致的政策和作法，絕不因眼前利益在美蘇之間做騎牆派和牆頭草。依據這樣一種方針，共產黨的新中國不可避免地得罪了以美國為首的眾多西方國家，

從而長時間被隔絕於國際社會之外，但與此同時也輕而易舉地廢除了舊中國殘留下來的一切不平等條約，並且得以把在中國有著極大影響的西方勢力一朝清除淨盡，極大地滿足了眾多中國人的民族自尊心。

促使新中國採取如此徹底的革命外交的方針的，根本上在於共產黨人有著完全不同於國民黨人的意識形態。儘管他們都是民族主義者，但共產黨人還是階級鬥爭論者。共產黨人不僅相信國內的人群是按階級來劃分的，而且相信在國際社會中間，也一樣充滿了激烈的階級鬥爭。因此，當新中國的桅杆剛剛伸出東方地平線之際，毛澤東就已經認定：帝國主義恨死中國革命了，它們一定會想盡辦法顛覆中國新生的革命政權。在這種情況下，新中國的外交選擇，帶有鮮明的階級革命的色彩，即使是出於國家安全的考量，也是不可避免的。因此，新中國的對外關係，也就自然會波瀾起伏，險象環生。從毛澤東宣布向蘇聯「一邊倒」，新政府拘禁起訴美國總領事，到中共中央在世界工人理事會亞洲委員會會議上公開鼓動各國人民進行武裝革命，到在北方大舉出兵援朝抗美，在南方傾力實行援越抗法，中美關係、中蘇關係，以至於中國與周邊國家的關係和臺海關係，二三十年間常常擦槍走火，呈現出高度緊張的態勢。

然而，本書並不準備把新中國的外交與革命簡單地混為一談。作為中國唯一的執政黨，共產黨人很難純粹基於意識形態和他們追求世界大同的革命衝動來設計中國的對外政策。一個最明顯不過的例證就是，今天被高度評價為中國和平外交標誌的「和平共處五項原則」，恰恰就形成於建國初共產黨人還頗多革命熱情的那幾年。

不難瞭解的是，作為當年美蘇冷戰格局下落後國家的一個新生的共產黨政權，新中國在外交及國際關係上能夠選擇的空間原本就極為狹小。從後來的種種事實可以很清楚地看出，即使在中共新政權建立之初，莫斯科其實未必就是北京最好的合作夥伴。純粹是因為意識形態的鴻溝，和美國同樣僵化的外交政策，一次一次地強烈地刺激了有著極強的民族悲情意識和逆反心理的毛澤東，才使得新中國的對外政策在很長時間裡幾乎別無選擇的餘地。換言之，如果當年的美國政府不曾，或者中途改變其僵化的不承認政策，改取尼克森後來的作法，中國對外政策的歷史會否走上另外一條道路，也未可知。畢竟，毛澤東既是階級鬥爭論者，也是民族主義者，如果能夠一舉成就其民族主義目標，並在國際關係上感受不到過於嚴重的威脅，他

會不會更多地轉向從民族主義，而非從階級鬥爭的立場來看國際政治關係，也未可知。至少，有事實證明，他對於美蘇兩個大國，最看重的還是美國。

毛澤東的私人護士吳旭君和毛的表姪孫女王海容等人對毛當年決策緩和中美關係的回憶，最能夠反映出這位自尊心極強，又被世人視為最偉大的反帝領袖，在內心裡對改善中美關係其實是如何的渴望……

她們回憶稱：在發生了珍寶島事件，中蘇瀕於戰爭邊緣之後，毛澤東改變了向來不肯向美示弱的態度，批准了中方代表主動恢復對美接觸，以促成更高級會談的對美外交方針。本來，這一過程到1970年初已基本實現，雙方已同意進行比大使級會談更高級別的外交接觸。而尼克森在公開場合向中方公開示好，讓毛更加迫切地希望與美國改善關係。

不料，這一年的3月間，受到中國支持的柬埔寨發生政變，美軍從越南出兵支持了政變方，此舉使原定中美更高層接觸的計劃難以迅速落實了。毛澤東隨後還不得已於5月20日親自出席了支持柬埔寨西哈努克親王合法政府的群眾反美誓師大會，發表了著名的「五二〇聲明」。但用基辛格的話來說，毛此舉不過是「重複過去的革命言辭」而已，並無實質性意義。當美軍很快撤出後，為公開向美示出善意，周恩來像往常關鍵時刻一樣，馬上就把毛澤東最信賴的美國朋友，前記者埃德加·斯諾夫婦請到北京來。

10月1號上午，照例舉行國慶群眾集會和閱兵式，但毛澤東卻顯得特別興奮。吳旭君等幫他穿衣服時，他一再說：「今天要接待老朋友美國作家斯諾和他的妻子。」觀禮過程中，周恩來特意把斯諾夫婦從側臺領到毛澤東的身邊來，雙方握手寒暄，然後就是專門安排的攝影師將毛澤東和斯諾夫婦並肩站在天安門城樓上的情景拍下來，次日公佈在中共中央的機關報上，實際上兩人也並沒有進行交談。用毛澤東事後對吳的說法：這是「醉翁之意不在酒。我先放個試探氣球，觸動觸動美國的感覺神經。」

此事過去之後，毛澤東一直在等美國方面的反映。直到12月13日讀到《參考資料》上編譯的斯諾的文章，注意到斯諾把毛反美的「五二〇聲明」解釋成中國並不排除與美國人聯合反對帝國主義，毛頗為高興。他當時雖然在感冒中，卻緊急召見了還在睡夢裡的斯諾，還與他進行了一次長談。他在談話中明確表示在美國的民主黨和共和黨兩黨中間，他更喜歡敢作敢為的右翼的共和黨人，提出很歡迎尼克森總

統能來華訪問。談話之後，周恩來再度安排《人民日報》在頭版頭條發佈了這一消息，並配以「毛主席語錄：世界人民，包括美國人民，都是我們的朋友。」

毛澤東與斯諾的談話紀錄，經外交部相關人員整理後，專門提供給了斯諾一份。但斯諾結合自己的筆記整理的文章，因種種原因，遲至1971年4月才得以發表在美國的《生活》週刊上。而這時，毛澤東已經等不及了。

1971年3月，中國於文革後首次派乒乓球隊參加日本名古屋的世乒賽。毛澤東高度重視，常常「像著了魔似的躺在床上三四個小時睡不著。平時起床總有一套事要做，比如穿衣服、擦臉、漱口、吸煙、喝茶等等。這些天他覺得做這些事是多餘的浪費時間，馬馬虎虎地做完就看文件。」天天催要相關訊息和報告，想瞭解訊息。

由於美國政府這時也在設法向中方示意，因此，在美國政府的暗示和推動下，美國乒乓球隊主動提出了訪華要求。不瞭解情況的外交部和國家體委聯合起草報告，主張不邀請美國隊訪華。周恩來也不認為此時邀請美國隊訪華是適宜的，因此於4月4日也批示「同意」，並轉呈毛澤東。反覆考慮兩天後，毛澤東也批示同意，退回外交部辦理。但報告退回後毛思來想去，總覺得機不可失。最後，他終於下定決心。他當時已經吃了安眠藥，在昏昏欲睡中突然對吳旭君說起話來：「打電話——王海容——美國隊——訪華！」

美國隊成功訪華後，美國總統國家安全事務助理基辛格及其助手黑格亦先後訪華，確定並安排尼克森總統訪華事宜。由於黑格在轉達美方口信時，突出強調了在中蘇衝突問題上，美方願意「維護中國的獨立及其生存能力」的態度，讓自尊心極強的毛澤東大發脾氣。因而，不僅周恩來等當面嚴辭反駁了黑格，上海地區的領導人更是馬上通知黑格一行準備去的上海、杭州等地的相關接待單位：要馬上「降溫」，「臉無好臉，菜無好菜」，且「糖果減半」。可是憤怒歸憤怒，毛澤東還是不願意因此使中美緩和的進程受損。故得知上海方面的態度後，他當即要求一切照舊，不許降溫，還要上海方面要設法挽回不良影響。他甚至親自批示稱：「糖果不能減，照送。」

終於，1972年2月21日，迎來了美國總統訪華的日子。就在尼克森到來之前，澤東2月1日會見過巴基斯坦總統布托之後，剛剛患了一場大病。病雖初癒，但自2月中旬以來十天左右時間他都一直躺在床上，連起床和在床頭久坐的時間都很少有，身體狀況十分虛弱。毛自己也對自己的身體狀況缺少把握。因此，外交部門也一直沒

有確定毛澤東與尼克森會面的時間。然而，從尼克森的專機到達上海後，毛澤東就一直有點心神不寧，猶豫要不要馬上見這群美國人。他時不時就會詢問身邊工作人員，尼克森的飛機到了什麼地方。終於，就在尼克森的專機將要在首都機場著陸時，他再也躺不住了。他艱難地欠起身來，告訴吳旭君：「你給周總理打個電話，告訴他，請總統從機場直接到游泳池，我立刻見他。」

吳旭君等勸說無用，趕快通知了相關人員，然後小心地把老人扶起來，幫他一件一件穿上衣服，並請來理髮師將近20天沒有梳理過的毛澤東理髮刮臉。由於對毛的身體狀況毫無把握，吳等極度擔心。叫人準備了食品，防止毛談話中發生低血糖現象。叫醫護人員準備好了所有必要的醫療器械和急救藥品，連強心劑都抽到針管裡，隨時準備應急。

結果，人逢喜事精神爽。原定15分鐘的會面，毛澤東一高當，和尼克森、基辛格海闊天空地聊了65分鐘。

尼克森走後，毛澤東仍意猶未盡，毫不感覺疲勞。他興奮地告訴吳說：看來中美可以建交了。「中美建交是一把鑰匙，這個問題解決了，其他的問題就迎刃而解了。」

由此不難瞭解，在毛澤東強烈的意識形態色彩和反帝革命主張的背後，還有一顆同樣極強的自尊心。基於這種強烈的自尊心，他在內心深處實際上對美國的外交承認及其中美關係，極其重視，對長期得不到美國的承認和受制於美國而無法成就中國的統一大業，極感沮喪和不滿。新中國建立20年裡激烈反美反帝，很大程度上其實也是深受這一現實刺激和困擾的結果。正因為如此，美國政府透露出任何善意的訊息，毛澤東都高度看重。一旦認準了有緩和兩國關係的機會，雖然深知放棄反帝旗幟代價極大，他也必定會知難而進，義無反顧。他顯然相信，只有得到世界上最強大和最先進的美國的承認，他及其在他領導下的中國，才算是真正踏上了受人尊敬的通往國際政治舞臺的紅地毯，諸如聯合國席位及其統一臺灣之類的問題也才有機會「迎刃而解」。對中國來說，面對遙不可及的世界革命的前景，這也許才是最現實的一種選擇。

讀史不能無疑

　　古語云：「開卷有益」。此話聽了幾十年，不能說沒有道理。但是，古人又云：「盡信書不如無書」。孟老夫子當年對此還有過一番解釋，說是我們對孔老先生整理過的經典尚且不可盡信，又何況其它呢？在這方面，孟子最好的繼承者，大概莫過於毛澤東。因為自孔孟之後，中國的讀書人多半早忘了孟子的這一教誨，不僅死讀書，而且每每將前人的言論語錄集為經典，自己天天讀不說，還要求後代頂禮膜拜，一生奉讀，以從中體味其微言大義，找到「修身齊家治國平天下」的思想武器。在無數代中國人中間，好不容易才熬出了一個毛澤東。毛澤東不僅經常重申孟子所謂「盡信書不如無書」的道理，而且主張：凡事要多問幾個為什麼，讀書尤應如此。他本人甚至還專門寫過一本《反對本本主義》的小冊子，並且終其一生都在向權威挑戰。只可惜，等到毛澤東自己成為無上權威之後，他老人家一不小心，中國竟重又滑回到過去「讀經」的時代去了。

　　改革開放之後，「讀經」的時代可以說是壽終正寢了。但是，隨著訊息爆炸的時代到來，出版物特別是網絡訊息如同洪水猛獸一般洶湧澎湃，讀書在中國竟然越來越變成為一種奢侈。在這種情況下，在有限的範圍內，有選擇的讀書，對於多數還想讀書的人來說，已經成為一種不得已的選擇了。而因為相對於鋪天蓋地般的訊息洪水，每個人讀書的範圍都只能變得十分狹窄有限，人們自然也就少了透過大量閱讀來比較鑒別的種種可能。再受到先入為主和主觀情感因素等等先驗經驗的左右，「死讀書」、「讀死書」、「以為上了（某些）書的就是對的」等等好似早已過時的現象，重又死灰復燃。以至於讀書人中間分化對立，各執一端，不相調和乃至於相互攻詰的現象，也就不可避免地會成為當今許多讀書人所面臨的一大困惑了。

　　圍繞著剛剛過去，在各場合中反覆咀嚼議論於國人中間的中國近現代政治、軍事或外交的歷史，自然就更加容易被讀者自身先驗的經驗所牽制了。上面所說讀書人分化對立、各執一端的情況，有相當部分就發生在喜歡中國近現代歷史的讀者之中。說起來，這裡既有小學、初中、高中，以至大學學習過程中受到的各種觀念的刺激；也有因為民族、黨派、地域、階層以及家庭不同而在歷史或現實中的感受不

同，所帶來的立場情感上的差距與隔閡的作用；更有每一個關心中國現在和未來的讀者，想當然地把自己看成半個歷史當事人的某種自以為是。

既然上帝造出的人每個人都互不相同，人們相互間在一些問題上的看法會有歧異，也是再正常不過的事情，當然用不著大驚小怪。只是，每一個受過歷史學訓練的研究者，總不免希望自己的客觀研究，也能夠被客觀的讀者客觀地去看待和瞭解，從而提供給讀者多一種認識和思考歷史的角度與渠道，不至於僅僅因為讀者的主觀好惡，或被捧到九天之上，或被拋於九地之下，或者乾脆因為自己對某些歷史「生而知之」，就認定了凡是近現代歷史研究，都只是故弄玄虛，根本就無所謂客觀，故不讀也罷。

毫無疑問，人之所以為人，都有七情六慾，說歷史學家可以做到絕對客觀，在研究歷史時能夠做到不夾雜有個人情感、立場與價值觀，肯定是一派胡言。但是，把歷史看成是任人打扮的小姑娘，認定每個歷史學家筆下的歷史都只是服從於其個人好惡的一種意識形態的工具，也斷乎不能成立。不管實際上研究歷史之人能夠做到幾成，至少，學問本身對研究者態度客觀與否這一點，是有相當嚴格的要求的。任何太過明顯地帶有情感立場傾向的歷史著作，至少在學術領域內，都是難以得到多數歷史學研究者的認同的，也是注定不會有太長的生命力的。

當然，話雖如此，要想保持一種客觀的態度，對研究歷史的人來說，仍舊是困難重重。想當年參觀韓國的歷史博物館和戰爭紀念館，不期然發現那裡所講的朝鮮半島的歷史，大部分都是講述朝鮮民族對中國和日本的抗爭史。影響所及，韓國民眾理所當然地認為古代高句麗，乃至於渤海國，就是古代朝鮮的一部分。結果，2003年6月24日中國《光明日報》刊登的一篇由中國社會科學院中國邊疆史地研究中心牽頭的「東北邊疆歷史與現狀系列研究工程」集體撰寫的文章，因為一改過去承認古代高句麗屬朝鮮歷史一部分的觀點，認定其應為中國古代邊疆民族政權，在韓國學術界、輿論界乃至於部分民眾中間，激起了強烈的反響，中韓兩國關係也幾乎受到了影響。進一步聯繫到由前中國國家科委主任提議，由中國社會科學院歷史研究所牽頭組織的「夏商周斷代工程」，其立項與結項工作同樣在國際學術界所引起的廣泛質疑，均不難看出，中國的歷史研究在今天的現實生活中，處於一種何等尷尬的境地。

古代史尚且如此，近現代史更不必論。

上個世紀30年代，蔣廷黻一本《中國近代史》，得到了多少中國人的喝彩，蔣也因此聲名遠播，官運亨通。不過，60年後，茅海建一本《天朝的崩潰》，卻被人狠狠地砸了頓板磚，差點兒弄得連教授都當不成。兩人所講的觀點其實十分相近，只不過一個提綱挈領，廣而論之；一個解剖麻雀，具體說明。其間的差別，說起來不過是因為時代不同，讀者心態各異，以至於兩人的境遇一個天上，一個地下罷了。

同樣的情況，研究抗戰史的學者大都瞭解，以上個世紀90年代為分水嶺，之前的研究相對較為學術，學者的研究也多就事論事，很少與現實政治扯上關係。之後的情況則大異，越來越多的學者參加到聲討譴責日本戰爭罪行和批判日本當局頑固態度的政治鬥爭的行列中去了，以往客觀冷靜的學術研討反而不大看得見了。說起來，日本當局在戰爭責任認識問題上的頑固態度其實長期以來並無實質性的改變，大陸學者態度上的改變，很大程度上也是20世紀90年代以後中國政治經濟乃至於國防外交環境與形勢的變化所使然。

俗話說：「距離產生美」，「當局者迷，旁觀者清」。它們都包涵著一個重要的真理，就是人們在看事物時，只有保持一定的時間和空間的距離，才容易做到客觀公正。中國人研究中國史，再加上研究中國近現代史，不僅空間距離拉不開，時間距離也拉不開，要想真正做到客觀公正，其難度之大可想而知。更何況，時間上越近，政治上的掣肘和顧忌越多。不僅許多檔案看不到，就是看到了，也很難無所顧忌地按照歷史本來的面貌直言不諱。凡此種種，都使得今天我們中國人自己寫自己的歷史著作、歷史讀物，尤其是寫中國近現代史的著作和讀物，存在著很多嚴重的問題，需要讀者多抱一種懷疑的態度，多問一些為什麼，而不宜抱著「開卷有益」的態度，取「拿來主義」，以至於更加深我們主觀武斷的傾向，被太多的「清癯」們誤引到非歷史的道路上去了。

清癯，想來也是深以中華民族為自豪的一位作家（如果不是歷史學家的話！）。他曾寫過一篇叫《吾國征俄戰史之一頁》的短文，大談成吉思汗征戰歐俄之經過，稱之為「吾國戰史上最有光彩最有榮譽之一頁」，其說辭頗有點像今天各種電視劇中對「我大清」皇帝康熙、乾隆乃至於雍正之輩的頌揚。只不過，在他看來，中國的元朝還要更勝清朝一籌，因為「元時之兵鋒，不僅足以扼歐亞之吭，而有席捲包舉之氣象，有足以壯吾國後人之勇氣者，固自有在」。

對此，魯迅卻評論稱：「這只有這作者『清癯』先生是蒙古人，倒還說得過去。否則，成吉思汗『入主中夏』，術赤在墨斯科『即汗位』，那時咱們中俄兩國的境遇正一樣，就是都被蒙古人征服的。為什麼中國人現在竟來硬霸元人為自己的先人，彷彿滿臉光彩似的，去驕傲同受壓迫的斯拉夫種的呢？」

魯迅說：「幼小時候，我知道中國在『盤古氏開闢天地』之後，有三皇五帝，……宋朝，元朝，明朝，『我大清』。到二十歲，又聽說「我們」的成吉思汗征服歐洲，是『我們』最闊氣的時代。到二十五歲，才知道所謂這『我們』最闊氣的時代，其實是蒙古人征服了中國，我們做了奴才。直到今年（即1934年-引者）八月裡，因為要查一點故事，翻了三部蒙古史，這才明白蒙古人的征服『斡羅思』（即俄羅斯—引者），侵入匈、奧，還在征服全中國之前，那時的成吉思還不是我們的汗，倒是俄人被奴的資格比我們老，應該他們說『我們的成吉思汗征服中國，是我們最闊氣的時代』的。」

下面這段話，也是魯迅講的：「我久不看現行的歷史教科書了，不知道裡面怎麼說；但在報章雜誌上，卻有時還看見以成吉思汗自豪的文章。事情早已過去，原沒有什麼大關係，但也許正有著大關係，而且無論如何，總是說些真實的好。」

很奇怪的是，魯迅上面的話，就好像是寫在今天一樣。

這即是本書題名「開卷有疑」的一個初衷，也是筆者讀書時一向堅持的態度。

只不過，在這裡必須要說明的是，本書所涉及的讀書範圍，僅限於中國近現代政治史，旁及外交和軍事史的個別方面或片段歷史，而且所評之書多半還是當前史書中的佼佼者。因此，就本書所提及的問題而言，還遠不足以讓讀者充分瞭解在比較和疑問中感受讀書樂趣與意義的重要。但是，只要能夠在帶著問題讀書方面提供給讀者一些幫助，哪怕只能造成很少的一點作用，在筆者就已經是很大的一種滿足了。

馬上得天下，安能馬上治天下？

新中國的建立，對於共產黨人來說，實在是來之不易。如果我們過去更多看到的，還只是無數革命者為之拋頭灑血，前赴後繼的話，那麼，我們今天更有必要瞭解，這樣一個新中國，是在怎樣一種條件和環境下實現其政治秩序的建構的，而這種條件和環境的複雜性，又在多大程度上影響了這一新的秩序的合理性。

古人常言，馬上得天下，安能馬上治天下？主張凡以強力「逆取者」，當以仁義「順守之」。就是靠武力奪並天下之人，一定要重「君子之治」，即要「行仁義，法先聖」，掃除煩苛，與民休息，刑罰罕用；天下晏然。

但是，對於主張階級革命的共產黨人而言，這一條卻未必是天經地義。毛澤東說得好：「奪取全國勝利，這只是萬里長征走完了第一步，今後的路更長，更艱巨，更偉大。」這是因為，只要存在著階級和階級鬥爭，共產黨人就不能從馬上下來。此亦即毛澤東所謂「沒有天下打天下，有了天下保天下」的意思所在。

「保天下」，在這裡求的是要確保過去保護富人的國家機器，今後能夠牢牢地掌握在共產黨人的手中，從而能夠持續達成改天換地的革命目標，讓新中國能夠按照共產黨人的意志來建設和發展。黃巢有一首詩最能反映此種豪氣與氣概。其詩云：「待到來年九月八，我花開後百花殺。沖天香陣透長安，滿城盡帶黃金甲。」

用革命的邏輯來建構新秩序新國家，不僅要分左、中、右，而且要分革命與反動，進步與落後。「非我族類，其心必異」，非鬥爭不可。故土改、鎮反、「三反」、「五反」，「我花開後百花殺」，實屬革命、進步之必要與必然。毛澤東有段話講得十分形象：「凡是反動的東西，你不打，他就不倒。這也和掃地一樣，掃帚不到，灰塵照例不會自己跑掉。」

在經歷了剿匪反霸、土改鎮反、「三反」「五反」等各種鬥爭和運動之後，中國社會一度甚至出現了兩千年前孔子所追求的夜不閉戶，路不拾遺，「盜竊亂賊而不作」的奇特景象。

然而，在嚴刑峻法和政治高壓下成就的社會改造，也不可避免地會帶來種種傷害與遺憾。古語有謂：「舉大德，赦小過，無求備於一人之義也。」而簡單地按階級劃線的結果，注定會形成「天下烏鴉一般黑」的認識邏輯。其所造成的打擊面之

大，自難避免。

　　在此，我們不能不提到前湖南省紀委書記楊敏之的一段回憶。它清楚地顯示了在那個紅旗漫卷的時代裡，像楊敏之這樣的千千萬萬激進青年，是如何背叛家庭，投身革命的。在經歷著種種天翻地覆的社會變革所帶來的靈魂洗禮的同時，家庭出身的原罪感也不可避免地成了他幾十年揮之不去的夢魘。僅僅因為父母被劃成為富農，在以階級劃線的革命倫理觀的壓力下，他不得不拋棄了一切傳統的人倫孝悌、骨肉親情、養育之恩，生生把父母看成了「敵人」。直到30多年後，當階級鬥爭的達摩克利斯劍不再懸在頭頂之上，而父母也被摘去富農的帽子，他才終於發自內心地對生他養他的親生母親又喊出了「媽媽」兩個字。

　　身為共產黨的高級幹部，楊敏之如下的反思很值得一讀：

　　今天回想起來，歷史對她（們）是不公正的，我也跟著走進了這個歷史的誤區。因為世界上任何人一生下來都必須在現存的制度下生活，出身不能選擇，時代不能超越。把出身看成一種原罪是錯誤的，是不符合歷史事實的。……對偉大的土地改革必須充分肯定，但是回過頭來看，我們黨領導的土地改革是不是完美無缺呢？有沒有值得總結的經驗教訓呢？我的回答是肯定的。這就是我們在土改中推行了一條「左」的政策，並且產生了不良後果。這條「左」的政策不只是在土改中曾經一度出現的亂打亂殺（我們黨後來纠正了這一傾向），而是在剝奪地主富農過多占有土地這一特權的同時，也剝奪了他們的人權。把地主富農分子不加分析地都劃入敵人的範疇，對他們實行無產階級專政，並且株連他們的家屬子女，把他們的階級出身看成一種原罪，從而剝奪他們的一切政治權利，而且長達近30年。……我不反對對黃世仁、南霸天這樣的惡霸地主實施鎮壓，把他們打翻在地再踏上一只腳，但應該把一般地主富農與他們區別開來。因為剝削雖然是罪惡，但這種罪惡首先是由社會制度造成的，個人是在順應這種制度的情況下才催生了罪惡。而且，只有當剝削者像黃世仁、南霸天這樣貪婪成性、心地歹毒、為富不仁，其罪惡才變得更彰顯、更深重，更令人痛恨。事實也的確如此，在階級鬥爭已成陳跡的今日農村，一些在舊社會生活過的老農言及當年的地主富農時，他們也承認天下「烏鴉」並不都「一般黑」，老農們當年也並不是個個都苦大仇深。

　　其實，毛澤東也好，劉少奇也好，中共的相當多領導人也未必就沒有楊敏之一樣的情感。他們中許多人不僅出身於所謂剝削階級家庭，而且都曾對同為地主或富

農的父母，有過充滿理解和溫情的回憶。他們並不因為父母的地主或富農身份，就相信父母的發家充滿了罪惡與齷齪。恰恰相反，他們不僅相信自己父母的人品和道德，而且深信他們多半都是靠著勤勞、節儉和能力發家致富。

很顯然，新中國建國後，中共領導人之所以更加強調「天下烏鴉一般黑」，很大程度上恐怕只是基於「打天下」所得的經驗，而用之於「保天下」的目標。在他們看來，從政權的建立和鞏固的角度著想，為了他們的革命及其利益的需要，為了創造一個新世界，這多半是不得不付出的代價。所謂「馬上得天下，馬上治天下」，這種慣性的作用幾乎不可避免。不論今人怎樣看待當年的「階級鬥爭」及其代價，共產黨人正是透過劃分階級，鼓動、領導貧苦階級與富裕階級展開你死我活的鬥爭，才由小到大，由弱到強，不僅推翻了過去的統治者，而且建立起了自己的政權，他們也確是用同樣的方法在建國初成功地鞏固了這個政權。毛澤東所以越到晚年越相信「階級鬥爭，一抓就靈」，不是別的，也的確是他的經驗之談。只不過，這個經驗，即使對於毛澤東和中共的目標來說，也是一把雙刃劍。過多地依靠和使用它的結果，固然壓制了對手，同時卻也割傷了自己。

如何從黨史研究轉向歷史研究

　　第一次聽到國芳的名字和見到國芳本人，是在2002年春季博士生考試面試的時候。叫到他名字的時候，印象最深的就是，進門的他竟高出其他多數考生將近一頭，理成寸頭的頭頂上已經依稀能夠看到星星點點的白髮，堆著笑容的臉黝黑黝黑的，除了可能有點怯場的緊張以外，絲毫看不到長期埋頭書堆，不見陽光的「白弱」病態。如果不是臉上還架了一副眼鏡，放到街上，大概不會有誰會把他和「博士」這一頭銜聯繫起來。

　　當時面試的考生，基本上都有歷史學本科學習和研讀歷史學碩士生的經歷，而且多數都是碩士畢業直接考博，他是唯一本科學政教，碩士改學歷史，畢業後留校從事教學工作的。由於缺少本科四年的基礎訓練，儘管他讀了三年碩士，思維習慣和讀書範圍，仍基本上偏限在中共黨史的範圍內。從面試的結果也可以很明顯地看出來，他閱讀和訓練的功底，確較一些一直學歷史的面試生有差距。由於當時我否決了考我的另一位考生，因此，面試小組幾位教授雖然並不認為他可以錄取，但還是把要不要錄取他的決定權丟給了我。

　　我下決心錄取國芳，理由很簡單。第一，其雖一臉憨厚，但從他面試的問答中，可以看出他有一種外粗內秀、虛心踏實的氣質。學做歷史，這是重要的優點。第二，歷史系培養的學生，善於實證研究，解剖麻雀，但也容易存在一種缺陷，即因為很少系統的理論學習經歷，缺乏理論思維的訓練，多不善於察微知著，以小見大，抽象概括，宏觀思維。相反，有過政教學習經歷，只要思想不僵化，這方面反而有其長處。何況，我自己就不是歷史學本科出身。

　　在接下來的學習和交流過程中，國芳的表現證實了我當初的判斷。在選題問題上，他最初的想法還是很難脫開過去從政教學習中得來的中共黨史的研究方法與思路，總是想研究諸如1960年代中期中蘇論戰之類的問題。而在我看來，國芳改行到歷史系來學習，非做一篇實證研究的論文不可，以便從頭到尾經歷一遍從蒐集原始檔案文獻，到整理分析各種史料，最終歸納成文的史學研究過程。

　　針對國芳等同學有入史學研究之門的問題，我先透過專題課，要求幾個同學一組完成某一事件的大事記，考察他們對史料的感覺，幫助他們瞭解自己的問題所

在，掌握蒐集整理史料的基本方法。而針對他們作業中暴露出來的概念使用的隨意性和讀書不求甚解的問題，又接連開了研究綜述課、文本解讀課和讀書課。記得有同學抱怨我是搞「魔鬼訓練」，但國芳一直非常認真地按照我的要求參加每一次討論課，並完成每一份作業。而對我針對他及其他同學每次上課或作業中暴露的問題所做的評語，他都能夠用心消化吸收。因此，經過了一年多來各種課程的學習訓練和閱讀之後，他的作業比他剛開始學習時有了質的提升。很明顯，他已經開始擺脫了傳統黨史的思維方式，逐漸習慣了用史學研究的方法來思考和寫作了。

當然，最重要的訓練還是靠博士論文的寫作。由於注意到國芳當時很難自己選定合適的博士論文研究題目，因此，我給了他一個建議，就是他最好去研究一下1947-1949年中共占領石家莊的問題。因為，石家莊是新中國建立前中共第一個正式決定要牢牢占住加以建設的重要城市，它曾經為此後中共從農村進入到城市中來提供了重要的經驗和教訓。而到當時為止，還沒有人具體地研究過這方面的情況。

讓國芳做這樣一個題目，並非我對當時檔案史料開放的情況有了十分的把握。我的想法只是，國芳過去的學習基礎主要是中共黨史，要他改做其他方面的研究，時間上來不及。同時，他家住石家莊，長年在那裡上學工作，相對而言研究當地的問題，在查找文獻檔案和接觸各種其他史料及當事人方面，會有很多便利條件。

十分幸運的是，河北省，尤其是石家莊市檔案開放的情況相對比較正常。這樣，國芳作為本地大學教師的優勢就充分顯示出來了。而他樸實謙虛、踏實穩重的性格更便利了他與檔案館的工作人員的交往。前後經過幾個月的時間，他終於把保存在該市檔案館內中共占領石家莊初期的各種相關檔案，全部查閱了一遍，並按照我的要求，整理成了初步的大事記。這一工作最終奠定了他成就這篇論文的最基本的史料基礎。

我看過他的大事記後，曾在信中（2003年10月20日）告訴他，他的研究已經有一定的基礎了：

至少兩個方面的資料已經可以大致構成論文的線索了，一個是從鞏固政權、穩定社會的角度開展的蔣偽登記和清查的工作；一個是從建立政權、發揮各級政府機構正常職能的角度建立薪資制度，穩定舊職員隊伍和設立新的街區的工作。但即使就這兩個方面來說，目前的資料缺口還是很大，主要是缺少較為具體和生動的案例。前者還必須要儘可能多地蒐集中共進城以後鎮壓及除奸的情況，你的材料裡也

偶爾提到有這種事情，但沒有詳細的資料。後者更需要找到較為具體的錄用舊職員的數量，一些主要部門的建立和人員構成的情況，以便瞭解進城後哪些機構是新設立的，哪些是沿用舊的，它們中新舊職員錄用情況如何，效果如何，關係如何，以及舊職員和以前相比社會地位及其生活狀況如何，等。你的大事記裡還缺少部隊進城時的相關情況，因為你必須要從奪取石市開始寫起，不僅要說明是哪些部隊占的石市，而且要說明這些部隊第一次進城以後的表現如何，造成了什麼樣的影響，各級是怎麼解決這些問題的。還缺少對石市城市階層、行業等社會關係和社會狀況的考察資料，因石市畢竟當時也只是個中小城市，它與其他大城市相區別的特點必須要交待出來，人們必須要瞭解那裡有多少家工廠，規模多大，石市主要的經濟行業和經營行業是什麼，工人所占比例有多大，店員有多少，他們中對中共入城的態度怎樣，中共對他們的工作如何，何時才開始組織工會等窮人的階級鬥爭組織，為什麼，效果如何，如此等等。總之，中共進入石市後，整個的社會生活、經濟生產，以及人與人關係，發生了哪些重要的變化，這些變化，好在哪，不好在哪，什麼人讚成，什麼人反對。其經驗產生了什麼樣的影響。

　　我不知道，你是否還能從石家莊深入發掘出更具體的資料來。我意既然已經蒐集到這種程度，不妨下決心再挖下去。到石市或河北省的各級檔案館、圖書館、報紙刊物和文史資料中再去弄出更全面的東西來。

　　當然，隨著論文寫作的進展，檔案史料的蒐集仍舊不可避免地還要繼續。但對國芳而言，當時條件下最大的問題，還是他一方面欠缺系統的史學研究的訓練，另一方面因為歲數的關係，他非常希望能夠在第三年按時畢業。而恰在他入學後，北大歷史系在牛大勇主任的主導下，加強了對博士學位論文質量的要求，已經連續有幾名博士畢業生的論文被否決。因此，要想按照當時規定的三年學制的時間從北大歷史系畢業，對任何一名博士生，都是極大的挑戰。記得在高他一屆的中國現代史專業博士生預答辯中，就發生了四人的論文有兩人被當堂否決的情況。而在同一天，近代史預答辯的博士生論文卻全數透過。這種情況不可避免地在旁聽的現代史研究生中引起了不小的反響，不少同學認為關鍵是有個別老師太過挑剔。國芳自然也很緊張，他當天就寫信給我反映了同學們的看法。我曾為此專門回信談了我的意見。

　　我在信中（2004年3月17日）寫道：

那天確如你所說，差點只X老師一人勉強過關。這種情況事前其實已經確定，並非只是L老師一人的意見。F老師和O老師事先都認為他們各自的一個學生論文不行，故特意請L老師幫助審閱，實際上已經認為二人很難過關。當然，G的論文也有很大問題，在我看來可能還不如F老師學生的論文，只可惜我不大懂（F老師學生研究的）那個問題，沒辦法講話。像那天那種情況以前極少碰到，包括X老師的論文問題也很大，雖然X老師同意按照我們的意見把文章一分為二，但要在一個月之內將一個問題梳理清楚，將文章整個改寫，也並不容易。

從這次預答辯你應當能夠看出問題的關鍵所在，即四個人的選題基本上都屬於史論而非史實的研究，且完全沒有在可能做到的史實考訂和研究上去下功夫。近代史教研室那天所以能一下子過四人，選題上貼近史實而非史論，同樣關鍵。

學生們對那天的結果感到詫異，表示不滿，我能理解。但這裡面其實有兩個原因，一是多數同學大概都沒有看過他們的論文，並不清楚論文的水平究竟如何。二是大家已經習慣了過去那種得過且過的方式，抬頭不見低頭見，都認為老師應當留有情面。

你說有人講開題的團隊和預答辯的團隊成員不同，因此要求不同。這完全是不瞭解情況的瞎說。在那天會上你也清楚地聽到了，我是參加了開題的，o也是參加了的，我在開題時對O兩個學生的題目當時就表示了不贊同的態度，並具體地提出了建議，開題小組當時也是同意的。但O很快出國一年，對此沒有嚴加督導，他的兩個學生也全沒把我們的意見當回事，繼續照自己的計劃去做。這與兩套團隊沒有多少關係。對於這一點你自己要有判斷，不要人云亦云。

至於要不要留情面給出路的問題，我想這種想法首先就成問題。大家為什麼要來考北大？當然是因為它的牌子好。它為什麼牌子好？首先就在於它的水平高。如果北大歷史系的要求也和其他一般大學歷史系的要求一樣，北大的牌子又怎麼能好得了？既然考入北大歷史系，就應該有這樣的思想準備，即北大歷史系對博士論文的要求理應會比其他學校歷史系的要求高一些。過去在這方面北大歷史系曾經隨波逐流，降低過自己的水準。這兩三年以來這種情況已經在牛大勇等老師的堅持下發生了改變。兩年前教研室透過的幾篇博士和碩士論文，就已經被系的學術委員會否決掉。這兩年F老師、M老師等都自動地將他們博士生的答辯推遲了一年甚至兩年。去年N老師力主將他的一個明顯跟不上要求的博士生做了退學的處理。所有這

些都是在L老師來到系裡之前發生的，並非L老師個人標準太高。你在博士生中間歲數較長一些，且又負有一點責任，我希望你不僅要清楚這裡面的問題所在，高標準要求自己，而且應當能在同學中間做些解釋和勸導的工作，讓多數同學明白，作為北大的博士生，理應想辦法從學問好的老師那裡學會做學問的方法，而不是總想著如何讓老師高抬貴手，放學生過關。老師要求一嚴，就大發雷霆，甚至於公開罵娘。這種學生根本就不配在北大歷史系讀書。

......

按照三年畢業的計劃，國芳查找資料和確定題目的時間準備都很倉促，因此，在做開題報告時，也不可避免地會受到老師們這樣或那樣的質疑。因此，開題後他也同樣有過煩惱的情況，我在信中還是鼓勵他要從善如流，多看到自己的不足。我在信中（2004年4月15日）說：

開題時近代史方面老師提出了一些很好的思路，這是關鍵。做學問要有獨立見解並能夠堅持己見，但做學問的另外一條則是要海納百川，從善如流，要善於從別人的東西和意見裡面發現自己的不足並努力改正之。

不錯，歷史著重於還原，但歷史畢竟有太多的細節和枝蔓，不可能完全復原，因此還原的方法非常重要。中共是按照階級分析和階級鬥爭的觀點和經驗來構建自己的城市政權的，但正如我那天所說，你的提綱對政權的管理職能及中共管理下的城市生存和運行的情況缺少重視，老師們的意見恰恰有助於你及時彌補這方面的缺憾。沒有人要你完全推翻原提綱另外根據施堅雅的模式去擬定一個新的提綱，但是你完全可以也應該在大量閱讀了他們的相關著作之後，仔細地思考一下涉及到一個城市正常運行所必須的條件與建構有哪些，中共在努力創造一個足以確立自身統治的階級政權的同時，它對它所反感的舊政權進行了哪些揚棄，以便來維持一個城市的正常運轉。因此，老師們要你注意近代城市的特點及其功能等等，包括房老師要你注意共產黨抗戰結束後為何能夠那樣容易地取代國民黨等等，其實都是要提醒你在寫一個新政權建立過程時，應當注意與舊的東西進行對比。這一點很重要。一方面，沒有對比，就無法清楚地顯示新的東西的特點所在；另一方面，你原來的資料準備也還略顯單薄，增加了這樣的內容之後論文自然會顯得較前要充實得多。

不要怕麻煩，更不要怕困難，一篇好的論文必須要經過這樣的反覆。要想寫出新意，且令人耳目一新，幾易其稿也是常事，又何況一個提綱。能夠透過考試和開

題，以你那天的答辯情況，已經是太走運的事情了。要知道現代史老師們在這方面的要求，不會比近代史的老師們低。

提綱修改之後請牛大勇和金沖及老師提意見，自無不可。但你也要有所準備，因為他們一來太忙，未必有時間仔細審讀你的提綱，二來他們若不對你當面質詢，也無法完全瞭解你提綱中的思想和內容。結果，或者他們不會提出多少具體的修改意見，或者提得不很具體，使你無從下手去修改，這兩種情況都可能發生。故千萬不要以為，反正以後主要是對現代史的老師們做答辯，只要聽現代史老師們的意見就可以了。博士論文不是單純用來透過答辯的，它很大程度上是用來顯示你的研究水平的，過去的提綱只能反映出你在已有的中共黨史研究方面有所推進，卻無法顯示你作為歷史系學生在歷史研究上有所貢獻。而且，一篇好的博士論文，也絕不可能出現現代史老師們說好，而近代史的老師們認為水平不高的情況。

我意你大可不必在這方面費心，還是一心把該補上的知識抓緊補上，細心地梳理出城市接管和管理的研究需要注意的若干問題，然後趕緊查找相應資料，以便早日開始修改已有的提綱。

由上可知，北大歷史系中國近現代史專業這時的內部環境，對國芳既是很大的壓力，但同時也給了他很大的推動與幫助。

國芳的論文寫作過程雖然十分緊張，但總的進展還比較順利，沒有發生過顛覆性的反覆。當時我具體看過幾遍，動手修改過幾稿，因為沒有保留，現在已經記不清楚了，但四五次應該是有的。這足以說明，他的論文從寫作開始，一直是在反覆磨合修改提高的過程之中。對於論文寫作開始階段出現過的問題，從我保存在電腦裡的一封信中可以看出一個大概。此信（2005年1月10日）雖長，也不妨引述如下，因為它最能反映國芳在最初研究寫作中存在的不足和後來的進步：

三章發來後已粗粗讀過一遍，感覺問題還較多。好的地方是，三章單獨看某一個部分，即單獨看某一節，都還可以，至少已大致上各成各的體繫了。但是，把它們合在一起，就發生了是否抓住了重點，理清了頭緒，和是否自成邏輯的問題。

從你目前所擬三章的標題即可看出，你自己對各章所論的重心和內容，都還沒有一個較具條理和有完整邏輯架構的思考。「忙亂與徬徨」、「考驗與拓展」、「努力與創新」，這幾個題目都是虛詞，放在哪裡都可以用（同樣，各節標題中「前奏」、「溯源」之類的題目也不得要領）。你所以要用這樣虛的標題，就是因

為你所論各章之下的各節的內容，相互多不具有內在的邏輯的聯繫。第一章前三部分尚可相互聯繫，第四節即已開始出現問題。一是為什麼要在恢復經濟的問題裡面列入改革教育的內容？二是為什麼要在建政研究的論文中一上來就談論教育問題？三是第一章的重心究竟何在，恢復經濟的問題如何與本章的重心相聯繫？為什麼不把它歸入第二章第三節一併敘述？第二、三章的問題就非常明顯了。第二章三節，第一節講的是當時不穩定的形勢及其影響，第二節講的是中共公開及其幹部隊伍的建設問題，第三節講的是經濟政策的調整及稅收問題，三個部分互不相關。第三章三節，一個講議政方式的變革，一個講城市區以下基層政權組織形式的探索，一個講城市職員及工人的收入問題，同樣是互不相關。要把這些看似發生在一個時間段裡的事情統統攏在「建政」這一概念之下，讓讀者自己從中得出一個頭緒清晰的印象，無論如何是不可能的。

你的論文目前最大問題，是簡單地跟著資料走。哪部分資料多，就寫得具體些，甚至與論文主題關聯不大的情況，也要鋪開筆墨去詳細敘說一番（如中共公開、教育改革和收入分配問題的展開就全無必要）；哪部分資料少，就寫得簡單些，明明該多花筆墨去寫的東西也只是點到為止（如幹部純潔問題、隊伍本土化的情況及其作用和舊職員的利用等問題）；哪部分沒有資料，就乾脆不去觸及。再加上自己的頭緒不清楚，缺少宏觀架構上的把握，就成了頭疼醫頭，腳疼醫腳，想到哪裡，寫到哪裡的情況。你意在做石市建政史，卻連何謂「建政」都未釐清。我對確定論文題目以及論說對象的問題，在許多場合都再三提醒過，首先要把自己的概念釐清。如果你認為「建政」這個概念人們能夠接受的話，你自己也首先要把它的內涵梳理清楚，並明白地講出來。有理有據，取得讀者的認可，至少做到自成一說。按照我的理解，你要講清楚中共「建政」的問題，關鍵要講清楚三點：一是中共如何處理與舊政權的關係；二是中共如何處理與多數城市居民的關係；三是中共如何破舊立新，自成體系。而這裡面特別重要的還有一點，那就是，對來自農村的共產黨來人說，還必須要解決好按照城市特有的規律從技術角度管理好城市的問題。第一個問題，即中共如何處理與舊政權的關係問題這一點，你在第一章和第二章裡都有涉及。第二個問題，即如何處理與多數城市居民的關係問題，你也是在第一章和第二章裡都有涉及。第三個問題，即如何破舊立新的問題，你在三章中都略有涉及。但是所有這些涉及，在你都還不是有意識的和自成系統的，且這種涉及因

為無系統、無意識，因此相互交叉或重複，那些為完整敘述需要交待的眾多關聯問題，更鮮有涉及。至於最為重要的按照城市特有的規律從技術角度解決好管理城市的問題，你在論文當中更是幾乎沒有論說。

從論文現有的情況來看，最省力的辦法，是按照我在上面提到的情況，先把三章的各節重新歸類。第一章……重心在研究中共剛入城時面臨的形勢及其解決問題的措施。第二章第二節兩目合併，黨公開問題略寫，黨的本土化問題及角色定位問題與幹部隊伍建設放在一起寫，列為第二節。應加寫第一節，重心在研究中共黨員和幹部從農村中來的適應與不適應的問題，和部分逃跑及變質的原因問題。另外把第三章第一、二節移到第二章來。全章重心在研究中共城市各級政權建立的過程。第三章除把第一、二章的經濟問題（第三章分配問題略寫併入）做為一節外，應另外新寫兩節與城市政權特質有關的問題。如居民管理、舊的城市管理職能與機構的存廢、舊職員及舊管理人員的利用與改造（最好有他們在城市水電煤交建及稅收銀行公安當中作用與問題的研究），以及工青團婦等各種基層組織在城市政權建設和鞏固中的作用，新機構的設置及其原因的研究，等等。

目前論文的寫作中還有一個非常大的問題，即是宏觀的理性思考的問題。我再三講過，我們今天研究建國史之類的歷史，絕不僅僅是為了將事情的來龍去脈梳理清楚，必須要有一種批判性的反思。事實上，如果沒有宏觀的理性思考，沒有對現實的關懷，不瞭解今天政治和社會所存在的許多問題來自於過去，要想在雜亂無章的歷史亂象中梳理出清晰的歷史線索，使讀者有所知並有所思，也是很難做到的。但是，你目前的論文給人思考的提示實在是太少了。這是因為你自己在寫作的過程中本來就缺少理性的反思，只是滿足於把各種雜亂的資料拼接起來，使之構成一幅看起來多少有些影像的拼圖。你的很多敘述，完全是在做很機械的串接各種引文的工作，幾乎沒有獨立的判斷和細緻的背景分析。不少地方的文字，甚至無法弄清楚究竟是你自己的意思，還是你在轉述引文的意思。這種情況非常糟糕。

我想，你不會不瞭解，中共新政權的建立過程，其實帶有相當機械的程式。其階級觀念和階級鬥爭的方式，造成了許多問題，和現實需要之間的矛盾，也造成了許多反覆。石市新政權政策的左右搖擺，都與這種情況有關。而你因為對當時整個大背景把握不夠，因此在敘述這些政策搖擺時，往往缺乏深入的有縱深感的分析與交待，更缺少對這些政策搖擺所帶來的問題的理性的思考。以至於許多地方就事論

事,講了前面,忘了後面,竟至敘述中自相矛盾。比如你在談到中共對工人的政策時,開始時強調中共入城後滿腔熱情地擁抱工人,堅持工人當家的口號;隨後又講貧民會其實是以城市貧民和小商人為重點;之後進一步談到工人中相當多參加了國民黨,因此幹部們大都看不起工人;最後則強調1948年7月以前中共事實上忽視工人經濟利益和政治權利,如此等等,明顯地相互矛盾。

最後還要提醒你的是,你的文字總體上還是通順的,但是句子還是經常會出問題。一是時常會少主語,二是不知道如何斷句,常常一個句子有一二百字之多。

希望你能夠認真考慮我上面的意見,並抓緊補充資料和加強理性思維,特別要注意在引用引文時交待清楚相關的背景,使讀者不會產生誤讀的現象。

應該肯定的是,國芳前期的學習、教學和研究經歷,雖離歷史學研究較遠,但仍讓他受到了較好的寫作訓練。這使他能夠在較短的時間裡,很快地根據老師的意見一步步完成對論文的加工修改。儘管,我對他最後提交的答辯稿不很滿意,時間上當時也來不及再做深入的修改加工了,但我很清楚,他的論文應該已經能夠獲得透過了。

對國芳論文答辯稿的優點,我的看法可見「學術評語」表,即:

中華人民共和國建國史的研究正處在一個方興未艾的階段,它對整個中華人民共和國史的研究具有相當重要的意義。而中共由革命黨走向執政黨,由農村轉入城市的自我調適的過程,對於瞭解中華人民共和國建國的特點及其隨後的政治發展趨向,尤其具有重要的價值。中共在石家莊建立政權與嘗試著進行城市管理和建設的過程,比較集中地反映了中共建國初期所遇到種種複雜的問題,和它解決這些問題的作法與過程,因而頗具典型性。本文比較全面地掌握了中共占領石家莊之後圍繞該市建政和管理所形成的各種重要的檔案文獻,並且注意到同一時期中共在占領其他城市過程中所形成的政策性文獻資料,為其研究打下了較為紮實的史料基礎。

本文是近年來研究中華人民共和國建國史的成果中較有新意和深度的學術成果,其突出特點是史料紮實,研究具體,深入地分析和描述了中共最初進行城市建政工作複雜和曲折的過程。其寫作比較規範,史料運用合理,邏輯基本嚴謹,文字亦屬流暢。

對預答辯稿中存在的不足,我也在信中(2005年3月22日)告訴了國芳:
……

一篇論文的好壞，不在是否研究的是中共黨史，我也做中共黨史，歷史學界不也一樣承認和接受嗎？好的論文關鍵要有思想，要能發現新的問題，能給人以啟發，讓人有耳目一新的感覺。你的論文最大的缺點就是缺少思考，沒有太多思想性的東西。包括結論部分，也沒有能夠提出可以讓人們讀後有所啟發的東西。

　　而事實上，從農村到城市，是一個非常有意義的題目，透過中共幹部進入石家莊從不適應到適應的一系列挫折和轉變，可以給人很多思考：中共究竟帶給中國的城市些什麼，它自身又被迫改變了些什麼？它對城市的建設、管理和國民黨有哪些不同，又有哪些相同？不同是為什麼，相同又是為什麼？究竟哪些相同的東西是作為城市自身特質所必須的，而這些必須的共產黨被迫接受了的東西，包括管理模式等等，是不是真的符合共產黨人意識形態所要求的那些基本的原則呢？再比較一下進城最初幾年的情況和後來毛澤東的種種改造的嘗試，以及今天城市政權與管理上的種種變動與回歸，共產黨當年想在城市中創造的帶有強烈意識形態色彩的那些嘗試，哪些是被延續下來的，哪些早就被拋棄掉了？特別是作為共產黨人理論最應當反對的傳統官僚體制，在城市政權建設當中是否被注意到了？或者乾脆就是在城市建設和管理過程中不可避免的一種選擇？如此等等，如果你想要思考，你可以找出許多問題來在你的這一個案研究當中來進行考察和思辨。既解答你自己思想中的一些疑團，也便於讀者在讀了你的論文後能夠有所收穫。

　　當然，你現在論文的好處是，至少給讀者提供了一些可供思考的素材。而這又恰恰是歷史系論文的一個特點。因此，並不妨礙你論文的透過。

　　2005年6月，國芳終於如願透過了自己的博士論文答辯，進而獲得了他所渴望的博士學位，並且成功地留在北京，進入中央黨校黨史教研部，繼續從事相關的研究工作了。記得當時我曾去信祝賀並鼓勵他：希望他能再接再厲，以更加勤奮和實幹的精神來追求他人生下一個階段的目標。我當然希望他到中央黨校後能進一步蒐集檔案、擴充和修改論文，爭取早日出版成書。

　　在此後的三年多時間裡，經過一稿又一稿的修改充實，國芳終於拿出一篇面貌一新的論文來了。相比較而言，現在的這部書稿較當年的畢業論文，有了很大的進步，儘管按我的想法，它理當來還能更上層樓，但因晉升職稱時間所限，他實在沒有條件再做修改加工了。

　　本書的出版，在相當程度上填補了中共城市建政研究上的空白點。歷來，人們

高度重視中共如何在農村中紮根鬧革命，無論中外，成果纍纍，但對於中共如何從農村進到城市中來，如何從簡單地套用農村的經驗，到被迫按照城市特有的環境及條件，為適應國家政權建設和經濟恢復的現實需要，一步步調整、改變自己的城市政策，迄今為止，還鮮有像樣的研究成果。尤其是像國芳這樣解剖麻雀式的個案研究。透過石家莊這一個案，國芳不僅已經把中共當年「從農村到城市」的這條線索及其狀態，比較清楚地交待了出來，而且讓讀者第一次如此近距離地看到了中共從農村到城市的種種轉變的複雜性。與此同時，這本書的出版，也將在很大程度上證明，用規範的史學方法研究中共歷史，即使在中央黨校黨史教研部，這條路也是走得通的。這對於國芳堅定今後的研究道路很重要，對於那些同樣在中共黨史或國史研究部門工作，願意用史學方法研究中共歷史，取得研究突破的青年學者，應該也有重要的啟示意義。

保持客觀性才容易還原歷史

（一）

建平是我來到華東師範大學做特聘教授後招收的第一位博士生。記得第一次面試見到他，臉白白淨淨，笑起來眼睛彎彎的，說話時還會有些腼腆。如果不是注意到他話音中會帶出一絲關中方言的味道，並問到他的家鄉，真不會想到他是陝西農村裡出來的孩子。

建平過去側重的是民國時期的陝西地方史，因為寫過大革命時期國民軍與蘇聯關係的論文，讀過我不少有關共產國際與中國革命以及早期國共關係方面的研究成果。因此，他最初設想的博士研究題目也是想往中蘇關係史方面靠。我來華師著重想要開拓中共建國史這個方向，他又對當時較熱的中外關係史，特別是前蘇聯檔案解密較多的中蘇關係史感興趣，於是便一度嘗試著想要去做1950年代中蘇友協問題的研究。

對學生的選題，我們當老師的一般總是會先讓學生按照自己的意願去做選擇。但是，任何選題至少都有兩道關要過，一是學術史，即前人研究的情況如何，有無突破的可能；二是資料狀況，即再好的題目和想法，做歷史研究也必須要量入為出，能找到足夠的第一手資料，才敢動手研究。做中蘇友協這種題目我不看好，一是在上海沒有資料條件，二是這種話題和內容的研究，開拓和發展空間不大。日後想要繼續從事學術研究者，做論文一定要為日後的發展著想。

我當時也正在開拓建國史研究領域，滿世界跑著去查檔案找資料。因為涉及到建國史的內容有太多空白需要填補，我當然希望建平能夠在某個方向上有所作為。因此，當他也意識到中蘇友協問題研究蒐集資料困難太大時，我便建議他考慮轉到同樣屬於中外關係話題範疇的建國前後中共與基督教關係的研究上來。

做中共與基督教關係問題研究的可行性，主要是在資料上。根據我在各地跑檔案館、圖書館瞭解的情況，這方面的資料數量不小，而研究成果卻十分可憐且幾乎沒有實證性的基礎研究，就連中共及新政權對基督教政策演變的過程，都沒有研究者嚴格依據史料做過系統的梳理和交待。因此，建平如果勇於深入這一課題，研究的空間一定很大。

但另一方面，要做這方面的研究，就建平而言又有較大的風險。一是建平以往的訓練和研究，基本上偏重傳統的政治史，碩士畢業後又做了兩三年政治課教師，不要說他的相關知識與外語能力存在很大欠缺，要想轉換研究角度，調整研究視野，做到的對歷史上衝突雙方同情理解的基礎上又能保持一定批判性思考，也難度很大。二是這項研究的政治敏感度較高，雖然當時已經有了一定的開放度，真正實證的和有批判反思的研究成果，在大陸公開發表、出版，也還是會遇到極大的困難。因為建平很想日後長期從事學術研究工作，在現行體制下，不能在大陸範圍內保持一定數量和水平的發表出版量，勢必會影響到他日後的提職晉升，進而也就不可避免地會影響到他的生活質量。

我特別高興的是，建平最終接受了我的建議，勇敢地嘗試著來研究中共與基督教的關係史，而且他已經開始趟出一條自己的路來了。當然，作為老師，我還是不免有些心存歉意。因為，這方面的研究條件至今仍舊比較艱難，主要是研究成果的發表和出版在內地仍會受到一些限制，為了評職晉升，他平時甚至還不得不多付出一些額外的勞動。

(二)

和建平今天已經取得的研究進展相比，目前的這部論文主要還只是反映了他三年前畢業時的研究水準。但可以肯定的是，和目前國內外已有的考察中共建國前後對基督教政策變化及影響的同類著作相比，這部論文應該還是最好的一本。而對於我來說，看到建平透過這部論文的寫作在研究上和觀念上所發生的變化與進步，則是最感欣慰的。

為了完成建平交給我的寫序的任務，我翻看了2005年到2008年建平讀博期間我們之間的來往信件。雖然大多數通信已經找不到了，但圍繞著他修改論文時的幾次來往信件有幸還殘留在我的信箱裡。以下摘錄幾則我對他的過程稿所提的意見，這裡面的批評不見得都十分貼切和準確，但我相信對建平的論文修改是有幫助的。而瞭解這方面的情況，相信也有助於一些讀者瞭解，在大陸，年輕學者踏上這一研究方向時往往需要經歷一些怎樣的磨練和轉變。

2007年2月，建平交來論文初稿，我詳細批註後讀後回了他一封不長的信：

文章收到，可以說基本上不成功，必須大改才行。整個文章的邏輯基本是建立在官方教科書的歷史解讀上，連文字都帶有人民日報的色彩，給人印象，好像當年

的這場革新運動主要都是中國宗教歷史發展的必然和必須，是基督教天主教愛國人士自發自覺地進行的，中共只是適時地予以了堅決的支持和推動而已。我讓你看《十字架》這一記錄片的目的之一，就是希望你在研究這一問題時，能夠擺脫傳統意識形態及其傳統政治教育的影響，儘可能站在客觀的立場上，從多方的角度來認識當年所發生過的這些事情，從而不僅自己，而且能夠讓讀者瞭解事情的極端複雜性和政治干預背後的種種背景。可惜你或者沒有看，或者完全不能從同情的角度來理解那些宗教信徒的感情與需要。這讓我很失望。希望你能認真地按照我對你文章所作的批語，一一嘗試著改變你現在的思維模式和思想態度，真正發現你目前的問題之所在。

《十字架》是當時網上流傳的一部由獨立製版人製作的反映當今大陸農村一些地區基督教徒生存狀態的紀錄片，真實感人。研究基督教方面的問題，我要求建平必須要做的最重要的一件事情，就是要他去讀《聖經》，讀基督教歷史方面的書籍，特別要求他透過看與基督教在華傳播和大陸基督教徒現實生存狀況有關的資料，來改變自己以往基於無神論的一些片面的觀念，培養自己對基督信眾作為人的基本的同情和理解。因為在我看來，這是客觀研究中共建國前後宗教政策與基督信眾衝突關係必須要有的一步基本訓練。而《十字架》一片，在我看來，是最容易讓許多不瞭解基督教徒的執著的人，從基本人性的角度去發生同情的活教材。可惜，建平最初似乎並沒有被電影所打動，他的初稿絲毫沒能表現出對那段歷史中受衝擊一方的人的同情理解的態度。

經過幾個月交換意見和修改之後，建平交來了第二稿。這一稿較前一稿雖然有些改進，但上一稿中的問題仍然存在。其實，我對建平的研究，特別主張他要多從社會史的角度入手，把眼光向下，而不是他目前所做的這種政策考察。我即使同意他考察政策變動，也是希望他能著眼於政策所導致的結果，尤其是發生作用於普通人身上，影響他們人生命運的情況。可惜，他的努力距離我的要求仍舊很遠。因此，我這次很有點喪氣，基本上沒有再和他討論他的稿子的內容，更多的只是就他寫作方面提了一些意見。我在信裡寫道：

二稿較一稿有了不少進步，但問題仍很多，特別是在概念使用和資料處理上仍舊不夠細心，很少用腦子。寫文章的目的，是要人懂，要人懂，首先就要自己懂，自己不懂不明的不要寫。要人懂，其次就要把概念和史實交待清楚，任何頭一次出

現的新詞新事，都要特別注意加以說明。要人懂，還要特別注意夾敘夾議，即要特別注意讓事例說話，減少不必要的長篇大論和晦澀的引文，更要避免使用生僻的用詞和解釋必須要使用的今人不熟悉的詞彙。你現在的稿子雖然較一稿減少了不少教科書式的語言，但是在很多地方還是表現出思想上受教科書觀念影響過深的痕跡，這最典型地反映出你對歷史不敏感，且缺少同情心。受此影響，你的論文主題思想非常模糊，對讀者很少觸動，自己也難以歸納總結寫出有深度的結論來。這也是為什麼，我對你論文現有的最後部分，幾乎沒有加以修改和給出批語的一個重要原因。

2008年初，我曾因建平論文稿的結論部分很嚴厲地批評過他。當時的那個結論，也反映了他整個論文當時的基調。問題是，他這時其實已經補充了很多基層的材料，並且考察介紹了許多來自基督徒方面的遭遇和情況。這足以顯現出他當時的思想正處在一種新舊交織的很矛盾的狀態中。我在信中說：

我剛抽時間掃了一眼你的結論部分，發現它竟荒唐至極。……

你研究了那麼長時間中共對西方宗教政策及其後果，何以會得出如此荒謬的結論來呢？你真的不知道中共政策的根本目的在於切斷一切可能危害其穩固的異己勢力的內外聯繫，用以鞏固其新生政權嗎？……不錯，它確在反帝，但為何？因為以美國為首的所謂帝國主義當年是它最大的威脅，因而也是它最大的敵人。如果美國不是最直接的威脅了，或者雖然仍是威脅，但同時還是可以透過外交等各種方式來化解其嚴重性的話，如同1970年到今天，它還會那樣反帝嗎？同樣，如果真有信仰自由，你那些王明道何以會被打成反革命？不錯，新政權並不禁止那些普通教徒繼續保持宗教信仰，尤其是對佛道等信徒更是如此。但為什麼，你不明白嗎？就是因為當時中共基於自身的理念，相信這些普通信徒不過是些封建迷信者，只是信神信鬼而已，只要控制住其首領，他們對政權並不直接構成威脅，可以透過限制之類的辦法，即如你所謂「縮小市場」的辦法，逐漸地使他們失去散播迷信的渠道與可能。為何不搞一刀切？因為中共領導人當時相信這種人數量龐大，又是思想認識問題，不能操之過急，如此而已。

注意到建平要寫好這篇論文，需要有較大的環境的刺激與改變，我一度曾經想要他延期畢業，幫他爭取一年的交換出國學習的機會。這是因為，我一方面擔心他長期在國內環境下思想侷限性不易改變過來，一方面也認為他研究基督教史的問

題，即使從找資料和接觸相關研究者的角度，也必須要出國去走一走。因此，我曾寫信給他徵求他的意見：

我想讓你出去一年，是因為希望你能設法留在上海，最好是能留在華東師大。留華師，一是留近現代，一是留冷戰中心，但無論留哪裡，你都必須有出國研修的經歷和較流利的英語聽說讀寫的能力。另外就是你所研究的宗教政策問題，所欠缺的一些資料，如被逐洋教士的回憶或日記，以及被判刑後出國的黎培理等人的資料，可能都有必要到外面去找一找。更重要的是你今後的研究方向，僅僅侷限在中共的宗教政策上是遠遠不夠的，一定要把它擴展開來，變成雙向的研究，既能研究中共的政策演變及其原因，又能研究在中共政權下的西方宗教的遭遇與生存狀況問題。從你昨天談到的情況來看，你的研究還是太過著重於中共政策變動的一面，這種研究還是太過表面化和程式化。如何能夠深入到被中共政策所左右甚或傷害的西方宗教信眾的當中去，體會和研究他們的感受與境遇，並且努力揭示宗教與政治之間的複雜關係，至為關鍵。應該使讀者真正瞭解絕大多數宗教信眾及其傳教者的心理和意願，瞭解當年新政權基於意識形態的目標，以內外形勢的判斷，和當時條件下集權化的需要，難以容忍偏離其意志，特別是有外國勢力支持的團體存在，才造成了後來的那樣一種結果。事實上，要能夠做到這一點，很大程度上就是像我過去和你再三講的，你必須要能夠切身體會那些虔誠的教徒們的平實追求與願望，同情他們生存的艱辛和困苦。僅僅站在旁觀者的立場上，你有時很難感同身受去理解他們。也許，出去一年，在不同的社會氛圍裡生活一年，更多地接觸一下西方社會的環境，去教堂裡體驗體驗，讀更多的相關人及其研究者的著作，會對你的思想有所觸動和改變。也只有發生了這種改變，你的論文才可能寫出深度來，也才可能打動系裡的一些教授，從而便於你留下來。希望你能夠同意我的意見。

由於種種原因，特別是因為建平想要留在上海，當時恰好趕上有留校工作的機會，他沒有能夠出去學習進修。在2008年4月，他又改出了一稿。因為臨近畢業時間，他非常擔心離我的要求差得太遠，但是注意到他已經從社會史的角度也做了相當多的史實的補充，思考問題的角度也發生較大的轉換，我卻認為他關於中共建國初基督教政策變化影響的考察，應該告一段落了。

我批改過後這次給他的意見，更多地反而是提醒他要注意另一個方面的客觀性了：

論文粗粗讀過，作為初稿應該說基礎還不錯，不必重新來過。我現在只是對你的目錄做了一些文字和內容上的調整，一是為了使表述準確，二是為了校正一些不妥的寫法，三是為了在標題上儘可能使讀者能夠感受到你在社會史方面做了一定的努力。就內容而言，你確已做了一些社會史的研究，但在目錄標題上目前還完全反映不出來，這是一個很大的遺憾。因此，我特意加寫了一個第五章（內容及題目寫法你根據自己資料的情況來確定即可），以便能突顯這方面的內容。

　　除了論文目前目錄章節安排太過政治史以外，現在論文最大的一個不足之處，是你在概念把握上很不嚴謹，缺少深思熟慮。最明顯的一個例子，就是你對「中共」這一概念的使用太過隨意和輕率。不要說這樣做不夠妥當，就是從學術角度來看，如此不加分析地到處貼標籤式的用法，也是不適宜的。中共建國前，因為它在實際上僅具政黨地位，在一些情況下簡單概括稱之尚說得過去。但在中共建國後，它常常既是黨，又是國，又是政府，又是中央，又是地方，又是毛，又是基層幹部，你在文中卻常常一概以「中共」稱之，這顯然極不準確。這種寫法，通常只是一些港臺學者才會去用，你作為大陸學者，必須儘量避免犯此錯誤。何況，即使從政治穩妥性考慮，你也需要在使用這樣的概念時嚴格把關，努力分清狀況，用最合適最準確的概念來稱呼，必要時甚至還應使用更中性或更正面的詞語，如「共產黨人」之類的用法相稱。實際上，如果你特別留意在「中共」背後的那些不同人物或部門的區別的話，你其實還能夠在研究過程中發現不少值得更深入考察分析的問題。總之，你的論文當然需要有一種批判精神，但這絕不能透過談論各種過錯時泛用「中共」這種給人略帶貶意印象的詞語來表現。你既要理解當時條件下以中共的意識形態，加之鞏固政權的現實需要，其不得不然的種種原由，也要高度同情那些原本並無「反革命」意識的教徒和普通神職人員純粹基於信仰而不得不抗拒中共改造的種種出發點。這兩種理解和同情都是必不可少的。這篇論文也只有在你透過行文充分表現出這種雙重的理解和同情，進而高度概括地點出問題之所在之後，才可能讓眾多評閱人說不出太多否定的意見來。

　　關於要理解中共新政權當時政策變動的原因與考慮方面，我似乎還給他去過不止一次信提醒他注意。還有一封信這樣寫道：

　　回信對論文內容的歸納大致是對的，但同時也要注意一點，即同情地理解教徒一方面，也要同情地理解中共一方面。這就要求你在論述當年這種錯誤政策及其嚴

重後果的同時，也要深入但概要地去研究分析中共為什麼要這麼想、這麼做。要說明它的思想基礎怎樣，對宗教認識怎樣，對未來的追求怎樣，對自身所處形勢的瞭解怎樣，對威脅自己的種種力量的判斷怎樣，其習慣性的經驗認識與工作方式怎樣，⋯⋯如此等等。作為一篇博士論文，而不是一般的著眼於說明一個觀點的報刊文章，必須要注意立場客觀和分析全面，任何簡單地基於對一方面的同情和理解所得出的結論，都肯定是片面的，也一定缺乏說服力。你已經注意到，我給你改的文章通常既能夠表達出你應當表達的觀點，同時也能夠照顧到方方面面，既不特別尖銳，也不模稜兩可，其原因大部分就在這裡。請務必注意此點。

（三）

建平最終改定的論文和今天這本書，沒有很大的改動，基本上保持了原貌。坦率地說，《紅旗下的十字架》這個主標題我很喜歡，然而全書目前更多地反映的，還是「紅旗」漫卷的過程，對被「紅旗」席捲下的那個本應作為主要描述對象的「十字架」，著墨和用力都還不夠充分。我曾建議建平對論文做較大的改動，但我沒有堅持我的意見，因為就像我前面提到過的那樣，就本書的副標題「新中國成立初期中共對基督教政策演變及其影響」來說，現在的書稿已經基本上達到了它的考察研究的目的，並且已經領國內外同題研究之先了。它的出版，至少對人們比較全面系統瞭解中共建國初在這方面的政策作為及其影響問題，會有一種比較大的幫助。這也就夠了。

建平目前的研究，看來更趨向於個案，因而也更實證、更向下了、更社會了。比如他這兩年撰寫或發表的有關育嬰堂事件、王明道事件，以及輔仁大學事件的研究論文，都表明他在向個案研究努力。政治史，包括政策史的研究不是不重要，但是，好的上層政治史或政策史的研究，一定要有社會層面的個案研究和實證研究做基礎，並且把政治或政策的具體作用，尤其是對社會人群的影響放在首位，才是最可靠、最貼近人性的研究方向。

希望劉建平能夠向著這個方向繼續下去。

探求歷史真實需要專業精神和技能

我們都知道，世界上有兩種「歷史」，一種是過去發生的事情；一種是後來人對過去發生的事情的認知。由於過去發生的事情已經是一種客觀存在，因此，也就存在著我們所說的「歷史真實」，同樣也就存在著歷史學者努力探求、考據和透過研究向今人呈現歷史真實的可能性。這是歷史研究存在的最重要的學理基礎和學術意義。

但是，今人和過去的時空區隔，不可避免地會造成兩個麻煩。一是過去種種條件、環境和相關因素作用的複雜性幾乎是無法重現和複製的，因此，後人多半沒有可能把過去發生的事情，特別是事情發生的種種背景情況描述得分毫不差。二是受時空環境，或情感立場的影響，今天不同的研究者對過去的人和事難免會因為這樣那樣的隔閡或聯繫，而有不同的感悟和評價。因此，即使在大家都同樣尊重歷史真實的條件下，也不等於今天不同的研究者對過去發生過的事情一定能夠得出相同的認知。

歷史已經發生了，成敗是非已成過去。即使牽扯到祖輩、文化，或是黨派、國家、民族感情，弄清真相，實事求是，尊重已經發生的歷史事實，理應是最重要和最基本的。如果戴著有色眼鏡，無論看過去，還是看現在，其實都沒有辦法弄清歷史事實。換言之，如果我們能夠暫時拋開歷史中的恩怨是非，我們要發現歷史真實並非沒有可能。也只有先弄清楚過去到底發生了什麼，和它們為什麼會發生，大家再來討論其是非對錯或經驗教訓，也才有可靠的事實基礎。歷史上有非常多的例子都可以證明，先入為主的事實判斷或刻意歪曲的事實宣傳，常常會導致人的錯誤認識。比如1938年斯大林主持編寫的《聯共（布）黨史簡明教程》，曾經誤導過幾代人對蘇聯歷史的看法。而一旦事情的真相被揭示出來，世人的觀點看法很快就會發生根本性的改變。由此就不難看出，如果我們不首先弄清歷史真實的話，那麼，任何觀點、看法，以及任何我們相信可以總結來比照我們現實的歷史經驗和教訓之類的東西，不僅是不足憑的，而且還可以帶來很糟糕的作用和後果。

舉一個很簡單的例子。當今各級官僚貪汙腐敗現象極其嚴重，因此許多人懷念毛澤東時代，不少人主張再搞1950年代初的「三反」運動，一掃貪腐之風。毛澤東

時代官員貪腐現像是不是比現在少？這個歷史事實是很容易得到肯定性的回答的。但是，造成那個時代貪腐現象少的原因是因為1951底到1952年初毛澤東領導了幾個月時間的「三反」運動嗎？這個問題的回答就遠不是那麼簡單和肯定的了。何況，不要說「三反」運動本身像歷次政治運動一樣，造成了多少冤假錯案，光是看一下運動之後的情況，就會發現，寄希望一次運動能怎樣了。實際上，「三反」運動結束後不久，新的幹部貪汙現象就再度死灰復燃，中共中央很快又在一些地方再搞反貪汙鬥爭和反貪汙教育。1960年代初，中共中央又再度發動城鄉「三反」運動，主要矛頭又一度指向了幹部官員的貪汙問題。直到文革中期，變相的幹部官員貪汙腐敗問題又有抬頭，中共中央為此又搞「一打三反」鬥爭。到文革後期，「走後門」等化公為私或以權謀私的變相貪腐問題重又出現，中共中央又不得不集中教育整治。僅此簡單的一個歷史情況，就可看出，毛澤東時代官員貪腐現象相對較輕，並不是靠1950年代初那次幾個月的「三反」運動取得的，其中當另有原因。在當今權力已經高度市場化的複雜條件下，又如何能夠設想靠運動能解決當今貪腐問題呢？

很可悲的是，我們今天社會上大多數人其實很少懂得獲得對歷史真實瞭解的價值與作用。因為，我們的歷史教育幾乎從來不教學生發現、尊重歷史真實的方法和意義。我們的歷史教育，如果有的話，從小學到中學到大學（除了大學歷史專業以外），教給學生們的幾乎都是用於死記硬背的政治教條。這種歷史教育的結果，或是使從小喜歡歷史的孩子們早早就厭煩了對歷史真相探求的熱情；或是讓大多數受教育者以為，歷史本來就應該是為現實政治服務的工具，「政治正確」高於一切，真實與否無所謂。結果，今天社會上很多人都以為，研究歷史最容易，誰還不能找出幾條史料來激揚文字、指點江山呢。記得幾年前有位大學校長就說過這樣的話：你們搞歷史的，不就是把舊報紙上的東西抄來抄去嗎？

中國有句俗話，叫隔行如隔山。在現代科學條件下，不要說理工科和人文科學之間跨越起來非常困難，哪怕是人文科學和社會科學之間要想自由穿越，也很少可能了。特別是由於科學方法在不同學科之間相互滲透，影響到今天的人文學科內部，哪怕就是歷史學科內部，不同專業之間或不同研究門類之間的溝通如今都變得很困難了。做中國古代的和做中國現代的，甚至是做現代政治史的和做現代社會史的，做現代經濟史的和做現代文化史的研究者之間，往往都會有很多相互隔膜不通之處。像古近社會那樣，可以在不同學科，如文理之間，或文史哲之間，自如遊

走，且有成就者，已不大能見到了。由於今天的學問家基本上都變成了各專業的「工匠」和「技師」，每個人只有條件專在自己專業的那個小圈子裡，因此，很少人不承認，今後中國再沒有所謂「大家」了。這不是因為現代人比古近的人笨了，而是因為今天的學術研究環境和條件完全改變了。我最近批評了一位研究時政和戰略問題的學者跨界來大談中共歷史的書，想要突出強調的一點也正是在此：還是謹守自己的專業好，免得亂點鴛鴦譜以至誤人誤己誤社會。

這本集子裡收了子組文章，有舊文，有新文。把它們集合在一個集子裡面，目的很簡單，就是想要借這樣三組文章讓喜歡讀史的讀者瞭解一下，今天做歷史研究，哪怕像我這樣，只是著重做中國現代政治、外交史研究，都是很不容易的。我這裡所說的不容易，指是考察追尋歷史真相其實是一件非常困難和麻煩的事情。不是下了力氣去研究的，就一定能夠得到讓大家滿意的答案。特別是我們今天所講的歷史，往往是由許許多多很具體的歷史人物、很微觀的歷史事件組合而成的。我們今天的研究者往往在一個不長的歷史時段，就一個方向上去做研究，就需要花費十年、二十年的時間，更遑論去研究更大範圍、更長時段的問題了。

放在第一組裡面的五篇文章，除了談新中國革命外交的由來問題那篇以外，都是一些很具體，甚至很瑣碎的史實研究。前兩篇文章尤其微觀。也許讀者讀了這兩篇文章，只是瞭解了兩個很小的，且在中國現代史或中共歷史當中從來都很少會提到的事情的一些來龍去脈。但是，如果讀者看過《停戰以後》的故事片，或瞭解中共土改的基本政策方針，就會發現，這兩篇文章所給出的縱使只是很孤立的兩個歷史小片段，卻可以反映出了歷史本身的複雜性和我們後人認知歷史的複雜性。它們同時也可以由這些複雜性當中促使我們多去想一些為什麼。

我在這一組中還收入了考察共產國際財政援助的文章、介紹1936年蘇聯嘗試大規模援助中共紅軍經過的文章。同時，我在下一組商榷文章中也收錄了我討論戰後蘇聯軍事援助和早些年談論蘇援對中共早期發展作用的文章。我這樣集中地把它們蒐集在一起，很大程度上是為了回應當前流行的一種觀點或說法。

今天，由於研究中蘇關係史的諸多學者近二十年的努力，過去絕不承認中共革命接受過外援的官方學者，如今都已經認同這樣的援助確實存在了。這是歷史研究推動中共黨史研究的一大進步。不過，承認這種援助的存在，並不等於大家如今都能正視這一歷史了。我們今天可以很清楚發現，許多人一面承認這種援助確實存

在，一面卻極力告訴讀者：蘇聯的援助如何少得可憐或「有限」。他們強調說，蘇聯援助主要都給了國民黨，並列舉數字來說明蘇聯援助國共兩黨時如何厚彼薄此。有學者甚至聲稱：這種援助不僅「有限」，還「給中國共產黨人造成了相當的損害」。我不知道這樣的研究者有沒有最起碼的歷史觀點。我這裡講的歷史觀點，就是講我們研究歷史起碼要做到實事求是，要尊重歷史事實。歷史事實是，當年的中國共產黨就是在蘇聯的幫助上成立起來，它在相當長的時間裡始終都是蘇聯黨領導的共產國際下屬支部之一，一直在受到共產國際的指導、幫助和經費支持。不論這些指導幫助是否都那麼正確或適當，一個最初不過幾十人的中國共產黨僅僅幾年時間就成長為中國最重要的政黨之一是基本的事實。莫斯科向中共提供的經費援助固然比不了它同時期給國民黨的經費及軍事援助，但這樣的差異能夠簡單地用蘇聯厚彼薄此來說明嗎？究竟共產黨蘇聯骨子裡是親共還是親國，用不著我在這裡多說什麼。我要說的一點是，經費或其他武器裝備援助的多與少，除了蘇聯自身外交利益的需要作用以外，很大程度上也是和當年兩黨的政治地位、體積，乃至可能受援的條件限制密切相關的。對此，我們只要看一下中共建國後蘇聯一度傾其國力幫助中國援建基礎工業設施，其規模之大、技術提供之多，遠超過美國同時期給臺灣國民黨政府的援助，就不難有所瞭解了。

其實，我一直在講一個很值得我們深思的現象。即當我們今天的研究者在批評當年莫斯科給中共的援助如何如何少，動機如何如何自私的時候，我們理應反省一下中共建國後與一些受援黨或受援國之間關係中幾乎如出一轍的情況。比如，只要考察一下中共建國後和朝鮮、越南、阿爾巴尼亞等黨和國家的關係史，就可以很清楚地看到，發生在今天中國人對前蘇聯援助力度和援助動機的指責，也同樣曾經發生在中國與朝鮮、越南和阿爾巴尼亞這些受援黨和受援國之間。只不過，被批評的對象是中國。換言之，在各國共產黨之間，援助國和被援助對象之間常常在重複著同樣的現象：援助國花了大力氣援助了落後國家的黨，幫助了這些黨和國家的革命或建設，結果多半都會受到指責，即被援助者最後反而會批評援助一方援助的力度有限、動機自私，甚或指責援助者意在控制受援方，等等。我真不明白，為什麼承認自己曾經接受過援助的歷史會那麼難？如果歷史上受援各國共產黨的研究者都這樣來認識援助國共產黨的作用，不是很可悲嗎？

本書第二組文章收入的是我所涉及的幾篇問題討論的文章。這些文章討論的，

嚴格說來都不是很大的問題，但是，無論是針對概念使用的問題，還是針對一個微觀或宏觀政策形成或實施原因的問題，抑或是針對某些具體的歷史現象存在與否、作用大小的問題，都可能形成不同的歷史敘述和歷史解讀，進而在學者之間產生不同意見的討論或者是爭論。這種討論或是爭論在歷史研究中是一種正常的現象。學者們在相互討論或是爭論之中能夠發現各自研究中的不足，帶動研究的熱情，激發問題意識，從而推動資料發掘與歷史研究的一步步拓展與深入。

在這一組文章中我特別收錄了劉統教授批評我的文章，是因為我認為劉教授的文章對我的幫助和啟發相當大。在此之前，我雖然注意到戰後蘇聯在東北對中共的軍事援助問題，也在戰後東北國共衝突的文章中提到過，但從來沒有認真地做過資料發掘和蒐集，包括對蘇聯方面宣布的援助數據，也沒有做過研究分析。1997-1998年，我在《百年潮》雜誌連載《毛澤東與莫斯科的恩恩怨怨》時，討論到蘇聯援助作用問題，就因此出了紕漏。其實，我不是不瞭解蘇聯方面公佈的戰後在東北提交給中共的武器裝備數字不十分可靠，因此，我在正文裡很清楚地表明了我的觀點，即我認為蘇聯提供的援助只是大大縮短了中共在東北軍事鬥爭中成功的時間。但是，因為我尚未做過具體的東北蘇援問題的研究，為了強調蘇援的作用，當時很輕易地未加任何說明地把蘇聯方面公佈的援助數字就放進了註釋裡面，結果引發了不少讀者的質疑。相對於一些網友的批評，劉統教授的爭論文章是唯一從學術角度對我書中這一註釋資料進行討論的。我雖然並不十分同意劉教授的對這一問題的說明和解讀，劉教授的文章卻讓我獲得很多知識，也清楚地瞭解到了我的問題所在。細心的讀者應該可以看出，我正是在劉教授批評文章的推動下，進一步加強和深化了我對東北蘇援問題上檔案的發掘與微觀史實的研究的。儘管，無論是從戰後中共東北軍事工業不同階段成長狀況及其實際能力方面，還是從戰後蘇方不同時期提供援助的具體經過、數量、規模和種類等方面，劉教授和我都還缺乏能夠說服對方的更加充分的證據，但是，透過這次討論，至少極大地推動了這一問題的研究。

本書第三組文章名為「評論」，其實我想著重說明的是評兩位金先生的文章。收入他們，除了兩文在報上發表時都受到版面的侷限，未能刊完全文，如此可以記錄文章全貌外，一個重要原因也是希望能夠讓更多的讀者瞭解我為什麼一定要去批評別人的著作。

金沖及先生是我很尊敬的師長輩的學者，他的研究一向都非常嚴謹和充滿智

慧。但他的《中國二十世紀史綱》這本書，卻讓我感到失望。以身為學生輩的我來評金先生的書，其實並非我所願。記得當年大家都力推黃仁宇的《黃河青山》一書時，我寫過一篇有不同意見的書評，個別朋友就曾勸告過我，對師長輩學人不宜過嚴苛責。因此，出版社安排我做金先生新書的評論時，我當時就表示了拒絕的態度。因為我知道我不會只講好話，不提意見。尤其是在美國讀到書稿後，我發現書中很多地方的觀點論述，乃至史實解讀，不是我贊同的，因此我更是專門寫信說明了我的顧慮。我甚至透過中間人轉達我的一些意見，並且表示說，我希望金先生能夠再磨上半年一年，將書中有明顯疑問的問題再做細緻研究修訂後，再來推出。可惜，因為當時書稿已經正式排版，除個別硬傷外，已無法再做大範圍的研究修訂了。考慮到金書幾乎是作為一項政治任務安排給他的，其影響一定會很大，而金書中的一些觀點和史述確有商榷之必要，在徵求了金先生本人的意見，金先生明確表示願意看到我的批評後，我才下決心寫了這篇批評性書評。

另一位金先生原非同行，事先並不瞭解。他寫的《苦難輝煌》一書只是紀實文學類圖書，從沒有想去讀，更不要說評論或批評了。但是，五六月間，注意到太多記者編輯和媒介中人，乃至專業研究者和廣大讀者，都開始把該書當成「還歷史真實面目」的歷史著作來讀，不能不能讓我深感問題之大。近些年來，隨著學術研究的水準日漸提高，讀者閱讀水平和閱讀品味也在逐漸提升，紀實文學的影響力本來已經明顯下降了。不期然今年官方媒介忽然齊刷刷力推起《苦難輝煌》一書來了，該書既非史書，作者也非史家，如此力推的結果，使書中大量不準確的，甚至是錯誤的歷史敘述廣為流傳，客觀準確的歷史研究結論反而陷於一種十分尷尬的境地。

我對金書的批評比較尖刻，個別話也講得比較重，原因是我相信，如果沒有人出頭對這本書提出尖銳批評，以這本書被熱炒和受推崇的情況，一定會有第二本、第三本，甚至大量類似不顧歷史真實的所謂歷史作品跟風而起。這注定會使人們對歷史的認知變得更加混亂不堪，使真正的史學研究成果變成這些故作驚人之論的文學作品的墊腳石。

有讀者認為我之所以批評金書，主要就是因為金書剽竊了我的一篇文章。此說其實不準確。我在動筆寫這篇批評文章時，甚至連金書都沒有仔細讀過。我只知道該書有不少明顯的史實錯誤，包括生造史實的情況，卻完全不知道它還會有大段大段抄襲剽竊的情況。包括邊讀邊寫的過程中，最初注意到有關共產國際財政援助的

那些文字時，我都沒有想到過去核對我自己的文章。畢竟，我那篇被抄的文章是在20年前發表的，那篇文章寫得還很稚嫩，既不嚴謹，也不深入，只是講述了研究中的一些心得而已。（可參見第二編附錄）我何嘗還能記得裡面的文字具體是怎麼寫的。回過頭去查找這篇文章，除了書中提到早年黨費援助人均可達四五十元的數字一望而知是我計算出來的以外，最主要還是作者抄出一個路費「15餘元」的概念，讓我莫名所以，只好找來老文章仔細核對，看看是不是自己當年寫錯了數字。如此才會注意到金書中大段大段文字與我那篇舊文章完全相同的情況。

老實說，金書即使沒有大段大段抄襲我舊文章的情況，該書很多地方「不做適當說明地將他人的思想、方法、研究結果占有己有」，不做適當註釋說明直接抄襲他人著作措辭、句子、段落和引文以為己用的做法，也都大量構成了對其他著作人的知識產權侵害了。即使是文學作品，網上很容易查到《美國語文學會研究論文寫作指南》和其他相關國際通行的規範性文件，裡面對如何利用他人文字成果都有很清楚的說明。去年發生在中國學術界中並在報刊網絡上熱議的抄襲門事件，也再度給中國的學人和文人敲了警鐘。我不希望學界多少年來剛剛開始形成的有關學術規範的共識，僅僅由於金書這種作法不受批評地廣為流行，再度土崩瓦解。

最後要說的是，我對兩位金書作者的現實關懷和問題意識十分肯定。中國現代許多歷史問題與我們現實社會中的問題之間並沒有隔著高山大海，它們只不過是上游和下游的關係。我們今天的人大都會關心我們今後可能會隨著這條歷史河流漂向何處，但說實話，我們主要可以用來判斷未來走向的，多半無法依賴我們向更下游遠處未知情況眺望的目力，而要依賴我們對過去已經經過的航道、水流、地質和水質的瞭解，特別是已有過的經驗和教訓。

這裡的問題僅僅在於，每一個生活在今天的人都有資格來討論什麼是我們過去的經驗和教訓，但無論誰來討論這樣的話題，都應該實事求是地先把歷史真實弄清楚。舍此即無所謂總結歷史經驗或教訓。

研究歷史也應做普及工作

為什麼要編這個集子？下面這件事可以讓讀者明白我的動機。

前不久，我接到一位電視臺編導的電話，希望我能參加他們臺裡一個電視片的策劃討論會，對中央電視臺某編劇提交的創作策劃書提些意見。我請他把策劃書的稿子發給我看一下，然後再來決定是否有必要去參加。

讀過這個策劃書稿後，我實在不知該說些什麼。我當即回信給該編導，告訴他：去跟這種對歷史無知到極點的編劇提意見，還不夠生氣的呢。

為什麼說這個編劇對歷史極端無知呢？請看他在策劃書裡寫的幾段文字：

「辛亥革命，一個最重要的主題就是反帝反封建。」

「孫中山因為他的文化基因是華僑，他出生在美國，他不是所謂儒學正統文化中培養出來的，他是屬於異類。他推翻異族異種的滿清，發動辛亥革命，是因為他對滿清是沒有感情的。後來之所以被袁世凱打敗，也是因為他是外支。」

「北伐到上海……共產黨人認為時機已經成熟，共產黨就組織了三次工人武裝起義，準備爭奪上海的主導權，搶占這塊中國革命的根據地和大本營。但是蔣介石看到共產黨的行動，他率領著北伐軍拒絕進入上海，不給工人起義提供支持和援助。工人起義遭到工部局的鎮壓，引發了五卅慘案。」「共產黨對於國民黨是真心的擁護，是真心的相助，一直以為能夠找到共同的相處之道。從四‧一二之後才徹底決裂，只有這個時候天真純潔的共產黨人才真正的吃了大虧了，與國民黨結下了血海深仇」。

「共產國際是一種精神上的烏托邦，他們的成員實際上都是國際盲流，是歐洲的所謂資本主義陣營中的游離者，有著暴力傾向和暴力情緒的人。他們和帝國主義在骨子裡面都是一丘之貉，在骨子裡他們對東方民族都帶著傲慢與偏見。」

「如果你想從對方身上得到什麼，一定要和當權者對話。這就是毛澤東為什麼一生都想訪問華盛頓的原因。因為他知道非當權者解決不了問題。」

老實說，這個策劃書還只是一個討論稿，外人可以不必求全責備。但是，作者並非普通人，而是著名編劇，把這樣一個錯誤百出、近乎胡說八道的歷史敘說拿來給專家們討論，說明作者並不認為自己的歷史知識等於零，而是頗為自信。這就不

能不讓人要對之評頭品足了。

　　說辛亥革命是的「反帝反封建」；說孫中山出生在美國，是「異類」，發動革命是因為對滿清「沒有感情」，失敗也是因為他是「外支」；說北伐到上海，中共為搶奪上海的控制權發動工人起義，蔣介石及北伐軍不支持，導致工部局鎮壓，引發五卅慘案……，這意味著什麼呢？這意味著作者連普通的中學歷史教科書都沒有讀過。

　　如果說上面的胡說還只是知識方面的問題的話，那麼作者斥責共產國際只是「一種精神上的烏托邦」，其成員「實際上都是國際盲流」，是些「有暴力傾向和暴力情緒的人」，骨子裡和帝國主義「是一丘之貉」云云，那就不只是在斥責共產國際，而是直接在斥責作為共產國際下屬支部而成立起來的中國共產黨，在斥責像宋慶齡、陳翰笙等一大批當年共產國際直接發展的黨員的人格了。這和作者所稱，要展現中國共產黨人「是一群有理想、有管理能力、管理經驗、有執政能力的一群人」，只有他們有能力蕩滌帝國主義、封建殘餘、軍閥黑幫等一切黑惡勢力和汙泥濁水，國民政府等等都注定是短命的、要被放逐的之類的策劃書主旨，根本就是背道而馳。真不知這位獲獎無數的著名編劇在想什麼？！

　　這位編劇所以會犯如此低級的錯誤，除了歷史知識欠缺外，顯然受了某些紀實文學作品的誤導。我沒有去查作者對辛亥革命、對孫中山、對五卅、對北伐等近乎無知的荒唐說法是從什麼書裡抄來的，但他對共產國際的看法顯然一多半都是從金一南先生的書裡來的。作者甚至在策劃書裡直截了當地講了他讀金書的心得體會。說：「《苦難輝煌》是金一南先生的著作，也是當代黨史研究重要的新突破。他為我們提供了一個解讀中國革命的新視角，同時也是一個新的美學標準。」他表示，他的整個策劃和創作，其實都是圍繞著金書的內容和主題來展開的。

　　我在報紙上公開批評過金書，全文已收在《讀史求實》一書裡了。我批金書的主要目的就是因為擔心許多不研究歷史的讀者，許多研究歷史不研究黨史的讀者，甚至許多研究黨史卻不知道用歷史學的方法來研究的讀者，把金一南純粹只是當做文學來創作的一本書，當成是什麼「當代黨史研究重要的新突破」，然後口口相傳，甚至以訛傳訛地寫到自己的書裡，再去誤導更多的人。有讀者不理解我一個歷史研究學者，去跟一本紀實文學叫什麼勁？原因就在這裡。寫紀實，搞創作，甚至抄錯寫錯，那也是人家文學評論家的事，只要他別像過去那些剪刀加糨糊以掙錢為

目的的有組織的「寫手」，大段大段地搞抄襲大搬家，研究學問的人確實沒必要去和他們叫真兒。但有時候情況不是這樣。十幾年前，我就兩度批評過紀實文學作家。頭一次是批評黎汝清，原因是因為黎先生寫小說，寫紀實，卻跨界寫了一篇很長的後記批評黨史學界讀不懂歷史，實際上黎先生自己也沒有讀明白。第二次是批評葉永烈，原因是當代所的程中原先生批評葉書中的史實錯誤，葉居然把程先生告上法院，要程賠償100萬元，我也撰一短文，指出葉書中幾處重要的硬傷，是為打抱不平，替程先生撐腰。

批評金書有點不同，我在文章中講得很清楚，純粹是因為金書突然間被炒作起來，竟然被許多人當成歷史書來讀、來抄、來信了。什麼叫「三人成虎」？金一南先生初始動機未必有錯，但後面人一個跟一個以假為真，再層出不窮地幫著越傳越假就麻煩大了。要知道，雖然我沒有讀完金書，但是，就我讀過的幾章，金一南先生固然對共產國際頗多微詞和不滿，但似乎還沒有直截了當地把共產國際及其成員視為「國際盲流」、「有暴力傾向和暴力情緒的人」，似乎也沒有說過共產國際的人和帝國主義分子一樣是「一丘之貉」。如果我的印像是對的，那就說明，以訛傳訛是會成虎成龍的，其後果不堪設想，歷史學者很難聽之任之。

想當年，鄭惠先生邀我一起創辦《百年潮》雜誌，我們當時的出發點就是基於這樣一種擔心：太多的地攤文學或曰紀實文學作品，會不會把本來就假說太多的黨史、革命史，推向另一個極端，這會讓真正以求真為目的學術研究成果更加不受重視，歷史的真相勢必將更加難見天日了。我在《百年潮》雜誌做了將近4年的時間，做了不少將學術研究成果轉化成為通俗歷史文字的工作，因此也愈加珍惜許多志同道合者共同打開來的今天這一小片求實求真的天地。今天讀者的層次已經明顯地高於當年了，我們已經不用太多做這樣轉化的工作了。但是，金書成虎成龍這件事再度提醒我們，今天依舊還有許多讀者還不習慣閱讀未經轉化的學術研究成果。

本書所輯文字，都是這兩年我為報刊所撰或為普羅大眾講演整理發表出來的談論中共黨史或中國近現代革命史的通俗文字。除最後附錄的一篇外，沒那麼學術，沒多少考據，也沒講什麼深奧的學理，當然也不會特別嚴謹，可能有不準確，特別是思考不周全的地方。但是，對於普及性的傳授宏觀史實真相和介紹個人的歷史思考，還是有些價值和意義的。做這些文字或參與這些活動，對我們這些做學問，還要上課，還要帶學生的老師來說，要耽誤很多時間。這其間就影響了我兩本專著的

寫作。但我相信，這方面的工作還是應該要做。因為，今天能系統研究中共黨史、中國革命史的人本來就少，能用史學方法來研究的人就更少，如果僅有的這麼幾個人再不出來把我們的研究轉化成普通讀者或聽眾能懂的文字講出來，社會難保不會又會回到我們創辦《百年潮》前那種讀者被半真半假的紀實文學所吸引、所控制的局面中去。今年金書幾乎人手一冊的情況就再清楚不過地告訴我們，這不是不可能的。

第四編

我和現代史研究

獄友命運的啟示

我已經記不得他的名字了，但是他那剛過了而立之年，就已顯出蒼老的面孔和略帶佝僂的身軀卻總是會浮到我的眼前來。

記得我頭一次看見他的時候，只覺得他又矮又小又老又瘦，一付猥瑣的樣子。他當時畢恭畢敬地面對牢門，衝著獄警，滿臉堆笑，活脫脫像個老犯人。

那天我剛剛從一個看守所拉回工廠去批鬥了才拉過來，連東南西北都沒弄清楚，看到他，馬上就想到電影裡見過的那些壞人，因此，當獄警在我身後把牢門哐噹一聲鎖上後，摸不清狀況的我並沒有想要搭理他的意思。

沒想到，獄警的腳步聲剛從門口離開，他就一步跨到用高低不平的十幾根光溜溜的半圓木拼成的床鋪上，從我手裡奪過獄警給我的一床薄薄的、裡面的棉絮滿是窟窿的被子，幫我疊好放在一邊的床頭。並告訴我，我剛進來，肯定還不習慣這個高低不平的床板，他已經習慣了，因此他把稍微平一點的那邊讓給我睡。同時一一告訴我牢房裡「政府」——他總是把這兩個字掛在嘴邊上——定的各種規矩，如平時起床要疊好被子放在床裡頭，人要下床面對門坐在床頭以便讓警察看到；床頭的塑料桶是馬桶，一定要蓋嚴，否則屋裡味道太大；每天幾點會放人出去倒馬桶，必須在幾分鐘內抓緊倒淨洗完返回號裡，否則會被罰；一週有幾次放風，每次放風會放多長時間，經過樓道下樓時千萬不要停下來，也不要東張西望，……如此等等。

同屋還有一個比我稍小些的犯人。當天我就知道了他和我都是因天安門事件進來的。他是在4月4日當晚下夜班後沒事，陪著師傅到天安門廣場看熱鬧，意外地被抄了進來。一直關到這個時候，只被審了幾次，就再也沒人理他了。一提到他的師傅和他的家裡人，他就會撲簌簌地掉眼淚。

我剛進來的那些日子，幾乎天天被押去審問。一審就幾個小時。每次被提出牢房後，他們兩人都會偷偷地扒著窗戶，透過油漆剝落的玻璃縫隙，看我被穿便衣的警察從一樓側門押著走出去的情形。每次回來，牢門剛一關上，老犯人都會馬上把已經涼了的飯菜遞到我的手上，催著我把飯吃完。

監獄裡的飯千篇一律。每頓一個饅頭或一個窩頭，一碗菜湯，菜湯麵上會有幾片閃著亮光的明油。我的飯量不大，關在獄裡又不運動，一個饅頭也還湊合。但那

個才19歲的徒工就不行了，因此，我進來後發現，幾乎每頓飯，老犯人都會把他的饅頭或窩頭分一半給他。

老犯人在牢房裡最拿手的餘興節目是唱歌。他的嗓音不錯，雖然不敢讓獄警聽到，聲音放得很小，但是他小聲哼唱的那些我聽也沒聽過的各種中外歌曲，還是會讓我覺得即使在牢裡，日子有時候過得也還算得上心曠神怡。我也因此從他那裡學了上百首中外名曲。

其實，還在被關進這裡幾天後，我就知道了老犯人的大致經歷。先是小犯人告訴我他是小偷，然後是他主動告訴了我他從十幾歲開始，因偷竊，幾次被教養，到被判刑的經過。說起來，我和父親去幹校前夕，曾全家一同去前門買棉衣等。就在公共汽車上，被小偷偷去了全部準備買衣服的錢和積攢了將近一年的布票、棉票。因此，對小偷，我曾經十分反感和憤恨。可是，當老犯人把他的經歷講給我聽之後，對他我卻無論如何也恨不起來。

說來奇怪，我過去印象中的小偷，一定是家境很差，缺吃少穿的窮人子弟。然而，老犯人的家竟是書香門第。其父母都受過高等教育，母親還是北京市某名牌小學的校長。家裡既不愁吃，也不愁穿，他從小就學過彈琴，會識五線譜，很喜歡音樂，而且看了很多閒書。他也不知道為什麼，只因為有一次挨打躲出去，連著兩天沒回家，跟一個大些的孩子去偷人家的東西被抓，母親因為覺得有辱家門，堅持不去領他，後來經父母同意，把他送進了工讀學校。從此他就和更多的壞孩子走在了一起，學了更多的偷竊手法，因而再也改不掉偷竊的習慣了。

當然，每次被抓到後，他都想過要改掉偷竊的毛病。但他告訴我說，染上這個毛病後，人就像是吸了鴉片上了癮似的，一有機會在眼前手就癢得不得了。終於，他在15歲時趕上「嚴打」，被送去勞教了幾年。出來後，因為生活無著，家裡也不理他，再度偷竊，再度被抓，又趕上了「嚴打」，作為屢犯，又超過了法定年齡，因此被判了7年刑。再出來的時候，他已經將近30歲了，既無工作經歷，又沒有單位接收，城裡幾乎無處立腳，於是街道上一紙報告，把他定為「四類分子」，送去延慶山村裡交貧下中農實行管制勞動。

這個時候，我已經大致弄清了關押我的這個地方。這是北京第一監獄看守所，又叫半步橋監獄。這裡有兩座過去日本人留下來的關押犯人的牢房，一個從空中看上去像個K字，因此叫K字樓，有4個甬道，上下4層。一個從空中看上去有五個爪，

像個王八，故犯人都叫它王八樓，有5個甬道，上下兩層。據說K字樓裡有一些刑事犯人，而王八樓裡則基本上都是政治犯。因此，老犯人的自述還是讓我多少有些納悶：他怎麼會住到這個主要關押政治犯的地方來了呢？

1976年7月，我入獄兩三週後的一天半夜，突然間天搖地動，把我們全都從睡夢中驚醒過來。滿樓道裡犯人們大呼小叫，砸門哭鬧，恐慌至極。但是，因為共產黨的監獄把牢房的門統統換了包有厚厚鐵皮的沉重木門，只在齊眉高的地方為方便獄警監視犯人的動靜，從外面開了一扇小鐵窗，必須從外面拉開才能打開。對外的窗戶，又全部刷上了厚厚的油漆。因此，犯人們幾乎無法得知外面的任何情況。儘管所有人馬上意識到這是極劇烈的地震，因獄警全無聲息，犯人們聲音再大，也無能為力，只好聽天由命。

我們號裡的小犯人喊啞了嗓子，兀自坐在鋪邊哭泣。老犯人雖然摟著小犯人的肩頭未吭一聲，但是牢房每震顫一次，他都會神經質地嘟囔一次「沒關係，沒關係，沒關係……」，直到餘震消失。

記得在那個白天，老犯人一反往常笑嘻嘻的一臉輕鬆相，一聲不吭地坐在床上，眼睛發呆。我當時試圖和他講話，他都只是心不在焉地嗯嗯兩聲而已。直到晚上熄燈之後，他才突然在我耳邊小聲地問我：「你想你家裡人嗎？」我記得我應了一聲。又過了一會兒，他長嘆了一口氣，說：「我媽今年60歲了。」

整整一個晚上，他把自己的頭包在被子裡面沒有出來。我分明聽到他在暗暗抽泣。

又過了一個多月，因為沒有報紙，沒有廣播，除了白天黑夜，我們誰都搞不清楚是哪一天。只知道清晨突然間聽到外面有大喇叭持續不斷地響起震耳的哀樂聲，我們當即猜測是毛主席去世了。又過了一週多時間，小犯人意外地被釋放了。那天老犯人也顯得十分激動。他悄悄地告訴我，按照他所瞭解的各國的慣例，他估計新的領導人應該會實行大赦。但是，他似乎對自己的前途似乎並不樂觀。他問我：「如果實行大赦，是不是應該所有犯人都能赦免呢？」我當時有點不以為然。因為小犯人的釋放，並不像是得到了特赦令的樣子，也聽不到甬道裡有更多犯人被釋放的聲音。但是我還是告訴他，如果真有什麼大赦，他這種小偷小摸的犯罪，應該都會被赦免。

直到這個時候，他才對我講了實話。原來，他這次並不是因為偷東西進來的，

而是因為「反革命」！

　　一個小偷成了反革命，這聽起來有點像天方夜譚，但卻是真的。

　　他的變化原因很簡單。他被送去農村管制勞動，作為「四類分子」，在農村中就是劣等種姓，像麻風病人一樣，所有的人都唯恐避之不及。他們每天清晨四點鐘就被趕起來打掃村裡的街道，天亮以後再被趕去做最苦最累的工作，直到晚上次來，大部分時間都被人看管著。工分值最低，房子住得最爛，經常吃不飽飯，離村還要打報告，節假日別人放假他們照樣要勞動。至於年輕人想娶媳婦，則連門兒也沒有。被管制了幾年之後，他和另外一個年輕的四類分子終於覺得生不如死，下決心逃跑了。沒想到，兩人沒經驗，以為到城裡找錢容易，想著一路從各城市南下跑出境去。卻不料城裡的革命群眾階級鬥爭的弦繃得更緊，幾天後就給抓了回來。這回更慘，兩個人被接二連三地鬥爭不說，還被吊在房樑上打得死去活來。

　　此事之後，兩人老實了一段時間。但不知道他們從什麼渠道聽到了臺灣「自由中國」電臺的廣播，裡面說得天花亂墜，說是只要給香港某信箱寫信，就可以得到經費，反抗壓迫。於是，這兩個走火入魔的人，竟然信以為真，想著寫封信就能拿到錢，然後再往境外跑。老犯人於是自封為什麼「燕北支隊參謀長」，然後按照廣播中的地址給香港這個信箱寫了一封信。這封信自然落到了公安機關的手裡，他們兩人也就成了「現行反革命分子」。

　　聽了老犯人講的情況，我半晌沒說話。我懷疑共產黨會不會寬宥他們這種人。雖然當時我並不清楚我有沒有得到特赦的可能，但也沒有把握認定他的罪狀會比我的輕，他卻明顯地充滿了幻想。他始終認為，他並沒有反對政府的意思，實在是因為在農村作為「四類分子」，活不下去，想用這個辦法逃到國外去而已。並且他認為他實際上也沒有做過任何事情，他會吸取這次的教訓，政府應當能夠寬恕他。

　　我在一個月後被換到另一個號子，然後在1977年1月初被無罪釋放，以後隨著天安門事件平反而得到徹底平反，從此很長時間再也沒有聽到老犯人的消息。

　　直到這一年5月1日前夕，我鬼使神差地偶然留意了一下街道上的殺人佈告，赫然看到了被打上了紅×的他的名字。儘管我這還是第一次知道他的名字是怎麼寫的，但他名下的罪狀，分明可以鎖定是他無疑。罪狀的大意是講他陰謀勾結國民黨反動派，蓄謀祕密組織反革命武裝，自封燕北支隊參謀長，意圖推翻共產黨。最後是依法判處死刑，立即執行幾個字。

佈告張貼出來之際，他已經被處決了。

當時的我，和被捕之前一樣，不過是個工人。我的確不能從法律的角度來判斷他該不該殺。但他的被殺，還是讓我感到由衷的悲哀和困惑。

和這個「反革命分子」相處幾個月的直覺告訴我，他在本質上並不是個壞人。至少，他和那些造成嚴重傷害、思想極端對抗的所謂「罪大惡極的反革命分子」，有很大的不同。因為，即使不考慮他投靠臺灣國民黨當局的動機，只從其投靠的事實來看，其罪充其量也只是未遂的反革命意圖而已。既是意圖，且行動未遂，自然也就沒有和不可能造成嚴重後果。有行動固然可以定罪，但無嚴重後果則罪不至死，當屬至理。

這位年不過30多歲的「老犯人」的悲劇命運，讓我產生了很多疑問。為什麼像他這樣一個好人家出身的孩子，那樣輕易地就被他的家庭拋棄了？為什麼一個犯了錯誤的少年一定要用那樣的方法來懲治，以至於近朱近墨，愈陷愈深，無以自拔？為什麼當時要制定什麼「四類分子」的政策，而將有過這種那種犯罪經歷者逐出城市，送去農村管制勞動，從而造成被管制者的悲慘命運呢？為什麼新中國建立幾十年，始終沒有嚴格的法律制度與法律標準，動輒要靠脫離法律程序的所謂「嚴打」來懲治犯罪？為什麼《懲治反革命條例》不區分意圖與行動、已遂與未遂，僅憑思想言論即可入罪，僅憑意圖不管有無造成嚴重後果，即可判處無期或死刑？更重要的是，和他的相處，使我徹底動搖了過去從書本和電影裡得來的那種觀念，即凡是「反革命」就一定是壞人。因此，我不能不開始質疑，有沒有可能有些「反革命」是被社會不合理的制度或一些讓人難以承受的壓力誘迫出來的呢？如果一個本質上不壞的好人同時又是「反革命」的，我們又應當怎樣來看待呢？

實際上，自1980年代以後，這個社會上許多情況都發生了巨大的改變，「四類分子」全部被摘了帽子，甚至連「反革命」也已經不能入人之罪了。過去被視之為反動的「人性」、「人道」以及「人權」等等觀念和意識，也開始堂而皇之地出現在官方語言當中了。換言之，如果老犯人能夠活到1980年代，特別是1990年代以後，他應當不會為他當年衝動和愚蠢的行為付出生命的代價了。甚至，如果他再晚生10年、20年，他可能根本就不會因為偷竊而被「嚴打」去勞改，不會被定為「四類分子」，不會被送去農村管制勞動，因而也就不會因無法忍受非人的待遇鋌而走險，去做逃亡的嘗試，以至惹上殺身之禍。

但是，即便如此，我們還是要問：為什麼在過去那些年代裡，我們的社會會以那樣一種輕視人的生命、人的權利和人的尊嚴的方式運行呢？或者說，我們先輩的流血犧牲難道就是為了推翻一座階級壓迫的機器，另造一座階級壓迫的機器，而完全不在乎作為階級、民族、國家構成基本要素的人的生命、權利和尊嚴嗎？為什麼我們的社會不承認具有普世價值的「人性」、「人道」和「人權」的觀念，而一定要根據人們對特定的階級、政黨、民族、國家等態度的不同，把人簡單地分為「革命」或「反革命」，或劃成三六九等，並決定人的貴賤生死呢？

我是幸運的，趕上毛澤東去世，「四人幫」被打倒，天安門事件被平反，因而不僅沒有成為當年中共黨內政治鬥爭和所謂階級鬥爭的犧牲品，而且有幸讀了大學，並且竟然做起了學問。但是，如果毛澤東沒有去世，如果「四人幫」沒有被打倒，如果天安事件沒有被平反，如果沒有改革開放……誰又知道我的命運將會如何呢？即使有了如此機會，又有多少人因為過去時代所刻下的烙印而不能像我這樣幸運呢？而當年那些共同在幹校、在工廠勞動的兄弟們，有不少比我聰明和能幹，他們理當接受更好的教育，找得更好的出路，卻未能如願。以至於改革開放之後，反而因文化程度和所在企業效益差下崗或早退，經濟窘困，生活大不如前。每想及此，又怎能不讓人感嘆世道的不公呢？

因此，我很慶幸我有機會從事了現代歷史的研究，它讓我能夠利用我所學的專業，回過頭去努力澄清我內心中多得不可勝數的疑問，去替許許多多蒙冤者找到一個他們一生都想得到的解釋，去思考這個社會用什麼方法才能避免重蹈歷史覆轍，讓所有人都能享有平等的權利，而不再被恐懼的陰霾所籠罩，過上平靜的生活？

不錯，對於眾多學者來說，這可能有點不務正業。因為他們更喜歡把自己關在象牙塔內，更認同高雅和專業。但是，面對歷史上和社會上所存在的種種問題，我卻無論如何也高雅不起來。這不僅是因為我的學養問題，而且是因為我的經歷、性格和對所剩時間的緊迫感，因為我無法脫離現實社會、脫離構成這個社會的芸芸眾生的命運來思考問題。

而且，在我看來，研究歷史，必以人為本。換言之，我從不認為，學問之道，求的是研究怎樣學術，學識如何廣博。我不相信，人類社會之所以需要有人做學問，是因為學問家必須要不識人間煙火。恰恰相反，我認為，學問之所以存在，就是因為它必定會對人類社會的進步有益。用中國亞聖孟子的話來說，就是：「道不

遠人，人之為道而遠人，不可以為道。」用德國古典哲學家費希特的話來說，就是：「我們的一切研究都必須以達到人類的最高目標，即達到人類的改善為歸宿。」如果我們的研究，不能讓每一個關注歷史的讀者瞭解「人生而平等」的道理，懂得尊重每一個人的生命、權利和尊嚴，學會因關注他人的命運而養成對生命的敬畏之心，進而達到改善人類生存狀況和質量的目標；如果我們的研究反而會基於這樣或那樣的立場，造成更多的仇恨、對立甚或傷害，那我說，這種學問不要也罷。

學問有道，求仁義而已。「仁，人心也；義，人路也。舍其路而弗由，放心而不知求，哀哉！」吾既認定此道，「雖千萬人，吾往矣」。

尋找被埋沒的歷史痕跡

記者手記

在見到楊奎松之前，我聽到過他的學生們對他的評價：「楊老師講課；沒有多餘的詞兒，都是真材實料，頂多加幾個字的評價，也不過是『厲害』或者『真厲害』。」聽完這話之後的幾個小時，我見到了楊奎松。

在我跟他聊天的兩個小時之內，我終於見識到了什麼是把力量蘊藏在平淡之後的敘述。

楊奎松的經歷，在他的講述裡平平淡淡，但是卻包含了許多驚心動魄的故事。楊奎松的講述讓我覺得，原來驚心動魄的故事也可以用這種平淡的方式來敘述，也可以平淡得如此有力量。聽完他的講述，仔細品味，竟然都是最細密的「繡花針」功夫。裡面沒有「我覺得如何如何」，全都是充滿細節的故事。楊奎松這個人如何？透過這樣的講述，已經躍然紙上，至於讀者怎麼評判，楊奎松是不打算干涉的。

這種講述的風格一如楊奎松研究的風格，透過我的閱讀經驗，楊奎松的著作幾乎都是這樣：不輕下斷語，所有的論斷都建立在大量紮實的材料之上。關於研究方法，楊奎松寫過一篇《歷史研究的微觀與宏觀》，那大概也可以看作楊奎松研究方式的夫子自道，其中的方式方法，是值得借鑒的。

從「放牛娃」到「工人理論家」

我已經記不大清楚我是什麼時候開始上中學的了。

但不論上學與否，那幾年的生活如今的孩子恐怕是連做夢也想不到的。如果你看過《陽光燦爛的日子》就會知道，當年所謂大院裡的孩子們主要的事情就是成群結夥地到處玩，並且成群結夥地打群架，上了中學也沒什麼分別。況且那時候學生的出路不是上山下鄉，就是留城進工廠，也沒有幾個學生會太認真地學習。

我上了一年多學之後，就趕上父親下放，跟著父親去了湖北襄樊國家計委的「五七」幹校。我在那裡呆了不到一年的時間。我們被編為青年班，開始是下農田幹活，後來我和一個朋友被抽去離連隊很遠的一個丘陵上做小放羊倌。每天早晨四五點鐘就得起來，把羊群趕到很遠的一個水庫壩區吃草。中午就啃冷饅頭，晚上天

黑才能回來。

這個活兒雖然比下田勞動要輕鬆許多，但孤寂得很，整天沒有人說話。

1970年12月我從幹校回到北京，因為開始中學畢業分配了。我們那一屆和之後的七一屆是當時北京唯一兩屆留城沒下鄉的。連續幾年把學生都弄到鄉下去，城裡工工人店員都不夠了，需要增加新的人，我們這兩屆正好趕上了。我回到北京後馬上就被分配到北京第二機床廠。如果不是因為後來「文革」結束，恢復高考，大概我這輩子也不會離開工廠了。

那時我最大的奢望，就是能夠進到廠裡辦的「七二一」大學去學習一下。在「文革」那樣一種環境下，能夠留在城裡，並且能做工人「老大哥」，已經很不錯了。

在幹校放羊的時候，因為悶極無聊，我自己看了一些書。在那種地方也沒有什麼別的書可看，就讀《紅旗》雜誌、《人民日報》之類的。結果慢慢地對理論的東西有了一些興趣。到了工廠之後，因為車間裡經常開會學習，讀書念報，其他小年青兒大部分都沒有學過這些東西，報都念不利索，更別說懂得那些名詞了。車間的支部書記覺得我這個小夥子還算不錯，也慢慢地讓我做一些這方面的工作，最後還讓我參加過一段廠裡的什麼理論小組，見識過知識分子和工人理論小組怎麼共同寫理論文章。

因為那個時候學的都是些理論的東西，自然也就對時事政治非常關心。當時恰好開始在內部翻譯出版一些西方的理論書，包括西方研究中國問題的一些著作，看了以後想的問題自然也就更複雜了一些，對於「文革」等很多問題，開始有了自己的想法。當時我們在工廠外面有不少讀書的朋友，不僅相互交流讀書筆記，而且會聚在一起討論一些觀點。

想學經濟考上黨史專業

1977年有了恢復高考的消息。我沒有學過數理化，語文歷史地理之類也沒有學過科班的東西，何況還要上班，因此雖然父母極力主張我參加高考，自己卻毫無把握。當時不過是臨時抱佛腳，東找點書兩找點書自己看，完全不知道考什麼和怎麼考。

所以一考下來自己就知道考得不好，首先數學就沒考好，第一批當取時，自然沒有錄取到我。想不到第二批錄取時，我的成績剛好在分數線之內，就被錄取上

了。只是，當時給我打電話通知我的是北京師範大學中共黨史系專業。因為父母都是學經濟的，所以我的前兩個志願報的都是當時唯一跟經濟沾點邊的政治經濟學，只留了一個專業報的是自己多少有點興趣的歷史專業。

得到消息後，我很猶豫，不大想上。當時還特別回家去和父母商量。顯然，當時如果能確定高考還會繼續進行的話，他們也多半會要我再等半年，再考一次的。我妹妹也是和我一起考的，這一批沒錄上，半年之後就如願考上人大工業經濟專業了。

但是，那個時候「文革」剛過，沒有人知道會不會又發生什麼變化。因此，商量的結果，家裡人還是鼓勵我先上了再說。就這樣，我就從一名工人，成了大學生，只是自己當時並不喜歡這個專業。

人民大學裡的「壞學生」

上了大學之後我才知道，這個專業其實並不是北京師範大學的，而是人民大學的。因為人大「文革」中被取消，校址被二炮占了，「文革」後復校較晚，沒有趕上列入招生名單，因此臨時用北師大的名義和校園恢復招生辦校。等於我們招進去時是北師大的學生，半年以後才回人大校址。而那個時候，學校連學生宿舍都沒有，好在招的都是北京的學生，大家基本上都是走讀。

進入人大黨史系算是我跨進歷史研究這個行當的一個起點。但是中共黨史專業當時屬於政治理論的範疇，劃在法學的門類之中，因此，教學太過強調理論，除個別老師外，通常很少傳授歷史學的知識和進行史學研究的訓練。我剛開始學習時最感興趣的就是人大歷史系講中國通史的老教授鄭昌淦先生的課，鄭先生是尚鉞先生的學生。雖然我並不特別喜歡古代史，但是為了聽鄭先生的課，我還是不止一次地專門到圖書館去查資料，以便和鄭先生討論。

在人大時另一門我喜歡讀的課是政治經濟學，一方面是因為過去讀這方面的馬列著作較多，另一方面是當時教我們政治經濟學的於老師思想很開放，也樂於與我們進行交流和討論。在人大上的其他的課程，我都沒有太多的印象，多半都還給老師了。

說老實話，從小學到大學，我都不是老師眼裡的好學生。包括對考試，自己也常常不按老師的要求去答。記得一次考試，我認為教科書和老師提供的答案是錯誤的，就按照自己的看法進行了論述，結果被判為不及格。後來還是因為這種情況會

影響全班的成績，班長和課代表專門去找任課老師進行疏通，最後才勉強給了我一個及格。

當然，人大中共黨史系裡也還是有學問上不錯的老師的，像彭明老師寫的《五四運動史》，就花了不少功夫，做了大量的考證。另外教思想史的林茂生老師，也是很有才氣的一位老師，和他討論交流是一種享受，只可惜他寫的東西不多，也不像和他聊天那樣可以得到許多啟發。

中央檔案館裡最年輕的人

我大學畢業之後就沒有考研究生。當時一個想法是覺得當了八年工人，又上了四年學，再讀下去，時間浪費太多了，必須要趕緊開始幹事情了。另外也是因為自己覺得中共黨史這個行當裡，沒有老師能夠指導我。我寧肯自己去看書案、看資料，自己去鑽研。

我至今也不後悔自己當初的這一選擇。正是因為我沒有去讀研究生，畢業之後我被分配到了中央黨校《黨史研究》編輯部做編輯。在那裡不但能夠看到當時最新的研究成果，而且因為在黨校，還能夠看到當時在其他地方看不到的檔案。所以進入黨校之後對於我深入地「鑽進去」影響特別大。

在中央黨校裡，印象最深的是《黨史研究》編輯部主編何明先生對我的放手和信任。照理，我是新來的大學生。按照以往的習慣，新來的大學生通常都是從事一些打雜的事情，包括打水、抄稿子，幫助教授們查資料之類。

至於發文章，更是想都不要想。但是，我到編輯部之後，很快就開始正式承擔編輯業務，處理稿件，並且何明先生也從不反對我在刊物上發表文章。因此，我到黨校不過三年，就接連出了不少東西，被破格評了講師。

自然，這種情況也必不可免地會引起一些人的嫉妒。記得1984年《檔案法》透過後，我打報告要求去中央檔案館查看檔案，沒想到副校長竟批了。我也因此成為當時去中央檔案館查檔案的最年輕和級別最低的研究人員。我們教研室裡個別老先生就看不慣了。記得其中一位先生特別告訴中央檔案館中央處的負責人，要他們對我特別注意。結果弄得檔案館中有的負責人對我像防賊似的，甚至趁我不在時偷偷去檢查我的書包等衣物，懷疑我會夾帶什麼東西。有一年美加歷史學會主持者邀請我去參加他們的年會，有位老先生馬上就告訴中央檔案館說不應該再允許我看檔案了，因為我要出國，要小心我會把檔案透露到國外去。正是因為這種情況，我雖然

在中央檔案館裡斷斷續續查閱了幾年時間，摘抄了許多東西，最後大部分都被扣下沒有允許我帶出來。

不過儘管許多資料被扣，許多心血白費，但是能有機會仔細閱讀那麼多至今尚未完全開放的檔案，就已經使我獲益匪淺了。這以後我之所以能夠寫出許多專著和論文，揭示出許多不同於以往的史實，提出許多不同於以往的看法，其實恰恰是得益於我那幾年讀了相當多的檔案。即使我不能直接引用它們，但是我依舊可以以它們為線索，找到其他更多被淹沒的歷史痕跡。

我和歷史研究

問：您原來學習的好像是中共黨史，為什麼會轉而從事了歷史研究和教學工作？

楊：這和在大學的經歷有一定的關係吧。在學校的時候，專門講授中共黨史的老師不大容易受到學生們的敬重，原因很簡單，他們講的東西我們從其他書上大都可以看到，而我們從其他途徑聽到和看到的東西，他們或不知道，或不接受。老師們講不出多少新的東西，我們就認為這些老師要麼是沒本事，要麼是不求甚解，思想僵化。到中央黨校和編輯部工作後，我才發現，事情原來不像自己想像的那樣簡單。當年從事中共黨史研究和教學的老師在全國有好幾萬人，但是，多少年來，不僅研究上禁區重重，而且檔案文獻始終不對學者和教師開放，能夠被利用來進行研究的中共黨史資料，在「文革」前充其量只有中共中央宣傳部批准下發的三批資料，完全沒有做學術研究的可能。「文革」結束後，人大中共黨史系主任胡華以及解放軍政治學院黨史教研室意識到資料問題的重要，曾分頭致力於蒐集編輯中共黨史教學參考資料。可是他們利用當時的特殊條件蒐集起來的資料，相對於保存在檔案館裡的檔案，也還只是九牛一毛而已，要想做深入一些的研究，還是很少可能。

既沒有研究上的自由，又無法占據足夠的史料，僅僅責怪老師不好是不公平的。其實，很多老師還是有研究功底的。記得北大的向青老師，利用掌握英語的長處，轉而利用海外的英美著作和資料，研究共產國際與中國革命，很快就成了名。指導我畢業論文的老師楊雲若也是這種情況。後來，研究講授中華民國史和中國國民黨史等相繼開放，大批中共黨史教師紛紛轉行，不少轉行早的都做出了成績。這裡還可以提到章開沅教授，他在史學研究上的成就今天已是人所共知的了。但可能很少有人瞭解，他當年在大學也曾經講授過中共黨史。他告訴我說，他當年就是實在研究不下去了，所以才轉了行。而這一轉，就海闊天空了。

問：您轉去研究中國現代史，是不是也有這方面的考慮？不過，我發現雖然研究中共黨史很困難，您好像至今也沒有完全離開對中共歷史的研究。

楊：當然會有這種考慮，但也不僅僅如此。因為要研究中共歷史，僅僅侷限於中共自身的組織、人事和思想的研究是遠遠不夠的。中共生長於中國近現代歷史和

社會的大環境之中，不研究中國現代的歷史與社會，不研究當時條件下世界與中國關係變動的情況，也就不可能深入到當時的歷史背景下去獲得對中共歷史的客觀瞭解。這也是毛澤東自己所提倡過的古今中外法。而從另一方面來看，中共歷史貫穿於整個中國現代史，不研究中共的歷史，我們也不可能對中國現代歷史的發展線索和脈絡做出基本準確的梳理，甚至無法解釋那些讓世人長期困惑的歷史之謎。像我寫的《毛澤東為什麼放棄新民主主義？》一文和《西安事變新探——張學良與中共關係之研究》一書，討論的就是這樣的一些大家都非常關心，卻又總是找不出有說服力的答案的問題。其實這些答案就在大量中共歷史檔案文獻及其相關的史料裡面，不去深入研究中共的歷史，就不會想到要去系統地蒐集、梳理和研究這些資料，結果就只能是在外圍兜圈子，進入不到問題的核心中去。至於說研究中共歷史困難，也不是絕對的。因為歷史是發展的，早先看起來敏感的事情，過上一些年就不會那麼敏感了。檔案的開放總是循序漸進，有時間性和地域性。今天不開放的檔案，過一段時間就可能開放了；這裡不開放的檔案，那裡卻未必不能查閱；中國還沒有開放的檔案，外國卻可能已經開放了。

問：您能不能以《毛澤東為什麼放棄新民主主義？》一文來解釋一下您的這一觀點？

楊：毛澤東為什麼放棄新民主主義，這是改革開放以來許多人都相當關心的一個問題。圍繞著這個問題，不少學者也都嘗試著做過解釋。但是，大家對這一問題的解釋主要只是著眼於毛對1952年形勢的估計，多半強調毛原本是真心想搞上很長時期的新民主主義的，創造一個前所未有的新民主主義社會的，只是因為看到當時條件下工農業生產中的矛盾和問題，以為實現了社會主義改造，一切即可迎刃而解，因此過急過快地放棄了新民主主義。這些解釋大都忽略了對新民主主義主張形成的歷史背景的考察。這就好比張三想要搞一個大屋頂的建築，最初按照常規的工程建設步驟，又是設計，又是挖地基，立牆堆，剛把地基挖出個樣子，就因為下雨影響施工，決心打破常規，一步到位，只挖了幾個深坑，立上幾根柱子，就把大屋頂支起來了。雨是淋不到了，人們在漂亮的大屋頂下可以做許多事情。但天氣漸冷之後才發現，只有一個漂亮的大屋頂太不實用，於是又不得不重新開始挖地基建牆堆，把房子建起來。對於歷史學家來說，只是去強調張三當初太過急於求成是不夠的。沒有人不想早點看到漂亮的大屋頂造出來，問題是為什麼只有張三敢於走捷

徑，不按常理辦事？這裡面的原因就很複雜了，必須要做歷史的分析，不能就事論事地只強調下雨對張三的影響。

我那篇文章其實著重談到的也只是兩個方面的歷史背景，其一是指出，共產黨人歷史上是嚴格按照列寧主義的意識形態和俄國革命的經驗行事的，新民主主義就其本質而言並非是毛澤東的獨創，它很大程度上不過是共產黨人革命階段論的一種延伸。換言之，新民主主義主張的思想萌芽及其雛形，也早在中國革命「兩步走」以及共產國際關於中國革命的「非資本主義前途」之類的主張裡面，就已經清楚地顯露其端倪了。斯大林在新中國建立前夕還再三叮囑中共不要急於搞社會主義，強調新政權在國內應當團結資產階級，在國際上應當積極發展與資本主義國家經貿關係，原因也在於此。其二是指出，革命階段論本身就規定了上篇與下篇的關係，不斷革命乃是其題中應有之義。從中共「一大」綱領一步實現社會主義，到以後不要資產階級的「資產階級民主革命」政策，以及蘇維埃時期那些徹底得不能再徹底的革命措施，都與其理論上的這種規定有關係。這也是為什麼中共黨內之容易「左」傾，幾乎不可避免。

講到這一點，我想你就可以明白，為什麼我那篇文章只能在改革開放的新形勢下才能討論和發表的原因了。有人說，毛澤東的新民主主義是針對當年黨內主張超越革命階段的「左」傾傾向而提出的，這顯然是對當時中共歷史的一種想當然。為什麼？因為抗戰以來，毛澤東等人所感受到的最大的危險是右，而不是所謂「左」。毛澤東之所以不滿王明的那些主張，一個關鍵性問題就是照王明的想法去做，已經被迫屈從於國民黨的共產黨很可能會淹沒在民族鬥爭的汪洋大海裡。因此，自抗戰開始之日起，毛澤東從來都在設想如何使共產黨區別於國民黨。最初，中共提出過「民主共和國」的口號，但因自身力量太過弱小未能發生影響。紅軍被迫改編，蘇維埃被迫改制之後，它又提出過「三民主義共和國」的口號，試圖用真假三民主義的爭論來使自己切實站在高於國民黨的地位上。但「三民主義共和國」的口號畢竟不是中共自己的東西。1939年夏，由於中共的力量已經空前壯大，毛澤東依據歐洲戰爭爆發和共產國際改變歐洲黨統一戰線政策，以及中國國共兩黨磨擦衝突加劇的情況，開始提出「資產階級投降的必然性」問題。進而於1940年大膽提出區分大資產階級和民族資產階級的革命性政策，提出了新民主主義的政治主張。其目的，就是想要從理論上解決排除以蔣介石為代表的所謂大地主大資產階級，確

立團結包括民族資產階級內在的幾個革命階級的政策，以便在必要的時候實行由共產黨領導（或參加領導）的幾個革命階級的聯合專政。這也是為什麼，這一主張提出之後，毛澤東和王明之間就圍繞著應不應該繼續團結仍舊抗日的以蔣介石為代表的大地主大資產階級的問題，開始發生嚴重分歧的重要原因。

注意到上述情況，我們就可以看出，1940年毛澤東新民主主義主張的提出，既是中共意識形態內容所規定的，同時又是中共依據現實力量對比和政治需要所提出的一種政治鬥爭中帶有極大進攻性質的策略口號。它是服從於當時那個特定階段的，以爭取共產黨領導地位為目的的一種政治口號。一旦那個階段過去，新的階段出現，且力量對比有利，意識形態所規定的主要矛盾的內容也開始發生變化的時候，對於毛澤東這樣擅長捕捉戰機和具有強烈進取心的領導人來說，毅然地轉向下一階段的革命目標，就是很自然的事情。實際上，中共中央在1948年秋天就已經認定建國以後的主要矛盾將是無產階級和資產階級的矛盾了！按照毛的觀點，主要矛盾決定社會的主要性質，新中國一旦建立起來，新民主主義就很自然地完成了它的歷史使命了。所以要有幾年的過渡時期，一是因為俄國革命的經驗使然，二是因為最初經濟上的力量對比還不夠有利。1952年國營經濟的比重占到60%以上，毛澤東毅然放棄新民主主義而轉向社會主義，實屬必然之舉。

問：對這類問題的重新研究和解釋，是否也需要檔案的進一步開放呢？

楊：其實研究這種接近於思想史的問題，對檔案開放的需要不是很大。最主要的還是要有允許重新解釋的環境，當然，光有了研究的環境還不夠。值得一提的是，如果像早些年那樣不能利用原始的文本文獻來訂正被修改過的文本文獻，這種研究也還是進行不了。過去人們之所以不會從中共歷史上政治主張和策略變化的角度來就此提出疑問，一個很關鍵的因素就在於大家習慣了利用毛選來談毛的思想主張。殊不知，編在毛選裡的文章只是毛精選的一小部分，且不少在關鍵的地方還根據後來的認識做了重大的改動。對此，我在寫《馬克思主義中國化的歷史進程》一書時系統地考證了可以找到的毛澤東的各種版本的文字，同時把它們同當時中共的各種文獻相比較，這樣才弄清楚了毛的思想，以及中共的主張，不斷地為著適合於生存和發展需要而發生變動的情況。比如，如果我們像過去那樣，依據毛選，認定毛澤東在20世紀20年代前半期就已經清楚地劃分了大資產階級和民族資產階級，具體提出了團結民族資產階級的政策，那麼我們就無法清楚瞭解毛澤東何以會在1940

年才具體提出新民主主義的主張。不過，檔案的開放對我在這個問題的研究還是有幫助的。比如，正是由於20世紀80年代中期大陸的檔案開放，相關的研究人員才可能寫文章介紹毛澤東和王明在黨內圍繞著要不要團結蔣介石集團抗日的爭論的情況。瞭解到這一情況，就更印證了我對毛當年這一主張的進攻性質的判斷。

問：您對陳獨秀所謂「右傾」問題的研究應該也是這種情況吧？從陳獨秀問題的研究是不是可以看出，檔案的利用更為重要呢？即使這些檔案來自海外。

楊：當然。陳獨秀「右傾」問題，很大程度上是一個純粹的中共黨史問題，因此對檔案材料的需要程度要大得多。過去研究陳獨秀在國共合作以及大革命時期的政策主張和政治態度，多半只是利用一些公開發表物，完全忽略了陳獨秀作為共產黨的領袖，其公開的言論是代表當時黨的領導集體的言論，遠不足以反映其實際的立場。記得20世紀80年代初我們在四川開共產國際與中國革命關係史討論會時，就曾經討論到陳獨秀的所謂「右傾」問題，當時我們就認為這種觀點很難成立。但那個時候一是缺少足夠的檔案文獻來支撐自己的論點，二是沒有那個刊物敢去發表辨正這個問題的文章。由於國內保存的關於那個年代的相關資料十分匱乏，因此20世紀90年代保存有大量當時中國革命史料的俄國檔案的開放，就極大地推動了陳獨秀研究的進展。再加上這個問題已經過去了太長的時間，討論這類問題也不再那樣敏感了，我才有可能寫出《陳獨秀與共產國際——兼談陳獨秀的右傾問題》這樣的文章，來對這段歷史做一個辨正與梳理。

問：說到陳獨秀研究，您好像很重視對中國現代史上這種政治人物的研究，尤其重視探討歷史人物的心理和思想情感的變化。像您寫《向忠發是怎樣一個總書記？》《孫中山與共產黨》《「容共」還是「分共」？》《走向「三二〇」》《蔣介石從「三二〇」到「四一二」的心路歷程》，以及寫《毛澤東與莫斯科的恩恩怨怨》等，似乎都可以看出這一點。

楊：不錯，我是重視人物研究，並且很重視人物心理和思想情感變化的研究。因為我們研究的歷史，不管是國家、民族、階級、政黨的歷史，或者是某個具體的社會團體或民間村落的歷史，說到底都只是許許多多人的歷史。離開了對活動於其中的具體的人的研究，根本沒有辦法使我們的研究真正貼近歷史真實。當然，對於我來說，注意到這一點其實也是我個人對歷史的認識逐漸深化後的一個結果。我最早開始寫畢業論文時，研究的是中共抗日民族統一戰線政策的形成與共產國際這樣

一個題目。當時，有關這個問題的書案資料非常少，幾乎所有人都相信，自從遵義會議毛澤東取得中共核心領導地位之後，一切政策就都是獨立自主地制定出來的了。蘇聯黨和共產國際在中共形成抗日民族統一戰線政策的問題上，只是起了些消極的作用。這樣的文章當時發了不少，包括一些當時最權威的教授也如此說明，而他們並非完全不占有資料。但深入研究當時可以找到的各種公開的文獻資料，我發現他們對資料的解讀和利用存在著明顯的各取所需的情況，如果把當時的各種相關史料嚴格地按照時間順序排列起來，就會發現，事情的經過其實完全不是那麼回事。透過這一問題的研究，我當時就強烈地感受到，對歷史不能孤立地和靜止地去認識，必須把它看成是一個動態的過程，即是在各方面因素先後相互作用的情況下所發生的一個複雜的變動過程。我以後的文章，不少從題目上就強調「變化」、「變動」和「演變」問題，也就是想要說明，不能把歷史看成孤立的和靜止的。

注意到歷史本身，比如一個政黨的方針政策、思想主張和策略路線在某一個歷史階段過程中所發生的種種變動，自然也就會注意到作為一個政黨或一段歷史中，在某一方面或某一事件上發生作用的歷史人物的思想主張和政治態度的變化了。像我早期研究李大釗的政治思想變動時，就是因為注意到當時學界只看到李大釗較早出來歡呼俄國革命和談論馬克思主義的一面，完全忽略了他那些在思想上傾向於改良，而非主張革命的另一面。其原因，就是因為大家當時往往更關心去發掘李大釗激進革命的歷史，只盯住那幾篇熱情揚溢的文章，沒有在意在此之前他的思想傾向和在當時國內政治分野中他所處的位置，完全沒有在意其思想從改良到革命不僅需要而且也確實要經歷一個轉變的過程。結果在解讀他的文字時，難免會存在某些偏向，不注意分析其原本的語義指向，甚至忽略了他的其它一些文章和文字，錯解了他的某些意思。

李大釗思想的研究，使我對研究人物思想的變化問題多了一層警覺。這是因為，我們很多人研究歷史上的政黨和人物的思想主張時，往往只是著重於藉助這些政黨和人物公開的文字言論來做分析論證的依據。這樣做，一旦存在著某種先入為主的印象，或者容易輕信自己已經看到的資料，或者容易在選擇史料時自覺或不自覺地剔除那些看起來不那麼符合其公開言論主張的邏輯的部分，以使自己的分析說明一以貫之。但事實上，站在我們今人的角度，如果不能對歷史上的一個政黨或一個人物做較長時段的綜合的考察，僅憑其公開的文字言論，很容易漏讀反映其思想

側面的其他內容，甚至會造成對其真實意圖或真實傾向的誤讀。一個很簡單的情況，歷史上常常有一個政黨或一個人物基於某種現實的需要，會發表一些口不對心的言論。要瞭解其真實的思想主張，就必須找到那些隱藏在這些公開言論背後的東西。而這些東西卻往往不那麼容易被找到，因為它們或者被人遺忘過久，找起來很難；或者被藏得很深，不易發掘；或者當事人根本就不留記錄，並且為了證明自己一貫正確事後已修改了當初的文字。

那麼，如何才能不上那些假象的當呢？最直接的辦法，當然是要儘可能地窮盡史料，也就是要想辦法把所有相關的資料，從公開的到內部的，統統發掘出來，占為己有，做全面的比較和分析。但是，在大多數情況下我們很難做到完全占有史料。這就要求我們在儘可能占有史料的情況下，還要採取迂迴的研究策略。即要想辦法能夠貼近當時的歷史環境，深入當事人的內心世界，以理解的同情的心態，來獲得對歷史人物當時思想情感和思想觀點的正確把握。而要做到這一點，就必須要關注歷史人物的家庭出身、生長環境、教育背景、人生際遇及其性格特點與情感經歷等種種因素的作用，重視對日記、口述及回憶史料的分析和利用。在這樣一種基礎上，如果再能適當地注意心理層面的分析和研究，對歷史人物在特定歷史條件下的行為與思想變化的解釋，才容易更貼近歷史的真實，並且也才能夠讓讀者更立體更全面地瞭解歷史。

問：在這方面，您對蔣介石在早年國共合作期間政治態度的研究似乎就是一個較典型的例證。但為什麼您就能夠發掘出那樣多的史料，從而證明蔣介石早年其實並不像他自己後來自詡的那樣，或像我們後來所認為的那樣一貫反共。相反，他倒是曾經對共產黨員有過不少肯定，支持過國共合作，甚至接受過共產黨人的不少主張？包括中山艦事件，在您看來，也是有許多複雜因素所促成的，並非蔣介石的一個陰謀。

楊：關於中山艦事件（即「三?二〇」事件）的真相，早在十幾年前楊天石教授就已經發表過一篇極具水準的論文：《「中山艦事件」之謎》。這篇文章再清楚不過地糾正了「三?二〇」事件是蔣介石的一個反共陰謀的傳統說法。我在這個問題上的補充，或者說是貢獻，不過是更全面地考察了他和共產黨人關係的歷史，和他政治思想變化的背景、原因和具體過程。用經過考據的史料證實了他在事變發生前不僅是贊同學習蘇俄，支持國共黨內合作的，而且對中共的一些主張，特別是對中共

黨員，也曾經有過相當好的印象，從而從蔣介石和中共關係發展變化的角度，進一步驗證了楊天石的說法。

　　說到發掘史料，嚴格說來這確實是讓我感到很有些詫異的一個問題。這就像茅海建老師在北京第一檔案館裡查檔時，發現北大歷史系的研究生在老師的安排下在那裡參觀，不禁奇怪地質問那些學生說：這種地方也是你們來參觀的嗎？同樣，很多史料就擺在那裡，有些要費些工夫去翻出來，有些根本用不著下工夫，但我們過去的不少歷史研究工作者卻就是熟視無睹。這裡面有懶的問題，因為有些人可能不是看不到資料，只是因為沒有培養成要儘可能窮盡史料後再來研究問題的習慣。另外有些人的情況不是如此，而是因為思想長期形成思維定式，變得麻木而不敏感了。蔣介石20年代中期的言論很多，並不難找。在他去臺灣後發表的各種全集裡固然刪去了不少，但我們研究蔣介石絕不能只靠翻閱他後來整理發表的言論集吧。蔣過去那些帶有明顯左派色彩的言論大都是公開的，不僅過去反蔣勢力揭露過這種情況，大陸不少大城市的圖書館裡，乃至於日本、香港等地的大學圖書館裡至今都很容易找到，更不要說他的不少文章或講演當年是發表在公開的報紙和雜誌上的。瞭解蔣介石當年想過什麼，說過什麼，後來反共了，極力想要掩蓋那段歷史，刪去了什麼，這其實恰好是歷史學工作者應當做的一件事情，而這個工作許多年卻鮮有人做，這其實是很不正常的一件事。因為蔣介石到底不是一般人物，研究蔣介石甚至一度很熱，光是蔣介石的傳記就出了不知多少種了。然而，有多少人下功夫去發掘占有蔣介石所有言論資料，深入地，哪怕是分階段地考察和研究過蔣介石的政治思想及其政治態度的變化呢？

　　問：其實，我們做學生的有時最困惑也正是這一點。很多時候並不是沒有資料，經常是有資料卻看不出問題來。比如像蔣介石當年對共產黨人態度這件事，即使我們早於您看到您所利用的那些足以證明蔣介石對共產黨人頗具好感的資料，大概也只會懷疑蔣是言不由衷，或乾脆就是一種陰謀。

　　楊：這一方面不能全怪你們。因為你們畢竟研究歷史的時間還太短，對歷史本身的複雜性和曲折性還缺少經驗和感受。接觸的課題多了，發現的問題多了，知道歷史上的人和事有著太多的側面，你們分辨真偽和提出質疑的能力自然也就會增強了。但從另一方面來講，這也還是和你們過去所受的訓練有關。那就是你們還不習慣於自覺地「與立說之古人，處於同一境界」，「對於其持論所以不得不如是之苦

心孤詣，表一種同情」。過去一些年好像曾經很流行過一句口號吧，叫「理解萬歲」。何謂理解？你不設身處地地站在別人的角度，以別人所有的知識、情感和處境，來瞭解別人的想法和觀點，只依據你自己的地位、情感、知識和好惡，又如何能夠做到理解別人呢？日常生活中都做不到理解，在歷史研究當中就能做到嗎？從沒有聽說過一個平常對人對事態度較偏激的人，對歷史的看法會很客觀。蔣介石過去是被描述成那樣一個十惡不赦的壞人，如今即使評價上有了許多改變，但在其反共這一點上改變的並不多。再加上他自己過去也刻意地把自己描述成一個反共的先知先覺，就更增加了研究他的難度。這是一個客觀的事實。問題在於，如果你瞭解人是社會的，是受環境影響和制約的；如果你瞭解人是歷史的，其生長和成熟是要經歷一個過程的，你就會瞭解，其實歷史上的人物，不僅是在變化著的，而且其好與壞也是相對而言的。我們研究歷史上的人物思想，有時更多地要從自身的經驗出發，當你相信某些神話時，不妨想一想自己和周圍的人能不能做得到。歷史上的政治人物再偉大或再醜惡，到底也還是人。是人就要學習，就有侷限性。很多事情他們也只是第一次面對，第一次經歷，把他們描寫成未卜先知而運籌帷幄，或能掐會算早就預謀設計的樣子，不是造神，就是醜化。

問：您好像非常推崇陳寅恪先生關於研究歷史，要「與立說之古人，處於同一境界，而對於其持論所以不得不如是之苦心孤詣，表一種同情」的說法。研究人物，要能同情，才能理解。但我發現，不少研究人物的學者會走另一個極端，即很容易深陷於同情之中，而不能對研究對象持一種客觀的態度。我注意到您對毛澤東和蔣介石的研究，在這方面似乎分寸能把握得比較好，為什麼？

楊：你說的問題的確存在。做人物研究要能深入進去，也要能夠跳得出來。深入進去是為了以同情的心態去理解人物，跳得出來是要讓自己在認識和評價人物時能夠確實保持一種客觀並且是批判的精神。這其實也是研究歷史所必須具備的一種方法。但這種事情說起來容易，做起來還有不少的難度。你問我為什麼能把握住分寸，如果我說我是A型血並且是天秤座的人，你可能會認為我有些「迷信」。但血型和星座這種東西對人的性格及習性在某種程度上有些影響，這應該也不全是瞎說。當然，略去這層不談，人要有點打破砂鍋問到底的精神。要追根究底，就要養成較強的批判意識，絕不能盲從或輕信什麼。同時很重要的是對自己要有自知之明，要知道自己幾斤幾兩。只有如此，才能夠經常自覺地看到別人的長處，也才能

夠自覺地要求自己設身處地地站在別人的立場上去考慮問題。

問：但如何才能做到儘可能不帶偏見地去看人看事，進而不帶偏見地以一種同情的心態去看待歷史和歷史人物呢？有沒有什麼具體的方法可循呢？

楊：我想我的情況可能和我蹲監獄的經歷有關。我過去也並不就是一個很能理解別人的人，大概也沒有幾個孩子天生如此。但很多人不容易理解別人，其實很大程度上恐怕還是因為自己沒有犯過多少錯誤，更沒有沉淪的經歷，因此對自己的道德操守、人品、地位乃至形象太過自信自愛了。反過來，對那些可能有過這樣或那樣問題的人，哪怕是在一些方面不如自己或低於自己很多的人，難免會抱以一種不屑與伍，甚至是從內心裡鄙視厭惡的心態。但監獄生活使我看到了作為人的另外一面。

我坐監獄時曾被調換過兩三個囚室，因此和幾個犯人有過交往。和這些犯人接觸的時間長了，就會發現，他們中沒有一個是我過去想像中的壞人。這一段經歷留給我的種種感觸對我有很大影響，改變了不少對社會和對歷史的看法。在我看來，不學歷史的人尚且應當學會理解和寬容，學歷史的人尤其應當善於用發展和變化的眼光看問題，而不能簡單地憑一己印象來取好惡。如果我們對周圍一時間尚不能完全弄清楚子醜寅卯的人和事，都沒有辦法在理解的前提下予以同情和寬容，看不到事情有發展變化的一面，我們又如何能夠對表面上看起來早已蓋棺論定的歷史真正做到客觀，並公平地注意到其背後的複雜背景和它可能的發展變化呢？畢竟，由於歷史發展的關係，過去的人和事更容易受到環境和條件上的侷限，也更容易被後來人為的種種假象所矇蔽。不注意這一點，就很容易憑一己印象把歷史人物臉譜化，先定義好壞。其實沒有誰天生就是壞人，也沒有絕對不會做壞事的好人。何況我們通常所謂的好壞本身就是相對的，是有條件的，它們多半只是特定背景、特定環境和特定條件下的產物。一些在甲看來是好的，在乙看來則可能是壞的；一些在過去看來正確的東西，在今天看來卻可能是錯誤的；一些按照通常的價值觀難以理解的事情，在當事人卻往往會有不得不如是的複雜原因。我們不能拿甲的觀點來要求乙，也不能簡單地拿今人的看法來衡量過去。我所以堅持研究歷史，包括在研究毛澤東、研究蔣介石的問題上，要像陳寅恪先生所說的那樣，「與立說之古人，處於同一境界，而對於其持論所以不得不如是之苦心孤詣，表一種同情」，就是因為我相信，不如此即不足以真正理解歷史人物的思想和動機，不足以準確地解釋他們行

為的內在的邏輯。

問：聽您這樣講，我一下子聯想到近些年來在近現代史學界尚未爭出勝負的史觀問題來了。您對革命史觀、現代化史觀和人文史觀怎樣看？事實上這涉及一個以什麼為標準來評價中國現代歷史上的人和事的問題。您是否認為不存在這樣一種客觀的標準，或者沒有必要刻意設定一個統一的參照系？

楊：這個問題太大了，不是我們這裡能夠討論得清楚。簡單的說，我不認為拿革命與否作為衡量近現代史中人和事進步與反動的標準，是合適的。但我也不認為簡單地基於「告別革命」的理念來否定中國近現代歷史上的一切革命，對歷史研究來說有任何實際的意義。歷史的發展有沒有客觀規律可循，這是一個在歷史學家當中始終都在爭論著的問題，但我相信，人類歷史從傳統社會邁向現代社會，乃是近代人類社會發展的一個必然的不可抗拒的大趨勢。從這個角度，歷史的必然與規律並非完全觸摸不到，拿現代化作為一種參照系來關照中國現代社會發展的階段和水平，也並非毫無意義。但是，必須瞭解，正如革命不能當飯吃一樣，現代化本身也絕對不是人類自身追求的終極目標。我們研究的歷史，就其本質而言，是人類文明的歷史，現代化不過是人類文明活動的一部分而已。這是因為，所謂人類文明史，說到底還是人類思想和活動的歷史，是以人的思想和活動來作為全部研究對象的。因此，我們的研究，只有以人為本才有實際的意義。這也正是一些學者強調歷史學的人文價值的關鍵所在，它也是我主張歷史學家要有現實關懷的關鍵所在。畢竟，不管歷史上發生過什麼，人類從來沒有停止過為改善和提高自身存在的形式和意義而進行的鬥爭。人類文明的發展，也正是以不斷提升對人的生命及其存在形式和意義的關注，作為其進步的尺度的。瞭解了這一點，我們就能夠發現，我們對歷史上的人和事不可能完全沒有價值判斷。儘管我們應該也能夠理解歷史和歷史人物的侷限性，清楚我們不能拿今人的認識來要求過去，但我們還是會基於我們今天已經不同於過去的價值觀，從人文關懷和現實關懷的角度，去總結歷史的經驗教訓，甚至為那些已經過去了人和事感到由衷的遺憾與悲哀，不願看到那樣的歷史重現。

當然，我們最重要的責任，還是堅守我們的崗位，努力提供給社會更多更真實的歷史圖像。嚴格說來，只要我們能以求真之心，儘可能全面地占有史料，細心地爬梳比較，客觀地描述出歷史人物的思想與動機，既注意到歷史中人純粹理性的一面，也注意到種種非理性的因素的影響，我們的工作就一定會是有意義的。就這一

點而言，標準的問題有時也並非就是最要緊的。

（原載《歷史教學》，採訪記錄及文字整理者為李國芳。）

我和中共黨史研究

一、對過去歷史的疑惑是我研究的動力

我小學三四年級以後，父親就給我灌輸上清華，學工科的好處。而小學音樂老師那時候也看上了我，認為我有唱歌的條件，因此定期給我輔導，讓我參加合唱隊，包括演節目，鼓勵我將來報考廣播學院附中。可是我剛上到五年級不久，就爆發了文化大革命，成了「失學兒童」。以後跟著父親去了「五七」幹校，多少個月起早貪黑跟著原國家計委委員廖季立把連隊的羊群趕到十幾公里以外的水庫灘地上去放牧。一年以後回北京分配進了工廠，從學徒當到學徒的師傅。一直到1976年天安門事件中因為寫「黑詩」被抓進北京第一監獄看守所，我想我從來也沒有想到過以後會去研究什麼學問。1977年從監獄出來，有了高考的機會，當時家裡商量的也是將來要跟著父親向經濟學方面去發展。只是由於當時第一次恢復高考，大學還沒有經濟學專業的設置，因此頭兩個志願報的是政治經濟學，是為正打。想不到頭兩個都沒錄取，最後歪著到第三志願：歷史。所謂歪著，則是說我被錄取的其實還不是歷史，而是中共黨史專業。這個中共黨史專業，當時——今天恐怕也一樣——並不是史學的一個門類，它完全是一個「四不像」：既非史學，也非政治學，被劃在所謂政治理論專業，畢業時學位證書上卻寫的是「法學」學士。結果很搞笑，我知道中共黨史專業畢業的學生，不少都轉去法律系讀研究生，更有些學生，一天法律知識沒學過，僅憑著一張法學學士或法學碩士的學位證書，搖身一變就直接進了法律界，甚或當上了律師。

影響我走上史學研究之路的原因很多，第一個原因是在中國人民大學中共黨史系的授課中，還是有歷史課的設置，那個時候「文革」剛結束，給我們上課的還有個別資深的老教授，如鄭昌淦先生等。同時，黨史系裡也還是有一些按照史學方法做研究的教授，包括我的論文指導教授楊雲若、思想史教研室的教授彭明等。他們對我都有影響。第二個我認為最關鍵的原因，是因為中共黨史的學習，使我對許多歷史問題發生了興趣，同時當時條件下大量不顧史實的黨史宣教，也刺激了我想要從事中共歷史研究的意向。因此，大學畢業後我沒有再去讀學位，而是找關係進了中共中共黨校黨史教研室做了《黨史研究》雜誌的編輯。在1982年那個時候，中共

黨史研究室和中共中央文獻研究室剛成立不久,資料條件還並不十分好,中共中央黨校因為歷史悠久,又是中共中央直屬機關,和中央檔案館是平行單位,久有業務往來,因此從挖掘中共歷史文獻資料的角度,那裡是最適合我們這種初出茅廬的年輕人的地方。我正是在那裡,開始了我的史學研究之路。

但是,更讓我對研究我們和我們的父輩經歷的中國現當代史特別感興趣的原因,還是和我們及其父輩的經歷密切相關的。舉個最簡單的例子,我在讀新中國建國前後大批跨時代的歷史人物的書信時就有一個深刻的印象,即他們中許多人在1950年代以前和以後書信的稱謂及書寫格式,出現了極大的改變。以前歷史上一直延續下來的傳統的稱謂方式,即區別尊卑、長幼、親疏、大小等種種身份差別的書面敬語,1949年以後幾乎不復存在了,大家都逐漸改換成了最簡化的蘇式的「親愛的××同志」和「致以布爾什維克的敬禮」(或「致布禮」)之類的最兩化的方式。影響到今天,許多年輕學生,連給老師寫信時該用「你」還是該用「您」都毫無概念。類似的這種改變,從穿衣戴帽到言談舉止,到接人待物,到婚喪嫁娶,乃至於到思維方式,幾乎都是顛覆性的。我經常想,當我們幾十年來堂而皇之地批判所謂「全盤西化」,大談所謂「中國化」,強調「愛國」和「民族」的時候,不知有沒有人意識到,其實在中國歷史上,1949年以後恰恰是中國被兩化得最徹底的一個時代?

至於說到個人,我相信,我們每個生活在這種已經變化了的社會文化空間裡的中國人,都無法不受到這種傳統斷裂的衝擊和影響。而舊的傳統一旦喪失,新的觀念習俗就會滲入到人們的血液之中,怕是沒有什麼課能夠補得回來的。因為,我們這裡所說的任何一種所謂傳統文化,指的其實主要是溶化在億萬國人血液中的觀念、禮俗和行為舉止等種種習慣性的社會生活觀念和社會生活方式,它的延續多半是透過按照這些傳統方式生活的家庭和由無數這種家庭所構成的社會環境的習染,潛移默化地影響著社會上的每一個人的。一旦舊的傳統方式被外力強行中斷,或破壞,就一定會被其他非傳統的新的觀念、禮俗和行為方式所取代。當人們逐漸接受和習慣了這些新的觀念、禮俗和行為方式以後,你想透過改變某些書本的內容,或像於丹那樣按照她的理解水平去給老百姓灌輸一些經過她演繹的古代典籍中的思想觀念,去恢復國人久違了的傳統,實無異於痴人說夢。

我不知道我自己的身上還有多少傳統的東西存在著。我很清楚,我和絕大多數

中國人一樣，早已西化得不成樣子。我唯一覺得慶幸的是，我雖然生在新中國，長在紅旗下，我卻從小生活在一個相對還保留了某些傳統禮俗的家庭裡面。我很清楚地記得，從小外婆就手把手地教我和妹妹吃飯前如何擺筷子，爸爸的座位應該在哪兒，媽媽的座位應該在哪兒，外婆的座位應該在哪兒，我和妹妹的座位應該在哪兒。擺筷子時兩支筷子應當併攏擺齊，筷子尖應當沖裡。爸爸媽媽回來得再晚，只要沒有事先說明，再餓也要等他們回來才能開飯。快吃飯時要聽到大人叫才坐到桌前，坐在自己的座位上雙手還要放在桌下，既不能趴在桌上，也不能玩弄桌上的東西。要等爸爸媽媽動了筷子，小孩子才可以開始動筷子。吃飯時人再小也要把碗端起來吃，夾菜碗裡的菜不能去亂翻，更不能挑裡面自己喜歡吃的東西來吃，只能從面上夾，還不要把筷子伸到菜碗的另一側去，只應當夾菜碗朝著自己一側的那部分菜。嚼飯菜的時候還要把嘴閉起來，不能張著嘴叭唧叭唧弄出聲來。……更不用說家醜不可外揚，即使吵嘴，都不能扯開嗓子，把聲音傳到窗戶外面去。

「己所不欲，勿施於人」，家裡那個時候究竟有多少規矩，今天已經數不過來了，但隨時隨地注意自己的舉止行為不給旁人造成麻煩早已成了一種習慣。這些未必都是我們傳統文化的一部分，但無論如何，我們那個年代，特別是我們父輩以上許多最基本的為人處世或接人待物的禮俗文化都是從這種家教和祖孫相處的耳熏目染中延續下來的。而這些又恰恰是今天我們這個號稱「文明」的新中國所極度欠缺的。每每看到今天國人走路做事自顧自不顧旁人的種種行為，就不能不生出許多感慨來。

因為那些在今天人們看來的繁文縟節，說到底都是富裕人家才會去講究的東西，窮人家多半是沒條件去學的。孔子所謂「倉廩足而知禮節」；孟子所謂「有恆產者有恆心，無恆產者無恆心。苟無恆心，放闢邪侈，無不為已。」講的就是這個道理。用階級鬥爭的方法顛覆了這個社會以後，給多數窮人帶來了利益，過去有文化的人再不能主導和影響中國社會，他們甚至還成為了被壓制的對象。然而，依附在他們身上的傳統文化自然也就連同他們的階級出身一起，也不可避免地被當成髒水一道潑掉了。即使像我外婆或父母那樣從小有意無意地還會對我們灌輸一些這樣或那樣的規矩，長期生活在那種「無法無天」的革命年代裡，留在我們身上的傳統的烙印也越來越少了。和那些從來沒有接觸到這種家教，也無法從學校和社會上得到這種教育的孩子們相比，我們可能充其量也就是在待人處世上稍多一些顧忌，知

道人還要顧些羞恥，有些敬畏而已。

二、研究歷史的樂趣

有人問我研究歷史的樂趣的是什麼，我說過，最初的樂趣是「破案」。歷史研究有點像刑警破案，透過種種蛛絲馬跡，深入發掘拓展，找到更多的線索，運用邏輯分析和推理，把所有能夠掌握到的歷史碎片串連拼合起來，最後組成一張相對完整的歷史過程圖，弄清什麼時間、什麼地點、發生了什麼、發生的經過情形如何以及原因何在等等，從而揭示一個過去不為人所知或被人誤讀的歷史祕密。我剛開始從事這項工作時，每完成一篇論文，就都會有這樣一種成功「破案」的滿足感。

但是，隨著自己研究的範圍越來越大，思考的問題越來越多，和讀者、學生之間的交流越來越直接，我就越發感到僅僅滿足於這樣一種職業的興趣是遠遠不夠的。我經常和同學們講「問題意識」的重要性，經常提醒年輕的歷史研究者要有強烈的現實關懷和人文關懷的精神，就是基於我自身和當今史學研究的某種危機感出發的。我們還在1990年代初就已經清楚地發現，現今的歷史研究由於社會學、人類學方法的介入，變得越來越重視微觀，重視下層。許多學生，甚至是學者的研究題目，恐怕連他們自己也不知道研究出來以後對這個社會有什麼用處。我們那個時候做過粗略的統計，不要說大量地方雜誌上發表的史學論文，僅以北京當時最好的《歷史研究》、《近代史研究》上發表的論文來說，其中許多文章發表後，除了作者自己用來評職稱需要和極少數幾個因為要寫相關論文的學生會去讀一下以外，就成了廢紙一堆。可是，在現實生活當中，又有多少歷史問題，或在實際上是必須要透過歷史研究來解答的問題，需要有人去研究啊！為什麼我們的學者不能把更多的時間和精力，把他們的聰明才智，針對我們現實生活中存在的和不斷湧現出來的各種各樣人們關心的問題，去做出比較深入和比較專業的解釋來呢？我的觀點是，我們每個人的生命都是有限的，我們每個人的時間也都是有限的，如果我們確實是歷史研究者的話，我們有什麼必要把時間浪費在那些對我們深入瞭解我們的歷史，認識我們的今天，幫助我們的後人更好地把握未來沒有意義的事情上面呢？而我今天研究歷史的最大的樂趣，就是我的每篇文章或每本書，都有相當多的讀者，而絕大多數讀者都能夠因為讀了我的文章和書而對歷史或現實有所反思和警悟。

比如，有一種觀點認為，只要是對國家民族有利的事，多一些暴力，多死一些人，沒有什麼。有人稱之為「必要之惡」。要知道，即使是當年從改良轉向革命的

毛澤東也並不贊同這樣的觀點。他當年就講過：「這實在「是無可如何的山窮水盡諸路皆走不通了的一個變計，並不是有更好的方法棄而不採，單要采這個恐怖的方法。」問題在於，在過去那個年代裡，只要你相信階級鬥爭，相信民族鬥爭不可調和，你死我活，最終就難免會逐漸習慣於這樣一種解決問題的方式，就會逐漸不再視恐怖為恐怖，甚至還會把惡視為最大之善。

想當年1947年土改時，《東北日報》就公開報導過鬆江省委書記的講話：「農民對地主的打擊處置不要受任何條文的限制和約束，打擊得越激烈就越人道。」而在這樣一種觀念的支配下，僅1947年一年中共北方根據地搞土改運動，被打殺的地主富農和其他農民，就多達25萬人之眾。不難瞭解，這雖然並不是中共中央所贊同的，幾個月之後中共中央就發現並緊急糾偏，而且制止住了，但死人已不能復生了。這裡有多少是「必要的惡」，有多少是不必要之惡呢？想來一望即知。然而，這樣的歷史反反覆覆地發生得太多了。從早年「富田事變」，到鄂豫皖「肅反」，到延安「整風」中「審干運動」，到1947年土改「左傾」，到1957年「反右」，到1959年「反右傾」，到1966年「文化大革命」，還不算其他各種運動，不斷製造此種不必要之惡已成慣性，愈演愈烈，了無底止，這難道還不足以令人質疑此種邏輯之荒謬？

不僅如此，所謂「必要之惡」的邏輯中，最讓人不可接受的，就是其中全無人性和人道的觀念。好像相對於國家、民族而言，構成國家、民族的單個的人無關緊要。為了國家和民族的長遠利益，該犧牲的就應犧牲，不應有任何憐憫之情，不能存任何婦人之仁。尤其令人難以容忍的是，這種邏輯的主張者，同樣也必定是新的階級論或種姓論的贊同者。在他們的觀念中，凡不贊同他們主張者，即非我族類。既然非我族類，也就無所謂這類人的權利和感受。換言之，在他們的觀念中，根本就不會有「天賦人權」和「人生而平等」的觀念與意識，更不懂得當今社會中的人，其實首先是毫無區別的同樣的有生命的人，然後才是張三、李四，才有其地域、階級、民族和國家等種種屬性，沒有任何人可以根據自己的喜好或後天的屬性，去剝奪他人生而為人的各種基本權利，包括他堅持異議的權利。如今，我們連犧牲環境來求發展的邏輯都已經否定了，我們還有什麼理由相信以犧牲人的自由和生命為代價的這種「必要之惡」的荒唐邏輯呢？

三、記憶中的八九十年代

第四編　我和現代史研究

　　1980年代我曾在三個單位呆過，在人民大學上學，到中共中央黨校工作，然後又回到人民大學當老師，1990年終於選擇去了中國社會科學院近代史研究所。那10年是我步入史學研究的開始，1985年和我畢業論文的指導教授楊雲若老師合出了第一本書，即《共產國際和中國革命》，同時主編了三卷本的《社會主義思想在中國的傳播（資料集）》。那些年可以說主要精力都放在了查閱蒐集各種文獻史料上面，當時還沒有用電腦，全部都用手抄卡片。教研室所藏資料，除了建國以後的部分以外，絕大部分都找來讀過，光是各種資料卡片，就做了萬張以上。那個時候也沒有科學研究經費一說，我們編資料集完全是自費，按照全國期刊篇目索引，全國各地所有藏有相關資料的圖書館，無論大小，幾乎都跑遍了。因為沒錢，全部都是坐坐鋪，有時還得站著。那個時候剛剛透過《檔案法》，中央檔案館也一度不得不對外開放，因此我給校領導打了報告，經過批準後，有空兒就坐上公共汽車往中央檔案館跑，一連跑了幾年時間。所有這些基礎的資料工作在下一個10年，即1990年代都見了成效。那10年，我從1991年開始，接連出版了6部專著。

　　記憶中的1980年代，是一個充滿了變化的10年。記得那個時候剛剛開始中共黨史大討論，什麼意見都有，包括胡喬木在起草新的若干歷史問題決議的初期，許多講法都十分大膽。中央檔案館那時的開放，也是他力推的結果。但嚴格說來，當時中共黨史的研究受傳統觀念的影響還較深。尤其是在新的決議發表之後，許多已經開始的討論受到了新的限制。而另一個方面，即對中國國民黨史的研究，在那個年代卻出現了一個高潮。隨著南京中國第二歷史檔案館的開放，中國國民黨史研究頓時成為一片待開墾的處女地，許多過去做中共黨史研究或中國革命史研究的學者轉去做國民黨史研究，一時成績斐然。只可惜，1990年代初期，風向再轉，有人鼓吹「人欲亡其國，必先亡其史」，說什麼前蘇聯就是修史不善以致滅亡。此說一時甚囂塵上，影響到檔案開放全面倒退，就連國民黨的檔案也連帶挨批。

　　有人認為八十年代有過黨史熱。嚴格說來，那並不是中共黨史，而是領袖、名人的故事熱。這也是傳記文學作品大量出現的一個原因。葉永烈作品的長處，和稍早前權延赤的一樣，主要在他們做了大量的口述史。對於口述史的重視，中國史學界是直到1990年代末才逐漸開始的，而葉永烈、權延赤他們在這方面明顯地走在了前面。因為重視口述史，他們的作品中就有很多在文獻史料當中看不到的活生生的歷史細節，包括人物性格、言談舉止，甚至有一些重要情節內幕的具體描寫，這便

於他們編故事。但即使像我這樣專業的研究者，也會買一些他們的書來讀，以便借助他們披露的口述材料和我們從文獻史料分析中所得出的認識來進行對照比較。但是，他們畢竟不是歷史研究者，更缺乏應有的批判意識，因而他們寫領袖故事，只是著眼於歌功頌德，對歷史人物以及歷史進程的把握，通常只是依賴於相關史書梳理的脈絡和邏輯人云亦云。前人研究的不足和偏頗，自然也就會體現在他們的書裡。

四、與臺灣學者的交往

我和臺灣學者交往較多的是蔣永敬教授和陳永發教授等。蔣永敬教授是國民黨史研究者，陳永發教授才是中共黨史研究者。

蔣公是我非常敬重的一位學術前輩。我第一次見蔣公是1991年在瀋陽的七七事變研討會上，當時蔣公評我的論文，具體意見不記得了。那一次我們有過交談，沒有更深一步的接觸。此後兩年左右，我因為讀到蔣公的一篇文章，發現他並不瞭解我的研究，因而寄了我在1991年出版的《中間地帶的革命——中國革命的策略在國際背景下的演變》一書給他。沒想到他很快就通讀了全書，並且專門寫了一篇書評，極力稱讚我在「西安事變」問題上的發現。不僅如此，蔣公力勸我把西安事變研究寫出來書來。其實，我雖然一直關心西安事變研究的資料，並有自己新的發現和觀點，但因為我的一位在美國經商的同學也一直在做這方面的研究，準備寫書，因此我並沒有自己在這方面出書的打算。純粹是因為蔣公的一再勸說和推動，我才最後下決心用了半年時間把這本書寫了出來，經蔣公寫序，很快就於1995年在臺灣出版了。

熟悉蔣公著作的研究者都知道，蔣公過去研究國共關係的著作，和其他臺灣的國民黨史專家一樣，也都帶有很強的意識形態或感情色彩。但兩岸交流開始之後，蔣公則是臺灣國民黨史專家當中最早透過這種交流，在這一問題上轉向客觀的學者。有關這一點，只要舉一個例子就能瞭解了。蔣公在將近10年前就提出過一個說法，叫做「操之在我」。那意思是講，其實國民黨也好，共產黨也好，他們在熱愛中國和想要救國的問題上並無兩樣。只是，因為各自的意識形態和利益所在不同，因而他們對政治對錯的判斷也就截然相反。一切以「操之在我」為準繩。「操之在我」，則一切皆對，不對也對；「操之在你」，則一切皆錯，不錯也錯。

我知道陳永發教授還在1984年。當時史丹福大學教授範力沛來華時曾到我家裡

做客，他特別提到了他的這位臺灣學生，稱讚不已。陳也確實了得，其成名作《製造革命》在美國出版後即得了學術獎。他的那種近乎社會史的研究方法在當時還鮮有見到。以後他長期從事中共歷史的研究，成為臺灣迄今為止最有權威的中共歷史研究的專家。

第一次和陳教授見面的時間已經記不清楚了，但我印象最深的是他的不修邊幅。蓬亂的頭髮和一臉胡茬，衣服從來不熨，即使是西服也總是皺巴巴的。他習慣於微微歪著頭，常透過眼鏡的上半邊鏡片，盯著你的眼睛和你說話。他的隨和和不事張揚的性格，使他在同事中間頗受好評。他能做到近史所所長和中研院院士，除了學術上的成就以外，與此不無關係。

不過，永發兄在中共黨史研究上卻並不怎樣中庸。他的許多研究成果明顯地帶有批判性。他最大的特長是能夠注意到別人不大去注意的那些邊緣性的史料，並據此做出讓許多研究者心服口服的分析來。他的《製造革命》、《延安的陰影》以及《紅太陽下的罌粟花》等，都最大限度地展現了他在這方面的長材。但永發兄的研究，至少在我看來有一點不足，就是因其批判性較強，有時立論及分析容易出現偏頗。但永發兄最令人佩服之處，也是至今旁人所不能企及的，就是他的寬容與大度。我曾不止一次地撰文批評過他的書和文章，而他從未因此對我拒而遠之，耿耿於懷，我們始終是很好的朋友。

五、大陸以外的黨史研究界

任何歷史文獻都不存在所謂質量的問題。只要你能確定它是歷史文獻，它就有其價值。即使是歷史上某一方所偽造的文獻，也一定有其值得去研究的價值所在。何況，什麼叫質量？蔣介石和毛澤東都常常在事後修改他們過去的文章，那麼究竟是毛澤東修改過的文章沒有質量，還是蔣介石修改過的文章沒有質量？其實，在一個相對封閉的受到某一集團高度控制的社會裡，人們所能看到的文獻永遠都是片面的。在這種情況下，外部任何一種哪怕是用來暴露這種控制的荒謬性的資料的出版，雖然其同樣片面，卻必定會有其價值。因為當你既看到這邊公佈的文獻資料，又看到那邊開放的文獻資料之後，你就自然而然地有了比較。有比較就有鑒別，有比較也才有分析，所謂質量也就存在於其中了。

所謂海外黨史研究，在今天來談它們，多少會給人以明日黃花的感覺。因為，包括蕭延中主編的那些海外毛澤東研究的論文，絕大多數都是過去二三十年以前海

外的研究成果了。在1970年代,乃至於1980年代初,我們還可以說海外存在著「中共黨史研究」。自1980年代初期以後,這樣的情況早已逐漸消失了。無論在美國、英國、日本、澳大利亞,過去那些研究中共黨史的學者,基本上都已經改行了。我和日本目前還在繼續堅持中共黨史研究的學者開玩笑說:他們比日本的大熊貓還要珍貴。很顯然,今天和二三十年前相比,無論在中國大陸,還是在海外,可以用於研究中共黨史的文獻資料不知豐富了多少倍。也就是說,今天研究中共黨史的條件遠好於過去。依據今天的資料來評價二三十年前海外的中共黨史研究水平,肯定不是一個合適的話題。

我曾經和國外的朋友談起過旅英作家張戎的《毛澤東:鮮為人知的故事》這本書,告訴他們這本書最大問題在哪裡。法國有朋友曾經希望我寫一個長篇書評,實在是因為時間的關係,再加上哈佛燕京學社曾集中一批學者開會評論過張的這本書,臺灣的陳永發教授也寫過書評,大家已有很多批評,因此我也就沒有專門去寫這個書評了。坦率地說,我和張戎比較熟。她寫書的幾年時間裡每年都會來大陸一兩次,幾乎都會找我詢問一些史實方面的問題。我對她那本在歐洲得獎的《鴻》很感興趣,也認識她的丈夫,知道她是在寫一本有關毛澤東的歷史「小說」。因此,我對她的問題幾乎是有問必答。她在書末也註明採訪過我。但奇怪的是,她書出之後再沒有來找過我,不僅沒有送書給我,連封信也沒寫來過,更不用說詢問我這樣的專業研究者的意見了。這說明,她是知道我們的基本態度的。

就張書而言,我在網站上對關心此書的網友有過一個簡單的答覆。大致如下:

首先,張的書值得一看。從批判的角度,把毛妖魔化的書其實有的是,只不過過去大多數都是臺灣學者或海外國民黨的同情者寫的,而且真正在史料上去下功夫的書不多。張不僅「長在紅旗下」,而且是幹部子弟,對中共歷史自然會有全然不同於臺灣和海外學者的深切瞭解和體會。特別是張與她的丈夫花10年左右的時間,在世界各國廣泛查找歷史書案文獻,對相當多歷史親歷者進行訪談,獲得了大量史料,也揭示了不少新的史實,提出了一些值得注意的新的看法,從而使該書在史實方面的顛覆性遠比以往那些批毛的書籍更具衝擊力。只看大陸出版的片面捧毛的書,而不讀這種有較大衝擊力的批毛的書,一旦有朝一日讀到,難免會從根本上懷疑自己過去所得到的歷史教育全是騙人。因此,我是主張要更多地廣泛閱讀各種不同觀點和不同說法的歷史書的。多讀這些書還有另一個好處,那就是可以在很大程

度上阻斷那些靠迎合某種政治需要胡編亂造來掙錢的書商們的財路,讓更多基於學術研究的客觀談論毛生平史實的著作成為讀者的需要。

當然,從歷史研究者的角度,張的這本書是有其嚴重的弱點的,那就是作者缺乏歷史研究的基本訓練,主觀色彩過於強烈,不知道圍繞著諸如毛的重要生平及史實問題,凡出新論,不能簡單地自說自話,非做嚴格的考據工夫不可。該書僅滿足於另外講一套故事,對史料的利用和解讀完全服從於作者的情感的傾向性,常常表現得過於偏頗、武斷和為我所用。

舉一個例子,張書為證明1937年底因王明回國毛權力失落對王明懷恨在心,所用的論據是:在當年12月政治局會議上眾人一致推舉王明在未來的「七大」上作政治報告。並且在進一步的舉證中又說,1938年2月底政治局會議為抵制毛的擅權,大多數人又一次支持了王明,再次確認王明在即將召開的「七大」上作政治報告。張的結論是:「共產國際的規矩是黨的第一號人物作政治報告,這等於說眾人心目中的領袖是王明,不是毛。」然而,張在這裡顯然是犯了張冠李戴的錯誤。

第一,1935年遵義會議推舉的中共中央總的負責人是張聞天,不是毛。無論毛在實際權力方面掌握多少,在中共中央內部,張聞天到1937、1938年仍舊是黨的第一領導人。如果王明回國要奪權的話,首先要奪的也只能是張聞天的權,而非毛的權。

第二,1937年十二月政治局會議關於「七大」的決議很明確:「籌備委員會廿五人:毛澤東、張聞天、陳紹禹、陳雲……祕書處五人:澤東、王明、洛甫、陳雲、康生。主席澤東,書記王明。」這裡可以看出,因為王明回國,毛澤東的排名反而提前了。

第三,十二月政治局會議的決議中根本就未提到「七大」報告人的問題。這次會議所提到的報告起草問題也有,但不是指「七大」報告,而是指十二月政治會議的決議,規定「王明起草」。1938年二月政治局會議時,王明也特別講到過這個情況,說他因為十二月會後即去了武漢,以至於沒有就十二月會議起草一個正式的決議,這是一個遺憾。

第四,在二月政治局會議上人們才第一次提出了「七大」報告的起草問題,但是與張書所說不同的是,會議決定:「報告的準備人:十年結論-毛澤東(由洛甫、毛、王、張共同起草);統一戰線-王明(王、毛、周、任);軍事-朱德(副報

告）（朱、毛準備）；職工運動-項英（康生、國燾、王明）；組織報告-周恩來（周、博、董）。報告人現在不決定，上面的是報告準備人。」同時王明提議：為準備七次大會，應由毛起草一政治提綱，即十年來我黨奮鬥的提綱；王明準備一個統一戰線工作的提綱；洛甫準備一個告全黨同志書等。由上可以看出，會議並沒有明確指定「七大」政治報告的報告人是王明，不僅如此，因為決定政治報告由毛澤東來主持起草和準備，讓王明準備統戰報告，也可以看出會議意向中的政治報告的人選也應當是毛澤東，而不可能是王明。

再聯繫到1941年中共中央工作會議上王稼祥、任弼時轉達的共產國際總書記季米特洛夫在王明回國前當著幾位中共代表的面告誡王明他不熟悉國內事務，不要去爭總書記位置的談話情況，可知張書中這一段關於眾人推舉王明擔任未來「七大」政治報告人，因而證明王當時已經成為眾人心目中的領袖的說法，並不是事實。

類似這種似是而非或生吞活剝的情況，可以說充斥於該書的絕大部分章節，要一一訂正起來可想而知會多麻煩。張確實挖掘到了相當多的史料，但只要預先將毛在內心中定性為惡，再多的史料在其眼中，也只會從惡的方面來理解和解讀，而難以被客觀地運用。這可以說是該書最為失敗之處。

六、研究歷史，需要悟性和想像力

任何研究都需要較高的悟性和想像力，歷史研究也不例外。我前面說過，歷史研究很像警察破案，要透過大量蛛絲馬跡和歷史碎片來重建歷史的圖像。悟性高的學者能夠舉一反三，把大量常識性的知識與書中得來的各種訊息運用於有邏輯的聯想，從而容易尋找出各種蛛絲馬跡與歷史碎片相互之間的聯繫，編織起證據鏈接邏輯嚴密的歷史圖畫。他甚至還會觸類旁通，由此及彼地發現其他更多更大的歷史問題，做出既微觀又宏大、既歷史又現實的歷史研究課題。缺乏悟性和想像力的學者，在這方面的表現就會差得很多。他們的研究題目往往過於褊狹，文意晦澀難懂，即使能做出一些應時的題目，其成果也通常缺少應有的張力和對讀者思想的衝擊力。

中國社會許多制度上的和人文環境方面的痼疾，其實上千年來並無多少改變。即使改革開放前後相比，好像變化劇烈，但影響左右我們生活乃至命運的許多東西也依舊在那裡起作用，未必有多少實質性的改變。既然如此，我們又如何知道，過去所發生過的許多情況，今後就一定不會再發生了呢？舉一個例子，10年以前社會

上就流傳著這樣的政治笑話，說是把所有基層幹部排起來都槍斃，多半有冤枉的；但如果隔一個槍斃一個，肯定有漏網的。今天各級政府官員貪汙腐敗的程度無疑遠甚於當年了，因此，推崇建國初期「三反」運動，希望再來一次群眾運動，徹底懲治貪汙腐敗的網友和民眾，人數眾多。如果我們的某些決策者不瞭解「三反」運動之類的群眾性政治運動的種種內幕及其嚴重危害性，而是一味地相信我們今天眾多教科書和相關著作異口同聲地高度評價的「三反」運動的偉大意義，誰能保證他們有朝一日逼不得已不會再來這樣一場運動呢？

對於今天中國的現代史研究者而言，絕不能簡單地滿足於重現或重構過去本身。不難瞭解，過去從人們日常的衣食住行、吃喝拉撒，到衛星上天、紅旗落地，沒有什麼不是歷史，沒有什麼不可以去重現。問題是，我們花費大量時間、金錢和精力去重現它們中的這一點或那一點的意義何在？還是那句話，如果要讓自己的生命，包括自己花費的時間、金錢和精力有其實際的意義的話，除了要考慮個人的職稱評定以外，還是應該儘可能讓自己研究的動機更多些社會責任感和憂患意識。對於我們今天這個始終反反覆覆在艱難前進之中的社會來說，我們歷史學家尤其應當對創建一個尊重人的生命、尊重人的權利與自由、注重人性和人道的文明的人文社會環境，做出自己應有的努力。為此，我們需要做的歷史重現和歷史解釋，以便激發更多人反思和警醒的工作，還有很多很多。只靠幾個人是遠遠不夠的。要知道，多一個人明白「天賦人權」和「人生而平等」的道理，多一個人明白「必要的惡」的邏輯之可怕，就多一份建構中國未來文明社會的力量，中國就會多一分和諧與發展的希望。

中央檔案館查檔記

研究歷史，拼的就是查找和解讀史料的功夫。儘管研究中共歷史完全可以有不同的做法，但是我從學校出來後瞄的就是傳統史學的研究路數，因此，也是非從史料入手不可。中共史的史料，最主要的就是各種檔案資料。而我1982年從人大畢業時，和今天各種開放的檔案史料汗牛充棟的情況全然不同，那時幾乎還看不到開放檔案的希望，那個時候要想靠個別雜誌偶爾公佈幾則資料來做中共史研究，其難度之大不難想像。當年要想在中共史研究上做出成績來，靠用功沒什麼作用。要麼你能被分到中央一級專門研究機構去，要麼你能參加某個中央領導人的課題組，總之，你要能接觸到中共中央檔案館的檔案才行。我的幸運在於，我剛一畢業就被分配到了中共中央黨校工作，不過兩年時間又趕上了檔案開放的一段好時候，雖然我並沒有機會進中央級別的專門研究機構，也沒有參加過什麼課題組，卻還是獲得了進入中央檔案館查檔的機會。

當然，能夠進得了中央檔案館的大門是一回事，能不能取得自己所希望的收穫是另一回事。那段閱檔經歷曾經讓一些同行很是羨慕，但我相信，真換了他們，多數人大概早就中途撤了。

只有我是一個「常客」。

中央檔案館（1993年後來與中國國家檔案局合併），位於北京市海澱區溫泉鎮白家疃的一處山坳裡。據中央檔案館自己介紹，它收藏的檔案從中共建黨，到1990年，有125萬卷，上億頁，案卷排架長度達1.3萬米。其中又以中共中央書案為最重要。

比如最早的「中央文庫」書案，這是長期祕密保存於上海，涉及從1921年到1934年的中共各種文件和資料，1950年建國後才運來北京的。

比如中共中央在延安和兩柏坡時期的檔案，這包括了從紅軍長征，一直到1949年的各種中共檔案資料。

比如中共各中央局的檔案，這主要是指歷史上中共各地方組織的檔案，它分別是以中央局和中央分局的檔案資料為主，同時涵蓋有各局所領導的地方組織和地方各個根據地的各種檔案資料。

再如中共駐共產國際代表團的檔案。這部分書案包括中共駐共產國際代表團的各種會議文件及成員手稿，包括中共一大至六大歷次代表大會的文件資料，和中共代表團與東北抗聯之間大量往來函電和報告資料。

不用說，那裡還存有中共建國後各個時期的會議資料、領導人講話資料、中央與地方各級之間形成的各種文獻資料。如果加上與國家檔案局合併後，國務院下屬各政府機關的檔案資料，其數量和內容就更是讓人嘆為觀止了。

在中央檔案館裡還保存有大量中共建國前後重要領導人的個人書案。其中保存最全的，應該就是毛澤東的個人文獻了。光是毛建國前後的各種手稿，它就收藏有4萬多件。

研究中國現當代史，尤其是研究中共黨史的人，如果能進中央檔案館查檔，想想都會興奮不已。

然而，至今為止，中央檔案館公開介紹其工作範圍時，還是明確告訴世人說，它的主要職能只包括：（1）接收、徵集、整理、保管這些檔案資料；（2）保守其機密，維護其完整，確保其安全；（3）「完成黨中央、國務院交辦的有關事宜」。

也就是說，向社會開放和提供學者利用研究，都不在其工作範圍之內。這也是為什麼迄今為止研究中國現當代史的學人很少有人能進那裡查檔的一個根本原因。

趕上了一個好時候

我能進中央檔案館查檔，是因為我大學畢業分配到了中共中央黨校《黨史研究》雜誌編輯部工作，這個單位級別夠高，當時又意外地趕上了一個好時候。

十一屆三中全會後不久，人大代表和政協委員就公開提議規範中國的檔案保管與解密制度，主張學習各國慣例，制定《檔案法》，讓檔案解密法制化。

1980年初，在中共中央的同意下，檔案局等部門開始起草檔案法草案。1982年，即我進中央黨校開始工作那年，草案正式成文上報國務院審查修改。5年後，即1987年9月，經過各級相關部門反覆討論修改，該法交由第六屆全國人大常務委員會第22次會議審議透過，於1988年1月1日正式頒布施行。

《檔案法》對於歷史學界最具重要價值的是第十九條關於定期解密的規定。該條文字內容如下：

「國家檔案館保管的檔案，一般應當自形成之日起滿30年向社會開放。經濟、科學、技術、文化等類檔案向社會的開放期限，可以少於30年。涉及國家安全或重

大利益以及其他到期不宜開放的檔案向社會開放的期限，可以多於30年。具體期限由國家檔案行政管理部門制定，報國務院批准施行。」

老實說，我剛去中央黨校工作時，既不清楚檔案法起草的情況，也不關心中央檔案館開放與否。因為我當時的研究主要集中在社會主義思想的早期傳播上，很大一部分精力在跑北京和全國各地圖書館，查找舊報刊資料。1984年，我在人民大學的畢業論文指導老師楊雲若教授邀我與她合寫《共產國際和中國革命》一書，我負責1935年抗日民族統一戰線政策形成到1943年共產國際解散這一段，因為這個原因我這才動了去中央檔案館查檔的念頭。

我是從中國人民大學中共黨史系畢業的。在人大讀書時，我的畢業論文研究的是中共抗日民族統一政策形成與共產國際的關係。當時這方面的研究很薄弱，資料條件尤其有限，除了設法查閱英、日、俄和臺、港的相關資料訊息外，在國內唯一有條件能夠找到一些有價值的舊資料的地方，主要的也只有人大黨史系的資料室和人民大學的圖書館了。到中共中央黨校工作後，我發現，我所在的黨史教研室的資料室裡收藏有一套《中共中央文件彙編》，其中可以找到一些在人大看不到的歷史文獻。不過，涉及到我要撰寫的那個年代中共和共產國際關係方面的資料，也還是找不到。

從1980年代初開始，我們已經知道有個別學者曾有機會或正在中央檔案館查書。比如我們在人大黨史系的老師李良志、王琪、楊雲若，就都去過中央檔案館。他們去那裡的原因，是因為參與了中央黨史研究室的某個項目，或被借調到某個中央領導人回憶錄、傳記的編撰組裡去，以完成集體項目的名義，去中央檔案館查過書案。我到中央黨校工作後，知道黨史教研室的有些教師也是以這樣的方式去中央檔案館查書的。個人申請並成功去查書的，那時還沒有聽說過。

當年個人去查書之所以很困難，主要是因為審批手續太複雜。比如，人大黨史系教師雖然是研究黨史的，完全有資格去查書，但任何人去中央檔案館查書，都不能直接跑去那裡，開單位組織介紹信也不行。你必須層層上報理由，經由各級部門審批。人大教師要先打報告給本系黨總支，經總支同意後報校黨委，校黨委同意後報教育部黨委，教育部黨委同意後再報中央辦公廳，辦公廳同意後再轉簽給中央書案局，再由書案局轉批給中央檔案館執行。這裡面哪一個環節沒通過，就進行不下去了。因此，一般教師很少有誰在沒有參加中央交辦的集體項目的情況下，個人去

闖這一道道關卡的。

我當年所以敢申請，是因為我意外地得知中央黨校因其機構層級高的原因，黨校負責人簽字同意，黨校的教師就可以直接到中央檔案館去申請查書，不用轉經中辦和檔案局。瞭解到這一情況後，我馬上向當時負責編輯部工作的何明老師提出我想去檔案館查檔的想法，他很痛快，表示我可以寫個報告試試。我於是就向黨校校長提交了一份申請報告，理由是關於抗日民族統一戰線形成問題的研究方興未艾，編輯部當時這類稿件甚多，需要查檔瞭解和印證相關情況。

當時中央黨校的正校長還是胡耀邦，整個風氣比較開放。我的報告遞交上去後沒有幾天，主管副校長就批覆「同意」，我隨後去校黨辦開了介紹信，也就等於順利地拿到了進入中央書案館大門的「通行證」了。

一年多的功夫瞎了

1984年春暖花開的一天，我按照去過中央檔案館的老師的指引，從中央黨校後門乘公共汽車，沿著京密引水渠一直向北，在路上輾轉花了大約一個小時的時間，才第一次來到中央檔案館。當我經過站崗的衛兵允許，進到院裡，找到辦公樓，把黨校的介紹信交給利用處接待人員後，對方拿著介紹信看了好一會兒，又把裡間一位年長些的幹部叫出來，他們小聲商量了一下，然後才由那位年長者問我說：你想具體查那些材料？

我來檔案館前已經向兩三位老師瞭解過到中央書案館查書可能遇到的問題。他們都告訴我，中央檔案館沒有，也不提供任何查檔目錄，你必須具體提出要查閱的文件名稱和時間。如果你提交的目錄太不具體，或具體到哪一個詞不準確，都可能被告知沒有該項文件。因此，我預先已經準備了一個相對比較準確，但只有不多幾條的資料目錄。

目錄提交給他們後，利用處負責接待的年輕人把我引到一樓過道頂頭的一間大房間裡。當時沒有電子監視設備，在這個閱覽室裡靠門口處，專門安排有一位館裡的工作人員的坐位，他的任務就是監控室內人員的閱書情況。不過，我的檔案拿來時，已經到了中午吃飯的時間了。因為整個機關都要午飯和午休，我還沒來得及摸到檔案，就被請出了閱覽室。好在檔案館對外來閱書人員一視同仁，都可以到館裡的集體食堂去吃飯，飯後可以在一間公共休息室休息，故午休時間雖然長達兩個多小時，也還不算難過。

我並沒有打算在一開始查檔就取得怎樣的收穫，而要想找到想要的資料，又能夠比較準確地提交出文件名來，也必須要從比較一般的，甚至外圍一些的文獻資料摸起。因此，最初兩三次查檔其實並沒有什麼收穫。

我的辦法是持之以恆、細水長流。因為我還必須要完成編輯工作，每週可以去檔案館的時間其實很少，一週最多能擠出兩天時間，有時一兩週都沒有時間去。但我只要有時間，哪怕半天，來回坐車或騎車，費時費力，我也要去跑一趟，照個面。這樣做的好處有兩個，一是省得間斷的時間太長，還要再開介紹信；二是混個臉熟。

這樣跑了半年以後，我逐漸和館裡的一些年輕人熟了起來。他們知道我是《黨史研究》編輯部的編輯，他們本身又有評職稱的壓力，也希望我能給他們一些如何選題和如何寫論文的幫助，在這方面我也確實能給他們提供一些好的建議。

在中央檔案館查檔，除了因為有級別的限制，有些高層的檔案我們一般人看不到以外，通常政策性或工作性質的文獻資料，當時還是比較開放的。關鍵就看你能不能提交出比較準確的文獻篇目，和負責調檔的保管人員願不願意為你多花功夫查找。和館裡人比較熟悉了之後，我不僅逐步瞭解到一些索檔的小竅門，而且也能夠說服利用處人員和保管人員幫我查找一些看起來名目不夠準確的文獻資料了。這樣一來，我能夠查閱和找到的資料範圍明顯地就大多了。

不過，在中央檔案館能看到資料，並不等於就能把抄錄的資料帶出來。

我剛準備去那裡查檔案的時候，有的老師就提醒我，要準備幾張卡片，萬一碰到比較重要的資料，要小心地把要點抄在卡片上。因為他們的經驗是，檔案館對所有查閱者抄錄的資料都會逐字逐句地進行審查，看到他們認為「有問題」的地方，就會用毛筆蘸上濃墨給塗掉。被塗掉的字句，你就是對著太陽也別想看出來了。

我自進中央檔案館查檔後，就一直用一個工作筆記本，用檔案館提供的鉛筆抄檔。抄完後就當著監管人員的面，放在他們指定的地方，從沒有拿回去過。我就這樣斷斷續續抄了一年多時間，直到1985年我必須結束這一問題的查檔，才請他們審閱我抄的檔案，允許我把本子帶出來。結果很讓人吃驚，我拿到本子的時候發現，裡面絕大部分內容都被用毛筆抹掉了，留給我可以看到的內容，只剩下了很少的幾段。

記得那天我出檔案館主樓的時候，恰好碰到負責審閱我的抄本的那個「×

處」，當時真有一種上去和他理論一番的衝動。

「羨慕忌妒恨」？

我向來不是一個愛生氣的人，那次所以會有點衝動的感覺，主要也不在這位「×處」抹去了我一年多的心血。我知道，這是他的工作。我之所以想和他理論，是因為前面發生的一連串事情，實在覺得他的一些作法讓人氣不過。

「×處」頭髮花白，在館裡資格較老，因年齡關係好像已經升到頭了，政治警覺性卻還是特別高。記得第一次見面是我第二次到館查檔，當時我正在閱覽室閱檔，他不知道為什麼專門過來看我。我當時沒有注意到他進來，更不知道他不聲不響地站在我身後看我抄檔案，直到我感覺到有人在我後腦勺上呼氣，扭頭看他時，他才若無其事地走到我桌子前面來，不苟言笑地問東問西。什麼「你看這些檔案做什麼用？」「為什麼要到中央檔案館來查檔？」他的意思是，你想瞭解的問題中央決議和黨史教材上都已經寫清楚了，你這麼一個年輕人有什麼必要還要自己來研究？這話很像我所在部門老主任講的：你再聰明，你能比黨中央毛主席聰明？然後，他又講了一通中央檔案如何如何重要，關係到黨和國家的機密，檔案文件不能隨便抄錄，必須要經過館裡審查批準，你抄了也不見得能拿走，云云。

我後來得知，我是改革開放後中央檔案館允許個人申請查檔以來，到館裡來查檔的最年輕的學者。因為我不是作為任何中央或地方的集體項目的成員來查檔，而是以個人身份，由中央黨校負責人批準來查檔的一個年輕編輯，因此就特別顯眼。這也難怪這位老同志，出於工作習慣和政治警覺，會表現得那麼敏感。對此，我其實早有思想準備，並沒有當回事兒。

以後的事情就有點兒不對勁兒了。在我來館查檔一年後的某一天，館裡和我已經很熟的一個年輕人突然找到我，小聲問我是不是和「×處」發生了什麼過節。原因是他在下午工作時間經過我們來館查閱檔案的人員的衣帽間外，恰巧看到「×處」正在翻檢我存放在櫃子裡的私人衣物。這種情況他從來沒有見到過，因此非常意外，懷疑我是不是有什麼事情得罪了「×處」，或被「×處」發現了什麼不守規矩的行為。

我聽了這件事真有點哭笑不得。我們的衣物，包括書包等，都是用館裡提供的鎖鎖起來的，鑰匙在我們個人的手裡。「×處」肯定是透過利用處收藏的備用鑰匙，找到我放衣物的櫃子，乘我們在閱檔的時候偷偷開鎖檢查我的私人物品。好在

我書包裡也沒有什麼夾帶的卡片和其他祕密，因此我並不擔心，只是苦笑著告訴這位好心者說：沒關係，隨便他翻，那裡面沒有什麼值錢的東西。在當時的情況下，我即使不高興，也沒有辦法去和「×處」當面理論。一來我已經知道他會負責審查我們的抄件，沒必要去得罪他；二來我也不能告訴他我是從哪裡知道他背著我偷翻我私人物品的。

這件事過去一些天后，「×處」忽然到閱覽室把我叫到走廊裡，嚴肅地問我是不是要出國。他的問話弄得我一頭霧水。他看我莫名其妙的樣子，繃著臉好像抓到了什麼現行一樣，進一步嚴厲地質問道：「你要去加拿大開會，為什麼不告訴我們？」我這才想起來，我確實曾經收到過加拿大謝培智教授的邀請函，請我去參加北美歷史學年會，但是這已經是一兩個月前的事情了，我並沒有計劃要去參加這個會議。我告訴他他的消息不準確，我並不準備去參加這個會，但他還是不依不饒，反覆告訴我說我不能再繼續查檔了。因為我如果出國，就有洩密的可能。我怎麼解釋，他都聽不進去。也正是因為這件事，我這次查檔不僅被叫停了，而且「×處」在審查我的抄件時更是痛下殺手，幾乎把我所抄的所有沒有公開的資料全部抹黑了，只留下幾段已經在雜誌上公開發表了的資料。

我被邀請去加拿大開會的事情，「×處」怎麼會知道呢？事後我才瞭解到，原來對我來中央檔案館查檔「羨慕忌妒恨」的，主要還不是「×處」，多半首先是中央黨校和我同一個教研室的一位老教授。館裡有位利用處的年輕人早就聽到這位老教授向「×處」告狀，說不應該讓我看檔案，說是不能開這樣的頭。他的理由是，到中央檔案館來看檔案的人，應該是經過黨的各級部門嚴格審查過，並且是參加過集體項目，受過長期考驗的同志。我剛參加工作不久，什麼都不懂，又沒有參加集體項目，怎麼能個人就到中央檔案館來查檔呢？！

這一次阻止我繼續看檔的又是這位老教授。正是他告訴「×處」和館裡的領導人，說我要出國，並且說我來看檔案很可能就是為了要出國用的。

說起來，「×處」暗中翻查我的私人物品，阻止我看檔，抹黑我幾乎全部抄件，始作俑者竟是我同單位的這位老教授。

摘抄不能替代的收穫

在《檔案法》起草制定的那幾年，檔案開放是得到中共中央領導人集體認同的，直接負責中共中央檔案開放工作的黨史領導小組負責人胡喬木本人，當時就是

第四編　我和現代史研究

開放黨史檔案的主要推動者之一。因此，「×處」也好，我們單位那位老教授也好，當時並不能阻止我再到檔案館去查檔。過了半年左右，我就又寫了報告，再度拿了介紹信，又去檔案館查檔去了。當時，加拿大的會早就開過了，館裡也沒有理由不讓我查檔，因此，我又陸陸續續在中央檔案館看了一年多時間的檔案。

記得在1985-1986年間，即《檔案法》草案已經基本成形後，中央檔案館曾經出現過一個準備對外開放的很重要的跡象。當時，檔案館專門花人力物力開始做檔案電子化的工作，特別是開始編輯一套1949年前的開放檔案的查閱目錄，抗戰結束前的部分紙質目錄已經放到利用處來，準備提供給前來查檔的人員檢索。這說明當時檔案開放是大勢所趨，中央檔案館也不能不改變過去過於僵化的作法，正試著逐步跟上這一開放的步伐。

但不難想像的是，要對外開放中央檔案館，到底是一件非同小可的事情，這不僅需要下很大的決心，關鍵是必須要根本改變傳統的體制和思維觀念。問題是，認為開放檔案政治上會具有極大危險的擔心始終存在，管理體制的改變並無進展，像「×處」這樣長期相信檔案就是祕密，對開放檔案有牴觸心理的人比比皆是。

因此，這一次查檔我也學聰明了。我只是持續不斷地調卷和閱讀，很少花時間去做大段的摘抄。這樣我可以花更多時間查看大量當年還未開放的檔案，瞭解我所關心的種種事件及其經過情形，和我所瞭解的國內外各種研究成果及其其他史料相對照，逐漸形成一個比較全面完整的歷史認識，省得把時間浪費在明知拿不走的抄檔上。每次查檔形成的印象和看法，我只是在晚上次家後，抽空兒把要點記下來。這些雖然不能當原始檔案留存和使用，但這種系統的和大量的資料閱讀對我熟悉黨史內情卻更有幫助。

1987年，《檔案法》透過了，但也就是在這一年，中央檔案館也從開放的趨勢，重新轉回到不開放的方向去了。引發這一轉向的導火索看起來是一個很偶然，也很孤立的事件。那是因為，就在這一年，有位公子前來查閱其亡父的檔案。本來檔案館管理人員對子女前來查閱這類檔案就認為不大妥當，該公子又夾帶了部分檔案原件離館，並且很快出國了。這一事件在當時鬧得沸沸揚揚，議論很多，弄得中央檔案館十分被動。理論上這件事情和檔案開放政策並沒有直接的因果關係，多半都是當時條件下管理手段落後等原因造成的，但是，因為擔心開放危害的人太多，這件事情的發生對中央檔案館的對外開放卻還是造成了很負面的影響。

在這件事發生之後，我再繼續在館裡閱檔也變得很困難了。再加上這一年我已調離中央黨校，去了大學，因此，我也識趣地結束了查檔。當我告訴他們我將結束查檔時，「×處」很明確地告訴我說，我抄錄的本子不能交給我帶走。不過，這一次我卻很坦然。因為能夠大量查閱檔案本身就已經讓我收穫很大，很知足了。

第四編　我和現代史研究

在臺北看檔案

　　這次去臺北，主要是去查檔案。可是實際上，在臺灣，既沒有政府頒布的檔案法，也沒有作為公共事業的檔案館。唯一的一家所謂「檔案館」，竟是「中央研究院」近代史研究所自己創辦的。這說起來似乎有點離奇，但事實如此。

　　沒有檔案館，有點歷史原因。中國傳統上就沒有檔案館之說。編修歷史向來就是當政者的特權，普通人哪裡有看檔案寫歷史的資格？無論是當年的北京政府，還是後來的南京政府，都繼承了這一傳統，最多也就是成立一個國史館，收藏一些並不十分重要的檔案，找些御用文人根據上面的要求來編寫歷史罷了。最重要的、最核心的檔案，還要保存在當政者自己的手裡。

　　國民黨退到臺灣以後，蔣介石依舊照此辦理，最重要的檔案由自己的侍從室掌管，密級稍低一些檔案交由國民黨中央黨史委員會保管，一般性的政府事務檔案則由「國史館」來保存。由於當初從大陸撤退時過於匆忙，有些檔案運抵臺灣，無人照管，比如部分北京政府的外交檔案之類，成立中研院近史所之後，就被近史所收藏起來，於是乎近史所仿照西方模式建立了一個檔案館。但這樣一來，在臺灣看檔案也就變成了一件比較麻煩的事情。因為它那裡沒有一個像大陸、俄國和美國那樣的成系統的檔案館網絡，可以按照時期或門類集中保管和查閱檔案。

　　大陸搞檔案館，是建國以後跟蘇聯人學的。北京第一歷史檔案館主要保管清朝中央政府的歷史檔案，南京第二歷史檔案館主要保管南京政府的歷史檔案，北京中央檔案館（含國家檔案館）主要保管中共中央系統和中華人民共和國中央政府的歷史檔案，軍事檔案館主要保管軍隊系統的檔案。另外各省市還有各省市自己的檔案館，負責保管本地黨和政府的歷史檔案。根據檔案法的規定，中央及各級政府和各部門超過一定時限的檔案資料，均應分別交由上述檔案館進行保管，並應在檔案形成30年以後陸續解密，提供研究者查閱和利用。

　　在臺灣，由於沒有檔案法，政府部門各行其是，願交就交，不交拉倒，甚至誰願收就交誰。因此，目前臺灣僅收藏其在大陸階段的歷史檔案的部門，至少就不少於6個。一是「國史館」；二是黨史會；三是史政局；四是「外交部」；五是調查局；六是近史所檔案館。另外像教育部等各部會也有自己的檔案保管部門。除黨史

321

會目前主要收藏國民黨黨的歷史檔案,和調查局主要收藏情偵資料以外,其他各處收藏的檔案門類則互有交叉。雖然國史館嚴格說來是政府檔案最主要的收藏點,但要查某一個部門的檔案,光跑一個國史館有時並不能解決問題。因為或者該部門未將已過時的檔案全部移交,或者它將部分檔案轉交給了其他方面,比如近史所檔案館。

沒有檔案法,又沒有正規的檔案館,是否學者查閱利用檔案就很困難呢?情況並非如此。大概這也是臺灣眾多令人稱奇的地方之一吧。

到臺北的第二天,我就在近史所參加了一個「檔案與歷史研究」的研討會。研討會嘛,自然是學者們各談各的題目,相互交流學術觀點。引人注目的是,「國史館」、黨史會、史政局等收藏檔案的部門均有最高負責人帶多人來參加。1995年在臺北時,也見過同樣的陣勢。而他們參加會議的一個主要目的,就是來聽取學者們對他們各自部門工作的意見。和我在1995年那次看到的情況有些不同的是,這一次學者們對這些單位的批評似乎不像上次那麼多。相反,很少講客套話,喜歡放炮的眾多臺北學者,這回對上述單位服務工作雖然仍有直率的批評,但明顯地多了一些讚許之辭。比較大陸的檔案機關從不與學術界發生關係的情況,不禁讓人感慨系之。

其實,臺北這些收藏檔案的部門也多是屬於政府行政部門之列,屬於官本位體制,它們完全可以像大陸的檔案部門那樣與學術界「老死不相往來」,甚至拒人於千里之外,反正烏紗的大小與對學者和公眾的服務態度的好壞無關。但近幾年來,臺灣搞所謂「民主化」從某一個方面也加強了輿論監督的地位,以為上級服務為能事的官本位體制受到一定程度的抑制。聽臺北的學者講,包括「國史館」、黨史會、史政局在內的各個檔案收藏部門,過去也一樣拒人於千里之外,但許多怠慢學者的衙門作風這幾年都大大改變了。重要的原因之一,就是學者們可以在報紙上乃至在議會中公開批評這些明明是靠納稅人養著的政府部門。批評多了,不僅會影響到這些部門的形象、官員的升遷,還會影響到要由議會批准的行政撥款。其作風自然大大改變了。

臺北這些收藏檔案的部門服務改善到了什麼程度?在會上我聽說,有學者去看書案,他們的工作人員甚至會給你倒咖啡喝。哇,我當場差點暈倒!會後我就急急忙忙去了國史館,想享受一下咖啡待遇,結果連個咖啡的影子也沒有看見。後來才

聽說咖啡待遇是黨史會某位接待人員熱情服務的見證。可惜我到黨史會查書時，此公已經退休。當然，我還真的趕上過一次咖啡待遇，只是那位負責接待的年輕的劉姓先生給屋子裡所有查書者都送上了一杯熱騰騰的咖啡，卻獨獨沒有我的那份。也不知道他此舉是衝著當時滿屋子的日本學者呢，還是向那幾位受聘為日本人服務的年輕女大學生獻殷勤，或者乾脆就是反感大陸人？反正由此我知道，倒咖啡的服務在今天大概是只剩下了個美好的記憶罷了。

不過，無論有沒有咖啡服務，在臺北查書案總還是一次令人愉快的經歷。我在國史館以及黨史會幾乎是一日不拉地「蹲」了兩個月，的確感受到了他們服務的熱忱與周到。和大陸目前的檔案利用情況相比較，至少有以下幾點明顯的區別。

第一，在大陸，雖有30年解密的檔案法規定，實際上因行政干預和保密限制，造成中央書案局內定的解密限制甚多。1980年代有10大方面不得開放，2000年以來更增至28個方面，許多開放過的檔案重新又收回去不開放了。臺灣雖然沒有檔案法，但各檔案保管部門近年來都不約而同地實行了30年解密的措施。比如「國史館」、黨史會等，已嚴格按照30年的時限開放檔案，以30年為期，過一年解密一年，包括過去密級最高的蔣介石、閻錫山等人的個人書案，都已完全解密，學者們可以不受限制地查閱和利用。

第二，大陸書案館系統完備，但查閱利用書案有時手續繁瑣。在臺北，就完全沒有這種種麻煩。任何人，包括中國大陸人和外國人，只要有可以證明自己身份的證明或證件，就可以直接到「國史館」、黨史會等書案收藏部門去要求查閱檔案。也沒有人會限制你查檔的範圍和次數，你只要去了，就可以隨時調閱目錄，隨時請工作人員為你調書，根本用不著回家去等幾個星期每天每天地打電話去問自己要的檔案是否調出來了。

第三，大陸的最主要的幾家書案館，大都不提供具體的書案分類目錄。在臺北，各個檔案收藏機構，都不存在這種情況。那裡凡30年前的書案目錄都是公開的。雖然它們各自目錄整理水平不一，讀者查閱起來難度各異，但至少你一進入檔案館的閱覽室以後，就有大批檔案目錄供你檢索。透過仔細檢索目當，你可以很清楚你能夠到哪些卷宗裡去找你想要的東西。

第四，大陸的不少檔案館不重視為研究者和社會公眾提供服務。大陸的學者中間有句玩笑話，說是研究者總是嫌檔案資料不夠開放，而檔案館總是認為檔案資料

公佈太多，雙方矛盾不可調和。這話也許有些過分，但檔案館不少工作人員很少有為研究者和社會公眾服務的意識，卻是顯而易見的。與此相反，如今臺北國史館和黨史會的解密工作已經制度化，工作人員的服務觀念已很強。他們很清楚，對於已經解密的檔案，他們的任務就是向研究者和社會公眾提供服務。因此，他們總是儘可能為查檔者提供方便。「國史館」檔案閱覽室的幾位工作人員給我留下的印象很深。記得有兩次我到閱覽室較早，當班負責開門的劉小姐在門口一見到我，就忙不迭地表示歉意，並趕緊開門、開燈，迅速拿鑰匙推車上樓到機要保管室去把我要的檔案推下來，弄得我非常不好意思，再也不敢太早到了。負責調檔的陳先生更是位細心人，每當你調出來的書案快要看完時，他都會主動前來提醒你是否要繼續調書，並給你拿來目錄，以免你看完眼前的檔案後再調檔等候太多時間。為查檔者想得如此周到，實在是難能可貴。

第五，說到服務意識，就不能不令人想到海內外眾多學者對我們一些檔案館的批評。比如我們一些書案館的服務收費問題，就是一例。調閱一個卷宗，不論其中有幾份文件，要收調卷費3-5元，涉及所謂「重要檔案」的複印費，一頁要收10元。查閱書案收取調卷費，這在我所去過的美國、俄國、德國、日本和臺北，都不曾聽說過。據說在英國及歐洲各國也無例可循。據瞭解，各國的檔案館中，只有俄國的個別書案館和臺灣國民黨黨史館因為經濟一度極端困難，曾經做過出售檔案複印件的事情。然而我在俄國黨務檔案館（當時叫俄羅斯當代歷史檔案保管與研究中心）看檔案時，他們當時經濟上已經相當困難，有時工資都開不出來，就是那樣，他們調卷也分文不取，複印也是一個很低的標準，不曾漫天要價。

在臺灣查書，唯一收費的只有複印，並且也只是收取複印本身的一個成本費2個臺幣（相當於人民幣0.5元），這個價格同北京一般街頭複印點的複印費差不多。

由臺北看書案，竟至寫到大陸書案利用方面的一些不足，多少可能有點跑題。不過，比較一下兩岸檔案利用的情況，用以自鑒，相信讀者也會有所理解。

第四編　我和現代史研究

國家圖書館出版品預行編目(CIP)資料

學問有道：中國現代史研究訪談錄 / 楊奎松 著. -- 第一版.
-- 臺北市：崧燁文化，2019.01

面 ； 公分

ISBN 978-957-681-758-8(平裝)

1.現代史 2.中國史 3.文集

628.07　　　　107023364

書　　名：學問有道：中國現代史研究訪談錄
作　　者：楊奎松 著
發行人：黃振庭
出版者：崧燁文化事業有限公司
發行者：崧燁文化事業有限公司
E-mail：sonbookservice@gmail.com
粉絲頁　　　　　網　址：
地　　址：台北市中正區重慶南路一段六十一號八樓 815 室
8F.-815, No.61, Sec. 1, Chongqing S. Rd., Zhongzheng Dist., Taipei City 100, Taiwan (R.O.C.)
電　　話：(02)2370-3310　傳　真：(02) 2370-3210
總經銷：紅螞蟻圖書有限公司
地　　址：台北市內湖區舊宗路二段 121 巷 19 號
電　　話：02-2795-3656　　傳真：02-2795-4100　　網址：
印　　刷：京峯彩色印刷有限公司（京峰數位）

　　本書版權為九州出版社所有授權崧博出版事業股份有限公司獨家發行電子書繁體字版。若有其他相關權利及授權需求請與本公司聯繫。

定價：550 元

發行日期：2019 年 01 月第一版

◎ 本書以POD印製發行